周易恒解校笺

鲜于道亢题

(清)刘沅 著
施维 校笺

巴蜀书社

图书在版编目（CIP）数据

《周易恒解》校笺 /(清)刘沅著；施维校笺. — 成都：巴蜀书社，2023.5

ISBN 978-7-5531-1977-9

Ⅰ.①周… Ⅱ.①刘… ②施… Ⅲ.①《周易》—研究 Ⅳ.①B221.5

中国国家版本馆 CIP 数据核字（2023）第 067630 号

《周易恒解》校笺 （清）刘沅 著　施维 校笺

ZHOUYI HENGJIE XIAOJIAN

出 品 人　林　建　侯安国
策划编辑　肖　静
责任编辑　沈泽如　邱沛轩　张立园
封面设计　刘　俊
出　　版　巴蜀书社
　　　　　成都市锦江区三色路 238 号新华之星 A 座 36 层　邮编：610023
　　　　　总编室电话：（028）86361843
网　　址　www. bsbook. com
发　　行　巴蜀书社
　　　　　发行科电话：（028）86361852
印　　刷　成都东江印务有限公司
版　　次　2023 年 6 月第 1 版
印　　次　2023 年 6 月第 1 次印刷
成品尺寸　170mm×240mm
印　　张　26.5
字　　数　560 千
书　　号　ISBN 978-7-5531-1977-9
定　　价　96.00 元（精装）

出版说明

旧时学术大家的产生，必有深厚的家学渊源和传承，出现于清中后期的“川西夫子”——一代通儒刘沅，就是其中的典型代表。以他为中心，上溯至远祖刘朝弼，凡六代；下及于玄孙刘伯谷，凡四代，刘氏家族的学术文化传承前后历时两百余年。

刘沅（1768—1855），字止唐，一字讷如，号清阳、碧霞，乾隆三十三年出生在四川双流县云栖里（今彭镇羊坪村）。在他88年的人生中，致力于探寻、阐发儒家元典本义，发明先后天学说，纠正前儒谬误，所著《槐轩全书》以汇通儒道释三教为特色，博大精深，体系完备，影响深远，“具有很高的研究价值，实为中华传统文化尚待开发的宝藏”①。

光绪三十一年（1905）刘沅逝世后50年，四川总督大臣锡良根据四川在籍绅士翰林院编修伍肇龄、胡峻，庶吉士颜楷等的呈文，向清廷请求为刘沅立传获得批准。《国史馆本传》称他“博览群书，过目不忘，人咸服其淹洽”，其学及于东南，闽人转相传习，“称沅为川西夫子”。

① 段渝：《一代大儒刘沅及其〈槐轩全书〉》，《槐轩全书》，巴蜀书社2006年版，第7页。

出生于耕读不辍、人才辈出的学术家族，刘沅“幼承礼训，蜚声黉序，早登拔萃之科”①，从小受到严格而正统的儒家教育。“十八岁游庠，二十一选拔明经，次年即失怙。家贫，母劳困遘疾。素无材艺，以训蒙为生……廿五登贤书。”② 但是，其后却“三试春官，荐而不售”③。

刘沅会考后“下第归乡”，在陕西紫柏山留侯庙偶遇静一道人，“谈修养之道，讶其与吾儒同”。“道人惠《道德经注》，系纯阳子作，益疑方外假托多多。”④ 回到家乡的刘沅因“二犹子殇逝，邻人侵越先塋……疲惫殊甚……药饵亡效”。因缘际会，在人生最无望的时刻，他在双流彭家场遇到了影响其一生的“明师”——“野云老人”李果圆。刘沅向李果圆“求示延年之方”，后者以“人生自有长生药……返而求诸身心可也”答之，教之以“存神养气”“存心养性”“仁者寿，大德必寿”之理，刘沅豁然开朗，乃“拜而受教，荏苒八年”⑤。

在家学的熏陶和野云老人的指导下，刘沅走上了汇通三教而归本于儒的治学修身之路，并最终成为“一代通儒”。他先后在云栖里和南门三巷子（刘沅 39 岁时奉母命迁居成都南门三巷子，后称淳化街）潜心治学，教授弟子，侍养母亲。一方面，以实践人伦、修身复性为治学目的，试图恢复孔孟之道的本来面貌，追索儒家元典的精髓所在，“撰述《四书》《易》《书》《诗》《春秋》《三礼》恒解、《孝经直解》《古本大学质言》《史存》《槐轩约言》《杂著》《拾馀四种》《子问》《又问》《俗言》

---

① 《锡良奏折》，刘沅：《槐轩全书》（一），巴蜀书社 2022 年版，第 5 页。

② 刘沅：《自叙示子》，《槐轩全书》，巴蜀书社 2006 年版，第 3473 页。

③ 同上。

④ 同上。

⑤ 同上书，第 3473-3474 页。

《正讹》诸书传后"[①]，"皆言显理微，足资启发"（《国史馆本传》）。刘沅以毕生之力创立槐轩学说，构建了对儒家经典的"恒解"体系，从文本和义理两个方面纠正宋儒对儒家元典的篡改和误解（如认为程朱改《大学》"亲民"为新民，解"格物"为"半日读书，半日静坐"等，违背了元典的本义），这是他对传统经学的重大贡献。另一方面，他跟随野云老人学习道家学术与功法（刘门静养功，由掌门传授给入门弟子），为汇通三教打下了坚实基础。

道光六年（1826），时年58岁的刘沅因"学行可风"被"选授湖北天门县知县"，后"改授国子监典簿"[②]。赴任不久，刘沅就请假归乡，继续其"立德"与"立言"的不朽事业。据清《国史馆本传》记载，刘沅之兄刘濖（1766—1837）在京为官后，曾多次来信劝导刘沅北上谋取功名。刘沅回答说：

> 显扬之事，兄已遂矣；犬马之养，愿得身任之。

这应该是"至性纯厚，内行笃诚"[③]的刘沅对未来30年人生的重要选择，这一选择，使四川在清代中后期产生了"一位成功的教育家、一位圆融儒释道三教的通儒、一位将治国之术与立身之道结合起来的思想家"[④]；也使刘沅得以潜心完成"以今文经学为特征的清代蜀学发展新阶段的标志

① 刘芬：《清处士刘止唐先生墓志铭》，《槐轩概述》，上海科学技术文献出版社2015年版，第130页。

② 《锡良奏折》，刘沅：《十三经恒解》卷之十，巴蜀书社2016年版，第253页。

③ 同上。

④ 谭继和：《十三经恒解·总叙》，《十三经恒解》卷之一，巴蜀书社2016年版，第2页。

性文献”①《槐轩全书》的撰著和修订。

《周易恒解》是《槐轩全书》的核心著作《十三经恒解》中的一种，据槐轩门人谢添所编《刘沅先生年谱》，本书定稿于清嘉庆二十五年（1820）刘沅 53 岁时②。刘沅对《周易》的学习、研究和教授，应该经历了较长时间，家学和“明师”是影响他治易理路的关键。

首先，他继承了家族“世传易学”的传统。

刘氏自“始祖后庵（刘坤）乃卜宅于温邑董郕，继迁于双流云栖里。世传易学，谓程子言易道在蜀……并非易之要旨”③。祖父刘汉鼎，字君谟，著《易蕴发明》，谓“先天后天，止一太极，理气象数，释之万端，括之浑然。其语至精，惜不复睹全书矣”④。父亲刘汝钦，字敬五，“精易学，洞澈性理，谓……伏羲主乾南坤北，文王主离南坎北，即先天后天所由分。且《连山》首艮，《归藏》首坤，艮止坤藏之义，即《大学》止至善、《中庸》致中和之学”⑤。母亲向宜人（1739—1810），幼喜《周易》，长通诗书，“闻父兄读《周易》……喜曰：不读他书，此书岂可不读乎？”

其次，野云老人所传“心易之学”对刘沅治易也影响甚巨：

> 先生自京归时，晤野云老人，告沅“心易之学”，母悦曰：“吾幼嗜此书而弗通其义，今‘云叟’此言，实天地之至理，人

---

① 谭继和：《十三经恒解·总叙》，《十三经恒解》卷之一，巴蜀书社 2016 年版，第 2 页。

② 谢添：《刘沅先生年谱》，《槐轩概述》，上海科学技术文献出版社 2015 年版，第 141 页。

③《清阳先生传》，《槐轩概述》，上海科学技术文献出版社 2015 年版，第 132 页。

④ 刘沅：《刘氏族谱》，道光二十七年刻本，成都市双流区档案馆藏，第 24 页。

⑤《国史馆本传》，刘沅：《槐轩全书》（一），巴蜀书社 2022 年版，第 7 页。

道之当然，曷可浅尝置之?”……由是恒静坐，命次子为读《易》，辄有所得，颜益腴，体益健。①

作为家中“次子”，刘沅辞官归家后日日侍奉老母，为之讲读《周易》，为教授弟子，又博采诸家研易精华，逐渐形成了自己由浅入深，由博反约，堂庑正大，独到新颖的解易体系。

刘沅针对历代易家“或仅貌元（玄）虚，或徒求术数，即言理之家，亦每舍经而从传，顾此而失彼”（《周易恒解·序》）的弊病，提出了撰著《周易恒解》的原则：

> 愚谫陋无文，非敢以注《易》自明也。顾尝深求其旨，极之于天地，准之于人伦，以孔子为宗，而折衷前人之绪论，不敢雷同，不敢好异，要以平心酌理，无失乎天地之常经、圣人之轨则。（《周易恒解·序》）

恒者，常也，刘沅以之代指“天地之常经，圣人之轨则”，“恒解”就是对《周易》所包含的自然规律与伏羲、文王、周公、孔子“四圣”尊天道以修人道之本义坚持不懈、持之以恒的探索与解读。

《易经》为众经之首，大道之源，因此，《周易恒解》在刘沅对儒家经典的全面、系统解读中，具有十分重要的价值和意义。他在本书中所建立的思想体系和核心价值观，对学习槐轩之学和吸取中华传统文化精华同样具有不宜忽视的重要作用。

---

① 谢添：《刘沅先生年谱》，《槐轩概述》，上海科学技术文献出版社 2015 年版，第 140 页。

谭继和先生认为，刘沅作为一代通儒具有“观其会通的思辨特点”①，这在《周易恒解》中体现得尤其显著。自秦汉以降，解易即分为象数、义理两派：

> 自卜商入室，亲授微言，传注百家，绵历千古……唯王、郑相沿，颇行于代。郑则多参天象，王乃全释人事，且易之为道，岂偏滞于天人者哉！……郑之学主象数，王之学主名理，汉晋以来，二氏学并立。至刘宋初，颜延之为祭酒，黜郑置王，时陆澄、王济辈皆以为不可。自是河汾诸儒多主于郑，江左及青齐多主于王。唐兴，孔颖达受诏撰定《五经正义》，于《易》独取王《传》，而郑学遂废。②

对于两派的分歧，刘沅不存门户之见，他在本书《义例》中提出了“象数理气不可偏废，要在学者神而明之，变而通之，不失圣人之意，乃可也”的观点。他在撰写本书时，博采历代易家之长，而不附会其偏失：

> 愚于诸家，皆折衷以圣人，去取无成心。学者详味圣人，博考诸说，然后知愚言之不谬耳。（《周易恒解·义例》）

尤其值得重视的是，刘沅不是切割而是融通象数与义理二者的见解：

> 易之为书，广大悉备，四圣人发挥尽致，只须详味圣言，得

---

① 谭继和：《十三经恒解·总叙》，《十三经恒解》（笺解本）卷之一，巴蜀书社 2016 年版，第 3 页。

② 李鼎祚：《周易集解·序》，巴蜀书社 2004 年版，第 2–3 页。

其同中之异、异中之同，返诸吾身，合于天地，则一名一象，一动一静，以暨于经世理物，微显阐幽，无不有恰好道理。象不可废，亦不可泥；数不可无，亦不可拘，理散于万象，象统于一理。（《周易恒解·义例》）

同时对两者的得失也看得非常清楚：

历代言易者，大半皆偏于术数，王辅嗣始专以理言，厥功甚伟，程、朱皆衍其说，不可非之。第见其多滞，不能即圣人之言究其精微，而旁牵别绪，故不足为典要耳。（《周易恒解·义例》）

后世龟卜之法不传，惟筮犹是古法，然占者又往往不本经义，以曲说便其私传，去圣愈远。（《周易恒解·义例》）

《周易恒解》分为“串解”“附解”两个部分。串解对经传的字、词、句之义、象、数等分爻、分段进行解说考订，附解就各卦各《传》大意及前人易说正误加以辨析，即“以语意必相承而后明，余义必详辨而始尽”。

刘沅对《周易》的“恒解”，因为“荟萃而采择”（《周易恒解·义例》）前贤研易精华，且追寻“四圣”之“指归”而博大精深，穷极精微，但他以为“注经之法，取其简要”，“欲令下愚皆晓，故不以简直玄妙之语求悦高明，而避词费以滋众疑焉”，因而又使本书具有由浅入深、明白晓畅的特点，既可以视作汇通不同易学观点而归本于伏羲、文王、周公、孔子本义的重要研究成果，又可作为初学者学习、汇通《周易》的入门著作，因此，本书在中华易学史上具有不可多得的独特价值。

刘沅《周易恒解》博考诸说，而“皆折衷以圣人，去取无成心”，既是注易之法，也是读易之诀。其受业弟子傅泰凝在本书《序》末题曰：

注《易》者何止千百家，先生以孔子为宗，随文诂义，去其枝叶，读者必博考诸家之说，再细玩《恒解》，乃见其义之精当。

因此，本次对《周易恒解》的整理，除以刘咸炘亲校“西充鲜于氏特园藏本”为底本（因未找到本书其他版本比对，恒解部分只能依经文和上下文理校，经文则校以较流行的易著）标点校勘（凡与其他易著文字相异者和鲜本疑为错字、脱字、衍字者均出校记）外，重点将本书涉及的象数、义理学经典著作中关于易例、字义、词义、象义、爻变、卦变、互体（中爻）、爻位、乘承、比应、卦义等知识性内容对应标注于下，以便读者通过不同易家的视角和观点，拓展思路，从而更易于反观本书之“精当”。

本书的整理限于文献和学识，定有不足之处，请方家不吝赐教。

著名学者谭继和先生在《十三经恒解》（笺解本）的“总叙”和“分笺”中对《周易恒解》有较为深入系统的研究成果，汪启明先生在《周易研究》上也发表过本书的研究论文，皆足资借鉴与启发，有欲进一步研究者如找来细读精研，并与本书相参阅，应有较好指导作用。

特此说明

施　维　沈泽如　邱沛轩

2023 年 5 月 9 日

目　录

周易恒解卷二

周易恒解卷三

周易恒解卷四

周易恒解卷五

锡良奏折

四川总督臣锡良跪奏，为故绅学行可风，恳恩宣付史馆立传，以励儒修，恭折仰祈圣鉴事。

窃据四川在籍绅士翰林院编修伍肇林、胡峻，庶吉士颜楷等呈，称已故国子监典簿刘沅，四川双流县人，生秉异姿，幼承礼训，蜚声黉序。早登拔萃之科，振藻艺林，旋列贤书之荐，道光六年，选授湖北天门县知县。不愿外任，改国子监典簿。廉退本于性成，孝行孚于乡里。裁成后进，亲炙者数千人；著作等身，手订者百余卷，优游沐德，纯固葆真。念懿行之宜彰，惧遗书之就失，谨呈该故绅所著易、书、诗、三礼、春秋《恒解》暨四书《恒解》、《孝经直解》《古本大学质言》《史存》等书，共十一部，计一百四十三卷，并开具事实清折呈请具前来。

臣覆查该故绅刘沅，至性纯厚，内行笃诚，编纂群经，历耄年而不倦；楷模多士，育英俊以成材。允足标示夫儒风，宜荷褒扬之令典。合无仰恳天恩，俯准将已故国子监典簿刘沅遗书事实，宣付史馆立传，以励潜修。出自鸿施逾格，除将该故绅遗书事实清册咨送国史馆查核处理。合恭折具陈，伏乞皇太后、皇上圣鉴训示。谨奏。

光绪三十一年十月二十四日，奉硃批，着照所请，该衙门知道。钦此。

中书科中书臣刘棋文敬刊

国史馆本传

刘沅，字止唐，四川双流人，乾隆五十七年（1792）①，由拔贡中式举人。道光六年（1826），选授湖北天门县知县。安贫乐道，不愿外任，改国子监典簿。寻乞假归，遂隐居教授，博览群书，过目不忘，人咸服其淹洽。兄署，嘉庆元年（1796）进士，由庶吉士改工部主事，屡书趣其北上，沅曰："显扬之事，兄已遂矣；犬马之养，愿得身任之。"母向氏遘疾困瘁，沅求索医药，不远千里，斋戒请祷，朝夕弗遑，母病寻愈。其事亲敬养兼隆，克谕于道，兄弟之间，力行仁让。兄没，抚犹子如己出。侄妇孀居无子，急为立嗣，饮食教诲，劳怨不辞。宗族邻里，助其婚嫁丧葬者，不一而足。

先是，沅幼羸善病。父汝钦，精易学，洞澈性理，谓河出"图"，洛出"书"，圣人则天，实天启圣人以明道化，不仅在数术也。伏羲主乾南坤北，文王主离南坎北，即先天后天所由分，且《连山》首艮，《归藏》首坤，艮止坤藏之义，即《大学》"止至善"、《中庸》"致中和"之学，文王之"缉熙敬止"，成王之"基命宥密"，胥不外此。

沅因仰承庭训，更求存养之功，内外交修，久而知愚必明，柔必强，仁者寿，大德必寿。圣人穷理尽性，神通造化，非若道流欺世之谈也。读《左氏传》至刘子曰"民受天地之中以生，所谓命也"，称其言至为精粹。于四子书中极为发明，如以集义为养气之原，斥修士为袭取，以

① 按：本次整理，在帝王纪年下，以括号注公元纪年，以便读者。

“反身而诚”“欲仁仁至”“必有事焉……勿忘勿助长”等语，为治心之本，殊释子之顽空。又谓喜怒哀乐之未发谓之中，发而皆中节谓之和，积中以求和，则可“寡尤悔”，以底于纯粹而无欲。且能知行合一，以身教人，故师取者多此理。其解经，尽除门户之见，不苟异同，务求当于经义，乃至语气抑扬之间，必悉吻合。论史事，如汤武放伐，其先本自为一国，不过以小事大，并非以臣伐君；夷齐叩马，不见经传，《史记》但因采轶诗而记之，然谓当取信于六艺，则史公固不信此事，故引孔子求仁无怨之言以驳之，其他所发明多类此。又以老子书每多误解，明瞿昙氏亦有人伦，谓学者但学孔氏而释道之真者，即不能出此范围，伪托者不得借口以为世害。成都南郭外汉昭烈祠墓倾圮，沅鸠率修治，因撰《明良志略》，阐蜀汉讨贼之义，以正《三国志》之误。

平日裁成后进，循循善诱，著弟子籍者，前后以千数；成进士、登贤书者百余人，明经贡士三百余人；薰沐善良，得为孝子悌弟、贤名播乡间者，指不胜屈。咸丰中，侯官林鸿年为云南布政使，至蜀，得沅书，读之惊喜，求问。时沅已死，因受业于沅弟子内阁中书刘芬，尽购其书去。及罢官归，遂以其学转相传习，闽人称沅为川西夫子云。所著书有《周易恒解》六卷、《诗经恒解》六卷、《书经恒解》六卷、《周官恒解》四卷、《仪礼恒解》四卷、《礼记恒解》十卷、《春秋恒解》八卷、《四书恒解》十卷、《大学古本质言》一卷、《孝经直解》一卷、《史存》十六卷、《槐轩文集》四卷、诗集二卷、《约言》一卷、《拾余四种》二卷，又有《蒙训》《豫诚堂家训》《保身立命要言》《下学梯航》《子问》《又问》《俗言》等篇，皆言显理微，足资启发。咸丰五年（1855）卒，年八十有八。

沅先无子，六十后连举八男，皆能传其学。长子崧云，咸丰二年（1852）举人，沅是科重宴鹿鸣，儒者荣之；椅文，拔贡，小京官，同治庚午（1870）举人；桂文，光绪丁丑（1877）进士，历官编修、御史、梧州府知府；栋文，顺庆府训导；枏文、檍文，生员；孙咸荥，拔贡；咸焌，举人；咸燿、咸焊，俱生员。

周易恒解卷首

序

一理也，而天地人物莫不由之，故曰道，其散为万殊者，其归于一本者也。人为万物之灵，其气得阴阳之正，而其性即天地之理，穷理尽性以至于命，则人一天地，而凡万事万物，悉有以得其中和。顾其功非易致，径尤多歧，不有以标其极，则天人合一之旨不明，而民生日用之伦不著也。庖牺以前，非无神圣，然狉榛初启，礼制未详，气运所区，势难骤备。天泄图书，以开圣人之智；圣法天地，而立卦爻之文，于是万象咸包，万理咸具，而天下后世，性命伦常之事、幽明始终之情，莫不毕范于斯矣。

六十四卦，特阴阳动静之所推，然其穷幽达显，占变知来，大之极乎天地之高明，小之尽乎物情之纤细，以一爻通于千万爻，以一卦通于无穷卦，分之则事事各有其宜，合之则万变归于一是。辨其异，求其同，同中之异，异中之同，四圣人各有其意，四圣人实无二意。拘而求之，凿而益之，皆非能读易者也。夫礼乐教化，唐虞三代之法已详，而伏羲以前，尚无规范，易之设卦观象，固为后世发其蒙也。《诗》《书》名象，悉由继起，穷神知化，必有心源。易故为文字之祖，王功圣德之全，而历代诸儒，或仅貌玄虚，或徒求术数，即言理之家，亦每舍经而从传，顾此而失彼，圣人之教，不其隐乎？愚谫陋无文，非敢以注《易》自明也。顾尝深求其旨，极之于天地，准之于人伦，以孔子为宗，而折衷前人之绪论，不敢雷同，不敢好异，要以平心酌理，无失乎天地之常经、圣人之轨则。虽词多训诂，不免为有识所轩渠，然鄙意窃欲人人皆晓，而不使视为畏途也，故颜曰《恒解》，以俟将来云。

嘉庆庚辰年九月初一日　双流刘沅叙

注《易》者何止千百家，先生以孔子为宗，随文诂义，去其枝叶。读者必博考诸家之说，再细玩《恒解》，乃见其义之精当。

受业傅泰凝志①

① 按：傅泰凝题记，据《槐轩全书·槐轩杂著》卷一“本序”补（巴蜀书社2006年版，第3354页）。

义例

一、《周礼》，太卜掌三《易》之法，一曰《连山》，二曰《归藏》，三曰《周易》。其经卦皆八，其别皆六十有四，则六十四卦皆伏羲所定无疑①。孔子《系辞》明言因而重之，爻在其中矣，而后世误解“始作八卦”句，遂纷纷异论，郑康成等以为神农重卦，孙盛以为夏禹重卦，史迁等以为文王重卦。其言夏禹、文王者，案《系辞》神农之时，已有盖取诸《益》与《噬嗑》，以此论之，不攻自破。其言神农重卦，亦无确据。王辅嗣以为伏羲重卦，自程、朱皆从之，近世犹有为异说者，不必置议可也。

一、三易《连山》首艮，《归藏》首坤。艮，止也。天地之化不止则不能蓄生机，人心之神不止则不能养元德。文王系辞“艮其背，不获其身；行其庭，不见其人”，而夫子传之曰“时止则止，时行则行，动静不失其时，其道光明”，正谓此也。首坤者，万物皆致养于坤土，天地之

① 《易经来注图解》：“周，代名；易，书名；卦，则伏羲所画也。伏羲仰观俯察，见阴阳有奇偶之数，故画一奇以象阳，画一耦以象阴。见一阴一阳有各生之象，故自下而上，再倍而三，以成八卦。又于八卦之上各变八卦，以成六十四卦。……以易名书者，易有交易、变易两义。交易以对待言，如天气下降，地气上腾也；变易以流行言，如阳极变阴，阴极变阳也。”（来知德：《易经来注图解》卷之一，巴蜀书社 1989 年版，第 119 页。以下简称《来注》）《周易正义·卷首·第二论重卦之人》：“伏羲初画八卦，万物之象皆在其中……虽有万物之象，其万物变通之理，犹自未备，故固其八卦而更重之，卦有六爻，遂重为六十四卦也。……今伏羲结绳而为罔罟，则是制器，明伏羲已重卦矣。《下系》云‘上古结绳而治，后世圣人易之以书契，盖取诸夬’，既象夬卦而造书契，伏羲有书契，则有夬卦矣。……所历三圣，但云伏羲、文王、孔子，竟不及神农，明神农但有‘盖取诸益’，不重卦矣。”（王弼、韩康伯注，孔颖达等正义：《周易正义》，《十三经注疏》上册，中华书局 1980 年版，第 9 页）

元，亦惟中黄胎育，是二者皆示人天人合一之义，未为不可也。然特以其致功之要言之，实则天地未尝有为，而以人合天，静存动察、内外本末之功，亦非二卦所可尽也。故文王首乾、坤，而夫子从之。《连山》《归藏》，其名亦只就艮、坤取义，周则国名，以别于二《易》也。康成既凿解不通，而《世谱》等书又以神农一曰连山氏，黄帝一曰归藏氏，尤属傅会不可信。

一、卦词文王所作，爻词周公所作①，马融、陆绩等并同此说，宋儒因之。其或只言三圣，以子统于父也，按之经文吻合，无庸异议。

一、古《周易》经、传各分，自费氏始以《彖》《象》《文言》杂入卦中，王弼以《象》本释经，宜相附近，分爻之《象辞》各附当爻。宋儒攻之者甚众，而最著莫如朱子、吕伯恭，然圣人训教后世，惟恐其不明，左氏分传附经，取其易晓，辅嗣亦然，无大害义，当从之以便学者，不必执古可也。

一、《诗》道性情，《书》纪政事，《礼》经人伦，《乐》和天地，《春秋》存善恶是非之公，以经理王道，而要皆不出《易》之范围。故易者，圣德王功之全，天人万物之理，约其归，则"时中"二字而已。象数理气不可偏废，要在学者神而明之，变而通之，不失圣人之意，乃可也。

一、卜筮为易之大端，然圣人本意，欲人知吉凶生于善恶，而天人本无二理。吉凶悔吝生乎动，由一念之发以及于百为，所谓动也，爻象之动，又其理气之感，有相因而致者。君子观象玩占，要在慎动修身，平昔讲明义理，临事而有不决，则卜筮以叩于神明。神明者，天地之迹秉理以司功化者也。有其事之显然判是非者，有其事之似是而非者，亦有其事皆是而为之先后宜别者，此际慎择而行，即精义之学在是。术数家不知此理，概以利害决去就，则理当为而无利者亦不肯为，五伦之道裂矣。历代言易者，大半皆偏于术数，王辅嗣始专以理言，厥功甚伟，程、朱皆衍其

---

① 《来注》："伏羲象男女之形以画卦，文王系卦下之辞。……周公立爻辞……亦以阴阳之气皆极于六，天地间穷上反下，循环无端者，不过此六而已，此立六爻之意也。"（《自序》，第1页）"乾，卦名。'元亨利贞'者，文王所系之辞，以断一卦之吉凶，所谓'彖辞'也。……（初九：潜龙勿用）此周公所系之辞，以断一爻之吉凶，所谓'爻辞'也。"（卷之一，第119-120页）

说，不可非之①。第见其多滞，不能即圣人之言究其精微，而旁牵别绪，故不足为典要耳。愚于诸家，皆折衷以圣人，去取无成心，学者详味圣人，博考诸说，然后知愚言之不谬耳。

一、程、朱《易传》《本义》，学者所遵，谓其优于前贤也。然其瑕疵，亦复不少，不可概为附会，今亦折衷取之。学者若无穷理尽性之功，而但求诸文字，其不穿凿矫勉而失真者几希。

一、易之为书，广大悉备，四圣人发挥尽致，只须详味圣言，得其同中之异、异中之同，返诸吾身，合于天地，则一名一象，一动一静，以暨于经世理物，微显阐幽，无不有恰好道理。象不可废，亦不可泥；数不可无，亦不可拘，理散于万象，象统于一理。朱子曰，圣人作易，本是使人卜筮以决所行之可否，而因以教人为善。似说倒了。圣人自是以善教人，因愚民百姓不能尽明善以诚身，特假象数以昭理，则惟其理介两可而不能决者，则卜筮决之，非谓平日不讲究穷理功夫，专恃卜筮以定指归也，故曰“卜以决疑，不疑何卜”？又曰“易为君子谋，不为小人谋”。历代习术数者多神异，然其归不本于忠孝节义，反罹殃咎，皆舍理求象之过，此最不可不察也。

一、蓍龟定天下之吉凶，成天下之亹亹，为其质诸鬼神，本天理以正人心也。后世龟卜之法不传，惟筮犹是古法，然占者又往往不本经义，以曲说便其私传，去圣愈远。朱子《启蒙》及历代儒者推究蓍数，沾沾于奇耦变化，以此穷阴阳之数，而明占卜之神，虽亦不为无理，然于圣人教人之意，已为逐末。故今不复列《筮仪》于卷端，以知之者多，且非学易所重也。孔子曰“引而伸之，触类而长之，天下之能事毕”，言乎引伸触类，不可拘于所言也。又曰“显道神德行，是故可与酬酢，可与佑神”，言乎道德内具于身，而以此显之神之，故可与酬酢，以尽人伦，可

① 《周易集解》：“自卜商人室，亲授微言，传注百家，绵历千古……唯王、郑相沿，颇行于代。郑则多参天象，王乃全释人事，且易之为道，岂偏滞于天人者哉！……郑之学主象数，王之学主名理，汉晋以来，二氏学并立。至刘宋初，颜延之为祭酒，黜郑置王，时陆澄、王济辈皆以为不可。自是河汾诸儒多主于郑，江左及青齐多主于王。唐兴，孔颖达受诏撰定《五经正义》，于《易》独取王《传》，而郑学遂废。”（李鼎祚：《周易集解·序》，巴蜀书社2004年版，第2-3页）

与佑神，以合天命也，而岂区区以蓍龟定天下哉？

一、卦变之法，本之焦延寿，以一卦变为六十四卦，六十四卦通变四千九十六卦。而卦变之次，本之文王序卦，且如以乾为本卦，其变首坤，次屯、蒙以至未济；又如末一卦未济为本卦，其变亦首乾，次坤、屯以至既济，每一卦变六十三卦，通成六十四卦。朱子以爻变多寡，顺而列之，以定一卦所变之序，又以乾卦所变之次，引而伸之，为六十四卦。所变相承之序，较焦氏尤密，然六十四卦纵横顺逆，皆可成卦。占变之法，以动为占，以理为断，必一一而比合之，反不足以尽神明变化之用，存其说而不必凿其义，可也。

一、《卦序》文王所定，序之之意，孔子《序卦传》已详，然易道统于乾坤，而乾坤之功用在坎离，坎离不交，则乾坤亦为死物①。故上经首乾、坤而终坎、离，以明天地之体用也；下经首咸、恒而终既、未济，以明人道之阴阳也。天地以坎离为功用，而太极之理气自全；人道以坎离为生化，而阴阳之真不固，女之终，男之穷，夫子已慨乎其言之矣。学易者，法天地之浑然者以致其中，法天地之流行者以致其和，则六十四卦统于太极，而成位乎其中矣。然此岂文字所可传耶？

一、孔子《十翼》发明易道已尽，历代儒者或不尽通其意，而多别为他说，岂知能将孔子本文意义一一得其指归，则已无余蕴，何俟别生枝节。故愚各就本文语意详解，俾读者了然，则诸说之非不攻自破。其必为之“串解”“附解”者，以语意必相承而后明，余义必详辨而始尽，非好烦也。

一、算法、历法、音律等，数皆起于图、书。然圣人作易，本旨不在于此，故今略之，以免学者逐其流而失其源。

一、朱子曰：“《易》不比《诗》《书》，他是说尽天下后世无穷尽底事理，只一两个字便是一个道理，人须是经历天下许多事变，读《易》方知各有一理。”此言极妙。后世星卜占历执一说以为易，而不究极人伦典

---

① 《来注》：“上经首乾坤者，阴阳之定位，万物之男女也。……水火者，乾坤所有之物，皆天道也，体也，无水火则乾坤为死物，故必山泽通气，雷风相薄而后乾坤之水火可交。颐、大过者，山泽雷风之卦也。颐有离象，大过有坎象，故……必乾、坤历否、泰至颐、大过，而终之以坎、离。”（卷之首，第109页）

则，其于术愈工，其于道愈远。朱子所谓“靠定象去看，便滋味长”者此也。但象不可执，须见得道理，活泼泼的无处非是始佳。

一、六经经孔子删定，便将天地万物之理，前圣许多经纶制作，都该括尽，何况易为夫子韦编三绝之学，万理之原诚穷极精微，直是一字增损不得。后世如扬子云作《太玄》以准易，关子明拟玄洞极经，司马温公之《潜虚》，蔡九峰之《星极》八十一名数，其精心结撰，非不各有义理，然皆域于象数，且不能出易之范围。子曰“述而不作”，诚以有无待于作者也，则诸贤之书不为赘乎？故兹编悉不具论。

一、先天、后天、小圆图及大方圆图，相传出于陈希夷，而邵子演之，其义广大精微，自非圣人不能作，特希夷始表章之耳。邵子《皇极经世》以日月星辰、水火土石、暑寒昼夜、飞走草木分隶于八卦，推生生化化之数，较诸儒为精，然实已该于八卦之中，而特衍为推测耳。其以日为元，月为会，星为运，辰为世，元会运世始终往来，以测治乱兴废，谓皆不能逃乎数，而极之近事小物，其成败吉凶亦然。尤而效之，则圣贤所云一念圣狂、义利舜蹠、克复修身、承天立命之学全用不著，故亦无足取也。

一、注经之法，取其简要，郭象注《庄》，前人以为至妙，然此特为智者言耳。愚意欲令下愚皆晓，故不以简直玄妙之语求悦高明，而避词费以滋众疑焉。

一、自汉魏以下，说易者何止千余家，今《四库全书》所收已五百余种，其于易不无发明，然醇疵详略亦错出矣。今择其有当者入注，或义有可采而语不无疵，或一二言足录而全篇不称，故无专引之条，因不便直据为某某之说。盖荟萃而采择之，不能如前人诸集引某某曰之文，非掠美也。

一、圣人已往，其言具存，即其心存，必将其立言之意理及词气之轻重抑扬得之，则如亲晤圣人矣。故经文虚字神理，毫不可忽，前人或以己意武断经文，而不顾前后语脉之通塞，如在天为元亨利贞，在人为仁义礼智，及“用九”“用六”“得朋”“丧朋”等语，相沿习之，并不知文王、孔子之意何所指矣。愚于此等处必再三申辩，务使圣人之心晓然，不敢避违众之嫌也。

一、古者卜筮之辞多用音和，以便人之玩诵，其体不始于文王。文王

《象辞》间有用韵者，然已无多，盖意主于教人义理，不专向吉凶趋避上立论矣。周公爻辞用韵处较文王为多，至孔子《象辞》则通用韵，然所用之韵乃古韵，非今世所尚沉休文韵也。顾炎武言之甚详，其说以《唐韵》为正，义颇优于前贤。然圣人本意恐人以为纯言义理，不喜诵习，故多用韵以诱之，盖亦不得已之苦心。而今世古音已晦，学者勉强求叶，必至迁就义理，以就音韵，其失转甚，故兹集于韵略之。

图 说

易有太极图

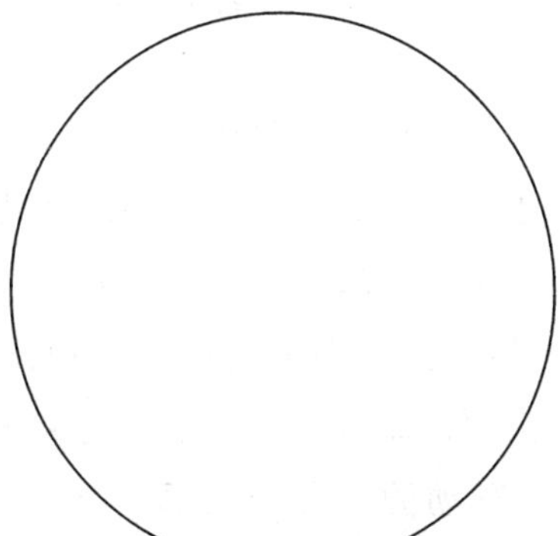

理气之浑然粹然者，是天地之精，而万物所从出，理之极致而无以加，故曰“太极”，太极莫名其极，即“无极”，非太极之外别有无极也。太极居乎天地之始，宰乎天地之中，无名象之可图也，特恐人莫识天地之妙，则为此图以见浑然粹然者，无成亏，无欠缺。万物莫不共由则曰“道”，得之于身则曰“德”，无过无不及则曰“中”，至真无二则曰“诚”，生生之理气所含则曰“仁”，本诸有生之初，所以承天地而立极则曰“性”，其他星历方舆一切术数，皆由此而衍之，随所会通，莫不有理，然于圣人承天立极、尽性至命之学为鳞爪矣。旧传周濂溪《太极图》内图白黑二气以象阴阳，由中一点运化，盖取生阴生阳之意。然太极者理气之总汇，阴阳含于其中，本难名象，故曰“无极”，“无极”者，状太极也，非太极之外别有无极。太极既无极矣，而又可图耶？故兹但列一空圈，以象浑然粹然之意。

两仪图

天地未兆，太极在天地之前；天地既分，太极即在天地之中，谓天地之外复有太极者，非也。惟天地即太极之体，故天包乎地，而以阳施阴；地孕于天，而以阴承阳，阳直而专则为—奇，阴辟而翕则为- -偶，此两仪之象所由名也。然奇者天一之数也，偶者地二之数也，阴仪、阳仪，只是天地之体段。天一地二，其数得三；两奇一偶，则为四；两偶一奇，则为五，故数止于五，以其为天地之交，而阴阳奇偶所会也。六七八九十，即倍一二三四五而成，非有加于五之外也。天地无一息不交，阴阳无一息不和，故成为太极浑然之体而阴静阳动，阳静阴动，互为其机，互根其宅，于是屈伸消长而生五行。五行分布，阴阳之功用以宏，实则太极浑然之理气如环无端，亘古不息，故五行只一阴阳，阴阳仍一太极耳。河图五行分列，金木水火各居其方，而中土为之运用，即是此理。但圣人画卦，即有形以象无形，由两仪而重复错综之，遂生八卦。前人以阳动阴静为生两仪，不知阴阳各有动静，夫子已明言之，且于阴何以偶之义不明，又似太极生天地者，总缘不知天地之妙耳，今特明著之。

两仪生四象图

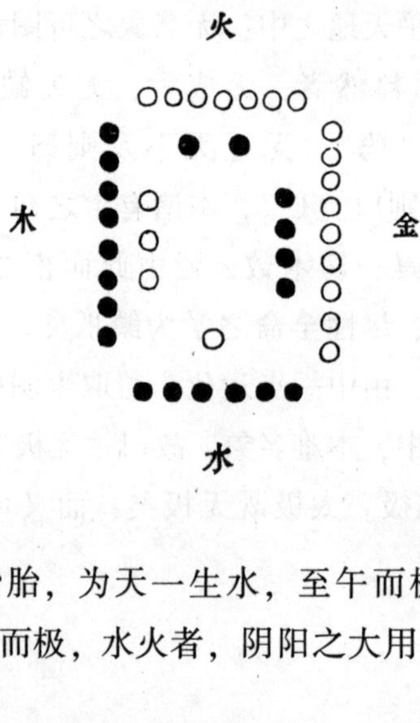

阳生于子，天气始胎，为天一生水，至午而极；阴生于午，地气始生，为地二生火，至子而极，水火者，阴阳之大用，即天地之精神也。一

阳二阳三阳，阳盛于东而木旺；一阴二阴三阴，阴盛于西而金旺。天三生木，以天气盛而得名；地四生金，以地气盛而得名也。然木乃火之父，金乃水之母，故金木者，水火之性情也。一元运转，进退消长而生四象。分言之，则木少阳而火太阳，水少阴而金太阴，先天之阴阳也；互言之，则太阳极于午，而阴已生，火实外阳而内阴；太阴极于子，而阳已生，水实外阴而内阳，后天之阴阳也。故金木水火者，天地自然之四象，而少阴、少阳、太阴、太阳即在其中，不必以重⚊为太阳，重⚋为太阴，两⚊加⚋为少阴，两⚋加⚊为少阳也。金木水火，分著四方，此河图之四象，而土不言者，土为天地之中气，有名无质，所谓太和元气，非指块然者也。元气运于中央，四象之内皆有土在。天五地十，太极之全体，太极无可指名，即此中土之浑然者，目之而可识矣。言少阴、少阳、太阴、太阳①，而不指水火金木以实之，则所谓四象者，仍虚而无著。今故即河图以明之，俾知太极生两仪，两仪生四象，非判然各为一物，而天地气机如此，圣人设卦观象，特假此示人耳。

四象生八卦图

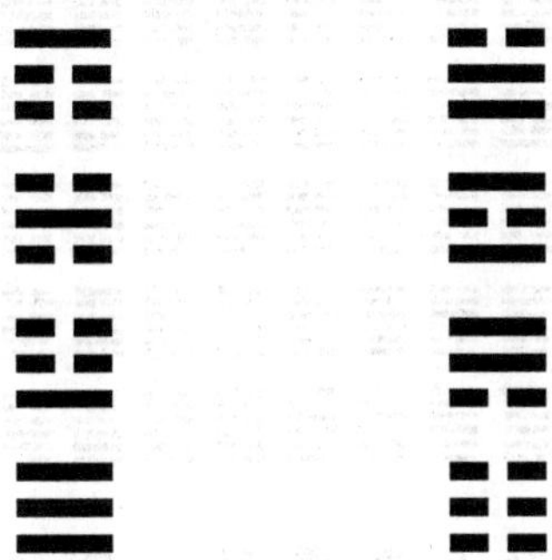

阴阳之数，偶变而奇不变，然一奇亦不能变，一偶亦不能变也，故阴阳皆以三而成纯，是为乾坤。乾坤者，天地之性情也。天一下交于坤，其数三；地二上交于乾，其数亦三，前人谓三生万物，谓两仪并立，一气之上交下交者，即五行万物所自出也。乾下交于坤，坤上交于乾，初爻交而

① 《来注》：“阳仪（⚊）、阴仪（⚋），一阳上加一阳为太阳（⚌），一阳上加一阴为少阴（⚎），一阴上加一阳为少阳（⚍），一阴上加一阴为太阴（⚏）。”（《周易图像》，第10页）

成震、巽，中爻交而成坎、离，上爻交而成艮、兑①。邵子乾一、兑二、离三、震四、巽五、坎六、艮七、坤八，则以画卦之序言也。以天地之气化言，阳生于北，而东而南，时历六月，序更三时，则阳极而阴生；阴生于南，而西而北，亦时历六月，序更三时，而阴极生阳。阴阳屈伸消长，少阳、太阳、少阴、太阴，循环迭生，只此一元之气耳，八卦只此两仪顺逆颠倒而成。云四象生八卦者，太极著而为象，金木水火四者，显而有端，运而不息，在天则风雷鼓其气，在地则山泽布其形，而水火者又南北之中气，天地之精神，生化万物，莫不由此，即天地之妙亦尽于此，此八卦所以为神也。

八卦生六十四卦图

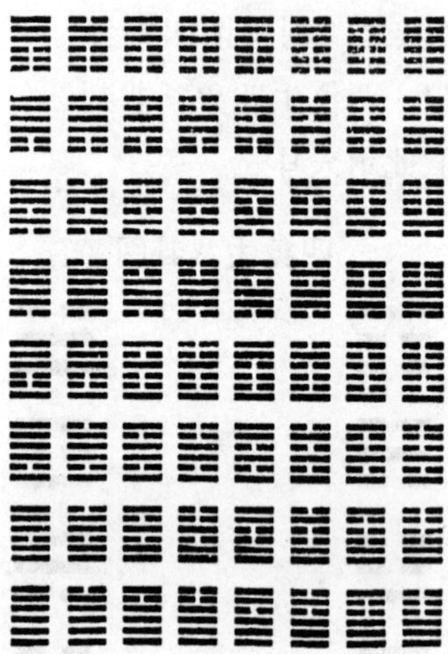

乾 兑 離 震 巽 坎 艮 坤

阴阳各三，则成一卦矣，因阴阳循环，各老于六，故又倍三为六，以合天地之数，爰即八卦，错综颠倒而推衍之，为六十四卦。其序亦以乾

---

① 《来注》：“（四象生）八卦图：太阳上加一阳为乾（☰），太阳上加一阴为兑（☱），少阴上加一阳为离（☲），少阴上加一阴为震（☳），少阳上加一阳为巽（☴），少阳上加一阴为坎（☵），太阴上加一阳为艮（☶），太阴上加一阴为坤（☷）。”（《周易图像》，第10页）

一、兑二、离三、震四、巽五、坎六、艮七、坤八递生而成，是皆天地自然之理，而非有一毫私意造作于其间也。及卦成之后，纵横逆顺，都成义理，随所取用，各不相悖。先儒谓未有易前，易在天地，既有易后，天地在易者，此也。由一阳、二阳、三阳、四阳、五阳而六阳，为复、临、泰、大壮、夬、乾六卦，阳生于子极于午也；由一阴、二阴、三阴、四阴、五阴而六阴，为姤、遁、否、观、剥、坤六卦①，阴生于午极于子也。十二卦应十二月②，而十卦仍乾、坤二卦消长之机，汉儒谓一阴一阳之卦各六，皆自复卦而来云云，即此义也。图之列序，以乾一、兑二、离三、震四、巽五、坎六、艮七、坤八次第而上。

伏羲八卦图

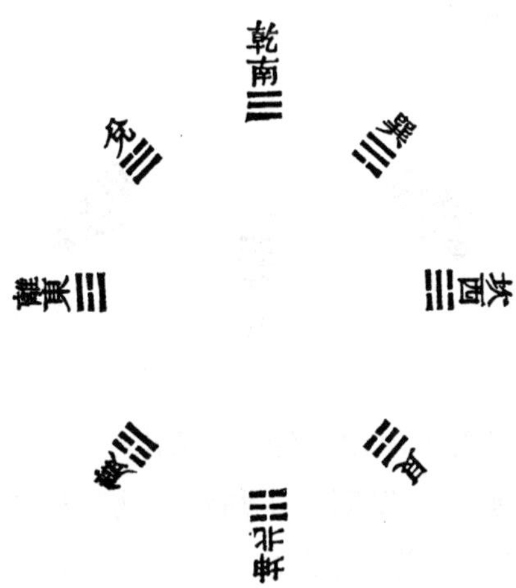

---

① 《周易述》："初九复（䷗）也，九二临（䷒）也，九三泰（䷊）也，九四大壮（䷡）也，九五夬（䷪）也；上九乾（䷀）也；坤初六姤（䷫）也，六二遁（䷠）也，六三否（䷋）也，六四观（䷓）也，六五剥（䷖）也，上六坤（䷁）也。消息十二卦实乾坤十二爻。"（《周易上经一》，第5页）

② 《周易述》："爻辰者，谓乾坤十二爻所值之辰。乾贞于十一月子，间时而治六辰；坤贞于六月未，亦间时而治六辰，乾左行，坤右行。十一月子，乾初九也；十二月丑，坤六四也；正月寅，乾九二也；二月卯，坤六五也；三月辰，乾九三也；四月巳，坤上六也；五月午，乾九四也；六月未，坤初六也；七月申，乾九五也；八月酉，坤六二也；九月戌，乾上九也；十月亥，坤六三也。二卦十二爻而期一岁，郑氏说《易》专用爻辰十二律，取法于此焉。"（《周易上经一》，第10页）

此图方位取义，愚已详著于《说卦传》“天地定位”章，兹不赘。邵子所言画卦先后之序，乾一、兑二、离三、震四、巽五、坎六、艮七、坤八，即从此图左右依次而定，其于画卦次序相生之理至顺，然非图之本意也，不可执以解此图焉①。

文王八卦图

右图取义，愚已详著于《说卦传》“帝出乎震”章，兹亦不赘。但二图虽分先天、后天，实互相发明，非判然二物。故夫子于先天图言“通气”“相薄”“不相射”等义，而总之曰“八卦相错”，于后天图言流行终始之义，而以一“帝”字贯之。人之生也，秉天地气化之正，得乾坤之正气，即坎离之真精也。天地生六子，而坎离独得乾坤中气，金木则水火之

① 《来注》：“☰（乾）☷（坤），此三阳对三阴也，故曰‘天地定位’；☲（离）☵（坎），此一阳对一阴于下，少阳对少阴于上也，故曰‘水火不相射’；☶（艮）☱（兑），此太阳对太阴于下，一阳对一阴于上也，故曰‘山泽通气’；☳（震）☴（巽），此一阳对一阴于下，太阳对太阴于上也，故曰‘雷风相薄’。……乾对坤者，父配乎母也；震对巽者，长男配长女也；坎对离者，中男配中女也；艮对兑者，少男配少女也。”（《周易图像补遗》，第28—29页）

精华耳①。纯阳纯阴者，天地；阴阳互宅者，日月；天地无功，以日月为功，故人得日月之华而生。阴阳互宅，水火易位，道心不纯，人心易起，知天地本一太极，则复性之功，只是返还受中之本然。后世言取坎填离，流为小术异端，不知取坎中之阳，实离中之阴，乃返还乾坤之正体耳。离中木液，是为流珠，人心之谓也；坎中金精，是为玉液，道心之苗也。克己者，克去离中阴私；复礼者，复还乾宫真阳。真阳，性也；阴私，欲也。前人假八卦以言性命，谓乾性也，坤命也，性本于天，命本于地，是人所以独得天之理以成性，得地之理以成形也。然天地只一太极，则谓得天地之理气而已，亦不容强分也。心中之阴私，逐物而迁，为善则难，为恶则易，人以为心之灵，不知其为性之贼也。然在受中之始，则心固浑然无欲，迨既生以后，始杂阴邪耳。故先天之心即性，孟子所谓性善也；后天之心不尽性，孔子所谓性相近也。未生为先天，既生为后天，先儒不明先后天之理，故于性情道心人心实际多影响。不明伏羲之图，乾坤定子午之位，坎离列日月之门，而山泽雷风鼓其机，此天地自然之理象，人之得天地而成性成形者，未始有异也。乾生于子而老于南，坤生于午而老于北，纯阴纯阳，只此一元运转之机耳②。一元之气机不可见，于日月见之。山泽成形于地，雷风行气于天，有形之质，无形之气宰之，无形之气，实一定之理寓焉。由先天而后天，人物之所以生生不穷；

① 《来注》："阳明居坎之中，阴浊在外，故水能照物于内，而不能照物于外；阳明在离之外，阴浊在内，故火能照物于外，而不能照物于内。……坎卦一阳居其中，故一阳生于子也，故为天一生水；及水之盛，必生木矣，故天三又生木。离卦一阴居其中，即一阴生于午也，故为地二生火；及火之盛，必生土而生金矣，故地四又生金。从坎至艮至震巽，乃自北而东，子丑寅卯辰巳也，属阳，皆天之生，至巳，则天之阳极矣，故自午而生阴；从离至坤至兑乾，乃自南而西，午未申酉戌亥也，属阴，皆地之生，至亥，则地之阴极矣，故自子而生阳。"（《周易图像补遗》，第 35 页）

② 朱震《汉上易传·卦图》："古管辂曰：圣人何以处乾位于西北，坤位于西南？邵康节曰：'置乾于西北，退坤于西南，乾统三男而长子用事，坤统三女而长女代母，坎、离得位而兑、震为偶，以应地之方也。'"（施维：《易经图典》，巴蜀书社 2021 年版，第 79 页）

由后天而先天，克己复礼之所以尽性立命。故此二图者①，道学之渊源，非仅卦爻之象数也。然圣人洞明此理，不敢臆造，因图书呈光而始泻之，故图书者，又二图之所本也，而世乃有以图书为非者，何哉？

伏羲大圆图方图

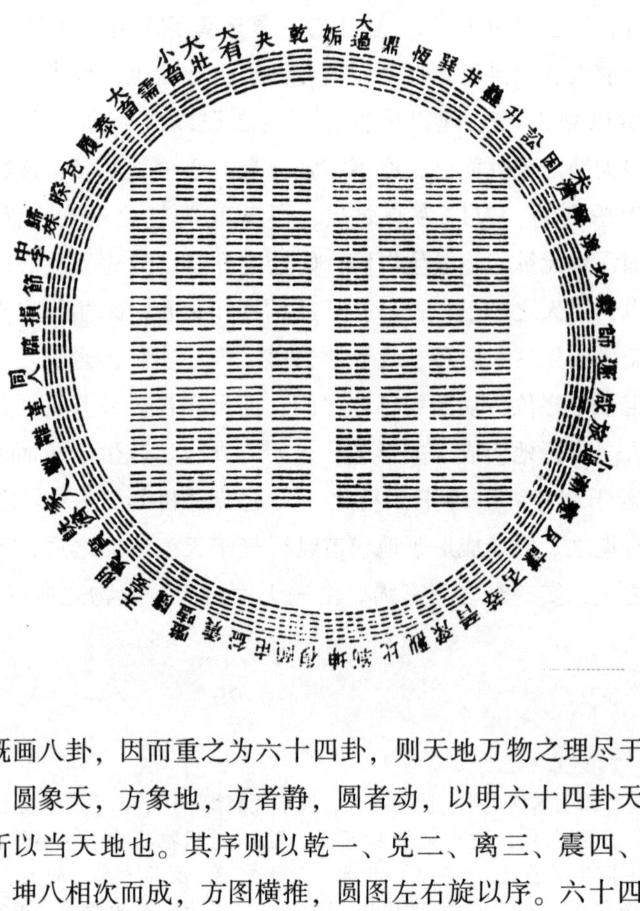

圣人既画八卦，因而重之为六十四卦，则天地万物之理尽于此矣。右方圆二图，圆象天，方象地，方者静，圆者动，以明六十四卦天地同含此理，非分析以当天地也。其序则以乾一、兑二、离三、震四、巽五、坎六、艮七、坤八相次而成，方图横推，圆图左右旋以序。六十四卦本于八

① 胡一桂《周易启蒙翼传》："右文王八卦（方位图），又自取东南西北四方之位及春夏秋冬四时运行之序。震东为春，巽东南春夏之交，离南为夏，坤西南夏秋之交，兑西为秋，乾西北秋冬之交，坎北为冬，艮东北冬春之交。震巽为木，离为火，坤艮为土，兑乾为金，坎为水。春夏秋冬，木火金水，与四方俱协焉。……天地之间，有对待之体，不可无流行之用；有伏羲易，不可无文王之易。"（《易经图典》，第195页）

卦，八卦以乾坤为主，乾老于南，坤老于北，阴阳二气屈伸消长，而生五行，播五行于四时，仍一乾坤之运用而已。此图即先天小圆图而推衍之，以明造化流行不出乎此，而画卦自然之理亦可识矣。图传自陈希夷，朱子谓三代以后，流为方外，至邵子始返之于易道，然邵子据《说卦传》以解此图，其言“数往者顺，知来者逆”，实非孔子之意。诸儒绍述邵子，又各自为一说，于理非无可观，但泥于象数，不得圣人教人之意，且夫子惟言八卦，未及六十四卦也。六十四卦以次相生，亦只一阴一阳颠倒错综而成，其象如此，其所以屈伸往来消长变化，则固非人力之所与也。圣人即有象以著无象，而后人多泥象以求象，是以此图之解愈多，其义愈棼。今惟挈其大要，他不尽述也。

邵子曰：数往者顺，左旋，顺天而行，得已生之卦；知来者逆，右旋，逆天而行，得未生之卦。其所谓左旋右旋者，不合天地也，何可以解易数耶？其曰：阳交于阴，阴交于阳，而生天之四象；刚交于柔，柔交于刚，而生地之四象。夫天地只一阴阳，夫子曰：“立天之道曰阴与阳，立地之道曰柔与刚，立人之道曰仁与义。”阴阳以气言，刚柔以质言，仁义以理言，不过明三才并立，性命为重之义耳，其实一也，天地岂判然自为阴阳、刚柔哉。又谓画卦一分为二，二分为四，四分为八，八分为十六，十六分为三十二，三十二分为六十四。朱子取之，反以程子之说为非。然夫子明言“参天两地而倚数，观变于阴阳而立卦”，则邵子之说不如程子矣。特程子辞浑，亦未甚了然于卦之所以生耳。愚前两仪、四象图说，已言其义，兹不赘。其曰乾以分之，坤以翕之，震以长之，巽以消之，长则分，分则消，消则翕也。乾坤定位也，震巽一交，兑离坎艮再交，故震阳少而阴尚多，巽阴少而阳尚多，兑离阳浸多，坎艮阴浸多，则亦第据此图消长之序而言，其实坤可言翕，而乾不可言分也。天包乎地，地孕乎天，乾坤交而大生广生，万古无穷。其消息者，阖辟气机，物感之而有生有化耳。一交再交，亦非天地之理，阴阳浸少浸多，犹无害耳。又曰无极之前阴含阳，有象之后阳分阴，是以无极为在有象之前，而不知有象之后，无极仍在也。复姤为阴阳之机，在天为四季消长大关，在人为阴阳升降理气，而于此图为尤切当，邵子所谓“月窟天根”者，是也。儒者疑其类道引家言，不敢以论此图，则非。又曰震始交阴而阳生，巽始消阳而阴生，兑阳长，艮阴长，震兑在天之阴，巽艮在地之阳云云，拘于卦画相生之序，不及顾天地自然之理及圣人列八卦之蕴矣。又曰乾四十八而四分之一分，为阴所克，坤四十八而四分之一分，为所克之阳，故乾得三十六，而坤得十二。然圣人画卦，即天地之数而重至六画，顺逆错综，自成八八之数，以之该天地万物而有余，不应积算折除以为配合也。至谓复至乾，凡百一十有二阳，姤至坤，凡八十阳；姤至坤，凡百一十有二阴，复至乾，凡八十阴，则自然之数无伤于理者。盖邵子之学，工于数者，故其解易也，数理为多。圣人作易，理气象数，无所不包，而理为之本。今将明圣意以匡前贤，故不敢不缕析条辨，非好诋诃也，识者鉴之①。

河　图

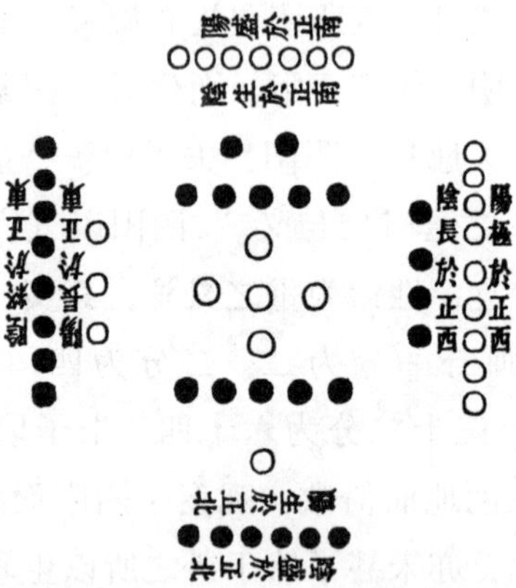

太极之理气浑然耳，太极动静而分阴阳，阴阳流行消长进退遂有五行，五行成质则为金水木火土，其实止一阴一阳之精所凝结耳②。循环相

---

① 《来注》："此伏羲之易也，易之数也，对待不移者也。故伏羲圆图皆相错，以其对待也。所以上经首乾坤，乾坤之两列者，对待也。孔子《系辞》'天尊地卑'一条，盖本诸此。"（《周易图象》，第3页）

② 陈梦雷《周易浅述·河图》："天以一生水，地以六成之；地以二生火，天以七成之；天以三生木，地以八成之；地以四生金，天以九成之；天以五生土，地以十成之，此河图五行生成之数也。一为太阳居北，二为少阴居南，三为少阳居东，四为老阴居西，东、北，阳方，故一、三皆位阳；西、南，阴方，故二、四皆位阴。东、南，物之始生，故二少位于东、南；西、北，物之收成，故二老位于西、北，此河图四象之位也。"（《易经图典》，第324页）

生，亦循环相克，克者乃其生之机，生者即其克之渐，而握其枢者，土也。土本中气，天地合一太极之精，其显而为块然者，则天地之质耳，故金水木火，悉生于其中。苍苍之天，包含乎地；苉苉之土，中孕乎天，以上覆者为天，以下凝者为地，即有象以分观，实则天地未尝两橛也。河图之象，中五与十，乃天地浑然合一之象，而由是而左旋相生金水木火，土仍归中央，所以明五行分布，一太极之理气运行也。若以阴阳之分著者言，则天一水旺于北，地二火旺于南，天三木旺于东，地四金旺于西，是四时之显象也①。以阴阳之消长者言，天一阳始生，天三阳始盛，阳气用事之时，故阳在内为主，而阴在外；阳盛将衰，则地二阴生，地四阴盛，阴气用事之时，故阴在内为主，而阳在外。天一地二，其数得三，前人谓三生万物，盖天地之体用已全，故变化而生万物耳。倍一为二，而地四合之，则为六；倍二为四，而天一合之，则为五，五、六，天地之中合，以天地相交在乎此也。天数五，地数五，合之则十。人得天地之中气，故五行成质，五性、五事、五脏、五官、五音、五色，分之各有其用，合之共为其用。河图五行分布对待，以呈其数，而流行之理已该，山泽通气，雷风相薄，水火不相射，八卦相错之理实原于此。伏羲则之以画卦，天一地六，一阳在中，而六阴外包，坎之象；地二天七，一阴在中，而七阳外包，离之象；天三地八，阳壮而阴消，震之象也；地四天九，阴壮而阳消，兑之象也，天五地十，为乾坤纯阳纯阴之体②。艮巽虽无其象，而木火之气旺于东南，非巽风无以鼓其机；金水之气盛于西北，非艮山无以藏其用，且兑覆则为巽，震覆则为艮，有四象而八卦自成，故伏羲则之，设卦观象，不得谓河图止有金木水火，无由成八卦也。且河图、洛书，同出伏羲之世，孔子已明言之，则伏羲画卦，固兼取图、

① 江永《河洛精蕴》："刘歆云：河图、洛书相为经纬，八卦、九章相为表里。此言似有见。以河图言之，火南水北，木东金西，合四方之正位，似为经，而洛书为纬；以洛书言之，奇数居四正，偶数居四隅，似为经，而河图为纬。"（《易经图典》，第415页）

② 《来注》："虽曰一六在下，二七在上，其实皆阳上而阴下；虽曰三八在左，四九在右，其实皆阴左而阳右；虽曰以五生数统五成数，其实皆生数在内而成数在外；虽曰阴阳皆自内达外，其实阳奇一三七九，阴耦二四六八，皆自微而渐盛。……而拘拘执河图虚中五十无位之说，是又不知阴阳合于中心，而土本天地之中气也。"（《周易采图》，第484页）

书之意而成。先儒折补以配八卦，其说牵强，非圣人之意。而妄庸者流，又以河图、洛书为非伏羲所则，先天、后天八卦图为陈希夷所撰，楚失而齐亦未为得也。

洛　书

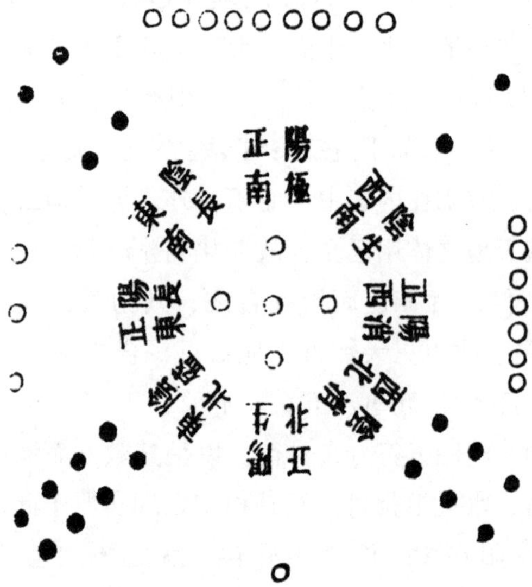

太极，理气之元，无声无臭，而动而生阳，静而生阴，著为万象，则有象数之可言，故五行者，阴阳之用，即太极理气之流行者也。阴阳递运，顺而出者，生生不穷，气不虞其尽乎？逆而克之，滴滴归原，理不有其宗乎？故相生者生物之理，相克者成物之义，前人谓之克则不能生，实不克则不能成耳。盖阴阳互为其根，即交相为用，阳施而阴受，即阴敛而阳舒，生化万物，莫不由此。若以人身理气言，受气于天而成质，受理于天而成性。人生而静天之性，是理气之浑然者，无稍欠阙，先天也；既生以后，形气用事，而知诱物化，非复太极之浑然，后天也，由后天以返先天，必有复性之功、诚身之学，故其自天而之人也，是生生之义；其自人而之天也，是克成之义。河图左旋相生，洛书则由中土而右旋相克，相生者即存于对待，相克者即寓于流行。此以见阴阳二气无间断、无始终，即太极之浑然粹然者，万古如斯也。人为天地之心，所以不如天地者，止此

气质之拘，致生物欲之蔽，不克长存其浩然，圣人所以教人“穷理尽性以至于命”，而夫子曰“圣人作易，将以顺性命之理”，正谓此也。洛书中宫有五无十，明乎天地生生之理无一息停，其成者即其生之终，非有二也。且天地之生机浑然无声臭者，固不可测，而其可测者阴阳耳，阴阳之互宅者不易言，而其显呈者五行耳。阳生于北而消于西，其气左旋；阴生于西南而消于西北，其机右转，是四时之义所以成变化而生万物也。朱子曰，河图以五生数统五成数，而同处其方，揭其全以示人，而道其常数之体；洛书以五奇数统四偶数，而各居其所，主于阳以统阴，而肇其变数之用。然河图洛书，相为经纬，常、变二字，不可泥看。河图五十居中，象天地浑然之太极，而四象分著于外，水火金木，各居旺地，是四时递运，一元气之周流常在是，即变亦在是也；洛书五土生数居中，而一三七九依然，四象各旺其方，明乎生生之意流贯四时，象似变而理仍常也。先儒又谓河图数十，洛书数九，不知十者天地之合一，九者一元之流行，流行者，屈伸消长迹象易求；合一者，全体浑然无稍间断。河图之数全于十，一三七九左旋而右，二四六八右旋而左，各成一十。一二三四生数在内，合为十；六七八九成数在外，合为三十，固无往非十也。然一三五之奇，合而成九，中土发水木之菁华；二七合而成九，离火炳乾宫之阳光，五与四合亦九也，金老于西亦九也，是其流行之机自在浑合之内。若夫洛书固以九为数也，然虚中土以为太极。一九、三七、二八、四六，皆相对而成十，故河图九含于十，洛书十含于九，则河图以成先天卦画；乾三坤六、震五巽四、兑离四艮坎五，亦用九数之意，则洛书以合后天卦位。乾六巽四、坎一离九、艮八坤二、震三兑七，亦用十数之意。圣人设卦观象，固未尝以十与九为判然两端，图书必相参，而天地之义始全；先天后天卦位亦互观，而变化之神始见。夫子曰“河出图，洛出书，圣人则之”，固谓伏羲画卦也。至禹王演畴数止于九，不过因天地变化，以九为用，而综经世理物之凡，列为九端，亦如夫子论文武之政，撮其大要，列为九经。岂区区规合于数，谓图自图而书自书，《易》自《易》而《范》自《范》乎？蔡元定谓伏羲但据河图以作《易》，不必豫见洛书，而已逆与之合；大禹但据洛书以作《范》，不必进考河图，而已暗与之符，以此理之外无复他理，盖已见其同原共贯矣。而不敢决图书为皆出伏羲时，则误信汉儒之过也，学者详之。

上古风气浑朴，至伏羲时，民气渐华，天乃假图书以泻大道之机缄，圣人因而画卦，以通神明之德，以类万物之情，此非仅祥瑞物也。后世附会以为怪诞之说者，则有如顾野王以洛书农用、敬用十八字，为神龟之所负；班固以初一至六极六十五字，为洛书之本文。谶纬之书，谓河图有九篇，洛书有六篇，不知夫子但言图书出于河洛，何尝言有文字。其第以图书为天瑞而神其说者，则有如《路史》野王符瑞图云，黄帝轩辕氏省河过洛，龙鱼负图，上有文字。郦道元《水经》云，帝尧修坛河洛，有五老游焉，谓河图将来告帝期，言讫，五老化为流星入昴。而《论语比考》谓孔子亦云然，《书中候握河纪》、孙氏《图瑞》皆同其说。又谓周公践阼，青龙衔甲，元龙背书，纷纷怪异之谈，皆徒知图书为瑞物，而不知天启大道，圣人觉世牖民之心也。天道至秘，然人道即是天道，但无端奚从尽窥图书牖圣人之智。圣人发天地之藏，期与民偕于大道，而以曲说乱之，宁不可叹。又或谓朱子《四书集注》成，有图书现，此其附会妄诞，尤堪一噱。今略举其概，学者慎毋为邪说所惑可也。

图书既同出于羲世，为易所本，而汉魏晋唐宋初之儒不见图书，何也？朱子云，秦火以后，儒者不能守，而流为方伎家。其说然也。陈希夷知其为大道根源，始显传之。穆修、种放，从希夷游，穆得其古易，种得其图书。穆传李之才，再传而至邵子；种传李溉、许坚、范谔昌，四传而至刘牧，刘亦发挥图书，有《易数钩隐图》。然邵子以十为河图，九为洛书；刘则以九为河图，十为洛书①。盖传远不免自为一家言。当时有阮逸者，作关子明易，阮与穆、种同时，盖因二家而得见图书，然所传未广，故欧阳公、王临川与阮亦同时，而不及见图书。欧阳直以二卦为河图，而不信有洛书，并疑《系辞》非孔子作。王氏虽不以为无，而其说图书，皆以臆断，至朱子然后断其可信，而表章邵子，此朱子之为功大也。第朱子之说亦多偏于数学，后人从而推衍其说愈支，其义愈浅，今皆略

① 刘牧《易数钩隐图·遗论九事》："昔伏羲氏之王天下，感龙马之瑞，负天地之数出于河，是谓龙图者也。戴九履一，左三右七，二与四为肩，六与八为足，五为腹心，纵横数之皆十五，盖易《系》所谓'三伍以变，错综其数'者也。太皞乃则而象之，遂因四正定五行之数，以阳气肇于建子，为发生之源，阴气萌于建午，为肃杀之机，二气交通，然后变化所以生万物焉，杀万物焉。"（《易经图典》，第18页）

之。诚以图书为大道之原，三才奥义悉具于斯，至衍之为星历占课等事，皆不出其范围，然于至道为鳞爪。盖夫子已明言“圣人作易，将以顺性命之理”，则河图者性命之原，不宜第以数论。且图书之数虽千变万化，只是一阴一阳盈虚进退，而阴阳消长进退只一太极理气流行，若昧其本而逐其流，未有不为方伎所乱者也。方伎亦非无补于世，而令人不得性命之原，不知人所以承天地之道，则大可惜也，故愚于邵子、朱子计算之说且多不取，其他可知。明者必有以愚言为然也。

六十四卦反对变不变图

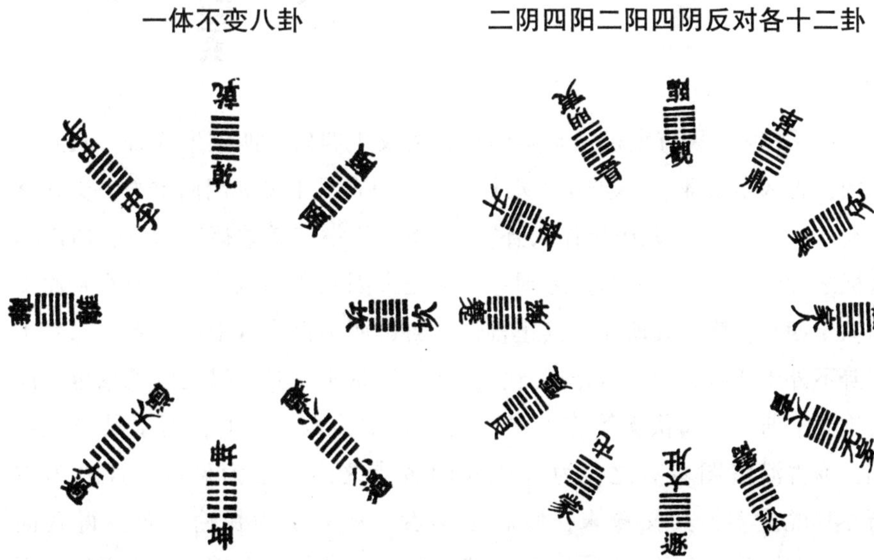

一阴五阳一阳五阴反对各六卦

三阴三阳反对各十卦

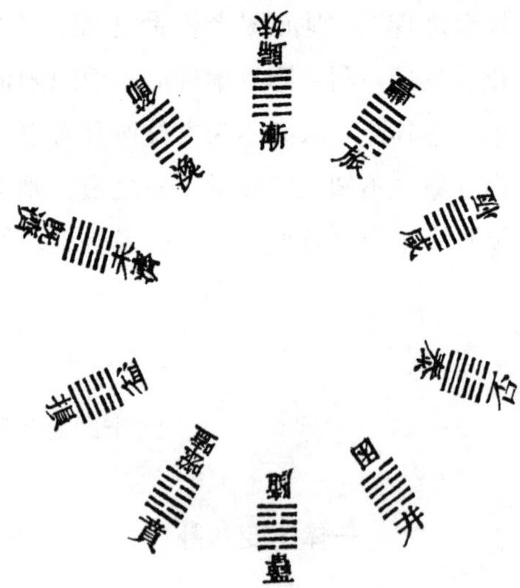

孔子曰："易有太极，是生两仪，两仪生四象，四象生八卦，八卦定吉凶，吉凶生大业。"又曰："八卦成列，象在其中矣。因而重之，爻在其中矣。"又曰："庖羲氏始作八卦。"而下文历举"盖取诸"云云，所以明太极之理流行散布，有自然之理象，而圣人因则图书以为卦，因八卦而重为六十四卦，皆伏羲所作。其止言作八卦，而不言作六十四卦者，以六十四卦不外于八卦，故上言作八卦，而下文历举十三卦，错文以见意也。前人拘泥不通，乃谓伏羲第作八卦，文王始重为六十四卦，而于是异说纷起，为古河洛图者有之，为古伏羲图者有之，衍之为象数，推之为占历，其说愈多，其义愈末，使后之学者，视易学为畏途，而不得其向方，深堪悼矣。夫圣人作易，固将使天下之人同归于大道，大道之实，不离日用伦常，日用伦常，根极于性命而原于天地，天地之理数著于万事万物，物物各有一理，万理归于一理，易之为书，言此而已。乾坤生六子，八卦生六十四卦，皆自然而然，不假丝毫造作，何有于铢铢而积之，寸寸而析之也哉？即铢积寸析，亦非无与于道，而所以然者不在焉，故弗贵耳。吾蜀来矣鲜于易甚勤，惜其学未至，所列诸图，多不免纯

驳之互见，惟反对变不变图，简易明白，实胜前人，今特录之①，而凡昔人所谓互卦、变卦等说，皆可类推。学者不必沾沾求合于传注，惟期不谬于圣人则得矣。

八卦取象歌

☰ 乾三连　　☷ 坤六断

☳ 震仰盂　　☶ 艮覆碗

☲ 离中虚　　☵ 坎中满

☱ 兑上缺　　☴ 巽下断

上下经卦名次序歌

乾坤屯蒙需讼师，比小畜兮覆泰否。

同人大有谦豫随，蛊临观分噬嗑贲。

剥复无妄大畜颐，大过坎离三十备。

咸恒遁兮及大壮，晋与明夷家人睽。

蹇解损益夬姤萃，升困井革鼎震继。

艮渐归妹丰旅巽，兑涣节兮中孚至。

小过既济兼未济，是为下经三十四。

分宫卦象次序

乾坎艮震为阳四宫，巽离坤兑为阴四宫，每宫阴阳八卦。

乾为天　天风姤　天山遁　天地否　风地观

山地剥　火地晋　火天大有

① 《来注》："易道不过一阴一阳，虽曰'太极生两仪'，两仪即阴阳也；'两仪生四象'，四象即阴阳之老少也；'四象生八卦'，八卦即阴阳之生生也；'八卦重而为六十四卦'，六十四卦即阴阳之生生不穷也。是图也……虽有变与不变之殊，相对相反之别，不过阴阳奇偶升降错综而已……惟即其象之可见，以求其不可见，则形上形下一以贯之，而阴阳生生不测者流通充满，触处皆然矣。"（《周易采图》，第567页）

坎为水	水泽节	水雷屯	水火既济	泽火革
	雷火丰	地火明夷	地水师	
艮为山	山火贲	山天大畜	山泽损	火泽睽
	天泽履	风泽中孚	风山渐	
震为雷	雷地豫	雷水解	雷风恒	地风升
	水风井	泽风大过	泽雷随	
巽为风	风天小畜	风火家人	风雷益	天雷无妄
	火雷噬嗑	山雷颐	山风蛊	
离为火	火山旅	火风鼎	火水未济	山水蒙
	风水涣	天水讼	天火同人	
坤为地	地雷复	地泽临	地天泰	雷天大壮
	泽天夬	水天需	水地比	
兑为泽	泽水困	泽地萃	泽山咸	水山蹇
	地山谦	雷山小过	雷泽归妹	

右三者朱子《本义》所列，前二歌以示初学，《分宫卦象》则为占卜家用，均不可废者也，故采存之。

周易恒解卷一

周易上经

伏羲画卦，以象三才，有交易、变易、不易之义，故后人名曰“易”。彖辞，文王所系；爻辞，周公所系；《上彖》《下彖》《大象》《小象》《文言》《系辞上》《系辞下》《说卦》《序卦》《杂卦》，孔子所作，古称《十翼》。夏易名《连山》，商易名《归藏》，其书不传，此书成于文王、周公，故曰《周易》，简表重大，故分为上下二篇。

䷀ 乾下乾上

一，奇数也。一之象出于○，连之为一。伏羲仰观俯察，见天地之间莫非阴阳二气周浃流衍，乃取图书而则之，画一奇以象阳，画一耦以象阴。天一、地二，数得三，阴阳相生相交之义已寓，故为三画而成卦，以象三才；倍之为六，以阴阳二气皆老于六也。此卦六画皆奇阳之纯，而健之至也。纯阳至健者惟天，故象天而名其卦为乾。不曰“天”而曰“乾”①，天犹以形体言，乾则举其性情之纯健，而形体亦该焉矣。

乾，元亨利贞。

---

① 《周易集解》：“乾，健也。言天之体以健为用，运行不息，应化无穷，故圣人则之。欲使人法天之用，不法天之体，故名‘乾’，不名天也。”（李鼎祚著，张文智、汪启明整理：《周易集解》卷第一，巴蜀书社 2004 年版，第 1 页）

伏羲画奇耦，尽其变以成六十四卦，而名曰“卦”，卦者，挂也，如悬挂物象以示人，盖所以教民卜筮，使从善去恶，以趋吉避凶。其初但有占而无文，至文王始为之辞，以明一卦之吉凶，名曰“彖辞”。下放此。此卦本象天而名“乾”，以言乎物，至尊者惟天；以言乎性，天性至纯；以言乎功用，天之大至矣。故文王言占得此卦者元亨，但须利于正而固耳。元，大。亨，通①。盖圣人恐人以不正者为利，而求其吉，故戒之云然，初本无四德之说也。

初九，潜龙勿用。

此下六节皆周公所系之辞，所谓爻也②。画卦自下而上③，不曰“下”而曰“初”者，理气象数之初生，自太极而形，不可以下言也。阳曰“九”，阴曰“六”者④，一三五七九，奇数，老于九，阳老始纯；二四六八十，耦数，老于十，阴壮始育。阴阳喜其变化，故以九六该阴阳，夫子所谓参天两地者也。潜，藏也。龙，阳物，变化莫测，故象乾⑤。初九，阳气方萌，居于卦下，象龙之潜而未出者，未可施用。故周公教人占得此爻，当养晦俟时，勿用之也⑥。

九二，见龙在田，利见大人。

二，自下而上第二爻也。后放此。以六画卦言之，二于三才为地道。

---

① 《周易述》：“乾、坤，消息之卦，乾息坤消，息至二当升坤五为天子，乾坤交通，故亨。《经》凡言‘亨’者，皆谓乾坤交也。”（惠栋著，江藩补，袁庭栋整理：《周易述·周易上经一》，巴蜀书社 1993 年版，第 2 页）

② 按：所谓爻也，“爻”后疑脱“辞”字。《来注》：“（初九，潜龙勿用）此周公所系之辞，以断一爻之吉凶，所谓爻辞也。”（卷之一，第 120 页）

③ 《周易述》：“《乾凿度》曰‘易气从下生’，郑玄注云：易本无形，自微及著，故气从下生，以下爻为始是也。”（《周易上经一》，第 3 页）

④ 《来注》：“天一依天三天五而为九，所以阳皆言九；地二依地四而为六，所以阴皆言六。”（卷之一，第 120 页）

⑤ 《周易述》：“乾之取象于龙，以其能变化也。”（《周易上经一》，第 4 页）

⑥ 《周易集解》：“天地之气有升降，君子之道有行藏。龙之为物，能飞能潜，故借龙比君子之德也。……阳在初九，十一月之时，自复来也。”（卷之一，第 1 页）

田，地之有水者也。初为潜，二则离潜而出见。大人，大德之人①。以三画卦言之，二于三才为人道，阳大阴小，故为大人，此以圣人之德而逢时致主泽民者。故周公言占得此爻，“利见大人”也。

九三，君子终日乾乾，夕惕若②，厉无咎。

以六画卦言之，三于三才为人道，居人道而有乾德，君子之象也。变龙言君子，龙，物之君子；君子，人之龙也③。居下卦之终，互体④变离，离为日⑤，故曰“终日”。下爻终而上爻继，乾而又乾，健而不息之象也。若，语助词。夕惕若，虽至夕，而兢惕不懈也。厉，危也。九三重刚不中，居下之上，乃危地。然性体刚健，朝夕乾惕，则敬畏为安，虽危无咎也。

九四，或跃在渊，无咎。

或者，欲进未定之词，非狐疑也。然欲飞而当上下卦改革之交，居上之下，未敢轻进，故欲跃而仍在渊⑥。占者能审时度理以为进退，何咎之有？

九五，飞龙在天，利见大人。

天者，龙之正位。阳德极盛，为飞龙在天之象。占者得之，在上则利

---

① 《周易集解》：“‘利见大人’，唯二、五焉。”（卷之一，第1页）《来注》：“二、五得称大人者，皆以三画卦言也。‘利见大人’者，利见九五之君，以行其道也。此爻变离，有同人象，故利见大人。”（卷之一，第121页）

② 按：夕惕若，众本同，《周易述》作“夕惕若夤”：“夤，敬……俗本脱‘夤’，今从古。”“寅，本训敬，今从夕，敬不衰于夕。”（《周易述上经一》，第3、5页）

③ 《周易述》：“（乾）五爻皆有龙象，三独称君子者，以易有三才，三于三才为人道。……《经》凡言君子，皆谓九三也。”（《周易述上经一》，第4页）

④ 按：互体，来氏称“中爻”，《来注》：“中爻者，二三四五（爻）所合之卦也……中爻者，阴阳内外相连属也。”（卷之一，第116页）

⑤ 《周易述》：“离为日，坤为夕，虞翻义也。虞以阳息至三，二变成离，离为日。《系上》曰：刚柔者，昼夜之道也。荀彼注云：乾为昼，坤为夜。《说文》：夜从夕。”（《周易上经一》，第5页）

⑥ 《来注》：“九为阳，阳动故言跃；四为阴，阴虚故象渊也。”（卷之一，第121页）

见有德之大人[①]，如尧见舜；在下则利见有德位之大人，如舜见尧。六画之卦五为天，三画之卦五为人，故曰“天”曰“人”也。

上九，亢龙有悔。

上者[②]，最上一爻之名。下放此。穷高曰“亢”[③]，过于上而不能下之象。阳极于九，是时当盈满势盛而无以加，如龙极于高亢，不能施泽。高而危，满而损，故有悔也。纯阳刚德本贵，因居上之极，有悔之之理。

用九，见群龙无首，吉[④]。

承上“亢龙有悔”而言。处此上九之位，“贵而无位，高而无民，贤人在下位而无辅”，将何以处之哉？惟“见群龙无首”则“吉”。群龙者，潜见跃飞之龙也。首者，头也，乾为首。凡卦初为足，上为首，则上九即群龙之首也。不见其首，以柔济刚，则进退存亡而不失其正，周公戒占者用此道也。居上九而为九所用，不能用九，故至于“亢”。用九则穷上返下，易“飞”为“潜”，乾元之理，终始循环，无所不利，非泛言诸阳爻之通例也[⑤]。

---

① 《周易述》：“物感以动，类相应也……初以四，二以五，三以上，此之谓‘应’，是言六爻相应之义也。易重当位，其次为应，故《彖传》言应者十有七卦。六十四卦之中，有当位而应者，有当位而不应者，有不当位而应者。若皆阴皆阳谓之‘敌应’，《艮·彖传》所谓‘上下敌应，不相与也’。今乾二、五敌应而称‘利见大人’者，乾用九，坤用六，乾二升五而应坤，坤五降二而应乾，故皆云‘利见大人’。”（《周易上经一》，第5-6页）

② 《周易述》：“九居上为失位，应在三，三阳爻，故无应。《系下》曰：易穷则变，穷不知变……故有悔。”（《周易上经一》，第6页）

③ 《周易集解》：“阳在上九，四月之时也。亢，过也。乾体既备，上位既终。”（卷之一，第3页）

④ 《来注》：“不见其首，则阳变为阴，刚变为柔，知进知退……不为穷灾，不与时偕极，所以无悔而吉。此圣人开迁善之门，教占者用此道也，故阳极则教以‘见群龙无首吉’，阴极则教以‘利永贞’。”（卷之一，第122页）《周易禅解》：“六十四卦，共计三百八十四爻，阴阳各半，则阳爻共有百九十二。此周公总明一切阳爻所以‘用九’而不‘用七’之旨也。盖七为少阳，静而不变；九为老阳，动而变阴。今若筮得乾卦，六爻皆九，则变为坤卦，不惟可知大始，亦且可作成物。”（明智旭著，施维整理：《周易四书禅解》，巴蜀书社2004年版，第9页）

⑤ 《周易折中》：“《本义》：用九，言凡得阳爻者，皆用九而不用七，盖诸卦百九十二阳爻之通例也。……圣人因系之辞，使遇此卦而六爻皆变者，即此占之。盖六阳皆变，刚而能柔，吉之道也。”（李光地撰，刘大钧整理：《周易折中》卷第一，巴蜀书社2014年版，第28页）

《彖》曰：大哉乾元，万物资始，乃统天。云行雨施，品物流形，大明终始，六位时成，时乘六龙以御天①。

彖者，文王之词，孔子赞之而为《传》，古本《经》《传》各别行，后人移合经内，因加“《彖》曰”二字以异之。文王只言占象，孔子乃发明羲、文未尽之意，而此特以天道明乾义也。大哉，叹词。元，大也，始也。统，总括意。云、雨，阴阳二气之交沛于物者。品物，物各分类。流形，物生生不已而成形②。大明，日也。终始，阴阳消长之机③。六位，日自子而午为阳极，自午而子为阴极。时，阴阳寒暑之时。六龙，阳也。一元统乎六阳，故曰“乘六龙”。御，驾御之意。言伏羲以乾象天，而文王演之以“元”，占者或第求其“亨”，不复知所谓“元”矣。岂知乾者至健不息之名，夫乾何以至健？以一元之真理真气寓焉。故乾自有元，非后起所可拟也。大哉，惟此乾元，万物莫不资以托始，虽无形象，而实形象所自生，乃理气之至纯至粹，实统天以行而成其健者也。故就其散著者观之，则云行于空，雨施于物，品物流形，生生而不可穷究；而自其运行者言之，则大明实终始之往来屈伸，历六位而寒暑消长，四时之序以成。盖天本纯阳，日为阳精，以其至阳之气流行往复，时乘六龙以御天机，莫非乾元自然之用也。

---

① 《周易正义》：“天也者，形之名也；健也者，用形者也。……大明乎始终之道，故六位不失其时而成，升降无常，随时而用。处则秉潜龙，出则乘飞龙……乘变化而御大器，静专动直，不失大和，岂非正性命之情者邪？”（卷一，第 14 页）《周易述》：“时乘者，六龙乘时也。……升降以时，不失其正。”（《彖上传》，第 212 页）

② 《周易述》：“乾二、五之坤成两坎，坎在上为云，‘云雷屯’是也；在下为雨，‘雨雷解’是也。《说文》曰：品，众庶也。坤为形，乾流坤形，万物成形，皆出于坤，故品物流形也。”（《彖上传》，第 214 页）

③ 《周易集解》：“乾起于坎而终于离，坤起于离而终于坎。离坎者，乾坤之家而阴阳之府，故曰‘大明始终’也。”（卷第一，第 3 页）《周易述》：“乾为大明。坤二、五之乾成离，离为日，坎为月，日月之道，阴阳之经，所以终始万物，故曰‘大明始终’。”（《彖上传》，第 213 页）《来注》：“大明者，默契也。终谓上爻，始为初爻。……言圣人默契乾道六爻终始之理……则六阳浅深进退之时，皆在吾运用之中矣。”（卷之一，第 123 页）

乾道变化，各正性命，保合大和，乃利贞①。首出庶物，万国咸宁②。

乾道，乾元也，以其本始言曰“元”，以其至理言曰“道”。变者，化之渐；化者，变之成。性，生之理；命，形之原。各正，各足而不偏。保，存守。合，融会。大和，阴阳合一，冲和之气。乃利贞，言乃所以当利贞之故。承上言乾元之大如此，故乾道变化，而万物各有其性命，亦各正其性命。虽纯杂大小之不同，要无不保合大和，以成一元之盛。是则乾元者，固天之理，而保合大和者，乃人所以承天之道，故文王教人占得“元亨”，必“利贞”也。夫惟圣人应运而兴，首出庶物，乃能以人之贞合天之贞，而万物莫不咸宁。所以保合大和，使人各正其性命者，与造化侔矣。乾元岂易言哉？伏羲以乾明天道，文王以“元亨利贞”教人法天道，故夫子发二圣人极赞乾道之盛，而归于圣人承天之烈如此。旧说便以四德解此，致词义牵强，不知言各有当，夫子《文言》乃以元亨利贞为四德也。

《象》曰③：天行健，君子以自强不息④。

此所谓“大象”。夫子赞易，既有《彖传》以释卦名、卦辞，而又加以“大象”者，何也？彖者，文王之易；而“大象”者，上下两卦之象，则伏羲之易也。伏羲之易，一阐于文王而有彖辞，再阐于周公而有爻

---

① 按：大和，《来注》作“太和”：“物所受为性，天所赋为命。保者，常存而不亏；合者，翕聚而不散。太和，阴阳会合，中和之气也。……就‘各正’言则曰‘性命’，性命虽以理言而不离乎气；就‘保合’言则曰‘太和’，太和虽以气言而不离乎理，其实非有二也。”（卷之一，第123页）

② 《周易述》：“性命于天，故乾为性；重巽以申命，故巽为命。……一阴一阳之谓道，言乾道兼坤也。虞注《上系》云：在天为变，在地为化，故乾言变，坤言化，乾变坤化，成既济定，六爻皆正，故刚柔位当，是‘各正性命’；六爻皆合，故阴阳合德，是‘保合大和’。和，即利也，乾不言利，故谓之‘大和’……故曰‘乃利贞’也。”（《彖上传》，第214-215页）

③ 《周易正义》：“此《大象》也，总象一卦，故谓之‘大象’。……天有纯刚，故有健用，今画纯阳之卦以比拟之，故谓之象。《象》在《彖》后者，《彖》详而《象》略也。是以过半之义思在《彖》而不在《象》，有由而然也。”（卷之一，第14页）

④ 《周易述》：“乾坤，诸卦之祖，而《象》皆称君子者，以君子备三才。”（《象上传一》，第283页）

辞，亦既发挥详密矣。然夫子犹虑学者莫得其指归，而误会圣意，故又引伸触类，使人以义理断象数，而合天地之自然，尽人道之当然焉。《传》附各卦中，故称“《象》曰”，如《彖》例。天，乾之象也，六爻皆健，象天行无息。读《易》之君子玩此卦，岂必妄思法天之元，如《彖传》所云哉？第尽其天理职分之所当为，日复一日，自强不息，则刚健不为物挠①，即承天以尽人道之事也。盖天理具于人，人道尽而后可以达天，故夫子教人如此。六十四卦皆放此意。

“潜龙勿用”，阳在下也②。

此以下所谓《小象》，释周公之爻辞，与诸卦《小象》同。不著“《象》曰”，蒙上文也。阳即九，下即潜。阳故称“龙”，下故“勿用”。揭一“阳”字，见德本可用，特厄于时耳。“在”字当玩。

“见龙在田”，德施普也。

德，正中之龙德。施，及也。阳气见于田而植物遂，大人见于世而“德施普”，美之也。

“终日乾乾”，反复道也。

反复，往复循环之意。言所以“终日乾乾”，乃反复于道而不懈也，非徒忧惧之谓。

“或跃在渊”，进无咎也③。

四本处进之时，其曰“或跃在渊”，可进而不苟进，慎之至也，故“无咎”，非不进也。

---

① 《来注》：“体易而用之，乃孔子示万世学者用易之方也。自强者，一念一事莫非天德之刚，若少有一毫阴柔之私以间之，则息矣。强与息反。……上句（天行健）以卦言，下句（自强不息）以人事言。诸卦仿此。”（卷之一，第124页）

② 《来注》：“乾初曰‘阳在下’，坤初曰‘阴始凝’，扶阳抑阴之意见矣。”（卷之一，第124页）

③ 《来注》：“量可而进，适其时则无咎，故孔子加一‘进’字以断之。”（卷之一，第124页）

"飞龙在天"，大人造也①。

大人，大德而居大位之称。造，为也。言大人所为，承天以惠民，非是则无以堪之也。

"亢龙有悔"，盈不可久也。

盈即亢，不可久，致悔之由，深戒处盈之时者。

"用九"，天德不可为首也②。

乾本天德，六爻皆阳，天德之至纯矣。惟天纯阳而于穆不已，故不偏于刚。人占得阳九，则宜晦其身而刚其德，不可恃有天德，如龙见首。周公故教人用九之道也。

《文言》③ 曰：元者善之长也，亨者嘉之会也，利者义之和也，贞者事之干也。君子体仁足以长人，嘉会足以合礼，利物足以和义，贞固足以干事。君子行此四德者④，故曰："乾，元亨利贞。"

《文言》申《彖》《象》传未尽之意，以发乾、坤二卦之蕴也。何以

---

① 《周易述》："《释诂》曰：作，造，为也，是造、作同义。圣人制作，皆本于天，故天者首事造制。大人造法，所以效天也。五为天位，《文言》曰'圣人作而万物睹'，作谓造作八卦，故曰'大人造也'。"（《象上传一》，第284页）

② 《周易正义》："九是天之德也。天德刚健，当以柔和接待于下，不可更怀尊刚，为物之首。"（卷一，第15页）《周易集解》："宋衷曰：用九，六位皆九，故曰'见群龙'。纯阳则天德也。万物之始，莫能先之，不可为首。先之者凶，随之者吉，故曰'无首，吉'。"（卷第一，第5页）《来注》："盖阳刚之极，亢则有悔，故用其九者，刚而能柔，有'群龙无首'之象，则吉矣。"（卷之一，第125页）

③ 《周易正义》："乾坤，其易之门户邪？其余诸卦及爻皆从乾坤而出，义理深奥，故特作《文言》以开释之。……夫子但赞明易道，申说义理，非是文饰华彩，当谓释二卦之经文，故称'文言'。"（卷一，第15页）《周易集解》："刘瓛曰：'依文而言其理，故曰文言。'"（卷第一，第5页）《周易述》："文言，乾坤卦爻辞也。文王所制，故谓之文言，孔子为之传。"（《文言传》，第511页）

④ 《周易正义》："凡天地运化，自然而尔，因无而生有也，无为而自为。天本无心，岂造元亨利贞之德也；天本无名，岂造元亨利贞之名也，但圣人以人事托之，谓此自然之功，为天之四德，垂教于下，使后代圣人法天之所为，故立天四德以设教也。"（卷一，第15页）《周易述》："四者，道也，人行之则为德。君子中庸，故能行此四者，以赞化育，与天地合德也。……一阴一阳之谓道，元亨利贞皆道也。"（《文言传》，第512-513页）

名“文言”？不专于占象，而引申其义以成文也。言文王云“元亨利贞”，占者无不求其大亨而利，抑知文王教人之意乎？天理莫大于善，元者众善之长，故为至大之名也。所谓亨者，即率善而行，积久众美毕臻，无不得其亨通，盖嘉之会也。所谓利者，非教人自利，盖凡事必有义，而义主于严，恐恩意或不浃洽，利则顺天理而和人情，不至于失之太严，盖义之和也。至于贞者，乃事之干，凡事无论大小，必先察其正否，正则无利而亦当行，不正则虽利而亦不宜行，以此为主，如木之有干也。学易之君子，诚知善为至大之理，则必体天之仁以存心，而无不覆育，足以长人矣；知亨必由善而得，则必事事循理，嘉美毕会，足以和礼；知利不外义而求，则凡事虽主乎义，然乃求其合乎人情天理之安，不相乖戾，利物而足以和义矣；知凡事不离乎正，则贞固不渝，足以干事而无不可为矣。然则元以言乎其仁，亨以言乎其礼，利以言乎其义，贞以言乎其信，君子行此四德者，则占得乾卦始可当之，故曰“乾，元亨利贞”也。

初九曰“潜龙勿用”，何谓也？子曰：“龙德而隐者也。不易乎世，不成乎名①，遁世无闷，不见是而无闷。乐则行之，忧则违之，确乎其不可拔②，潜龙也。”

圣人神明不测，故曰“龙德”。隐，在下位也。易，移也；不易，不为世俗所移。不成乎名，不求知于人而欲成其名也。遁世无闷，不见用于世而自得。不见是而无闷，道本是而俗不以为是，故不闷。道见为乐，道晦为忧，行，道行于时；违，身随俗隐。确，坚定意；不可拔，确之至也。潜龙也，言必如此而后为潜龙，叹美之也。

---

① 按：不易乎世，不成乎名，众本同，《周易集解》《周易述》作“不易世，不成名”。

② 《周易述》：“六爻，初为本，上为末。本弱则桡，刚则不拔，此初六、初九之辩也。《晋语》……云：坚树在始，始不固本，终必槁落。韦昭曰：树，木也；始本根也。九龙初潜，坚刚不拔，故虞氏以为潜龙之志也。”（《文言传》，第515页）

九二曰"见龙在田，利见大人"，何谓也？子曰："龙德而正中者也①。庸言之信，庸行之谨，闲邪存其诚，善世而不伐，德博而化。《易》曰'见龙在田，利见大人'，君德也。"

正中者，以下卦言，初居下，三居上，二正当其中。道惟一中，而中即在庸。庸言行必信谨，诚之至矣，犹且防闲物欲之邪，常存至诚之理。善世而不自以为功，德博而能化民成俗，此正龙德正中之实。君德，言不必居君位，而德自君德。盖自古大臣皆备君德，而后能辅君以成治也。

九三曰"君子终日乾乾，夕惕若，厉无咎"，何谓也？子曰："君子进德修业。忠信所以进德也，修辞立其诚，所以居业也。知至至之，可与几也；知终终之，可与存义也。是故居上位而不骄，在下位而不忧，故乾乾因其时而惕，虽危无咎矣。"②

德，理得于心者。业，理著于事者。忠信，诚之主于内者。修辞立诚，当理后言，言必顾行也。知至，谓见及之理，行即至之，其进不穷，故可与几道。知终，谓已究其极之事，守而勿违，拳拳服膺，故可与存义。自得如此，故不骄不忧，惟以乾乾惕若为心，虽在危地而无咎。盖申明反复其道之义，而信其无咎者在是也。

九四曰"或跃在渊，无咎"，何谓也？子曰："上下无常，非为邪也；进退

---

① 《周易正义》："九二居中不偏，然不如九五居尊得位，故但云'龙德而正中者也'。"（卷一，第15页）《周易述》："郑注云：'初六阴不正，九二阳不正。'盖九二中而不正，今升坤五，故曰'正中'，谓正上中也。"（《文言传》，第516页）《周易集解》："虞翻曰：中，下之中，二非阳位，故明言能'中正'也。"（卷第一，第7页）

② 《周易述》："凡言进、言修者，皆谓不中以求中。三不中，故修辞。二存诚，故诚谓二，立诚所以求中也。……虞注云：几谓阳也。阳初在复，初称几，初尚微……君子知微知彰，故可与几也。"（《文言传》，第517页）《来注》："几微之际，乃义之发源处也。义者，事之得宜也。……与者，许也。……存者，守而不失也。"（卷之一，第128页）

无恒，非离群也；君子进德修业，欲及时也①，故无咎。”②

龙跃则“飞”，而不必“在渊”；在渊则“潜”，而不必云“跃”，九四之象不然，故为“上下无常”“进退无恒”。上下以“位”言，进退以“时”言，出位越分曰“为邪”，矫世戾俗曰“离群”。此爻审理顺时，惟恐德业之不修，则似于上与进而非躁，似乎下与退而非需也，故无咎，此又申明“进无咎也”之义。

九五曰“飞龙在天，利见大人”，何谓也？子曰：“同声相应，同气相求；水流湿，火就燥；云从龙，风从虎，圣人作而万物睹。本乎天者亲上，本乎地者亲下，则各从其类也。”③

圣人，人中之至人耳，其德极乎人之量，故人皆仰之。夫子极言同类相亲之义，而叹圣人作而万物睹，自然相感，非有他也。盖九五君位，然周公系以“飞龙在天，利见大人”，则惟有其德而居其位者始当之。夫子故引申“大人造也”之义，而言果属圣人，则以类相从，自然之理，本无奇异，非是僇矣。

上九曰“亢龙有悔”，何谓也？子曰：“贵而无位，高而无民，贤人在下位而无辅，是以动而有悔也。”

六龙之首，故曰高贵。五为君位；而有快睹之民，九四以下龙德之贤皆辅相之。上九则胥无之矣，离群孤立，动谁与之，故“有悔也”，此申明盈所以“不可久”意。

“潜龙勿用”，下也；“见龙在田”，时舍也；“终日乾乾”，行事也；“或跃

---

① 按：欲及时也，众本同，《周易述》作“及时”，云：“王弼本‘欲及时也’，今从古。”（《文言传》，第518页）

② 《周易本义》：“跃是进德之谓也……退者仍退在渊，是修业谓之也，其义与九三同。但九四欲前进多于九三，故云‘欲及时也’，九三则不云‘及时’，但可与言几而已。”（卷一，第16页）《周易述》：“进谓居五，退谓居初，此苟义也。二中而不正，故言‘邪’；三正而不中，故言‘时’；四不中不正，故兼言之。‘时中’者，易之大要也。……盖时者，举一卦所取之义而言之也；中者，取一爻所适之位而言之也。”（《文言传》，第518页）

③ 《周易述》：“庖牺观变于阴阳而立八卦，震雷巽风，相薄而不相悖，故‘同声相应’；艮山兑泽，高下气通，故‘同气相求’；坎水离火，相逮而不相射。射，厌也。《内经》曰：云出天气，风出地气。乾为龙，坤为虎。”（《文言传》，第519页）

在渊”，自试也；“飞龙在天”，上治也；“亢龙有悔”，穷之灾也；“乾元用九”，天下治也①。

此又申明周公爻象，皆自然之理势也。下也，因其在下而下焉，故勿用也；在田，时值可为，则止于田而济物也；行事，谓非空空忧惕，见于实事也；自试，有龙德而欲济时，又不苟进也；上治，以上治下，当其时也；穷之灾，穷极而灾至也。何以言用九？以乾德本以一元行健，而以乾元之理用九，屈伸消长，各因其时，则处亢而不为灾，天下治平，无盈满之患也。

“潜龙勿用”，阳气潜藏；“见龙在田”，天下文明；“终日乾乾”，与时偕行；“或跃在渊”，乾道乃革；“飞龙在天”，乃位乎天德；“亢龙有悔”，与时偕极；“乾元用九”，乃见天则②。

此又申叹周公爻象，乃天人合一之理也。言“潜龙勿用”，以阳气潜藏，本无可用；“见龙在田”，则阳气布泽，天下皆有文明之象；“终日乾乾”，阳德方进而未已，故君子法天与时，偕行而不懈；“或跃在渊”，居上下卦变革之时，固不容不审慎也；若“飞龙在天”，乃德与位兼隆，固宜有大人之象；“亢龙有悔”，则时处乎极，占者遇之亦极。惟以乾元之理用九，则时虽极而道不与之俱极。天以纯阳育物，而未尝有已时，正为其不偏于刚。占者以“乾元用九”，乃见天道自然之则也。

乾元者，始而亨者也；利贞者，性情也。乾始能以③美利利天下，不言所利，大矣哉。

---

① 《周易集解》：“何妥曰：此第二章，以人事明之。”（卷第一，第10页）《周易禅解》卷一：“此以时位重释六爻之义也。用九而曰‘乾元’，正显乾卦全体大用，亦显‘潜’‘见’‘惕’‘飞’‘亢’，皆‘无首’而皆‘吉’。”（《周易四书禅解》，第15页）《来注》：“此一节明六龙总一龙，而因时变化，其见于世者有异也。”（卷之一，第131页）

② 《周易集解》：“何妥曰：此第三章，以天道明之。”（卷第一，第11页）《周易禅解》：“此兼约德与时，再释六爻之义也。‘与时偕极’对‘与时偕行’看，皆所谓‘时乘御天’者也。‘乃见天则’，则潜而勿用亦‘天则’，乃至亢而有悔亦‘天则’也。”（《周易四书禅解》，第15页）

③ 按：乾始能以，众本同，《周易述》作“乾始而以”，云：“俗本作‘能以’，今从古也。”（《文言传》，第524-525页）

承上而析言其义。盖《象传》言“用九，天德不可为首”，此申之以“乾元用九，乃见天则”。乾元者，即天德也。以乾元之理“用九”，即“不可为首”之意。然“天则”何以尽于“乾元”，以“乾元用九”何以“乃见天则”，义犹未悉，故申言之。言乾九之亢曷为？当以乾元用之哉。盖乾元者，一元之理气所托，始而大亨，以生万物者也。万物各得此乾元以生，故文王言“元亨”而继之以“利贞”，以为人尤独得乾元之粹，必利于贞而后不失乾元之正，是性情自然之理当如是也。夫此乾元之理万物胥根本焉。是其“能以美利利天下”，而不居其功，“不言所利，大矣哉”。人欲全乎“乾元”之道，非“利贞”何以企之？故乾元用九，亦以贞保合其元而已。

大哉乾乎！刚健中正，纯粹精也；六爻发挥，旁通情也①；时乘六龙，以御天也；云行雨施，天下平也。

此乃总赞《乾》卦之义，而叹羲、文、周公心理一也。承上言观于乾元之理如是，然则伏羲以六阳之卦象天，而名曰乾，“大哉”，乾之义乎！即其六画皆阳，则极乎刚健，象三才而各耦，则极乎中正。纯乎阳而不杂，则纯粹以精也。周公又即六爻发挥其义，旁通物情，以见其义无不包。吾言，“时乘六龙”，正谓此纯乾之德，是天之所以运行而不穷也；“云行雨施”，则谓其恩施广博，天下无不均平也。

君子以成德为行，日可见之行也。潜之为言也，隐而未见，行而未成，是以君子弗用也②。

此下乃言君子体乾之事，承上言乾道之大若此。君子体乾之健，以不息为功，期于必成。其以是为行，无论显晦，皆有自尽之道，可以见之行也。而初九爻词乃言无用，何哉？盖潜之为言也，隐而未见，行而未

---

① 《周易集解》：“陆绩曰：乾六爻发挥变动，旁通于坤，坤来入乾，以成六十四卦，故曰‘旁通情也’。”（卷第一，第13页）《周易述》：“发，动。挥，变也。……乾精粹气纯，故能发挥变动，旁通于坤。坤者，乾之反也。震与巽、坎与离、艮与兑，及六十四卦皆然。应万变而不失其正者，唯旁通乎？……乾坤纯，故用九六，余卦六爻相杂，谓之旁通也。……各卦旁通，有吉有凶。吉凶者，易之情，故云‘旁通情也’。”（《文言传》，第525页）

② 《来注》：“圣人出世，必有德有时，人之所能者德，所不能者时。今初九虽德已成，然时当乎‘潜’也。……时位厄之也。”（卷之一，第133页）

成，是以君子随时养晦，不施于用，非谓并日新之功而不用也。

君子学以聚之，问以辨之，宽以居之，仁以行之。《易》曰“见龙在田，利见大人”，君德也①。

理本天而散著于事，为学以聚其理于心，犹恐纯杂不一，又问以辨之，辨之而是矣，乃宽以居之，量至宏而无所不容，功有序而无所不就，至于见诸施行，则一以天理为归，纯而不杂。以是为见龙，岂必定居君位哉？德足以济时，则一“君德”也。

九三重刚而不中，上不在天，下不在田②，故乾乾因其时而惕，虽危无咎矣。

三居下卦之上，四居上卦之下，以刚承刚，故皆曰“重刚”，非阳爻居阳位之说。上远于天，下远于田，不中之实。“因其时”，终日及夕也。居可危之地，而乾惕无时而懈，尚何咎焉？

九四重刚而不中，上不在天，下不在田，中不在人③，故或之。或之者，疑之也，故无咎。

不中之中，二五之中也。中不在人之中，六爻中间之中也。三四虽皆人位，而四则居人之上，近君之位，不如九三之居下卦，故曰“不在人”。惟其在危疑之地，故慎重而审处，既审慎则无咎也。此上二爻，皆君子善处危之道也。

夫大人者，与天地合其德，与日月合其明，与四时合其序，与鬼神合其吉凶。先天而天弗违，后天而奉天时，天且弗违，而况于人乎？况于鬼

---

① 《周易述》：“乾自坤来，阳在初为震，在二为兑。故兑为口，震为言，为讲论。……二德成而升坤五……谓德已成而居君位，故云‘君德’。”（《文言传》，第527页）

② 《周易述》：“乾刚坤柔，内外皆乾，故曰‘重刚’。虞注云：以乾接乾故‘重刚’，位非二五故‘不中’。谓上不居乾五，而下不居坤田。二居坤田，龙德而正中者也。”（《文言传》，第527页）

③ 《周易集解》：“侯果曰：案下《系》‘易有天道，有地道，有人道，兼三才而两之’，谓两爻为一才也。初兼二，地之；三兼四，人也；五兼六，天也。四是兼才，非正，故言‘不在人’也。”（卷第一，第14页）《周易本义》：“九四则上近于天，下远于地，非人所处，故特云‘中不在人’。”（卷一，第17页）

神乎？

天地一道也，日月言其精，四时言其运行，鬼神言其灵；覆载无私之谓德，照临无私之谓明，生息无私之谓序，祸福无私之谓吉凶。合德，包含遍育之仁；合明，精义入神之智；合序，变化鼓舞之教；合吉凶，庆赏刑威之当。先天弗违，天所未为而已为之，与道契合，天不能违也；后天奉时，天理所昭著而我奉行之，克顺天心也。盖天，一理而已，理之至精，天即我，我即天，故无先后彼此之可言。天且不违，而况于人？人得天地之理以生者，鬼神不过。天地之功用所在，其"不违"可知。极言大人之德如是，而非徒势位之隆，遂足以为体乾也。

亢之为言也，知进而不知退，知存而不知亡，知得而不知丧。其唯圣人乎？知进退存亡而不失其正者，其唯圣人乎！①

进退以身言，存亡以位言，得丧以事物言。承上言乾、坤六爻皆天德，君子体之，无不吉者，而上九言"亢龙有悔"，何也？盖凡进必有退，存必有亡，得必有丧，此乃一定之理，常人知其一，而不知其二，故亢而有悔。又或以私计避其悔，皆非道也。惟圣人知之明，处之当，而不失其天理之正，则不至亢，而亦无悔矣。然此岂可易言乎？两言其唯圣人乎，正言处亢之不易，而"乾元用九"所以"乃见天则"也。

附　解

天地未分，浑然粹然者无可名象；天地既分，此浑然粹然者即寓于天地之内，而流行乎万物之表。伏羲仰观俯察，以灿呈之象数，阐天地之精微，而乾坤二卦，则万物之父母也，故夫子尤反覆致意焉。六十四卦皆从乾坤而出，不止六子也。然地统于天，天即理气数之总会，故于乾卦尤独详。盖以象言，天苍苍而已，伏羲以乾象之，谓其至刚至健至纯至正；文王演之曰"元亨利贞"，是教占者以贞成其亨，无"四德"之说也。夫子曰"大哉乾元"，元即乾之本体，所谓一元太和之理气浑然粹然者。刚健、

① 《周易述》："进谓居五，退谓居二。存谓五，为阳位；亡谓上，为阴位。再言圣人者，上'圣人'谓五，下'圣人'谓二也。……九五生知之圣，故首曰'圣人'；九二学知之圣，以时升坤五，故云'知进退存亡而不失其正'也，言学而后至于圣也。"（《文言传》，第530页）

中正、粹精，乾字中本有是理，特夫子引伸之耳。然其《彖》《象》之词，皆发明三圣之本旨，而后推演其说，本旨则《彖》《象》是，推演则《文言》是也。《文言》始有“四德”之说，然所以谓“元亨利贞”为四德者，因人情每求亨利，而不知本于中正，故将文王之言尽归著在义理上来，以杜侥幸福利之见。后儒不知，于文王“元亨利贞”四字，即以四德名之，其说本于子夏《易传》，汉人因之，而宋儒更推波助澜，于是本文词义不明矣。夫《易传》未必果子夏作，而儒者之概以四德释经，不顾本文语意之安否，尤难附会。况“元亨利贞”就《文言》绎之，明为“仁礼义信”，安有所谓“仁义礼智”之意耶？又以元亨为诚之通，利贞为诚之复，此是误解“乾元资始”一节之故。不知天者一元而已，一元之理，无始无终，循环不息；一元之气，周流六合，发生万物，而其浑然粹然者，无稍增省，亦无稍间断，所谓“于穆不已”者也。就其已形已象者言之，则有成有败，有消有息，而天之本体不然也，其所以流行生化而有间续者，因阴阳之气运一往一来，万物因之，受质成形，判厥始终，然阴阳之理则固无始无终也，故前人云“物有成败，天无始终”。后儒不识天地之理只一浑然太极者运化，而误以形质之亏损，谓天地亦然，此邵子“元会运世”之说所由起，即周子“诚通诚复”之义所由来也。乃夫子则已明明言之曰“大哉乾元，万物资始，乃统天”，明乎乾元一理浑然之本体也；“云行雨施，品物流行”，明乎乾元布化散殊之功用也；“大明终始，六位时成，时乘六龙以御天”，明乎日为阳精，实乃天体，而乾元一气之鼓舞，于此尤易见也；“乾道变化，各正性命，保合太和，乃利贞”，乃言人物各得乾道以成性命，惟各正而后可保合太和，此文王“利贞”之说所由来也。然“保合太和”岂易云哉？惟圣人“首出庶物”，则以一人之性命正万物之性命，而太和可保合。是此一段夫子已将天道、人道大概说尽，然止是阐伏羲画卦一乾字，未遂发明文王“元亨利贞”四字也，至《文言》乃详发文王之意。儒者混而为一，故令四圣人言各不明晓，亦不相联贯矣。今愚正之。《文言》释“元亨利贞”字，《左传》穆姜已早言之①，盖古原有是语，夫子述而引伸之。至用六、用九，明系承上九、上六而言，先儒乃谓通释全书九六。夫阳老乃纯，阴壮能育，九六者合天地生数而云然，故九六非不可用，过刚过柔则非耳。乾坤为天地之象，占者得之，无有不吉。第上爻阴阳之极，亢而有悔，战而玄黄，其象非祥，苟不得用之之道，何以无咎哉？以上二条所关尤钜，故特详之，其他不能悉辨，学者但熟玩本文，求其贯通，则知愚言之不谬矣。

䷁ 坤下坤上

⚋者，耦也。耦之象生于一，耦者，一之两也，两其一而⚋之，阴之数也。坤，顺也，阴之性也，六画皆耦则纯阴，而顺之至。阴之成形莫大于地，地统于天，顺天而育万物者也，故不言地而言坤。

坤，元亨，利牝马之贞，君子有攸往，先迷（句），后得主（句），利（句），西南得朋，东北丧朋。安贞吉。②

坤为地，与天合德而育万物者，故占得此卦者，其“元亨”与乾同。乾纯乎阳，而有变化之象，故如龙；坤纯乎阴，而孕乾之德，含刚健于内，故为牝马。后天坤位坤居西南，兑、离、巽三女同坤居之，故为“得朋”；震、坎、艮三男同乾居东北，故“丧朋”。文王言占得坤卦者大

---

① 《左传·襄公九年》：“穆姜薨于东宫。始往而筮之，遇艮之八䷳。史曰：‘是谓艮之随䷐，随其出也，君必速出。’姜曰：‘亡。是于《周易》曰：随，元亨利贞。无咎。元，体之长也；亨，嘉之会也；利，义之和也；贞，事之干也。体仁足以长人，嘉德足以合礼，利物足以和义，贞固足以干事。然固不可诬也，是以虽随无咎。今我妇人而与于乱，固在下位，而有不仁，不可谓元；不靖国家，不可谓亨；作而害身，不可谓利；弃位而姣，不可谓贞。有四德者，随而无咎，我皆无之，岂随也哉？我则取恶，能无咎乎？必死于此，弗得出矣。”（《春秋左传正义》卷三十，中华书局 1980 年版，第 1942 页）

② 《来注》：“马象乾，牝马，取其为乾之配，牝马属阴，柔顺而从阳者也。……乾以刚固为贞，坤以柔顺为贞，言如牝马顺而不息则正矣。……程子泥于四德，所以将‘利’字作句。……先乾而行，则失其主而迷错；后乾而行，则得其主而利矣……其理本如此，观《文言》‘后得主而有常’，此句可见矣。……阴从其阳谓之正，惟丧其三女之朋，从乎其阳，则有生育之功，是能安于正也。安于其正，故吉也。”（卷之一，第 136 页）《周易述》：“凡卦辞、爻辞言‘利’者，《系下》云变动以利言，故乾、坤变动皆言‘利’也。君子谓阳，阳来据坤初、三、五之位，故‘君子有攸往’也。”（《周易上经一》，第 8 页）

吉，但坤虽以顺为德，而孕乾之刚，一元赖以施用不穷，正如牝马驯而至健，占者亦当体之，寓健于顺，守正不渝，乃吉耳，故君子含华隐曜，贞固其操，有取于坤之德，而所往皆亨。所以然者，坤之德本以乾而贵，若先而不让，则阴暗迷罔而不通，惟后于乾，则得所主而利且也。坤位西南，而兑、离、巽三女同之，占者象之，凡有所往，西南得朋而亨；若东北则乾之位，而震、坎、艮三男皆非坤耦，占者则有丧朋之象。要而言之，坤虽“元亨”，不如乾之变化由心，凡事总以安静中正为吉，此文王深明坤道之用以戒占者也。而先儒拘于四德之说，致本文不明，不可不察。

《彖》曰：至哉坤元，万物资生，乃顺承天①。

至，极也。乾道大矣，而坤承之，乾之所至，坤亦至之，故赞其德之至。坤之元一乾之元也，非元不能成其坤，故坤亦曰“元”。生，形之始也，万物之形皆生于地。资，未生之初即资，是以生也。孔子赞伏羲坤卦之义，言至哉其坤之元乎，万物莫不资之以生，然乃顺承天道，以有此元以生万物，非乾一元，而坤又一元也。盖地统于天，地德一天德也，下文乃详言之。

坤厚载物，德合无疆。含弘光大，品物咸亨②。

申言坤以至厚之德载物，而合乎“无疆”之天道。其静含者至宏，而发育者至光且大，品物所以咸亨也。此文王演词，所以言占得者“元亨”也。

牝马地类，行地无疆。柔顺利贞，君子攸行。先迷失道，后顺得常。西南

---

① 《周易集解》：“谓乾气至坤，万物资受而以生也。坤者纯阴，配乾生物……皆受始于乾，由坤而生也。……万物资生于地，故地承天而生也。”（卷第二，第16页）《周易折中》：“‘始’者气之始，‘生’者形之始……乾既称‘大’，故坤称‘至’。‘至’义差缓，不若‘大’之盛也。圣人于尊卑之辨，谨严如此。万物资乾以始，资坤以生，父母之道也。”（卷之八，第308-309页）

② 《周易集解》：“天有无疆之德，而坤合之，故云‘德合无疆’也。”（卷第二，第17页）《来注》：“无疆者，乾也；含者，包容也。弘，则是其所含者也，无物不有。”（卷之一，第137页）《周易折中》：“无所不包，可见其宏；无所不达，可见其大，‘含弘光大’，坤之‘亨’也。”（卷第八，第308页）

得朋，乃与类行，东北丧朋，乃终有庆。安贞之吉，应地无疆。①

此又申明文王之言。言文王何以言“利牝马之贞”哉？盖马本阳物，而牝则属阴，坤纯阴，而其德合乾，顺而至健。牝马实本地类，故能行地无疆。占者体之，有柔顺之德而不失其贞，此乃君子之所行也。其谓“先迷”者，以自用而失柔顺之道；“后得主”者，后则顺道而得其常。西南之得朋，以其类皆在此，与之偕行也；东北丧朋者，本非其类，丧之而适得其耦，“乃终有庆”也。至于“安贞之吉”，所以应地德之无疆，盖地本至安至正，故能承天，人道亦犹是也。

《象》曰：地势坤，君子以厚德载物。

天以气运，故曰“天行”；地以形成，故曰“地势”。地自高而趋下，高下相因于无穷，其势至顺，故以象重坤。然惟其体至厚，所以顺而不失其德，能持重载物，君子体之，亦以至厚之德容受万物，使事无不顺乎理，物莫不遂其生。

初六，履霜，坚冰至。

六，阴象。初六，一阴之象。霜，阴气所凝，冰则阴益盛而冻也。在下，故象“履”。冰曰“坚”，阴气凝结之甚也。奇耦之画，皆起于图、书，北下之一，水生之象，故乾初言“潜”，坤初言“霜”“冰”，皆取于水而有舒敛之意，则阴阳之所由分耳。此爻阴始生下，其端甚微，而其势渐盛，故象“履霜”，而即知坚冰之至，辨之于早也。

《象》曰：履霜坚冰②，阴始凝也。驯致其道，至坚冰也③。

夫子曰，周公言“履霜坚冰至”，似一时并至者。夫“履霜”，“阴始

---

① 《周易禅解》卷一：“此传详释彖辞，先约地道，明坤四德，次明君子体坤德而应地道也。……西南，则兑、离以及于巽，皆阴之类；东北，则震、艮以至坎、乾，可赖之以终吉也。”（《周易四书禅解》卷一，第18–19页）《周易折中》：“离其类而从阳，则能成生物之功，终有吉庆也。”（卷第八，第310页）

② 《来注》：“《易举正》：‘履霜之下，无坚冰二字。’”（卷之一，第138页）《周易折中》：“《本义》：按《魏志》作‘初六履霜’，今当从之。”（卷第十一，第378页）

③ 《周易折中》：“《程传》：‘驯，谓习。’习而至于盛。习，因循也。”（卷第十一，第378页）

凝也”，然阴既凝，则有日盛之势，“驯致其道”，故“至坚冰也”。苟以方履霜而忽之，岂不危哉。

六二，直方大，不习无不利。

习，重习也，增加造设之意。生意无枉屈曰“直”，无偏倚曰“方”，能包罗曰“大”。此爻为阴之正体，位中正而德纯粹，故周公言占得此者，无私屈，无偏党，无狭隘。诚能合乎坤德之正，则顺天理之自然，不习而无不通利也。

《象》曰：六二之动，直其方也①。不习无不利，地道光也②。

直本乾德，坤安得而有之？盖乾本健行，坤以顺承天，体静而生机则动，故能有乾之德，直以成其方也。“不习无不利”者，地道含宏，生气未著，犹无以见之，及其动而生物，顺天理之自然，毫无勉强作为，地道所以光也。占者能有是德，则可以当周公之言耳。

六三，含章可贞③。或从王事，无成有终。

三，阳爻④，六以阴居之，阴中有阳，故为“含章”之象。又阴性主静，故周公言占得此者，有“含章”之象。章原喜晦，而其显始贵，含章可贞，守而不必变更也。然三居下卦之上，近连上卦，又有“不久静”之象。占者或有作为，如从王事之类，虽功成而不自居，归美于君，则诚得“含章”之义，而“有终”矣。盖坤以静为体，其动也顺乾而动，非妄动也，故三爻之象如此。占者亦当如此。

《象》曰：“含章可贞”，以时发也；“或从王事”，知光大也⑤。

以时发，言非终于“含”，待时而后发。知光大，知时可为而为，又

---

① 按：直其方也，诸本作“直以方也”，据下文“直以成其方也”，“其”字恐误。

② 《来注》：“‘以’字即‘而’字。言直方之德，唯动可见。”（卷之一，第138页）

③ 《来注》：“坤为吝啬，‘含’之象也。刚柔相杂曰‘文’，文之成者曰‘章’。阳位而以阴居之，又坤为文章之象也。”（卷之一，第138-139页）

④ 按：阳爻，疑当作“阳位”。

⑤ 《周易集解》：“崔憬曰：阳命则‘发’，非时则‘含’也。”（卷第二，第19页）《周易折中》：“《程传》：含晦其美，乃正而可常，然义所当为者，则以时而发。……浅暗之人，有善惟恐人之不知，岂能‘含章’也。”（卷第十一，第379页）

不自居其功，光大合地道也。夫子深叹如周公之言，其义至美也。

九四，括囊，无咎无誉。

坤中虚，故为“囊”。四入上坤，重阴凝闭，有“括”之象。言此爻重阴不中，当上下闭隔之时，能象“括囊”藏智晦光，则“无咎无誉”矣。盖咎足以致罪，誉亦足以致疑，并此而无，则忘其囊之富，并不露其括之迹也。

《象》曰：“括囊无咎”，慎不害也。

括囊无咎，非徒缄默取容，盖慎于言行，既不以罪招咎，亦不求名招尤，故“不害”也。

六五，黄裳，元吉。

黄，坤之色。裳，下之饰。六五中正柔顺，秉坤德之正，文明外溢，而不失其中顺之本体。占者如此，则大吉也。《春秋传》南蒯筮得此爻，子服惠伯曰：“忠信之事则可，不然必败。”深得其义矣。

《象》曰：“黄裳元吉”，文在中也①。

言黄裳则似以文为美，不知坤本象“文”，而黄乃中位，爻言“黄裳元吉”，乃以其文在乎中，不事文饰，得柔顺之本体也。

上六，龙战于野，其血玄黄。

龙，阳物，即“乾”象也。血，阴物。上六阴盛而不自克，势逼乎阳，故阳忿而与之战。于野，则荒漠之意，乾居卦外而与坤战，故象“于野”。夫阴阳不可偏胜者，阴至于盛极，而龙与之战，则两败俱伤，必无全理，故“其血玄黄”。

《象》曰：“龙战于野”，其道穷也。

阴本赖阳以成其德，为辅而不宜为主，至于战野，则阴道盛极而必穷，实由自取也。

---

① 《周易折中》：“《程传》：黄中之文，在中不过也。内积至美而居下，故为‘元吉’。《集说》：中具于内曰‘黄中’，中见于外曰‘黄裳’，‘文在中’乃暗然之章、不显之文也，即‘美在其中’意。”（卷第十一，第379页）

用六，利永贞。

六为纯阴，与阳合德而资生万物，乃至于道穷争战，则失天地之正。占者得此将何以用之哉？亦惟“利永贞”而已。盖“贞”则有以处盛而不穷，“永贞”则不惟不穷，而且配天，生物不息。周公特以此明乾坤合德。占者得之，本无不利，在人用之而已。

《象》曰：用六永贞，以大终也①。

地道无成而有终，坤本所以终乾之事。上六阴盛而不自克，则无以终。“用六，利永贞”，以久安其贞，乃合无成之义，而大其生成以终乾之事，不失配天之大德也。

《文言》曰：坤至柔而动也刚，至静而德方。后得主而有常，含万物而化光。坤道其顺乎，承天而时行。②

《文言》义见乾卦，申明《象传》之义。言乾刚坤柔，乾动坤静，定体也。然坤固至柔，承乾之施，而动以生物，其机不可止遏，则亦至刚矣。坤固“至静”，然布乾之化，而德能广生，形气各有攸属，则又至方也。盖其以乾为主，让功于乾，常若居后，实则得所主而“有常”，故能含育万物，化生不穷，光辉宣著。然则“坤道其顺乎”，承天之道而时行焉，不敢先时而起，亦不敢后时而不应，此其所以配天于无穷也。

积善之家，必有余庆；积不善之家，必有余殃。臣弑其君，子弑其父，非一朝一夕之故，其所由来者渐矣，由辨之不早辨也。《易》曰“履霜，坚

---

① 《周易折中》：“《本义》：‘初阴后阳，故曰大终。’……《集说》：陆氏振奇曰：‘元亨利贞’，虽乾坤有同德，然乾重元，以元为统；坤重贞，以贞为安。”（《周易本义》卷第十一，第380页）《周易禅解》卷一：“此总明百九十二阴爻所以用六而不用八之旨也。八为少阴，静而不变，六为老阴，动而变阳。今筮得坤卦，六爻皆六，则变为乾卦，不惟顺承乎天，亦且为天行之健矣。”（《周易四书禅解》，第22页）

② 《周易集解》：“《九家易》曰：坤一变而成震。阴动生阳，故‘动也刚’。……虞翻曰：阳出初震，为‘主’为‘常’也。……荀爽曰：承天之施，因四时而行之也。”（卷第二，第21页）《周易折中》：“《程传》：动刚故应乾不违，德方故生物有常。……‘主’字不脱‘利’字。”（卷第十六，第575页）

冰至”，盖言顺也。①

善，阳类；不善，阴类。善不善之积，生于一念，而成于“驯致”。夫子将言“履霜坚冰”，而叹善不善之积，必有余庆余殃，又以殃之大者，明其“非一朝一夕”，欲人积善于早，戒不善于微。“盖言顺也”，言不能早辨，顺而成之，故至此也。坤固以顺为德，而顺于理，不顺于私，顺其私则“坚冰至也”。来氏谓顺即驯字之义，极是②。

直其正也③，方其义也。君子敬以直内，义以方外，敬义立而德不孤。“直方大④，不习无不利”，则不疑其所行也。

申六二爻词之义，言坤道“直方”，六二得坤正体，其言“直方”，宜也。而所谓“直”者，非偏直之直，乃承天之施而生物无不遂，其“正”则然也；所谓“方”者，非拘方之方，乃顺天之化而物各得其所，其“义”则然也。君子体六二之德，内欲其“直”，则“敬”以居心；外欲其“方”，则“义”以行事。夫“敬义”者，内外交饬之功，实人心自然之理。“敬义立”矣，而德以类应，不患其孤，广大在其中矣。《易》言“直方大，不习无不利”，盖内外交修而因应咸宜，所行皆当，无所疑虑，非无其德而妄求其利行也。

阴虽有美，含之以从王事，弗敢成也。地道也，妻道也，臣道也，地道无成而代有终也⑤。

六三阴纯而“有美”，然以顺为德，虽有美而含藏不露。其或以“从王事”，亦让美于君，弗敢居其成功，此固地道之常，在人伦则妻道、臣道亦如之。盖妻统于夫，臣统于君，与地统于天同。夫地道固承天之德而不有其功，“无成”者也，然代天生物，物无不成，天功实赖以终。然则

---

① 《周易述》：“坤消至二，艮子弑父，至三成否，坤臣弑君。”（《文言传》，第531页）

② 《来注》：“驯致其道也，言顺习因循以致于坚冰也。前言‘驯致其道’，此言‘盖言顺也’，皆一意也。”（卷之一，第141页）

③ 《周易述》：“正，当为‘敬’，字之误也。”（《文言传》，第533页）

④ 按：直方大，众本周，《周易述》作“易曰：直方大”（《文言传》，第533页）。

⑤ 《周易折中》：“《程传》：乾能始物，不能终物，坤继其终而终之，则坤之所以为有终者，终乾之所未终也。”（卷第十六，第578页）

含章不露，固地之所以能成其大，与天同功也。

天地变化，草木蕃；天地闭，贤人隐①。《易》曰“括囊，无咎无誉”，盖言谨也。

以上下二卦言之，上为天，下为地。六四居上下卦更易之交，正天地变化之时，可否未卜，故爻以括囊象之。夫子言“天地变化”而“泰”，则草木亦蕃滋，人不待言矣。若变化而否，则“天地闭”，贤人皆隐，岂可躁动乎？《易》曰“括囊”，至于“咎”“誉”皆无，盖言谨于藏身，得天地之义也。

君子黄中通理，正位居体，美在其中，而畅于四肢，发于事业，美之至也。

黄，土德。中，身内。地含天之元气于内，天故不穷，人法之而以黄居中，意诚心正身亦修矣。理，脉络之意。通，贯通。正位，坤位。体，身体。人一天地也，天位乎上而藏性，地位乎下而藏命，性命之根生于太极，惟土德含育之，诚“黄中”而“通理”矣。则“安敦之吉”，正乎坤位，以此居身，“美在其中”，则充实而有光辉，“畅于四肢，发于事业”，身润而德亦日新，表里精莹，故曰“美之至也”。“元吉”之义如斯，此圣人所以配地博厚，而孟子言“充实之谓美”，亦此旨也。

阴疑于阳必战。为其嫌于无阳也②，故称“龙”焉。犹未离其类也，故称“血”焉。夫玄黄者，天地之杂也，天玄而地黄。

疑，似也。似相敌，无大小之差，言阴极盛而干阳，阳不能堪，而与之战。卦本纯阴，未尝有阳，然阳自未尝无也。周公既言阴盛必争，恐人竟以为阳遂无有，“故称龙焉”，然与战者阳，而战者阴也。阳在卦外，阴乃卦体，故言“战”。而独举其“血”言之，血乃阴类也。然阴阳至于交战，则已非天地之常，天地亦不能堪之矣。象言“玄黄”，“夫玄

---

① 《周易集解》：“虞翻曰：谓阳息坤成‘泰’。天地反，以乾变坤，坤化升乾。……‘泰’反成‘否’。乾称‘贤人’，隐藏坤中。”（卷第一，第23页）

② 按：为其嫌于无阳也，《周易集解》《周易述》皆作“为其兼于阳也”。《周易集解》：“《九家易》曰：阴阳合居，故曰‘兼’。阳谓上六，坤流至亥，下在伏乾，阳得变化，以喻龙焉。”（卷第二，第24页）《周易述》：“《尔雅》曰：‘十月为阳。’俗作‘嫌于元阳’，今从古。”（《文言传》，第537页）

黄者”，天地之杂色也，“天玄而地黄”。战而伤血，玄黄皆有，则天地俱伤，天地亦不能成其天地矣。况在人乎？然天地自是太极之体，安有玄黄交战者哉？圣人即卦象以明理，言阴之极盛，阳必有伤，阴亦不能独全。必也慎之于微，毋使太盛，则所谓“利永贞”者，而天地自安其常，人心长如其故，太和宇宙无缺矣。其仁民之意深矣哉。

附　解

天地未分，太极居天地之始；天地既分，太极在天地之中，天地即太极之体也。天包乎地，地居天中，天地曷可强分哉？第人居天地内，以在上在下之形言之，则天高地下，而乾坤判矣。然乾行乎地之中，实驭乎坤之外；坤孕于天之内，又载乎天之元，此理难以尽言，又不能不言也。伏羲画卦，纯阳纯阴取象天地，以天地阴阳本无偏胜，故能万古而不毁也。乾坤者，天地健顺之性情，健者赖顺者以收，顺者赖健者以立，阴阳一偏胜，则灾异立至。人秉天地之灵而生，其阴阳之本于天地者，本无偏颇，性命所以各正也。而人事不齐，祖功宗德之感召不一，则阴阳之凝结于父母者有偏。六十四卦皆从乾坤而出，其散殊不齐之故，皆自天而之人，生生所以日异，变化所以多途也。圣人以立命尽性望人，故于卦爻之变异者，谆谆示戒，而于乾坤之合德者，一一详明，坤六爻之皆吉，犹乾六爻之皆吉也。但人之承天者不同，则有当验而不验者，文王就卜筮吉凶言，而夫子一一引之于理，惟以修身立德顺天地自然之道教人，故其意与文王多殊，而实则所以引申其旨也。“坤，利牝马之贞”，本无难解，先儒误执四德之说，遂至支离迂滞而不通。《文言》云“后得主而有常”，“有常”即“利”字意。程《传》以“主利”为句①，误。用六之误解与用九同。“黄裳，元吉”，周公言坤之文得乎中正而大吉，夫子则言为其文在中故吉，恐人误以坤道为尚文也。至于《文言》，则深明乎中正合德，性立而命凝，笃实光辉，溢于四体，而发于事业。盖人者天地之心也，天地之理全在于人，人之所以尽性立命者，只全乎受中之本然耳。然其功非一日，其理尤不可臆揣而知。性命之合一者为太极，太极之精受之先天

① 《周易折中》：“《程传》：主利，利万物则主于坤，生成皆地之功也。臣道亦然。”（卷第一，第34页）

者，本无不全，及有生以后，则形气拘而物欲蔽，不能如先天之本体。圣人以性功教人，存其浑然在中之体，静极而太极在我，即坤元之静也；扩其粹然无我之衷，动极而太和为春，即乾元之动也，究之乾坤，未尝不合，则动静本难两分。“黄中通理，正位居体”，土德生生，含育乾元，在人则五常百行蕴于神明；粹面盎背，施于四体，所谓“美在其中，畅于四肢”也；诚中形外，因应咸宜，所谓“美在其中，发于事业”也，赞之曰“美之至也”。夫子盖深悉其美，而莫名其状，岂独解“元吉”之义哉？至于裳为下体之饰，黄乃中土之色，夫子曰“黄帝、尧、舜垂衣裳而治，盖取诸乾坤”，盖人无衣裳，与物何异？衣裳之饰，所以发天地之文明，人道由此而立，一切章采由此而兴，衣法乾而裳法坤，切身之文莫先于是。黄为坤之正色，五色之主，六五象乎“黄裳”，谓其中正而有文采。夫子第析中正、文采之义，而黄裳之旨自明。后儒罕践崇效卑法之功，故于此多影响。其他谬尚多，今亦不能悉辨，读者但就本文玩味，中有所得，是非自昭然矣。

䷂ 震下坎上

坎为水，水气上浮而为天。水者，天一始生之气也。乾下交于坤，而一阳孕焉，坎所以得乾之正爻也；坤上承乎乾，而一阳动焉，震所以为春之生气也。然合而成卦，则阳方动于下而坎陷之，如物始生，生机不能即遂，故曰“屯”，其字象屮穿地而不能伸。夫子《序卦》曰：“有天地，然后万物生焉。盈天地之间者惟万物，故受之以‘屯’。屯者，盈也；屯者，物之始生也。”天地间无非万物，物始生虽未伸，而其气已盈，特厄于险而不能即达耳。

屯，元亨利贞，勿用有攸往，利建侯①。

屯于人事为险难之象②，然震动有为，险无久困之理，故占者大亨，

---

① 《来注》：“险中能动，是有拔乱兴衰之才者，故占者元亨。……建侯者，立君也。……震一君二民，建侯之象。”（卷之二，第 145 页）

② 《周易折中》：“集说：《朱子语类》云：屯，是阴阳未通之时；蹇，是流行之中有蹇滞；困，则穷矣。……蔡氏清曰：屯，是起脚时之难；蹇，是中间之难；困，则终穷，而难斯甚矣。”（卷第一，第 40-41 页）

但所以动者，当利于正耳。盖屯固以动为“亨”，然特取其动可有为，非谓其动可躁进，故“勿用有攸往”。如国家多难，建侯治民，虽未即亨，已有亨之之理，而贞亦无逾焉。占得此卦者，利应如斯。

《彖》曰：屯，刚柔始交而难生①。动乎险中，大亨贞。雷雨之动满盈，天造草昧，宜建侯而不宁。

刚柔，乾坤也。震，一索而得男，故曰“始交”。难生，坎也。天造，天运。草昧，杂乱晦冥之意。宁，康宁。夫子慨然言之曰：屯之为卦何也？盖天地初分，乾坤奠位，人物本无驳杂，自乾下交于坤，坤上交于乾，“刚柔始交”而阴阳易位，患难由此而生，此伏羲所以名此卦为“屯”之意也。然文王谓“元亨利贞”何哉？以震阳善动，动而有为，虽在险中，当得大亨而正。其曰“利建侯”何也？天地交而雷雨作，其动则盈满于天地之间，生物由之畅遂，虽屯不患其久屯也。人事当险难时，动而有为，亦当象之。即如天造草昧之时，国乱民愁，“宜建侯”而不敢稍安，以济时艰也。

《象》曰：云雷屯，君子以经纶。

《彖》言“雷雨”，以其动言；此言“云雷”，以卦体言，“云”而又“雷”，“未雨”之象，正如人事险艰之时，君子必以小心济其大业，如治丝然，经以引其纲，纶以理其绪，不敢怠且苟也。

初九，磐桓，利居贞，利建侯。

磐桓，不进貌。初九一阳为济屯之主，然居屯之初，才可有为，而时尚有待，故“磐桓”不苟于进。占者得之，利于居正不渝，即欲有为，利于建侯。盖“建侯”即所以济屯，而方建则其功未显，得磐桓之义也。

《象》曰：虽“磐桓”，志行正也。以贵下贱，大得民也②。

---

① 《周易集解》：“崔憬曰：十二月阳始浸长而交于阴，故曰‘刚柔始交’。万物萌芽，生于地中，有冰寒之难，故言‘难生’。于人事，则是运季业初之际也。”（卷第二，第25页）

② 《周易折中》：“《程传》：九当屯难之时，以阳来而居阴下，为‘以贵下贱’之象。……杨氏万里曰：居正有待，而其志未尝不欲行其正也，故周公言‘居贞’，而孔子言‘行正’。”（卷第十一，第380页）

夫子恐人误以磐桓为迟疑，建侯为威服，故曰“虽磐桓”，乃心存济世，行欲安民，“志行正也”。建侯者，俯从民望，以贵下贱，大得斯民愿治之心也。

六二，屯如邅如，乘马班如，匪寇婚媾，女子贞不字，十年乃字①。

如，拟其实之词。屯言其境，邅言其心。班，布也。乘马，震于马为馵足，为作足，故曰班如。列布，有待将行之貌，谓九五也。坎险，故疑为寇。然五为二之正应，以阳应阴，故有婚媾之象。女子谓二。字，许嫁也。贞不字，以其险未可乘。十年则数之盈，女乃从男，二乃应五也。六二阴位，在济屯为用柔之时，故言时方“屯如”，济屯者亦“邅如”。虽九五阳爻，与二相应，有“乘马班如”之象，非欲为寇，乃婚媾也，二亦何惮而不从之，然时将可为，所应尚远，正宜守正以俟之，如女子守贞不字，“十年乃字”。盖我得其正，而数穷势极，乃相应以成大功，此六二之义也。

《象》曰：六二之难，乘刚也。十年乃字，反常也②。

言六二所“邅如”有难色，非故迟疑乃以震体本刚，济屯无取乎过刚，不得不迟迴养晦，至“十年乃字”，则以九五正应已合，反乎同道相济之常，故无嫌于以身从人也。

六三，即鹿无虞，惟入于林中。君子几，不如舍，往吝。

即，就也。鹿，阳兽，谓九五也。虞，虑也。震坎皆有象于木，故曰林中。几，知几。舍，止息也。吝，啬难之意。六三以阴居阳，欲从九五济屯，不失震动有为之志。如欲即鹿，可以无虞，但限于下卦，去五尚远，惟宜入于林中以伺之。君子知几，以为不如且舍，若恃动必往，则必有吝也。

《象》曰：“即鹿无虞”，以从禽也③。君子舍之，往吝穷也。

---

① 《周易禅解》卷二：“吴幼清曰：二、三、四在坤为数十，过坤十数，则逢五正应而许嫁矣。”（《周易四书禅解》，第28页）

② 《来注》：“二五阴阳相应，理之常也，为刚所乘，则乘其常也。难久必通，故‘十年乃字’而反其常。”（卷之二，第147页）

③ 《周易折中》：“《程传》：事不可而妄动，以从欲也。‘无虞’而‘即鹿’，以贪禽也。……蔡氏清曰：‘从’字重，是心贪乎禽也，故著‘以’字，所谓禽荒者也，是以身循物也。”（卷第十一，第381页）

言“即鹿”所以“无虞”者，以有志济屯，如从禽然，事所当为也。然君子必舍之者，以所应尚远，往必吝而自穷，故宁待之也。

六四，乘马班如，求婚媾，往吉，无不利。

六四近接九五，九五阳刚中正，有为之君，欲济屯而求贤自辅，有“乘马班如，求婚媾”之象。四于斯时往而从之，以臣应君，吉，无不利矣。坎为马，五阳四阴，君臣遇合，喻以婚媾也。

《象》曰：求而往，明也①。

言待上之求而后往，明于进退，乃可以济屯也。

九五，屯其膏，小贞吉，大贞凶②。

坎有膏泽沾润之象，九五为屯之主，欲膏泽及民，而陷乎险中，其施不遍，故为“屯其膏”之象，此际正须忧危养晦，勿遽求功，故小贞而略见其风采，则吉；大贞而尽露有为规模，则凶。戒占者当如此也。

《象》曰：“屯其膏”，施未光也。

言非无膏，特施未光，故当养晦以济时艰也。

上六，乘马班如，泣血涟如。

坎为加忧，为血卦，为水，“泣血涟如”之象。上六处穷极之地，才既柔而位又不当，虽群贤拭目相俟，有“乘马班如”之象，而己实无能，但“泣血涟如”而已。

《象》曰：“泣血涟如”，何可长也。

言才柔势极，至于“泣血涟如”，何能长存。深叹之也。

---

① 《周易集解》：“虞翻曰：之外称‘往’。体‘离’，故‘明’也。”（卷第二，第27页）《来注》：“‘往’者，初往之也。自内而外曰‘往’。”（卷之二，第148页）《周易折中》：“集说：胡氏炳文曰：凡爻例，上为往，下为来。六四下而从初，亦谓之‘往’者，据我适人，于文当言‘往’，不可言‘来’。如需上六‘三人来’，据人适我，可谓之‘来’，不可谓之‘往’也。”（卷第一，第43页）

② 《周易折中》：“《程传》：人君之‘屯’也，既膏泽有所不下，是威权不在已也。威权去已而欲骤正之，求凶之道。……‘小贞’，则渐正之也。”（卷第一，第43-44页）

附 解

一卦有一卦之义，各爻有各爻之义，爻与爻参互错综又有其义，故《易》之为书，广大悉备，不可执一而谈也。历代诸儒各以意说经，得者多而失者亦复不少，平心而论，惟以圣经自然之文义解之，则不必求多于本文之外，且求本文字句无负可也。如此卦阳方动而即遇险，故为“屯”，然其动而有为，济险之材也，故圣人肫肫以“济屯”望人，特其险方甚，未可躁动，故全卦皆多戒词。至九五一爻专言，则阳陷坎中，屯之所以成；合通卦言之，则阳刚有为，屯之所以济，是初九为卦之主，而九五不得谓非济屯之主也。特诸儒必拘拘卦为时、爻为位之说，遂使义多不通。善乎《御纂折中》之言也，曰：“初自为初之屯，德可以有为而时未至也；二自为二之屯，道可以有合而时宜待也；五自为五之屯，泽未可以远施，则为之宜渐也。”自天子至于庶人皆有屯，圣人系词，非为一时一事设①。愚第解本文，至引证史事则阙之，盖悬其理以待天下人之用之，不必执一以求也。旧解“即鹿无虞”，虞，虞人；舍，读上声。牵强令本文语气不明，故正之。

䷃ 坎下艮上

艮止在外，坎险在内，水流行而山阻之，昏蒙之地也。少男止于蒙昧之地，童蒙之象也。《序卦》曰：“蒙者，蒙也，物之稚也。”物生必蒙，故次于屯，则又承乾坤之后言之也。

蒙，亨，匪我求童蒙，童蒙求我，初筮告，再三渎，渎则不告，利贞。

童蒙，艮也。坎在下，刚中而为主，我也。五与二应，求我之象也。筮，蒙昧而求于神明之事。初则至诚专一，再三则疑贰渎慢也。文王恐人

---

① 《周易折中》：“卦者时也，爻者位也，此圣经之明文……盖易卦所谓时者，人人有之，如‘屯’则士有士之‘屯’，穷居未达者是也；君臣有君臣之‘屯’，志未就，功未成者是也。甚而庶民商贾之贱，其不逢年而钝于市者，皆‘屯’也。圣人系辞，可以包罗天下万世之无穷，岂为一时一事设哉？……盖同在屯卦，皆有屯象，异其所处之位，则各有处屯之理……六十四卦之理，皆当以此例观之。”（卷第一，第44–45页）

以蒙自安，以蒙弃人，故言蒙不终蒙，有可亨之理，但须其人自去其蒙，我乃可以发其蒙。如施教者，“非我求童蒙”而往教之，“童蒙求我”而后可以启其蒙也。匪特施教为然，即求诸神明以决蒙，神明仁爱，谅无不告人者，然“初筮告，再三渎，渎则不告”矣。所以启蒙者虽有爱人之心，必利于正固，盖枉己则不能正人也。文王戒占者如此。

《彖》曰：蒙，山下有险，险而止，蒙。“蒙，亨”，以亨行时中也[①]。“匪我求童蒙，童蒙求我”，志应也；“初筮告”，以刚中也；“再三渎，渎则不告”，渎蒙也。蒙以养正，圣功也。

“以亨行时中”，可亨者在我，而时其中以发蒙，无偏倚拘执也。志应，五下应乎二。盖艮为少男，天性未漓，必不安于蒙而求教也。刚中，坎中爻刚正，至诚之义，故言初则告也。渎蒙，言其所以渎，正其所以蒙也。“养正”者，告与不告之间，时中存焉，正所以善为养蒙而正之也。圣功，作圣之基。言卦之所以名蒙，以“山下有险，险而止”焉，无怪乎其蒙也。言“蒙亨”者，以可亨之道行其时中而启蒙，故蒙不终蒙也。“匪我求童蒙，童蒙求我”，文王以五与二相应之象言之，在人则为求发蒙者与发蒙者之志相合也。初筮告，以九二刚中之体有至诚之道，至诚者惟诚可格，故初筮则告也。再三渎，则疑贰不诚，其蒙正甚，不可告也。然则亨蒙者，非有时中之德、至诚之能，不易发蒙，故童蒙之时，即有时中而养其正者，乃作圣之功也。夫子释文王而又推论其理如此。

《象》曰：山下出泉，蒙[②]，君子以果行育德。

前“险而止，蒙”已明卦象，此又专就亨蒙者言，欲人勉其所以亨。言蒙卦上山下水，坎中真水出于山间，如清泉不杂，不得以其蒙而少之也。君子体坎之刚中，果其行以自修，无畏难而苟安；法艮之止，育其德以居仁，不急遽而求效，则所以亨蒙者在我矣。

---

① 《周易折中》：“《程传》：蒙之能亨，以亨道行也。所谓亨道，‘时中’也。时，谓得君之应；中，谓处得其中。得中则时也。”（卷第九，第 312 页）

② 《来注》：“泉乃必行之物，始出而未通达，犹物始生而未明，蒙之象也。”（卷之二，第 150 页）

初六，发蒙，利用刑人，用说桎梏以往，吝。

阴柔居下，蒙甚当发。刑人，以法惩儆，使之觉悟。坎为桎梏，在手曰“桎”，在足曰“梏”。蒙者蔽于不善，如桎梏然，用刑者觉使自新，如脱桎梏以往。然此非得已也，教化之穷而后用刑，故吝。吝，啬难之意也。

《象》曰：“利用刑人”，以正法也。

法即刑，刑所以维礼教。言刑人非得已，乃蒙之太甚，以此正其法度，终归于礼教，非尚刑也。

九二，包蒙吉①，纳妇吉，子克家。

九二刚中，为群阴之主，是有德而能容，故象“包蒙”。占者遇之则吉，盖已有德而又能容人，必能善化其蒙也。又言占者若纳妇则吉，将来必有贤子克家。盖刚中能为群阴主，故能正夫。刚坎中男，得乾之正爻，故子必克家也。

《象》曰：“子克家”，刚柔接也。

妻子不必皆贤，惟有德者可以化之，此“包蒙”之义也。爻言“纳妇”而及“子克家”，盖以刚中有应，夫倡妇随，有可以得贤子之理。接，谓群阴听命，则谐和在其中矣。

六三，勿用取女，见金夫，不有躬，无攸利②。

互坤，变巽、兑，皆女象。六三在下卦之上，上九在上卦之上，男女之义也。艮阳乾爻为金，少男，故称“金夫”。然上九艮止，不求于三，而三阴柔不中，自求于上。不有躬，不能保其身也。女子以正为主，如此更何所利？蒙之至者，莫甚于人欲灭其天理。“见金夫，不有躬”，蒙之至

---

① 《来注》：“凡易中言包者，皆外包乎内也。泰曰‘包荒’，否曰‘包承’‘包羞’……‘包蒙’者，包容其初之蒙，则有含弘之量，敷教在宽矣。”（卷之二，第151页）

② 《周易折中》：“《集说》：赵氏汝梅曰：人致蒙者多端，故亨蒙非一术。有不被教育而蒙者，初是也；有不能问学而蒙者，四是也；有性质未开而蒙者，五是也。如三，则自我致蒙，圣人戒之曰‘勿用取女’。或发之或击之，教亦多术，‘勿取’非绝之，不屑之教也。林氏希元曰：六三又别取一义，意因二爻取‘纳妇’一事，故发此象。……《案》：盖易例阳爻居下体，而有求于上位者皆凶。”（卷第一，第47页）

矣。象如此，则“取女”断不可为，而他事亦无所利，戒占者也。

《象》曰：“勿用取女”，行不顺也。

顺谓顺理，不正之行，无所可也。

六四，困蒙，吝。

四，阴位，上下皆阴，困于蒙昧之中而不能出。吝，难之也，耻之也。

《象》曰：困蒙之吝，独远实也①。

阳实阴虚，六四去二阳爻远。夫子言蒙无终蒙之理，而“困蒙”吝者，以其独远于诚实之道，不自求贤以启蒙也。初与三比二之阳，五比上之阳。初三、五皆阳位，而三、五又与阳应，惟六四与所比所应皆阴，故曰“独远”。

六五，童蒙，吉。

艮少男，故“童”。蒙而在童，天性未漓，不难日就明悟，故“吉”。六，阴，蒙象；五，中正，“童蒙”象也。

《象》曰：童蒙之吉，顺以巽也②。

夫子言“童蒙之吉”，非谓其蒙之吉，乃以阴柔中正有顺德，而能巽以下人故也。互坤，顺也；变巽，巽也，仰而比上九，顺也；俯而应九二，巽也，皆虚己下贤之象也。

上九，击蒙，不利为寇，利御寇。

下卦坎为盗，错离为戈兵，艮为手。手持戈兵，“击”之象。上九处蒙之极，盖冥顽之甚者，以刚遇之，故象宜“击蒙”。然圣人虑人之恃刚而不善化也，故又戒之。盖蒙之至而为寇，我以刚御之，不得已也。若为寇，则自处于蒙，何以已乱哉？

---

① 《周易禅解》：“阴爻皆蒙象也，初可‘发’，三可‘击’，五可‘包’，惟四绝无明师良友，则终于‘蒙’而已……非实德之师友远我，我自独远于师友耳，师友且奈之何哉！”（卷二，第32页）

② 《来注》：“中爻为顺，变爻为巽。仰承亲比上九者，顺也；俯应听从九二者巽也。亲比听从乎阳，正‘远实’之反，所以吉。”（卷之二，第152页）

《象》曰：利用御寇，上下顺也①。

夫子又恐人不化蒙于早，以御寇为能，故曰“利用御寇”，以寇者众所同嫉。而本卦九二率群阴以“发蒙”，本爻以刚任“击蒙”之责，上下皆顺，于人事为上顺天心、下顺民情者也。

附　解

物生必蒙，圣人以发蒙为心，故肫肫为启蒙者示其则，又为蒙者道其趋。然启蒙者非有时中之德，不能成就人材也，故夫子于《彖》曰“以亨行时中”，于《象》曰“君子以果行育德”。自不果行，又无以育德，安能臻“时中”之诣哉？惟圣人为君师，则蒙之亨也必矣。水流而山阻之，然有泉焉，水不改其流之性，山亦不能终使其蒙也。果者必于流，育者不骤达。夫子只就卦象勗人进德，与《彖》意又别。而周濂溪曰：“童蒙求我，我正果行，如筮焉。筮，叩神也。再三则渎矣，渎则不告也。山下出泉，静而清也。汩则乱，乱不决也。慎哉，其惟时中乎！”合《彖》《象》而融为一说，义殊欠允，不可据以诂本文也。或以山下出泉静而清，为渊泉之义。似矣。然合蒙求与筮共言，则杂而不明。至各爻之误解者，今不悉辨。②

☰☵ 乾下坎上

需者，须也，有所待也。乾健行而坎险在前，乾德中正，不遽进而需以待之，故名“需”。水气在天为云，方云而未雨，蒸养太和，亦“需”之象。《序卦》曰：“物稚不可不养也，故受之以需。需者，饮食之道

① 《来注》：“上九刚止于‘御寇’，上之顺也；六三柔随其所止，下之顺也。艮有止象，变坤有顺象。渐卦‘利御寇’小象亦曰‘顺相保’，可见矣。”（卷第二，第153页）

② 《周易折中》：“《总论》：项氏安世曰：六爻之义，初常对上，二常对五，三常对四观之，则其义易明。初用刑以发之，上必用兵以击之；二为包而接五，则五为童而巽二；三为见二而失身，则四为远二而失实。大约诸卦多然，终始见于初上，而曲折备于中爻也。”（卷第一，第49页）

(也)。”则又以阴阳之气，蒸成云雨，五味和平，薰蒸百体，象亦如斯。且蒙上屯、蒙而言，养教兼全，酒食宴乐，以娱太平也。

需，有孚，光亨，贞吉，利涉大川①。

有孚，乾性刚正，坎中爻得乾正体，是诚信相孚之象。乾阳故“光”，健行故“亨，贞吉”。大川，“坎”象。文王言需虽须待之义，然乾体中正，坎亦得乾中正之体，则其需也，为当需而需，非畏缩不前。占者能有刚正之德，诚信相孚，如乾坎阳爻之相应，则相得而有光，亨通而无滞。然必所为之事合乎至正则吉，盖乾乃纯正之性，非偏颇相徇以孚求亨者可托也。果能如斯，则虽险皆可有为，如“利涉大川”。然忠信可以涉波涛，乾刚中正，险何足难也？

《彖》曰：需，须也，险在前也②，刚健而不陷，其义不困穷矣。“需，有孚，光亨，贞吉”，位乎天位，以正中也；“利涉大川”，往有功也。

义不困穷，言乾德中正，不轻冒险，无困穷之义。天位，即乾体。坎中爻仍乾中爻之真阳也，故曰“正中”，有孚也，光也，亨也，贞也，皆由此而生。有功，乾健大有为也。言“需”者，“须”之义，所以“须”者，因坎险在前也。乾性刚健，而不自陷于险，义不至于困穷，故以“需”名此卦。然既需矣，疑事难就，而曰“需，有孚，光亨，贞吉”者，以乾本天性，下卦纯乾，上卦亦得乾之正体，二五皆乾，位乎天位，以正中而待时，故其象如此。利涉大川，亦以乾大有为，必成功也。

《象》曰：云上于天，需，君子以饮食宴乐③。

阳蒸于下，上而为云，太和之气已动，特薰蒸未即降雨。君子体之，时将有为而未可为，需以待之。饮食以养其体，宴乐以养其神，皆自酝酿太和之事，正如“云上于天”时也。

---

① 《周易集解》：“大壮（䷡）四之五。孚谓五。离日为光。四之五得位中正，故‘光亨，贞吉’。”（卷第二，第31页）

② 《周易集解》：“此明得名由于坎也，坎为险也。有险在前，不可妄涉，故须待时然后动也。”（卷第二，第31页）

③ 《周易集解》：“宋衷曰‘云上于天’，须时而降也。”（卷第二，第3页）《周易折中》：“《集说》：胡氏瑗曰：饮食者所以养生也，宴乐者所以宁神也，是亦乐天知命，居易俟时耳。”（卷第十一，第383页）

初九，需于郊，利用恒，无咎。

郊，旷远之地。一阳为众爻郛郭，有郊之象。初九去险尚远，而有阳刚之德，不肯轻进，为“需于郊”象。占者得之，则其平日所守已是，但当坚守其恒，则可“无咎”矣。

《象》曰：“需于郊”，不犯难行也。“利用恒，无咎”，未失常也。

乾德刚健而不失己，故不肯犯难以行，而需于郊，言其得正也。未失常，不失需之常道。

九二，需于沙，小有言，终吉。

沙，水际。二之去坎尚隔九三，为“需于沙”象。互兑，为“口舌言”象，阳变阴为小，“小有言”之象。渐进乎险，不无谗讪之言，然阳刚中正，终不能害而吉。

《象》曰：“需于沙”，衍在中也。虽小有言，以吉终也。

衍，宽也。言沙虽近水，而九二中正，胸中宽衍平夷，既不遽进，亦不以小言动心，故以吉终也。

九三，需于泥，致寇至。

泥，逼于水而已浸润之象。坎为寇盗，九三以刚遇险，故为需泥之象。致寇至，言有致寇之势。因乾健本体，故不言凶。

《象》曰：“需于泥”，沙在外也。自我致寇，敬慎不败也。

人之于世，无保其必无险逼之理，惟恃在我者，敬慎以自全，故夫子言“需于泥”。泥虽逼水，而实尚非水。坎在外卦，是灾在外也，究与需于水者不同。自我至寇，以刚而近险之故。然刚乃乾德，诚能不失其正，敬于居心，慎于行事，则不败也。

六四，需于血，出自穴①。

---

① 《周易集解》：“《九家易》曰：云从地出，上升于天，自地出者，莫不由穴，故曰‘需于血，出自穴’也。”（卷第一，第 32 页）《周易折中》：“《程传》：四以阴柔之质处于险……则不能安处，必失其居，故云‘出自穴’。穴，物之所安也。《集说》：《朱子语类》：问：《程传》释‘穴，物之所安’。曰：穴是陷处，唤作‘所安’不得。柔得正了，需而不进，故能出于坎陷。”（卷第一，第 51 页）

坎为血卦，血之象；又为隐伏，穴之象也。四为坎体，已在险矣，故为“需于血”象。然以柔履险，需而不前，不与险关，故为“出自穴”象。

《象》曰：“需于血”，顺以听也①。

九五为坎之正象，六四顺以听之，阳虽刚而不与柔斗。在人事则处险而以顺德行之，险不能为害也。

九五，需于酒食，贞吉。

坎水，酒象。互兑，食象。互离，水在火上，烹饪未就，“需于酒食”之象。酒食，宴乐之具。九五阳刚中正，居尊位而需焉。盖当治具昌明之时，休养生息，涵煦天下，而不求近功；在修身者，则道德和平，优游餍饫，皆“需于酒食”之象，惟贞则吉也。

《象》曰：酒食贞吉，以中正也。

言以中正，故需于酒食而吉，非耽乐也。

上六，入于穴，有不速之客三人来，敬之，终吉②。

坎极，入穴之象。变巽，入象也。在上穷极，无可复需，故不言需，而直云“入于穴”。我为主，应为客，上六下应九三，而九三与二阳需极并进，为“不速（之）客三人来”象。入穴穷困，必待援而后出，上六阴顺之性，于三阳之来敬之，终得其力而出穴，故吉。

《象》曰：“不速之客”来，敬之终吉，虽不当位③，未大失也。

“不当位”即入穴也，言上六不需而入穴，已不当位矣。然阴以从阳为正，今于“不速之客三人来，敬之”则尚知求援，“虽不当位”，未

---

① 《周易折中》：“《集说》：胡氏炳文曰：三能敬，则虽迫坎之险而不败；四能顺，则虽陷坎之险而能出。敬与顺，固处险之道也。”（卷第十一，第385页）

② 《周易集解》：“三人，谓下三阳也。须时当升，非有召者，故曰‘不速之客’焉。”（卷第二，第33页）《来注》：“不应九三，阳合乎阴，阳主上进，不召请而自来之象也。……三阳同体，客三人之象也。”（卷之二，第156页）

③ 《周易折中》：“《本义》：以阴居上，是为当位，言‘不当位’未详。《程传》：不当位，谓阴而在上也……明阴宜在下，而居上为‘不当位’也。”（卷第十一，第385页）

为大失也。盖望人补救于事后之意。

附　解

学莫大于知时。卦名“需”，以阳德遇险而能待，此有德而不苟为进者也，故爻象多吉，即有不甚吉者，圣人惟勉人敬以处之。盖从容和平，退让敬慎，天下无不可为，非躁动者可例也。若后世言需者事之贼，便止说得一半道理。

䷅ 坎下乾上

讼，争辨也。以卦象言，天运上，水流下，其行相违，“讼”之象。以卦德论，上以刚制下，下以险伺上；就一人言，内险而外健，就两人言，此险而彼健。险与健相持，各欲求胜，皆讼之道也。《序卦》：“饮食必有讼，故受之以讼。”

讼，有孚①窒，惕中吉，终凶，利见大人，不利涉大川②。

有孚，信实。窒，塞也。惕，戒惧也。中，谓心也。终，终其讼。大人，有德之人。大川，喻险难。文王言卦虽名讼，然乃戒讼者以止争之法。盖卦爻刚中，为有孚之象，讼者诚信见屈于人，故有讼。然讼非得已，当自惕于中，常存退让则吉，苟必欲终其讼必凶。且有孚之义，惟见信于君子，不能见谅于小人。占者利见有德之大人，而不利涉大川。盖大人，阳刚有德之象；大川，坎险难行之象，见大人则有孚可通，涉大川则同心无朋也。按坎中爻即乾中爻。本卦以刚遇险，故为讼。然二五皆刚中，故“有孚”。窒者，鬱塞不通，谓阳陷坤中也。坎为加忧，故又为

① 《周易集解》：“干宝曰：讼，离之游魂也。离为戈兵，此天气将刑杀，圣人将用师之卦也。……荀爽曰：阳来居二而孚于初，故曰‘讼有孚’矣。”（卷第三，第34页）

② 《周易折中》：“《朱子语类》云：大凡卦辞取义不一，如讼‘有孚窒，惕中吉’，盖取九二中实，坎为加忧之象；‘终凶’，盖取上九终极于讼之象；‘利见大人’，盖取九五刚健中正居尊之象；‘不利涉大川’，又取以刚乘险，以实履陷之象。”（卷第一，第53-54页）

“惕中”之象。上九过刚，有“终讼”之象。大人，乾九五也。大川，坎也。

《彖》曰：讼，上刚下险，险而健，讼。“讼，有孚窒，惕中吉”，刚来而得中也；“终凶”，讼不可成也；“利见大人”，尚中正也；“不利涉大川”，入于渊也①。

人情险则难测，健则必争，二者有一，犹不至讼，今卦体上刚下险，险而健，所以名为“讼”也。夫子盖叹之也。有孚窒，惕中吉，皆谓九二。一阳从乾宫而来，虽陷于险中，得中正之体，故有孚而窒。成讼者以此，惕中而吉，不至终讼者，亦以此也。其谓“终凶”者，以上九过刚，有“终讼”之象，然戒之以凶，以讼非美事，必不可成也。利见大人，以九五有中正之德也。不利涉大川，讼者恃刚冒险，有入于渊之象也。

《象》曰：天与水违行，讼②，君子以作事谋始。

天行而上，水行而下，两相违背，凡物情相戾准此。讼之兴也，不在已事，而在未事之时，谋之于始，则早察其微，不蹈其险。圣人深戒人自省也。

初六，不永所事，小有言，终吉。

所事，所欲讼之事。变兑，为“口舌言”之象。因居初，又在卦外得象，故曰“小”。初六以柔居下，不能与刚久敌，故为不永讼事之象。刚自外来，不能无争辨之言，然既不与敌，虽“小有言”，终不成讼而吉。

《象》曰：“不永所事”，讼不可长也。虽“小有言”，其辩明也。

爻词但以象言，夫子因而戒之。言“不永所事”，非谓其柔懦，以讼事本不可长，不永无伤也。“虽小有言”，其辩久自当明，故“终吉”也。

---

① 《周易集解》：“荀爽曰：二与四讼，利见于五，五以中正之道，解其讼也。……阳来居二，坎在下，为‘渊’。”（卷第三，第35页）

② 《周易集解》：“荀爽曰：天自西转，水自东流，上下违行，成讼之象也。”（卷第三，第35页）

九二，不克讼，归而逋，其邑人三百户，无眚①。

九二阳刚，为险之主，与五刚遇，本欲讼者也。然以下讼上，势必不敌，故义不能讼，归而逋避。其所居之邑，人三百户，皆免灾累，故“无眚”。自上而下，故曰“归”。坎为“隐伏”，“逋”之象。坎，坤体，故为“邑”。又互离，“户”象。三百户，一成之地。坎外阴而内阳，独九二刚中独讼，二阴皆不与之，故皆“无眚”。言其自取，不足累人也。变坤，三爻皆阴，为“三百户”象。坎为眚，变坤则“无眚”也。

《象》曰：“不克讼”，归逋窜也。自下讼上，患至掇也。

掇，自取也。讼本非宜，况以下讼上乎？故夫子叹以戒之。言“不克讼”者，非不欲讼，义不能胜，至于势穷理极，则不得不出于“逋窜”之一径也。所以然者，以“自下讼上”，患害之来，乃其自取也。

六三，食旧德，贞厉，终吉②。或从王事，无成。

食，如食邑之“食”，犹“享”也。旧德，前人之德。坎本坤体而孕乾，六三仍坤之体，坤性柔顺，守其柔顺而不变，如子孙食前人之“旧德”。以居险而上近刚健，故虽守正而不能无“厉”。然居险讼之时，以柔正自守，必免于祸，故“终吉”。“或从王事，无成”，与坤六三同，此爻即坤之三爻也。臣任君事，不自居其成功，正是柔顺而贞之道。戒占者当如此。

《象》曰：“食旧德”，从上，吉也。

子孙袭前人之荫，不有其功，而实自享其福。圣人取象于此，以六三阴柔卑退，处险健相持之际，一心守旧，不与上九刚敌，为“以下从上”

---

① 《来注》：“克，胜也。自下讼上，不克而还，故曰‘归’。逋，逃避也。”（卷之二，第158页）《周易述》：“三百户，下大夫之禄。……爻例：二为大夫，三为三公，四为诸侯。二失位，与四争三公之服，是无德而争，故‘不克讼’，义弗克也。”（《周易上经一》，第24-25页）《周易折中》：“《集说》：俞氏琰曰：既逋，则近己者皆无连坐之患，故曰‘……无眚’。”（卷第一，第54页）

② 《周易折中》：“《集说》：食必称德而食，胡氏炳文曰：‘食旧德’，与‘位乎天德’语同。位必称德而居……故宁德浮于食，毋食浮于德。食，犹食邑之‘食’。九二‘邑人三百户’，食之最约者也。一二刚险，本欲讼者，能退处于分之小，仅可‘无眚’；三阴柔，本不能讼者，能守其分之常，虽厉犹吉。”（卷第一，第55页）

之象，故“吉也”。

九四，不克讼，复即命，渝，安贞吉①。

即，就。命，命令。渝，变也。九四刚而不中，本有讼象，然下应于初，初以柔逊上，邻于五，五以中正，将谁与讼哉？故“不克讼”，而反自听命于主讼之大人。是其初本欲讼，变而安于正，则能以义理自裁，故吉也。

《象》曰：“复即命，渝，安贞”，不失也。

失，谓失己。恐人以自屈为嫌，故言复命而“渝”，“安贞”正，所以不失己也。

九五，讼，元吉。

阳刚居尊，为讼之主，《彖》所谓“大人”者也。以中正之德，齐乖争之俗，故大吉。

《象》曰：“讼，元吉”，以中正也。

中则不偏，正则不枉，讼者听者皆以是，讼亦罕矣。

上九，或锡之鞶带，终朝三褫之②。

鞶带，大带，命服之饰也。男鞶革，女鞶丝。或，未必然之词。褫，夺也。上九以刚居讼之极，是健而能终讼者。刑罚过甚之朝，专尚酷健，或亦赏之，予以鞶带。然赏非所赏，即受亦不久，故终朝三褫之。坎卦一阳束二阴，“带”象。位居上，“鞶带”象。上与三应，六三非上九敌，则讼易胜。而上居势要，故有意外非礼之赐，或锡鞶带。然坎体本险，以与为取。上卦三阳争利，故有“终朝三褫”象。终朝，极言其不久。上居穷极之地，又乾爻，故象“终朝”也。

---

① 《周易集解》：“虞翻曰：失位，故‘不克讼’。渝，变也。不克讼，故复位。变而成巽，巽为命令，故‘复即命渝’。动而得位，故‘安贞吉’，谓二已变坤，安也。”（卷第三，第 36 页）《来注》：“九四之‘复’，即九二之‘归’，皆以刚居柔，故能如此。”（卷之二，第 159 页）《周易折中》：“《集说》：杨氏简曰：九刚四柔，有始讼终退之象。”（卷第一，第 56 页）

② 按：褫，众本同，《周易集解》《周易述》作“拕”。《周易述》：“拕，俗作‘褫’，今从古。”（《周易上经一》，第 26 页）

《象》曰：以讼受服，亦不足敬也①。

礼让者，治世之本，以讼受服，昏乱可知，亦不足敬。胜者与锡者，均可耻也。垂戒深矣。

附　解

生民有欲则必争，圣人以德礼治世，只是欲人平其争，故继需而有讼者，势也；转讼以为让者，圣人之心也。本卦词义，皆戒人无讼，而于九五独曰“讼，元吉”，盖以中正之德听讼，则讼自平。遇讼亦不终其讼，所望于在上在下之君子，有治世之权、救世之心者深矣。

䷆ 坎下坤上

师，众也。坎下坤上，卦体。地中有水，为众聚之象。卦德内险外顺，险道而以顺行，师之义也。卦爻一阳居下卦之中，五阴从之，将统兵之象。二以刚居下，五以柔居上而任之，人君命将出师之象。《序卦》：“讼必有众起，故受之以师。”

师，贞，丈人②，吉无咎。

贞，正也。丈人，老成贤将。言行师之道，在得正与择将，不得其正，则师出无名，不择其将，则师出无功。正且得人，故“吉无咎”。盖有吉而有咎者，有无咎而不吉者，吉而无咎，则尽善矣。

《彖》曰：师，众③也。贞，正也。能以众正，可以王矣。刚中而应，行险而顺，以此毒天下，而民从之，吉又何咎矣。

众也，言合众志而一之，乃成为师。正，吊民伐罪，仁义之事。能左

---

① 《周易集解》：“虞翻曰：服，谓鞶带。终乾见褫，乾象毁坏，故‘不足敬’。《九家易》曰：初、二、三、四皆不正，以不正相讼而得其服，故‘不足敬’也。”（卷第三，第37页）

② 《来注》：“以三画卦论，二为人位，故称‘丈人’。”（卷之三，第161页）

③ 《来注》：“众者，即《周官》自五人为伍，积而至于二千五百人为师也。”（卷之三，第161页）

右之，曰以“刚中而应”。九二刚正得中，上应六五，故为贤将。顺，谓顺乎天理。毒，害也。用师止乱，如用药攻疾，不得已而用之，实以安民也。言能以众正人之不正，则仁义素孚，人归天与，可王天下，极言“贞”之义大也。九二刚中，上应六五，为忠正居心之臣，故曰“丈人”。六五柔顺，信任贤将，兵虽险事，然必顺乎天理而动，则实有济世安民之心，而非徒好武。以此治乱，民必从之，大吉，“又何咎矣”。

《象》曰：地中有水，师①，君子以容民畜众。

地中有水，水聚地中，为聚众之象。容，容保之，养教兼至也。畜，聚畜。古者寓兵于农，制产明伦，容保其民，即所以畜聚其兵也。常时民即兵，变时兵即民，兵不外乎民，如水不外乎地也。

初六，师出以律，否臧凶②。

律，谓号令节制。否臧，不善也。初六阴柔，而居行师之始，故圣人戒之以律。若师出无名，及不明纪律，则凶。

《象》曰：师出以律，失律凶也。

言师以纪律为先，初六当出师之始，故特戒之。失律必凶，深叹其然也。

九二，在师中③，吉无咎，王三锡命。

二，人臣之位，而九以刚居险，是惟“在师中”，则“吉无咎”。盖师必刚正，乃能驭之。“吉”言其理，“无咎”言其事。王，谓六五，下顺九二，为锡命贤将之象。三，坤三爻皆顺也。

---

① 《周易折中》：“《集说》：陈氏琛曰：地中有水，犹民中有兵，非师之象乎。”（卷第十一，第387页）

② 《来注》：“《左传》云：执事顺承为臧，逆为否。失律，否固凶，臧亦凶。”（卷之三，第162页）

③ 《来注》：“师中者，在师而得其中也。此爻正《彖辞》之‘刚中而应’，六五小象之‘以中行’。……盖为将之道，不刚则怯，过刚则猛，唯‘刚中’则吉矣。……本卦错同人（䷌），乾在上，王之象；离在下，三之象；中爻巽，‘锡命’之象。全以错卦取象，亦如睽卦上九之‘见豕负涂’也。”（卷之三，第162-163页）

《象》曰："在师中吉"，承天宠也。"王三锡命"，怀万邦也①。

天，即王也。言人臣本无以刚自用之理，"在师中吉"，承君宠而得专阃外，非承宠则无吉之理也。"王三锡命"，欲怀柔万邦，故宠任之，非予以擅权也。盖深戒人臣专宠自擅之弊。

六三，师或舆尸②，凶。

或，不可知之词。舆尸，以车载尸，败创之甚也。六三阴居阳位，才弱志刚，在行师为偏裨擅命。"或舆尸"而主将罔闻，大凶之道也。

《象》曰："师或舆尸"，大无功也。

师贵统一，至于"或舆尸"而不及料，"大无功"矣。盖深叹之。

六四，师左次，无咎。

兵家尚右，右为前，左为后。左次，退舍也。六四阴居阴位，柔而得正，于行师为知难而退之象，故"无咎"。

《象》曰："左次无咎"，未失常也③。

师以慎重为常，恐人以退为怯，故曰"未失常"。

六五，田有禽，利执言，无咎。长子帅师，弟子舆尸④，贞凶。

田，地之有水者，坤、坎象也。坎为豕，错离为雉，禽象。执言，声明其罪。长子，即丈人也。自众称之曰"丈人"，自君称之曰"长子"，谓九二也。弟子，六三，长之次也。六五柔顺得中，有怀柔之君德者。坎为寇盗，五以君德临之。外侮之来，如"田有禽"，田本非禽所栖，利在"执言"，以声其罪，不必遽威以武，此为人君之正，故"无

---

① 《周易折中》："集说：谷氏家杰曰：不曰'威'而曰'怀'，见王者用师之本心。"（卷第十一，第387页）

② 《来注》："变巽（☴），进退不果，或之象也。舆者，多也。……尸者，主也。"（卷之三，第163页）

③ 《周易折中》："集说：杨氏时曰：师以右为主，常也，左次则失常矣。然四以柔顺之资，量敌而后进，虑胜而后会，退而左次，未为失常也。"（卷第十一，第387页）

④ 《来注》："中爻震，长子之象也，长子即'丈人'。……坎为中男……弟子之象也。"（卷之三，第164页）

咎”。若执言而不服，以师伐之，亦惟长子可以帅师，若用“弟子”，则必“舆尸”。盖“弟子”非将材，虽仗义执言，亦必凶也。

《象》曰：“长子帅师”，以中行也。“弟子舆尸”，使不当也①。

九二刚中，以中道行师之象。使不当，咎。五之使之，以戒人君也。

上六，大君有命，开国承家②，小人勿用。

师之终，顺之极，论功行赏之时。本卦义重六五信任九二贤将，五，大君也。国家皆因坤土取象，开国封诸侯，承家立大夫。以一卦言，九二君子，余皆小人也。行师之时，但取材具可用，不必人皆君子，至功成行赏，则小人惟酬以重禄，不可畀以国家。此见行师所以济变，与居常异用也。

《象》曰：“大君有命”，以正功也。“小人勿用”，必乱邦也③。

正功，功无滥予。必乱邦，有才无德故也。

附　解

师由争起，故继“讼”，夫师非圣王之所得已也。欲而争，争而乱，不有以正之，民何以安？然正之之道，上有至仁之君，下有忠正之臣，然后交相济而勘乱。本卦六五、九二，乃其明象，故圣人因以致美戒焉。不得泥坤之不得为君，必以乾解“大君”也。旧说于象，词多牵强，今悉正之。

䷇ 坤下坎上

比，亲辅也。以卦象言，水在地上，最相亲辅；以爻言，五刚居

---

① 《周易折中》：“集说：孔氏颖达曰：‘以中行’，是九二居中也；‘使不当’，谓六三失位也。”（卷第十一，第388页）

② 《来注》：“坤错乾，‘大君’之象也。乾为言，‘有命’之象也。……坤为地，为方国之象也。……变艮为门阙，‘家’之象也。”（卷之三，第164页）

③ 《周易折中》：“集说：‘弟子舆尸’，戒于师始；‘小人勿用’，戒于师终。”（卷第十一，第388页）

尊，众阴比而从之。一人辅众，众亦亲附之象，故为“比”也，《序卦》：“众必有所比，故受之以比。”

比，吉，原筮元永贞，无咎①。不宁方来，后夫②凶。

原，再也。元，君长，谓五也。九五刚中而有乾德，为君上以仁抚万民者。永贞，久于正。不宁，不得其所之人。方来，来未艾也。后夫，迟至者。言占得比者大吉，其卦一阳首出，而众阴比从。再筮以审，惟君上有仁民之德，而久安于正者，乃信而从之，必无他咎，盖阴本从阳，而九五以阳刚得位，众阴比附，如恐不及，是为“不宁方来”之象，惟上六一爻，阴柔高亢，如后来之夫，失所归依，必有凶也。蒙之“刚中”在下卦，故曰“初筮”；比之“刚中”在上卦，故曰“原筮”。圣人欲人信从有德，故设为再筮之言，以坚人之比也。

《彖》曰：比，吉也。比，辅也，下顺从也。“原筮元永贞，无咎”，以刚中也③；“不宁方来”，上下应也；“后夫凶”，其道穷也。

物莫不恶其乖违，故叹比之大吉也。然所谓比者，贵其以德相辅，非私附也，故又曰“比，辅也，下顺从也”。言出于人心之诚然，而非要结也。九五刚中得位，舍是无可比者。上下应，初、二、三、四皆应五而归附。其道穷，上六阴柔，无德而骄，理势穷蹙，无所归附也。

《象》曰：地上有水，比，先王以建万国，亲诸侯。

物相亲比而无间者，莫如水在地上。九五下临坤地，“建万国”象；一阳下抚群阴，“亲诸侯”象。建国本以亲民，而曰“亲诸侯”者，亲侯即所以亲民也。天子以仁抚万国，而恩义洽于臣民；诸侯宣布天子德意，而群生归于主极。上下相比，天下一家，中国一人之道在是矣。

---

① 《周易集解》：“原，卜也。《周礼》三卜，一曰‘原兆’。……虞翻曰：‘后’谓上，‘夫’谓五也。坎为‘后’，艮为‘背’，上位在背后，无应乘阳，故‘后夫凶’也。”（卷第三，第41页）

② 《来注》：“下画为前，上画为后。凡卦画阳在前者为‘夫’，如睽‘遇元夫’是也。此‘夫’指九五也。”（卷之三，第165页）

③ 《周易集解》：“蜀才曰：此本师卦。案六五降二，九二升五，刚往得中，为比之主，故能原究筮道，以求长正而‘无咎’矣。”（卷第三，第41页）

初六，有孚比之，无咎，有孚盈缶，终来有他吉①。

坤主信实，初爻为比之始，是欲比人而诚信之象，故“有孚”。比之，比于人也。缶，土器，中虚，坤土中虚。盈，满也。坎水下流于土，坤虚能受，故有“盈缶”象。终对始言，终来，人来比我。他吉，意外之吉，言占得此爻为有孚之象，即有孚矣，即以我比人，不嫌阿附，“无咎”也。且初居比之始，即以诚信相孚，积日累月，其孚益甚，为“有孚盈缶”之象。凡比之不终者，皆由始之不慎也。今始比如此，则我比人而人亦比我，虽历久，人终来亲，且有意外之吉也。

《象》曰：比之初六，有他吉也②。

初六为比之始，而以“有孚”从人，固宜其终必“有他吉也”。深美其慎终于始也。

六二，比之自内，贞吉。

柔顺中正，上应九五，自内比外而得其正，吉之道也。

《象》曰：“比之自内”，不自失也。

申比“贞吉”之义。言自内而比，所守者正，故所比者正，“不自失”而吉也。若反是则否也。

六三，比之匪人③。

阴柔不中正，承、乘、应皆阴，所比皆非其人之象。不言“凶”，凶不待言也。

《象》曰：“比之匪人”，不亦伤乎？

伤，哀伤，即《孟子》“哀哉”之意。深悯叹之，凶可知矣。

六四，外比之，贞吉。

五在外卦，外比，谓从五也。以柔居柔，比阳得正，吉之道也。本卦

---

① 按：他，《来注》同，《周易集解》《周易正义》《周易折中》等均作“它”。

② 《周易集解》：“荀爽曰：缶者应内，以喻中国。孚既盈满中国，终来及初，非应，故曰‘它’也。《象》云‘有它吉’者，谓信及非应，然后吉也。”（卷第三，第42页）

③ 《周易折中》：“《解说》：《朱子语类》云：初应四，为比得其人；二应五，亦为比得其人，唯三应上，上为比之无首者，故为‘比之匪人’也。”（上卷第一，第64）

惟九五为贤，二以正应而比于内，故曰内修乎己者，贞也；四以相近而比于外，故曰外从乎人者正也，外内虽异，得比之正则一，故皆曰“贞吉”。

《象》曰：“外比于贤”，以从上也。

言贤于我者尚从，况又居上而尊，分义皆宜然也。

九五，显比①，王用三驱失前禽②，邑人不诫，吉。

显，光明之意。显比，上以公正无私比下，下亦然也。下三句正言其象。“三驱失前禽”，开一面之纲，喻仁育义，正其比，无姑息，亦无苛求也。邑人不诫，无烦扰而民相安相忘，不警备也。上下相比，至公无私，故为“显比”而“吉”。盖九五刚中之德，总制群阴，非徒煦煦为仁也。德盛而民从之，无敢欺亦无敢慢。圣王光明正大，纳一世于在宥，而民不识不知，其象如此。五，君位，又乾本体，故曰王。坤为大舆，五乘之而下抚三阴，三驱之象。不及初，故失前禽。言禽，与师六五象同。坤为邑，邑人谓上六也。五不必区区求上六之相比，上六亦不区区比五，“不诫”象。

《象》曰：“显比”之吉，位正中也③。舍逆取顺，“失前禽”也。“邑人不诫”，上使中也。

九五刚健中正而居尊位，故为光明正大之象。逆顺，谓从化与否者。圣王不必尽人而皆求亲己，荒服之远，梗化之徒，宽以居之，“失前禽”之意也。邑人不诫，是民相忘于帝，则上之德使之然也。中，即正中之中，言上以正中比民，民故以此应之也。

---

① 《周易述》：“初三失位当变，有两离象，故体重明也。《说文》‘㬎’字下云：案微杪也。从日中视丝，古文以为‘显’字。卦自下升，微而之显，显从日，离为日，日中视丝，案见微杪，故九五称‘显比’。”（《周易上经二》，第33页）

② 《周易折中》：“《程传》：天子之畋围，合其三面，前开一路，使之可去……禽兽前去者皆免矣，故曰‘失前禽’也。……《集说》：胡氏炳文曰：诸阴爻皆言‘比之’，阴比阳也。五言‘显比’，阳为阴所比也。”（卷第一，第65页）

③ 《周易折中》：“《程传》：凡言‘正中’者，其处正得中也，比与随是也；言‘中正’者，得中与正也，讼与需是也。”（卷第十，第389页）

上六，比之无首，凶①。

乾为首，阴宜从阳。上六背九五阳刚而妄欲比人，实无所比，为“比之无首”，以其失所当比也。

《象》曰：“比之无首”，无所终也。

比以求安，失所当比，则莫为之主，如无首然，更何所终也？

附　解

相维相恤者，人道之常；同术同方者，友朋之正。若夫联万物为一体，纳群生于在宥，圣人之心所以同天地也。比之为卦，圣人所以深致意焉，而叹其吉。第通一卦言则“比吉”，分各爻言则有吉有不吉。且此爻与彼爻相参言，则此吉彼亦吉；彼爻专言，又或不吉。圣人取象，变动不拘，此际稍失，体察则义舛。前人因之多误，今悉以平易之理解之，学者详焉。②

䷈ 乾下巽上

小，阴也。畜，止也。六四以一阴畜止众阳，故为“小畜”，于天象为“风行天上”，膏泽有待；于人事为巽顺止刚，以柔制强，皆小畜之义。《序卦》：“比必有所畜，故受之以小畜。”

小畜，亨，密云不雨，自我西郊③。

卦体虽以阴畜阳，然所畜者当，故占者得“亨”。下二句正言所以亨之故也。云腾则必致雨，今阴在天上，“云”象；以阴居阴，“密云”象。

---

① 《周易述》：“爻例：上为首。……但阴无首，以阳为首。上乘五是阴不承阳，为‘无首’也，故‘凶’。”（《周易上经二》，第33页）

② 《来注》：“师、比相综，本是一卦体。在师则专论刚柔，在此则专论阴阳。”（卷之三，第168页）

③ 《周易集解》：“今小畜五阳，而一阴既微少，才作‘密云’，故未能为雨。四互居兑，‘西郊’之象也。”（卷第三，第44页）《周易述》：“旁通者，卦之反，义见乾卦。小畜与豫相反，故云‘旁通’。卦唯一阴，阴称小，阴道敛聚，故云‘畜’。”（《周易上经二》，第35页）

内卦为我，外卦为人。先天乾位南，巽西南，本卦巽在乾外，故为“自我西郊”，言占得“小畜”者“亨”。盖风云合而气化敷，今一阴在天，群阳从之，而巽在乾外，为“密云不雨，自我西郊”之象。论风在天上，虽暂畜而不能久；论风云布泽，则阴得位而不为凌阳。施诸人事，或臣子有待于君父，或柔弱巽屈乎刚强，皆有亨之道也。

《彖》曰：小畜，柔得位而上下应之，曰“小畜”。健而巽，刚中而志行，乃亨。“密云不雨”，尚往也。“自我西郊”，施未行也。

柔得位，谓六居四位。上下，谓五阳，言六四一阴柔得其位，而上下五阳皆为所屈，故伏羲名曰“小畜”。文王言“亨”者，以卦体乾健巽顺，二五皆刚中，虽以阴畜阳，然健行之志自在。占者亦能“健而巽”，刚中而行其志，乃得亨也。其言“密云不雨”者，以乾三阳在下，体本健行，为阳气尚上往于天，阴泽一时不能即降也；“自我西郊”者，先天卦位乾居南而巽居西南，由东而西，自阳之阴，其气顺，则易成雨；自西而南，由阴之阳，其气逆，则不成雨。今巽在乾卦之外，而位本又西南，故为乾郊之外。阴施而阳未应之，膏泽未行也。

《象》曰：风行天上，小畜，君子以懿文德①。

懿，美也。上巽，“懿”之象；下乾，“德”之象；互离，“文”之象。道著躬行曰大德，道著仪文曰小德。“风行天上”，气化外宣，君子体之，美其“文德”，亦威仪外著，皆“小畜”之象也。曰“文”而必曰“德”，见文乃德之华也。

初九，复自道②，何其咎，吉。

复，反也，谓反于本位。自，由也。道，进退中正之道。九，阳刚喜进，然位居于初，为不畜于阴而复归位之象。此乃进退正道，有何咎乎？故占者吉也。

---

① 《来注》：“风行天上，有气而无质，能畜而不能久，曰‘小畜’。”（卷之三，第169页）

② 《来注》：“自下升上曰‘复’，归还之意。阳本在上之物，志欲上进而为阴所畜止，故曰‘复’。”（卷之三，第169页）《周易折中》：“《集说》：龚氏焕曰：复自道，此‘复’字与‘无往不复’‘不远复’之义同，谓复于在下之位而不进也。……易及诸经，无有以‘复’为上进者。”（卷第二，第68页）

《象》曰："复自道"，其义吉也。

初九本乾德，故为"道"。复而以道，其义当得吉，深望人以道也。

九二，牵复吉。

九二渐近于阴，若不能复矣，然九二刚中，则不过刚，而能守己相时，故亦复。与初爻并复，有"牵连而复"之象，占者如是，则吉也。三阳同体，故曰"牵"。

《象》曰："牵复"在中，亦不自失也。

在中，阳刚居中也。亦者，承初爻之词，言初九之"复自道"，刚正不为阴所畜，固不自失也。九二刚中"牵复"，亦不自失。

九三，舆说辐①，夫妻反目。

辐，车轑也，轮中木之直指者。乾为圜，"车轮"象。互兑为毁折，"脱辐"象。反目，不相对视。中爻离为目，巽为多白眼，"反目"象。九三近六四，阴阳相比，有"夫妻"象。然六四畜止，本非三之正应，而九三过刚锐进，自离其群，欲比于四，失初与二"牵复"之义，为"舆脱辐"而不能行，四畜止而不与亲，有"夫妻反目"之象，进退皆失所据矣。

《象》曰："夫妻反目"，不能正室也。

巽长女，乾刚进之，有"夫妻"象。然四本无意于三，而三自苟合之，是以反为四所畜制，由三自失其正，不能正其室也。凡刚之失己而制于柔者准此。

六四，有孚，血去惕出②，无咎。

---

① 按：辐，众本同，《周易述》作"腹"，云："腹，古文'輹'，故读为'輹'。……子夏曰：輹，车下伏菟。虞氏以为车之钩心，夹轴之物。"（《周易上经二》，第35-36页）又《周易折中》："《集说》：项氏安世曰：辐，陆氏《释文》云：本亦作'輹'。按：辐，车轑也；輹，车轴转也。……然辐无说（脱）理，必轮破毂裂而后可说，若輹则有说时，车不行则说之矣。大畜、大壮，皆作'輹'字。……胡氏炳文曰：《说文》：輹，车下横木，非'辐'也。"（卷第二，第69页）

② 《周易述》："血，读为'恤'……盖古文'恤'作'血'也，坎为加忧，故为恤，为惕。万物出乎震，故'震'为'出'。"（《周易上经二》，第36页）

五阳皆实，一阴中虚。中虚诚信之本，故为“有孚”象。本爻错坎，坎为血，又为加忧，是本有“血惕”之象。今已变，则血去而惕亦出矣。六四以阴畜阳，近九五，本有血惕之惧，因虚中以巽从焉，故有孚，而九五亦安受其畜，血去惕亦出也，占者故“无咎”。

《象曰》：有孚惕出，上合志也。

上，谓九五。言“惕出”则“血去”可知，恐惧犹免，伤害必无矣。言“有孚”之所以“惕出”，以其虚中畜人，合乎九五“有孚”之志，九五亦顺之也。

九五，有孚挛如①，富以其邻。

九五刚中志行，为推诚信下之象，故曰“有孚”。挛，挛缀也。巽为绳，五变为艮手，“挛”象。巽为近利市三倍，“富”象。邻，谓四也，四于五为臣，“邻”象。六四之有孚，虚心以应乎上；九五之有孚，推诚以信其下也。五与四比近，上下相畜，惟以有孚，畜之美者也。诚信相与，有孚若拘挛然，其畜不穷，可谓富矣。然其富也，乃以六四虚中从上，九五能以诚信与之，故上下相孚，而后畜道成也。

《象》曰：“有孚挛如”，不独富也。

下以虚心应上，上以实心待下，故得“挛如”之象，非一人即独能富，深明四之所以为畜主也。

上九，既雨既处，尚德载，妇贞厉，月几望②，君子征凶。

上九变坎为雨。处，安其位。德，谓乾德。载，积满也。几望，将望，言阴正盛也。上九以巽顺之极，居卦之上，畜之极而风动雨随。在天象为既雨之时，阴畜阳而成功矣；在人事为既处之时，阴势盛而安处不摇矣。然乃由六四用柔巽之道，尊尚乾德，积而至然，非专恃阴柔至于成功

---

① 《来注》：“挛者，挛缀也，缀者缉也，缉者续也，皆相连之意，即九二之‘牵’也。谓其皆阳之类，所以牵连相从也。”（卷之三，第171页）

② 按：几，众本同，《周易述》作“近”：“［疏］：近，读为‘既’，谓‘既望’，孟喜以为十六日也。……卦内乾外巽，十五日乾象盈甲，十六日巽象退辛，此纳甲法也。”（《周易上经二》，第36-37页）《周易折中》：“小畜上九‘月几望’则‘凶’，阴疑阳也；归妹六五‘月几望’则‘吉’，阴应阳也；中孚六四‘月几望’则‘无咎’，阴从阳也。”（卷第二，第71页）

也。此爻若妇人占之，虽正而亦危惧，盖恐无其德则必有灾也。又其象如月之几望，阴德正盛之时，君子占之，宜退以俟时，若有所往则凶。盖圣人既戒阴以尚德，又戒阳之妄动也。

《象》曰：“既雨既处”，德积载也。“君子征凶”，有所疑也。

阴顺而从阳，为“德积载”，言非一日。“有所疑”，谓非必阴将害阳，而其势力方盛，自不可往，故迟疑以致其慎重也。

附　解

小畜之义，重以一阴而畜众阳，然其畜也，乃阴以巽顺处刚，于天道为风云畜雨之象，于人事为臣子巽承君上之象，皆畜之美者。故《彖》言“亨”，而六四、九五言“有孚”之善。因阳大阴小，故名“小畜”，非谓畜道之小，所畜之事小，故名“小畜”也。上九一爻，旧解尤误。圣人既喜阴能顺阳，又恐阳为阴制，故言“既雨既处，尚德载”，勖阴之尚德矣，又设为二象以戒妇人侵阳，君子徇阴，其维世之心不亦至乎。

䷉ 兑下乾上

履，礼也。礼，人之所践履也。为卦天尊在上，泽卑在下，“履”之象；上下之分，尊卑之义，礼之体也。内和悦而外刚健，礼严而和之道也。《序卦》：“物畜然后有礼，故受之以履。”

履虎尾，不咥人，亨①。

虎字上当有“履”字，盖传写脱误，观《彖传》可知。

履，有所蹑而进也。兑，后天位西，金为“虎”，三末爻，故称“尾”。

---

① 《周易正义》：“正义曰：履卦之义以六三为主，六三以阴柔履践九二之刚。履，危道也，犹如‘履虎尾’为危道之甚。”（卷二，第 26 页）《周易折中》：“《集说》：胡氏炳文曰：诸家多以兑为虎，《本义》从《程传》以乾为虎，本夫子《彖传》意也。……乾三阳，虎之象也，上为虎之首，则四为虎之尾。兑履乾之后，履虎尾之象也。”（卷第二，第 72 页）《来注》：“中爻巽错震，震为足，有履之象，乃自上而履下也。下卦兑错艮，艮为虎，虎之象也，乃兑为虎，非乾为虎也。……故革卦上体兑，亦取虎象。”（卷之三，第 173 页）

咥，啮也。下卦一阴履二阳，上蹑乾刚，可谓危矣，而名之曰“履”，若以为当履者然，何哉？人世无非危机，惟和顺小心可以逢吉。兑以和悦遇刚强，所遇者乃乾君，又内和悦而外刚健，持身涉世之道无逾焉。故文王言此卦似危实安，为“履虎尾，不咥人”象，占者得之可以“亨”也。

《彖》曰：履，柔履刚也。说而应乎乾，是以“履虎尾，不咥人，亨”[①]。刚中正，履帝位而不疚，光明也。

柔履刚，以下卦言，一阴履二阳之上也。说而应乎乾，以全卦言，兑悦应乾刚也。刚中正，专就上卦言。帝位，九五。光明，乾之本体。言卦之所以名“履”，以阴柔履阳刚也。世多危境，惟柔顺可以处之，故名此卦为“履”也。其曰“履虎尾，不咥人，亨”者，以兑悦应乾刚，是性本和顺，所遇又贤明，故危而不伤也。乾卦刚健中正，九五得其正位，是有圣德而“履帝位”无疚于心者。其本体“光明”，是以遇之而亨也。

《象》曰：上天下泽，履，君子以辨上下，定民志。

天尊而高，泽，地之极卑下者。上下有定分，即有定理。君子观履之象，辨别上下以定民志。盖民志不定，天下不可得而治。位各称其德，士各修其业，人各恭其分，礼存乎其间矣。

初九，素履，往无咎[②]。

履，礼也。礼以质为本，居履之初，故言“素”。阳主进，故曰“往”。言初九阳刚在下，本无阴私，当履之初，又无外诱，盖素位而行者也。如是以往，何咎？

《象》曰：“素履”之往，独行愿也。

践礼必有刚德，而后不为物诱。初九履初，而有刚进之才，是独行其志愿，而不为外染者，故赞之。无应无比，故曰“独”也。

---

① 《周易集解》：“说，兑也。明兑不履乾，故言‘应’也。……《九家易》曰：‘虎尾’谓三也。三以说道履五之应上顺于天，故‘不咥人亨’也。”（卷第三，第45页）

② 《周易述》：“郑注《尚书大传》曰：素犹始也。初为履始，故云‘素’。……初与四应，九四失位，‘愬愬终吉’，是变得正，初往应四，故‘往无咎’。”（《周易上经二》，第39页）

九二，履道坦坦，幽人贞吉①。

变震为足，为大途，“履道坦坦”象。三画卦二人位，九二阳居阴位，“幽人”之象。行于道路者，中则平坦，旁则崎险。九二刚中所守者，正为“履道坦坦”。居下而有中德，为“幽人”之“贞”，占者可吉也。

《象》曰：“幽人贞吉”，中不自乱也。

惟有刚中之德，故居柔在下，而不为世俗所惑乱，此其所以为“贞”，此其所以“吉”也。

六三，眇能视，跛能履②。履虎尾，咥人凶，武人为于大君。

此爻互有离、巽，离为“目”，巽为“股”，体俱非正，虽能视行，“眇”“跛”者也。三人位，居兑口，人在虎口，“咥人”象。变乾成刚猛之质，武人象。大君，谓上卦乾君也。六三以阴居阳，以柔履刚，如眇者之能视，跛者之能履，其用仅矣。乘刚而不柔退，为“履虎尾”而见伤之象。此爻变则为乾，为“武人”象。以阴柔而刚猛喜进，如武人有为于“大君”之事，无所顾虑也。

《象》曰：“眇能视”，不足以有明也。“跛能履”，不足以与行也。咥人之凶，位不当也。“武人为于大君”，志刚也。

不足以明行，为其阴暗且柔，位不当以阴居阳。志刚，志于上卦之乾刚。武人涵养寡而勇猛多，一意前进，任大君之事未必皆当，其志则如是耳。以柔履刚，上从九五，故有此象。

---

① 《周易述》：“幽人，幽系之人。《荀子》曰：公侯失礼则幽。讼时二体坎，坎为狱，二在坎狱中，故‘幽人’。俗谓高士为幽人，非也。”（《周易上经二》，第 39 页）

② 《周易述》：“眇，一目小也。……眇而视，非礼之视；跛而履，非礼之履。以位不当，故有是象。”（《周易上经二》，第 39 页）《周易折中》：“《集说》：耿氏南仲曰：归妹，初九不中则为‘跛’，九二不正则为‘眇’。履，六三不中又不正，故‘跛’‘眇’兼焉。归妹、履，皆兑下也。”（卷第二，第 73 页）

九四，履虎尾，愬愬，终吉①。

四应初，故“履虎尾”。愬愬，畏惧貌。四多惧，“愬愬”之象也。三，才本柔暗而志刚猛，所以触祸；四，才本刚明而志恐惧，所以免祸。

《象》曰：“愬愬，终吉”，志行也。

志行者，柔顺以事刚决之君，其志得行，所以“终吉”也，初之“独行”者，远君也；四之“志行”者，近君也。显晦之所履不同，其道皆吉。

九五，夬履，贞厉。

夬，决也。九五以刚中正履帝位，是凡事必行必信，无所疑碍，故为“夬履”。然其出之也正，又常有戒惧之心，《书》所谓“心之忧危，若蹈虎尾”② 者也。

《象》曰：“夬履，贞厉”，位正当也。

位正当，上有刚中正之德，而下以兑悦应之，所谓“履帝位而不疚，光明也”。

上九，视履考祥③，其旋元吉④。

上九当履之终，前无所履，可以回视其履矣，故有“视履”之象。考，稽。祥，善也。旋，谓周旋、折旋。上九以阳居阴，是有刚德而能小心者，为顾视所履，考其善否，而其动静之间，皆合于礼，无不吉也。

《象》曰：元吉在上，大有庆也。

---

① 《周易述》：“礼以敬为主，不敬则礼不行……此卦之义，柔履刚则咥人，乾履兑则不咥人，敬与不敬之殊也。……兑为虎，初为尾，四履兑初，敬惧愬愬，是‘履虎尾，不咥人’之象。”（《周易上经二》，第 39 页）

② 《尚书·周书》：“穆王命君牙为周大司徒。……心之忧危，若滔虎尾，涉于春冰。[疏]：虎尾畏噬，春水畏陷，危惧之甚。” （《尚书正义》卷十九，十三经注疏，第 246 页）

③ 按：祥，众本同，《周易集解》《周易述》作“详”：“详，古文‘祥’。《吕氏春秋》曰：天必先见祥。高诱云：祥，征应也。”（《周易上经二》，第 40 页）

④ 《来注》：“‘视履’作一句，与‘素履’‘夬履’同例。”（卷之三，第 176 页）《周易述》：“旋，反也。三不当位，故‘视’‘履’皆非礼，上亦失位，两爻易位，各反于正，故‘其旋元吉’。”（《周易上经二》，第 40 页）

履，礼也。礼必有始终，上九居履之终，而犹“视履考祥”，则其小心敬慎，至终不懈，故“元吉”也。大庆即元吉，喜其慎终如始，故美之也。

附　解

履，践履也。履者，礼也。人之践履以礼为主，而行礼以谦卑和悦为主。本卦兑悦应乾刚，为下小心以事上之象。九五乾刚中正而下应之，本无不吉，前人解“贞厉”者非也。以全卦言，下以和悦应刚明之君，故“履虎尾”而“不咥人”；以一爻言，以阴柔而好刚猛，故“履虎尾”而遂“咥人”。义各有取，象亦随殊，苟拘牵以求，则圣人之意晦矣。其“武人为于大君”，先儒多作“为大君”解，惟王氏申子之说，于“为于”二字始有着落①，从之。

䷊ 乾下坤上

泰，通也。地上交于天，天下交于地，阴阳和而万物生成，故为通泰，外小人而内君子，又所以辅成世泰之象。《序卦》：“履而泰，然后安，故受之以泰。”谓人必履礼而后上下各得其和，故“泰”继“履”也。此正月之卦。

泰，小往大来，吉亨②。

小，阴；大，阳。由内之外曰往，自外之内曰来。以气化言，阴阳交而万物亨，天地之泰也；以人事言，阳为君，阴为臣，君推诚以任下，下竭诚以事上，上下志通，朝廷之泰也；阳大居内，阴小居外，小大各得其所，由阴阳之和平，天下之泰也。占得此卦，吉而有亨通之理。

---

① 《周易折中》：“《集说》：王氏申子曰：三以阴居阳，以柔履刚……谓其不明耶？则又居阳，眇能视之象……谓其不能行耶？则又履乎刚，跛能履之象也。是体暗而用明，才弱而志刚者也……故不自度量而一于进，敢于蹈危而取祸……若不顾强弱，勇猛直前，唯武人用之以有为于大君之事则可。”（卷第二，第 73 页）

② 《周易述》：“二、五失位，二升五，五降二，天地交，万物通，成既济定，故‘吉亨’。”（《周易上经二》，第 40 页）

《彖》曰："泰，小往大来，吉亨"，则是天地交而万物通也，上下交而其志同也。内阳而外阴，内健而外顺，内君子而外小人，君子道长，小人道消也。

"则是"云者，就《彖词》而推论之也。阴阳本无不交，而此卦则更为显著，天时人事皆以和同交济为美，故叹美推论之焉。曰"交"曰"通"曰"同"曰"长"，则"吉亨"之义已在其中。小人道消，非消小人也，小人化为君子，如汤举伊尹而不仁者远。

《象》曰：天地交，泰，后以财[1]成天地之道，辅相天地之宜，以左右民[2]。

后，元后。财，同"裁"。道，以其体之自然言；宜，以用之当然言。裁成以制其过，辅相以补其不及。左右，扶植意，扶植以遂其生，俾亦如天地之通泰也。阳左阴右，民生各遂，如阴阳之和也。

初九，拔茅茹以其汇，征吉[3]。

变巽为阴木，茅之象。茹，根也。初爻在下，故象"茅茹"。汇，类也。征，往也。下卦三阳同体，初当泰之始交，一阳进而二阳同之，如拔茅者，拔其一茹而众茹连类而起。占者得之，有所往吉也。

《象》曰：拔茅征吉，志在外也。

外，谓外卦六四。泰之为卦，以阴阳交而成，初志于有为，而与四应，同类辅之，故云有征则吉也。

---

① 按：财，众本同，《周易折中》作"裁"。

② 《周易集解》："郑玄曰：财，节也。辅相、左右，助也。以者，取其顺阴阳之节，为出内之政。"（卷第四，第51页）

③ 《周易述》："初刚难拔，故……曰：'确乎其不可拔，潜龙也。'……否、泰反其类，三阳三阴为类……二升五则六爻得位，阴阳气通……非谓三阳俱升也。荀氏注九二'不遐遗'，谓三体俱上，失其义矣。"（《周易上经二》，第42页）

九二，包荒，用冯河，不遐遗，朋亡，得尚于中行①。

九二刚居柔位，在下卦之中，为乾之正体，是有大人之德，而能容畜小人者，故为“包荒”之象。荒，芜秽意。下三句正其包荒之实。冯河，形其勇。遐，远也。朋，谓初与三。言其包荒，非徒优容也。盖二与五应，为泰交之主，其一志相济以成泰交，本乾健之体，刚断有为，用冯河之勇，而明智周悉，不遗于远，虽三阳成体，共成泰交。然此爻中正，一秉至公，无朋党徇比之见，以尚进而合于中行也。

《象》曰：“包荒，得尚于中行”，以光大也。

“包荒”而“得尚于中行”，以其至断至明至公，有光大之德，非徒浑容也。乾中爻刚健中正，故“光大”。

九三，无平不陂，无往不复，艰贞无咎。勿恤其孚，于食有福②。

陂，倾邪也。平陂，以上卦地形险夷言；往复，以下卦天气往来言。此爻乾坤相际，故象如此。艰者，操心虑患，不敢慢易之意。贞者，谨守法度不稍邪僻之意。恤，忧也。其孚，诚信。食，禄食。变兑口，“食”象。九三居泰之中，在诸阳之上，泰之盛极而将否之象，故戒占者以“平陂”“往复”。天地之理循环，盛极必衰，全赖人心补救，当此极盛之时，惟以艰贞处之则无咎。盖泰之成也，原以上下相交而孚之，故诚持以艰贞，勿忧其孚之不固，则下以诚事上，上仍以诚任下，不特不危，且于禄食有福庆也，盖上下交则君禄臣禄皆永。

---

① 《来注》：“二与初为迩，隔三四与五为遐。‘不遐遗’者，不遗乎五也。”（卷之三，第178页）《周易折中》：“《程传》：‘包荒，用冯河，不假遗，朋亡’四者，处泰之道也。……冯河，谓其刚果足以济深越险也。……治泰不能‘朋亡’，则为之难矣。”（卷第二，第77页）《周易述》：“《释训》曰：冯河，徒涉，故云‘涉河’。……二变体坎，坎为河。……二升五，历坎而上，故‘用冯河’。……兑为用，坤丧为亡。虞氏谓坤虚无君，皆使二上，故‘朋亡’。盖五离其类而下，如坤之‘丧朋’也。尚，上也。朋亡而下，故二上居五而行中和。中和谓六二、九五。”（《周易上经二》，第42-43页）

② 《周易折中》：“《集说》：项氏安世曰：两言‘无’‘不’者，明此天道之必至，而‘有孚’者也。……徐氏直方曰：天人有交胜之理，处其交、履其会者，必有变化持守之道，若一诿之天运，以为无预于人事，则圣人之易，可以无作矣。”（卷第二，第79页）

《象》曰："无往不复"，天地际也①。

惟"天地际"而后"泰"，亦惟"天地际"而即有"往复"。一"也"字咏叹深长，勉人艰贞之意在言下。

六四，翩翩②，不富以其邻，不戒以孚③。

翩翩，飞动貌，言三阴群飞下集也。阴象虚而不实，"不富"象。邻，谓五与上也。戒，期约。此爻正阴阳交际，泰之所以成，故言三阴翩翩下就，不以其邻同类为富，而一心交泰于阳，不约而同与三阳相孚也。

《象》曰："翩翩不富"，皆失实也。"不戒以孚"，中心愿也。

三阴翩翩同集，可谓富矣，而曰"不富"者，阴以阳为依，阴虚阳实，外卦三爻皆阴，皆失其实，故不觉其失所恃而欲交乎阳。不戒而孚，正谓其出于中心之所愿也。

六五，帝乙归妹，以祉元吉④。

帝乙，成汤。汤嫁妹之辞曰："无以天子之富而骄诸侯。"阴之从阳，女之顺夫，天下之义也。盖帝女下嫁之礼，自汤而始备。五，帝位，互震，帝出乎震，坤纳乙，故象"帝乙"。阴居尊位，帝者之姊妹当之。六五以柔中下应九二之刚中，以尊降卑，虚己下贤，如王姬下嫁。用此以获祉，大吉也。

《象》曰："以祉元吉"，中以行愿也。

中，中德。二五皆中正，为泰主，下应九二，以中交中，行其所愿而

---

① 《来注》："际者，交际也。……天地否泰之交会，正在九三、六四之际也。"（卷之三，第179页）

② 按：翩翩，众本同。《周易述》作"偏偏"："五不正，故云'偏偏'。坤虚无阳，故不富，邻，谓四、上。……邻，谓爻之连比者也。"（《周易上经二》，第41、43页）

③ 《周易折中》："《本义》：其占为有小人交合以害正道，君子所当戒也。阳实阴虚，故凡言'不富'者，皆阴爻也。……《案》：爻辞'不富'，与谦六五同，皆言谦虚而不自满足尔。"（卷第二，第78-79页）

④ 《周易折中》："《程传》：以爻义观之，帝乙，制王姬下嫁之礼法者也。"（卷第二，第79页）《周易述》："六阴爻，五贵位，阴之贵者莫如帝妹，贵而当降者亦莫如帝妹。坤，妻道也，臣道也，故六居五必降。"（《周易上经二》，第44页）

成泰。盖阴阳之正，天地之义，非苟顺私情者比也。

上六，城复于隍，勿用师，自邑告命，贞吝。

坤土外高，有城象焉。三阴下交，“复于隍”象。虞翻曰：城下沟无水称隍，有水称池。程子曰：累隍土以成城，如累治道以成泰，及泰之终，将反于否，如城土颓圮，复反于隍。是也。坤为众，“师”象。三阴交于阳而成泰，及其盛久而衰，阴柔自萎，如城倾圮，非用武可以振作，故勿用师。坤为邑，又为文，互兑口，“告命”象。泰之衰也有渐，“自邑告命”，由近修文以变化之。然盛极而衰，非一时可以复振，虽以正挽救，终吝而不可遽通。圣人戒人守贞待之，勿求速效也。吝啬而不通，正泰之反也。

《象》曰：“城复于隍”，其命①乱也。

言“城复于隍”，虽盛衰之势必然，然乃人事不善，持盛而骄，命令悖乱，乃致此也。故爻戒人“自邑告命”，清其本原。惟其命乱已久，故虽贞而吝，必持久以变化之也。

附　解

阴阳不交，则不成造化；上下不交，则不成治理。凡五伦人事，以天相见，以道相维，共成太和宇宙，义皆如斯。然天地以一元运化，阴阳虽分，而未尝不合；消长盛衰，循环天气，万古自若。人则此心此理，不能无间，故盛则满，衰则倾。圣人教人兢兢于保盛持衰，一部《易经》大半若是，而于此卦重其阴阳相交以为“吉亨”。然各爻分位不同，又复谆谆致戒，要皆欲人善成其泰，勿恃其泰也。财成辅相，义该尽人性尽物性许多经济。要之，人为天地之主，天地亦赖于人，而君上更首出之人，其责非细，必有天地之道，而后可以财成辅相，成乎泰运。故天道人事，一以

① 《来注》：“‘命’字谓政令也。盖泰极而否，虽天运之自然，亦人事之致然。……圣人于泰终而归咎于人事，其戒深矣。”（卷之三，第181页）

贯之，无二理也。①

☷☰ 坤下乾上

否，闭塞也。为卦天上地下，天地不交，万物尽隔塞而不相通，卦象卦德皆与泰相反。《序卦》："物不可终通，故受之以否。"此七月之卦。

否之匪人②，不利君子贞，大往小来。

人者，天地之心也。天地无否时，人道失则匪人多而天地否，故圣人言"否"之为卦，非天地果有闭塞不通之时也。人为三才之主，善人多则天地之正气伸，而阴阳和平。"否"之所以为否，以"否之匪人"，不利于君子之守正，而肆其猖狂，大者往，小者来，故成"否"也。

《彖》曰："否之匪人，不利君子贞，大往小来"，则是天地不交而万物不通也，上下不交而天下无邦也。内阴而外阳，内柔而外刚，内小人而外君子，小人道长，君子道消也。

"则是"云者，就《彖词》而太息之也，言如所云，则是人道失而天运亦非。天地不交而万物不通，不成造化也；上下不交而天下无邦，不成世宙也。其卦内阴而阳反在外，内柔而刚反在外，内小人而君子反在外，小人道长，君子道消，非理之正也。

《象》曰：天地不交，否，君子以俭德辟难，不可荣以禄③。

俭德，约其德，无外华也。坤为吝，啬俭之象。辟难，避小人之祸。三阳在外，避难之象。不可荣以禄，人不可得而荣之。盖德俭而人不

---

① 《周易折中》："《总论》：刘氏定之曰：六爻之中，相交之义重。……吴氏曰慎曰：初、四以气类言，二体之始也；三、上以时运言，二体之终也；二、五以主泰言，二体之中也。"（卷第二，第80页）

② 《来注》："言否之非人也，乃天也。……'否之匪人'者，天数也；'君之贞'者，人事也。"（卷之三，第181页）《周易折中》："《本义》：或疑'之匪人'三字衍文，由比六三而误也。《传》不特解其义，亦可见。"（卷第二，第81页）

③ 按：俭德辟难，不可荣以禄，众本同，《周易述》作"不可营以禄"，曰："《说文》曰：禄，福也。故乾为禄。坤消乾禄，故'不可营以禄'。"（《象上传一》，第303页）又古本或有将"俭"作"险"者，《周易集解》："营，或作'荣'；俭，或作'险'。"（卷第四，第54页）

知，远禄而谗忌亦远，故避难也。三阴趋上而益进，三阳趋上而益远，皆从不交处发明象理。

初六，拔茅茹以其汇，贞吉亨①。

三阴连类而进，其迹与君子同，故亦象拔茅连茹以汇。然小人初进，未必便欲害君子，特势位盛、利欲兴，乃害正误国。圣人戒而诱之，言能守正而贞，福国利民而吉，则天下蒙福，己亦受赐而亨也。

《象》曰：拔茅贞吉，志在君也。

小人害正，由其但为身谋耳。拔茅汇进，而勉以贞吉，以其志在九五，为君谋，自不害君子，此导小人以正之意也。

六二，包承，小人吉，大人否亨②。

包，包乎初。承，承乎五。六二阴柔中正，是小人之知畏名义者，其象为包容其类，承顺于上。在小人则吉，以其不敢为恶也；在大人则当安守其否，不可以彼"包承"而自失其身，虽"否"其道则"亨"也。

《象》曰："大人否亨"，不乱群也。

群谓三阴。当上下不交之时，故二虽承上，而五不与群，虽"否"而"亨"，正以其不与小人为群也。《易》为君子谋，故专美大人如此。

六三，包羞③。

六三阴柔，居群阴之上，包二与初，是小人护庇其类者。然位不中正，又当上不比阴之时，君子不以为缘，己又无权以害君子，徒为小人之归，故为"包羞"也。

---

① 《周易折中》："《程传》：泰与否皆取'茅'为象者，以群阳群阴同在下，有牵连之象也。泰之时，则以同'征'为'吉'；否之时，则以同'贞'为'亨'。……否之时，在下者君子也。……案：圣人虽许小人改过，恐无系以'吉亨'之辞之理，《程传》及诸家作君子守道者近是。"（卷第二，第81页）

② 《周易述》："否，不也。……否亨，言不亨也。"（《周易上经二》，第46-47页）

③ 《周易述》："阴消至三成否，故云否成于三。坤为耻，虞义也。《广雅》曰：羞，耻也，故云坤耻为羞。三不正，为上所苞，以阳苞阴，是'苞羞'也。《孟子》曰：无羞恶之心非人也。故《象》以'三'为'匪人'。"（《周易上经二》，第47页）

《象》曰："包羞"，位不当也。

阴柔而不中正，"羞"之所由来也。深叹之以警使中正。

九四，有命无咎，畴离祉①②。

变巽，"命"象。畴，类也，谓三阳。离，丽也。九四阳刚，居近君位，有济否之才，而在高位者也。当否之时，不与下三阴为缘，而以九五为依，是凡事出于君命，可以济否，故曰"有命无咎"，而其畴类皆丽福祉也。

《象》曰："有命无咎"，志行也。

志行，谓济否之志得君命，则其志可行，戒九四之自用也。

九五，休否，大人吉，其亡其亡，系于苞桑③。

九五阳刚中正而得尊位，可以"休"时之"否"，是大人之事也，故大人遇之则吉。但方否之时，有可以"休否"之理，而未遽"倾否"也。必当持以兢业，常作"其亡其亡"之想，而维持坚固，若系物于苞桑者然，乃可以渐"休否"也。互巽，"木"象。巽为绳，"系"象。变离伏坎，为丛棘，"苞桑"象。

《象》曰：大人之吉，位正当也。

五，君位。九，阳德。当否之时，惟有德而居君位者乃可以"休否"。正当，勖之也。

---

① 畴离祉，众本同，《周易述》作"寿离祉"："《说文》云：寿，古文'畴'，《虞书》'帝曰寿咨'……皆读为'畴'。"（《周易上经二》，第46-47页）

② 《周易集解》："谓四应初据三，与二同功，故阴类皆离祉也。"（卷第四，第55页）

③ 《周易集解》："陆绩曰：包，本也。言其坚固不亡，如以巽绳系也。案：'其亡其亡'，近死之嗟也。'其'与'几'同。几者，近也。"（卷第四，第55-56页）《周易折中》："《程传》：谓为安固之道，如维系于'苞桑'也。桑之为物，其根深固。苞，谓丛生者，其固尤甚。"（卷第二，第83页）《来注》："桑非樟楠松柏之大矣，又况丛聚而生，则至小而至柔者也。……系于苞桑之柔小，危之甚也。"（卷之三，第183页）

上九，倾否①，先否后喜。

倾，覆也，否极则倾。上九以阳刚处否之终，故卒能倾去其否。变兑为“说”，“喜”之象。“先否后喜”，为倾否者勖也。

《象》曰：否终则倾，何可长也。

言否无长否之理，惟赖“倾否”者之有德有才而已。

附　解

天地一元运化，二气循环，虽物有终始，而太和之理无终始。安有否时？或因人道不能承天，泰而满，满而溢，则泰转为否。及其否也，又诿于天道之常，而不修人事，于是否者不复泰，而否遂成矣。圣人以扶衰济世望人，故于否卦不重天道，首揭明否之匪人，不利君子贞，大往小来，言由小人疾害君子，遂成否运，而大往小来也。辅嗣以为非人道之常，晦翁以为“之匪人”三字衍，来瞿唐、汪容川等又以“利”字为句，均不得经意。至三阴三阳上下不交，否之所以成，而注家必牵连上下解之，故于各爻本义不明，今悉正之。又按一阴一阳之谓道，分言则天阳地阴，合言则天地各有阴阳，阴阳互相为用，交济其功，不可偏重。《易》惟阴阳亢而失正，始不吉。自先儒误解抑阴扶阳，不识泰、否二卦孔子之意，谓阳为君子，阴为小人，不知阴阳和平乃成功化，反之则凶，故夫子因此二卦发明阴阳不可偏废之义。于泰曰“则是天地交”云云，喜之也；于否曰“则是天地不交”云云，慨之也。阴阳不和，而天地之功用息；五伦不和，而人事之义理乖。君子“道长”“道消”云云，推论其得失，安得以阳为君子，阴为小人哉？阴阳合德而刚柔有体，以体天地之撰，君子岂遂无阴？自来误解，不可不正。

---

① 《周易折中》：“《集说》：王氏宗传曰：言‘倾否’而不言‘否倾’，人力居多焉。”（卷第二，第84页）

周易恒解卷二

周易上经

䷌ 离下乾上

天在上，火炎上而同于天。离为日，而又为火，日即火之精也，且天得火而益光明。于人则离为心，心以火为神，以乾为性，先天乾位转为后天离位，人之所以生即心之所以异也。此卦离火上应乎天，是人心不昧其本，故为“同人”。盖人不同而心同，心同则天下人皆可同也。《序卦》：“物不可以终否，故受之以‘同人’。”谓济“否”非“同人”不可也。

同人于野，亨①，利涉大川②，利君子贞。

同人，与人同也。离本坤，变乾覆坤。地与天际曰“野”，人与天际曰“于野”。乾健行，故利涉。二五中正，君子也。乾，天也。离虚明，人心也。乾在离上，人心之天也。人不同而其心之天同，故欲同人者，贵同于野，不涉藩篱，亦无畛域，则人心之天可以合天下而为一，事无不济，故“亨”，而可以涉险矣。然贵其同人者，贵其同天理，惟君子

---

① 《周易集解》：“卦体有巽，‘巽为风’。天在上，火炎上而从之，是其性同于天也。”（卷第四，第56页）

② 《来注》：“以卦综释卦名……同人、大有同体……大有众也，同人亲也。……本卦错师，有震木坎水象，所以‘利涉大川’。利涉大川者，乾也。”（卷之四，第185-186页）

以正相合，得此卦者利如之，若以私同，则非卦义也。

《彖》曰：同人，柔得位得中而应乎乾，曰“同人”①。同人曰：同人于野，亨，利涉大川，乾行也，文明以健，中正而应，君子正也，惟君子为能通天下之志。

同人、大有五刚一柔，并以柔为主，何以能同人？惟得位则至正至大，得中则无偏无党，应乎乾则以阴从阳，以人合天，而无人之弗同矣。特言“同人曰”者，明文王不直云“同人”，而云“同人于野”之故。乾行，言惟以乾而行，乃畛域化而可涉险，非恃柔以行也。以卦德言，离文明则能察理，乾刚健则能克己。以二五言，中正则内无私，应则外无间，此皆君子之正道也。人心之同然者为志，君子以正通之，正者感而通，不正者化而通，焉往而不大同哉？

《象》曰：天与火，同人，君子以类族辨物②。

后天离位即先天乾位也。天纯阳，火生于阴而成于阳，故天以日为明，以火为用，是以天与火可以言“同”。天上运，火上炎，不同其物同其性，亦犹人与人不同，而其道同，其趋同也，故曰“同人”。君子法乾覆之无私，于殊分之族而类聚之，于不同者同之也；法离之均照，于有别之物而辨析之，于同者异之也。同其所不得不同，异其所不得不异，所以为“同”之大也。

初九，同人于门，无咎。

初九阳刚无私。六二耦画虚中，门之象。九以刚居初，欲同人而无偏私，与二相近，二中而正，是可同之人即在门也。勇于集益，刚直无私，故“无咎”。

《象》曰：出门同人，又谁咎也③。

---

① 《周易集解》：“蜀才曰：此本夬卦。九二升上，上六降二，则‘柔得位得中，则应乎乾。’”（卷第四，第57页）《周易述》：“[疏]：蜀才谓自‘夬’来。案无一阴五阳之例，当是坤六五降居乾二，成‘同人’，如坤二变之乾成‘师’也。与‘师’旁通，虞义也。”（《周易上经一》，第48–49页）

② 《周易折中》：“《本义》：类族辨物，所以审异而致同也。”（卷第十一，第396页）

③ 《周易折中》：“《集说》：林氏希元曰：‘出门同人’，是解‘同人于门’，明‘于门’为‘出门’也，言出门外去同人。”（卷第十一，第396页）

出门即有同人，同心至近，“又谁咎”之？谁，对三四而言，三“伏莽”，四“乘墉”，皆忌人同而欲咎之。初与二同，则非三四所能“咎”也。

六二，同人于宗，吝①。

宗，党也。后天之离本先天之乾，六二变则成乾，其与五相应，仍其类也，故为“同人于宗”象。然同人欲其广，不欲其私，以类相从则狭矣，故“吝”。

《象》曰：“同人于宗”，吝道也②。

“于野”为“亨”，则“于宗”为“吝”。吝之道，言其道本狭隘，而非谓所同之非也。

九三，伏戎于莽，升其高陵③，三岁不兴④。

离戈兵，戎象。互巽，隐伏。又巽为阴木，莽象。变艮为高陵。卦惟一阴，诸阳皆欲同之。三，离数也。九三刚而不中，是刚暴之人，与二相比，欲与之同。然二以中正之道，与五相应，三以刚强居二五间，欲夺而同之，理不直而势又不敌，故伏戎于莽。心怀不直，升高陵以顾望，至于三岁之久，畏惧终不敢兴。

《象》曰：伏戎于莽，敌刚也⑤。三岁不兴，安行也。

“敌刚也”，叹其不自量才，而欲与五刚敌，故有此举；“安行

---

① 《周易述》：“慎字叔重……其所撰《五经异义》曰：‘《易》曰同人于宗，吝，言同姓相取，吝道也。’……《晋语》胥臣曰：异姓则异德，异德则异类。异类虽近，男女相及，以生民也。同姓则同德，同德则同心，同心则同志。同志虽远，男女不相及，畏黩敬也。……故异德合姓，同德合义。”（《周易上经二》，第50页）

② 《周易折中》：“《案》：凡《易》例，九五、六二虽正应，然于六二每有戒辞。”（卷第十一，第397页）

③ 《来注》：“莽，草也。中爻巽为阴，水草之象也。中爻巽为股，三变为震足，股足齐动，升之象也。巽为高，高之象也。”（卷之四，第187页）

④ 《周易折中》：“《集说》：胡氏炳文曰：卦唯三、四不言‘同人’，三、四有争夺之象，非同者也。”（卷第二，第86页）

⑤ 《周易折中》：“《案》：敌者，应也。若艮言‘敌应’，中孚言‘得敌’，皆谓应爻也。”（卷第十一，第397页）

也”，喜其终不敢发，安分而行。圣人教人之意深矣。

九四，乘其墉①，弗克攻②，吉。

离中虚外围，“墉”象，与解上六变离曰“墉”同义。五阳皆欲同二，九三在下卦之上，为二之“墉”。九四在上卦，亦欲同于二。恶二之比三，有陵下之志，为乘墉下攻之象。然去二益远，以刚而居柔位，故为不克攻而自反之象。能如是则能改过矣，故“吉”。

《象》曰：**“乘其墉”，义“弗克”也。其“吉”③，则困而反则也。**

义者，理也。困，困穷。则，法则也。二居内，四居外，言乎应，则二与五应，而四非应；言乎比，则三与二比，而四非比。三为二墉，五以刚中应二，攻安能克？故曰“义弗克”。欲攻不攻两交战，故“困”，知其“弗克”。困而听于义，则顺乎法则矣。

九五，同人，先号咷而后笑，大师克相遇。

五与二以中正相应，同人之正者也。因三四间之，暂不得同，故“先号咷”。然中正相与，终不能间也，故“后笑”。离为戈兵，乾以刚健应之，为“大师”象。克，胜也，谓胜三四。遇，遇六二也。

《象》曰：**同人之先，以中直也。大师相遇，言相克也。**

五与二中正相同，何以“先号咷”？以五本中直之道，不为堤防诈伪之计，而“伏莽”“乘墉”，三四从中阻之，欲同而不能即同，故“号咷”也。相克，言同以中正，终非三四所能敌，盖深喜其“中直”也。

上九，同人于郊④，无悔。

---

① 按：墉，众本同，《周易集解》《周易述》作“庸”，《周易述》：“［疏］：庸，今作‘墉’。《尚书》曰‘既勤垣墉’，马融注曰：‘卑曰垣，高曰墉。’”（《周易上经二》，第51页）

② 《周易折中》：“《集说》：项氏安世曰：‘凡爻言不克者，皆阳居阴位。’”（卷第二，第86页）

③ 《来注》：“欲攻不可改，两者交战，往来于此心，故曰‘困’。……‘其吉’者，则因困于心而反于义理之法则也。……‘困而反则’，九四功夫矣。”（卷之四，第188页）

④ 《周易折中》：“《总论》：杨氏文焕曰：‘同人于野’则‘亨’……‘于郊’不若‘于野’，六爻有不能尽卦义者，同人是也。”（卷第二，第88页）

乾为郊，上居卦外，亦郊象。国外曰郊，郊外曰野，郊在野内，未至于旷远，同人象之，是未能极友善之量者。然虽未广，亦无所争，故“无悔”也。

《象》曰：同人于郊，志未得也。

“同人于野”则“亨”，而“于郊”则但“无悔”者，同人以相亲相与为义，上九居外而无应，是无与同者。且“郊”不若“野”广远，是未能通天下之志，合四海为一也，故曰“志未得”。

附　解

人同此心，心同此理，五伦以正相与，共成有情之世界，则反否为泰，同人之所以次否也。第同人者，必有至公至明至诚至虚之量，始能合四海为一人，“同人于野”，即是意也。六爻皆无全吉，故文王开端不第言“同人”，而言“同人于野”，盖特揭明同人之义。继之曰“利涉大川”，言如是则无事不可为。又曰“利君子贞”，言必君子之贞而后可。故孔子申之曰：“惟君子为能通天下之志。”类族辨物，则至公至明至诚至虚该焉，是所以“通天下之志”也。圣人以天下为一家，中国为一人，而情无不孚、恩无不洽者，岂非“同人于野”之意哉？“于门”取善即于至近，故“无咎”；“于宗”亦未大失，但狭隘则难推行，故“吝”。三四“伏莽”“乘墉”，始也包藏祸心，继而归于分义，故圣人恕其始而嘉其终。五与二中正相遇，而不能不待于大师，以小人阻之也，若非中直，岂得遂其同人之志哉？“同人于郊”，无应而亦无争，特免于“悔”。综观六爻之义，圣人贵人之同，又欲人别同中之异，以化异于同，故取君子之贞，又陈小人之状，莫非所以勉人于中正而已。

䷍ 乾下离上

大有，有者大也。同人之离在下，人心也；大有之离在上，君心也。日光下照，庶类繁昌，君心下交，贤才汇出。物之盛与人之盛者，君皆有之，故为“大有”。《序卦》：“与人同者物必归焉，故受之以大有。”

大有，元亨①。

阳为大。一阴虚中下贤，而众阳从之，盖居尊不自满足者。乾健离明，居尊应天，故有“元亨”之道。比亦以九居五，而应之者五阴，则“民庶”之象，此应之者五阳，则贤人之象。贤人应之，所有孰大于是？故“元亨”。

《彖》曰：大有，柔得尊位大中，而上下应之，曰“大有”。其德刚健而文明，应乎天而时行②，是以“元亨”。

柔指六五。六居五，故得尊位。五为中。大中，能以众阳之大而用其中也。盖同人一阴在下，势不足以有众；大有一阴在上，人皆为我所有。五阳位得中居尊，而虚衷下贤，是有大中之德者。上下谓五阳，内刚健则克胜其私，外文明则灼见其理。火在天上，又离本乾体也，故曰“应乎天”。时行，以尊下贤，不恃其有，而善用其有，是以“元亨”也。

《象》曰：火在天上，大有③，君子以遏恶扬善，顺天休命。

火在天上，日丽于天，无所不照，而长养生成，恩无不包，是故物之大有，天之休明也。君子法之，虽明无不照，而于恶则遏之使归善，于善则扬之使终善，所以顺天之“休命”，长保其“大有”也。

初九，无交害，匪咎，艰则无咎④。

离为戈兵，恶人伤害之象。居大有之初，去离尚远，是无交也。而离火克乾金，有来害之象，此非初之咎也。然以大有之故，故来伤害须处以

---

① 《周易折中》：“《程传》：一柔居尊，众阳并应，居尊执柔，物之所归也。……《案》：《彖》辞直言‘元亨’，更无它辞者，惟此与鼎卦而已，皆以尚贤、养贤之故也。”（卷第二，第88页）

② 《周易集解》：“虞翻曰：谓五以日应乾而行于天也。时，谓四时也。大有亨比，初动成震为春，至二兑为秋，至三离为夏，坎为冬，故曰‘时行’。”（卷第四，第59页）

③ 《周易集解》：“荀爽曰：谓夏，火王在天，万物并生，故曰‘大有’。”（卷第四，第59页）

④ 《来注》：“离为戈兵，应爻戈兵在前，恶人伤害之象也。……离火克乾金，其受害也必矣。……九三交离境，故曰‘小人害也’。九三‘害’字从此‘害’字来。”（卷之四，第190页）《周易折中》：“《程传》：言富有本匪有咎也，人因富有自为咎耳。若能享富有而知难处，则自‘无咎’也。”（卷第二，第89页）

"艰难"，保其大有，乃可"无咎"。

《象》曰：大有初九，无交害也①。

初为下位，初九，凡民之象。富有者，祸之招，大有而在初九，无交亦有害也。叹之而欲人艰以免咎。

九二，大车以载，有攸往②，无咎。

乾为圜，为轮，又为马，"大车"象。三阳上征，大车载以攸往之象，九二刚中，上应六五，合群贤以事一人，任重而不专往，故"无咎"。不言吉者，让功于五也。

《象》曰：大车以载，积中不败也③。

积，积聚，阳多之卦皆曰积。败，坏也，以金遇火必有败象。九二象大车以载而不败者，积阳刚中，为合众贤以将，诚无致败之理也。

九三，公用亨于天子④，小人弗克。

亨，《春秋传》作"享"，谓朝献也。九三居下之上，公侯之象。刚正而上交，当大有之时，为公侯富盛"用享于天子"之象。然不私其所有以奉上，贵其乾刚之体得乎正者也。若小人无刚正之德，而以贡献致媚，则弗克当。此戒占者也。

《象》曰："公用亨于天子"，小人害也。

"公用亨于天子"，本忠顺之事，小人则反为害，以其无刚正之德也。

---

① 《周易折中》："《集说》：陆氏振奇曰：保终之道，慎于厥始，必有克艰于初，而后有天祐于终。故初曰'大有初九'，上曰'大有上吉'，独本末见'大有'焉。"（卷第十一，第398页）

② 《来注》："乾错坤，为大舆、大车之象。阳上行之物，车行之象也。"（卷之四，第190页）

③ 《来注》："阳多之卦皆曰'积'。……'积中'者，言积阳德而居中也。"（卷之四，第190-191页）

④ 《来注》："旧注作'享'者非。用亨天子，犹言出而使天子亨。大有之'亨'也。"（卷之四，第191页）《周易折中》："《集说》：《朱子语类》云：故无'享'字，亨、享、烹并通用。如'公用亨于天子'，解作'享'字便不是。……如'王用亨于岐山'，亦当为'享'。"（卷第二，第90页）

九四，匪其彭①，无咎②。

彭，音“旁”。彭，盛貌。一阴而有五阳，故为“大有”。四独近五，五之有皆四有也。然以刚居柔，知君所有非其所有，而谦以自居，惧以奉上，故“无咎”。

《象》曰：“匪其彭，无咎”，明辨晰也。

晰，“明”貌。九四近五，五之所有疑为四有，而四能知五之“大有”，匪其所有，是明辨甚晰。处盛而不自以为盛，赞之也。离明之始，所以辨而能晰。

六五，厥孚交如，威如，吉。

居尊而虚中下贤，上下相孚，其志交契。曰“交如”者，上下势悬，疑于不交，惟五具中德，故有此“孚交”。威，五居尊也。如，形容之词。居尊而虚中，孚于无形，不严而威，柔刚兼济，故“吉”。

《象》曰：“厥孚交如”，信以发志也。“威如”之“吉”，易而无备也。

诚能动物，一人之信足以发上下相孚之志。威而曰如者，平易无防闲逆亿之私，而人自信之，不怒而威也。

上九，自天祐之，吉无不利③。

五阳皆为六五所有，九虽在上，而全卦阳爻皆其类。乾，天也，离，亦乾体也，故为“自天祐之”之象。祐，助也。上九以刚明之德居“大有”之盛，而下顺六五，是崇高而能信顺有德者，故自天助之，“吉无不利”也。

---

① 按：彭，众本同，《周易集解》《周易述》作“尪”，《周易述》：“［注］：尪，或作‘彭’，旁声，字之误。［疏］：《说文》：尪，跛曲胫也。……足尪，故形体不正。四失位体兑，折震足，故‘足尪’也。变而得正，故云‘匪其尪，无咎’。”（《周易上经二》，第52-53页）

② 《周易折中》：“《本义》：六五柔中之君，九四以刚近之，有僭逼之嫌，然以其处柔也，故有不极其盛之象，而得‘无咎’。”（卷第二，第90页）

③ 《周易折中》：“小畜上九，畜之终也，其占曰‘厉’曰‘凶’，承六四言也。大有上九，有之终也，其占‘吉无不利’，承六五言也。……盖五之‘厥孚’，‘履信’也，柔中思顺也；尚上九之一阳，尚贤也。”（卷第二，第91页）

《象》曰：大有上吉，自天祐也。

上居大有之极，疑乎过亢，而上乃吉者，以其同众阳以下顺六五，合乎天理，“自天祐也”。《系词》言：“履信思乎顺，又以尚贤也。”信谓六五，在五上，故曰“履”。思顺，本卦五阳皆顺乎六五也。尚贤，六五虚中以信众贤，上九同众贤助顺于六五，为尚贤之义也。

附　解

“有”而曰“大”，有之盛也。然其“有”也，乃由一阴虚中，信乎五阳，五阳从之，是以德而非以势也。故于有害者戒其“艰”，“有攸往”者明其“积中”，享天子者戒乎“小人”。匪彭之“无咎”，上九之吉利，皆以顺乎五之故也。至六五能有众贤，则曰“信”曰“易”，此其所以为“大中，而上下应之”也。凡处大有者，不可晓然其义乎？至“亨”“享”字，古本通用，《左传》又明作“享”，则必解为“亨”者非，大有上吉，据《系辞》而以为解六五之义者固非，不用《系辞》而以为别有说者亦非也。

䷎ 艮下坤上

有而不居曰“谦”。艮内止，坤外顺，谦之意；地卑下，山高大而居其下，谦之象；以崇高之德而处于卑下，谦之意也。《序卦》：“有大者不可以盈，故受之以‘谦’。”

谦，亨，君子有终①。

谦退自处，无往不宜，故“亨”。乾之上爻交于坤而成艮，本卦艮止成谦。九三为成卦之主，以其本乾卦之九三，故称“君子”。谦之道，惟君子能尽之，坤以大终，艮成始成终，故曰“君子有终”。言惟君子能

---

① 《来注》：“三爻艮，终万物，故曰‘有终’。”（卷之四，第193页）《周易折中》：“《本义》：有终，谓先屈而后伸也。《集说》：冯氏椅曰：一阳五阴之卦，其立象也，一阳在上、下者为剥、复，象阳气之消长也；在中者为师、比，象众之所归也；至于三、四在二体之际，当六画之中，故以自上而退处于下者为谦，自下而奋出乎上者为豫。此观画立象之本指也。”（卷第三，第92页）

谦，亦惟谦终成其为君子也。

《彖》曰：谦，亨，天道下济而光明，地道卑而上行。天道亏盈而益谦，地道变盈而流谦，鬼神害盈而福谦，人道恶盈而好谦。谦尊而光，卑而不可逾，君子之终也。①

济，施也。天位乎上，而气则施于下。光明者，生成万物化育昭著而不可掩。卑，地位乎下也。上行者，地气上交乎天。本卦艮本坤体，乾一阳下交之，故为“下济”，地居上卦，故为“上行”。天下济，谦也，而光明则“亨”矣；地卑，谦也，而上行则“亨”矣。此释“谦”之必“亨”也。“亏盈益谦”以气言，“变盈流谦”以形言。变者倾坏，流者流注。“害福”以理言，“好恶”以情言。此四句统言天地鬼神人皆好“谦”，释“谦”之所以“亨”也。逾，过也。尊，尊人，尊而光如天；卑，卑己，卑不可逾如地。其始似屈，其终必伸。君子惟知持谦，始终不渝，所以为君子也。

《象》曰：地中有山，谦，君子以裒多益寡②，称物平施。

地体卑下，山高大而在地中，外卑下而内蕴高大之象，故为“谦”。裒，减也。君子平其情以应理，减多益寡，称物之宜而平其施，如损山之高，益地之卑，以趋于平也。

初六，谦谦君子，用涉大川，吉。

六柔，谦德也，初卑下，谦位也。谦德以处卑位，谦而又谦，君子之事，虽涉险亦吉，平居可知矣。九三为成卦之主称君子，而此亦称君子，何也？三在下卦之上，劳而能谦，在上之君子；初在下卦之下，谦而又谦，在下之君子。在上者尊而光，在下者卑而不可逾，所以为君子之终也。

① 《周易集解》：“谦二以坤变乾盈坎，动而润下，‘水流湿’，故‘流谦’也。……三位贱，故‘卑’，险弱难胜，故‘不可逾’。”（卷第四，第62页）

② 《来注》：“五阴之多，人欲也；一阳之寡，天理也。君子观此象，裒其人欲之多，益其天理之寡，则廓然大公。”（卷之四，第193页）

《象》曰："谦谦君子"，卑以自牧也①。

牧，即牧牛羊之牧，谓驯服也。养德基于至卑，初卑位，六卑德，故云然。

六二，鸣谦，贞吉。

变巽为鸡，故"鸣"。又中爻震为善鸣，雌雄相应则鸣，故以阴阳唱和寄之于"鸣"。六二与六五皆柔中之德，而上下相应，故为"鸣谦"。贞吉，中正而吉也。

《象》曰："鸣谦贞吉"，中心得也。

二五皆中，其心相得，故谦德合而"吉"，此鸣而得其应者也。

九三，劳谦，君子有终，吉②。

一阳而给五阴之求，故"劳"。九三刚正之德，宜在上位，而止于下，劳而能谦者也，惟君子克当之。艮成终，君子任劳履谦，久而不变，故"有终"而无不"吉"也。

《象》曰："劳谦君子"，万民服也。

阴为民众，阴归之，故曰"万民服"。九三承上接下，劳而不伐，大臣功高望重，不居其劳，故曰万民悦服也。

六四，无不利，㧑谦③。

㧑、挥同。六四柔而得正，处坤之下，卑顺之至者。上有谦德之君，下有谦德之臣，处圣主贤臣间，卑顺得正，是有谦德而上下信之，无处不利其"㧑谦"也。

《象》曰："无不利，㧑谦"，不违则也。

---

① 《周易折中》："《程传》：自牧，自处也。……《集说》：孔氏颖达曰：牧，养也……恒以谦卑自养其德也。"（卷第十一，第400页）

② 《周易折中》："《集说》：胡氏炳文曰：盖谦非难，劳而为谦为难……盖所谓'劳'者，即乾之'终日乾乾'，而'谦'则又坤之'含章'也。"（卷第三，第94页）

③ 《周易集解》："阴欲㧑三，使上居五，故曰'㧑谦'。㧑，犹'举'也。"（卷第四，第63页）《来注》："㧑者，裂也，两开之意。六四当上下之际，开裂之象也。……凡一阳五阴之卦，其阳不论位之当否，皆尊其阳而卑其阴。……非旧注更当'发挥'其谦也。"（卷之四，第195页）

则，法则。圣主贤臣皆有谦德，处其间而“㧑谦”，是不违乎谦之则也。

六五，不富以其邻，利用侵伐，无不利①。

阴虚中，故“不富”。邻，臣邻。六五居尊，而“鸣谦”“劳谦”“㧑谦”诸臣辅之，可谓富矣，然乃不恃其富，弥益谦下，是君德之盛者。占者若得此爻，“利用侵伐，无不利”。盖谦德如此，人无不感，而有不服者，必负固不轨之徒，故利侵伐。言自反无阙也。

《象》曰：“利用侵伐”，征不服也。

征，正也。侵伐争事，而惟谦德之君宜之，何哉？盖君德极盛，谦而不服，则顽梗太甚。且言此以见六五之谦，非一昧姑容，乃德盛而能谦也。

上六，鸣谦，利用行师，征邑国。

九三互震，上与之应，故亦曰“鸣谦”。且此爻变艮，则亦与九三同，两相唱和，故“鸣”。邑国，坤土象，谓己私邑之国。上六处谦之极，知“劳谦”之美而欲与九三唱和，然去三甚远，间于四五两爻，志未遽得，是极其谦而无同志者。极其谦则自反无阙，故“利用行师”；无同志则难成大功，故利“征邑国”而已。

《象》曰：“鸣谦”，志未得也。可用行师，征邑国也②。

言“志未得”，见所志未遂，非“鸣谦”之过；“征邑国也”，叹其功止于此。

---

① 《周易述》：“［疏］：五虚无君，三来侵伐坤之邑国，众阴同志承阳，故云‘无敢不利之’者，坤为用也。”（《周易上经三》，第57页）《周易折中》：“《程传》：然君道不可专尚谦柔，必须威武相济……故‘利用’行‘侵伐’也。……盖五之谦柔，当防于过，故发此义。”（卷第三，第94页）

② 《来注》：“志未得者，上六与九三心志不相得也。六二与上六皆‘鸣谦’，然六二‘中心得’，上六‘志未得’，所以六二‘贞吉’而上六止‘利用行师’也。”（卷之四，第196页）

附 解

《易》抑阴而扶阳，恶夫阴之凌阳耳，非谓阴之不可用也。故于坤德皆以乾德为德，而曰“利永贞”。若夫阳亦以能用乎阴为正，而不喜其亢，盖阴阳和平乃天地之正也。此卦名“谦”，谓地能蕴山，亦取山能下地，平其亢，抑其高，而不失于正，故六爻全吉。乾、坤二卦之位罕纯吉若此者。又坤、艮皆土也，其德博厚而平，人德如之，则为君子。圣人以“谦”望人，实乃天地之德本如此也。学者若非从“克己复礼”用功，亦不能全其道如卦爻所云，可弗勉欤？①

䷏ 坤下震上

豫，和也。阳气潜于地中，动而发声，通畅生机，时之和也；一阳用事，五阴从之，位之和也；顺理而动，人之和也。《序卦》：“有大而能谦必豫，故受之以豫。”

豫，利建侯行师②。

坤为众，震其师也。坤为邦国，国人爱戴，则立君而民服；大众同心，则师出而有功，故“利建侯行师”。屯有震无坤，则第言“建侯”；谦有坤无震，则第言“行师”，此合震坤，故兼言之。

《彖》曰：豫，刚应而志行，顺以动，豫。豫顺以动，故天地如之，而况“建侯行师”乎？天地以顺动，故日月不过，而四时不忒③；圣人以顺动，则刑罚清而民服，豫之时义大矣哉④。

---

① 《周易折中》：“《总论》：胡氏一桂曰：谦一卦下三爻皆吉而无凶，上三爻皆利而害，《易》中吉利，罕有若是统全者，谦之效固如此。”（卷第三，第95页）

② 《周易集解》：“郑玄曰：‘坤顺也’，‘震动也’，顺其性而动者，莫不得其所，故谓之‘豫’。豫，喜逸悦乐之貌也。……《九家易》曰：震为‘建侯’，坤为‘行师’。”（卷第四，第64页）

③ 《周易集解》：“过，谓失度。忒，差迭也。”（卷第四，第65页）

④ 《周易折中》：“《程传》：豫、遁、姤、旅言‘时义’，坎、睽、蹇言‘时用’，颐、大过、解、革言‘时’，各以其大者矣。《集说》：豫、随、遁、姤、旅，皆若事浅而有深意，故曰‘时义大矣哉’，欲人之谨之也。”（卷第九，第323页）

坤为众，五阴同类，为众志。四以一阳当心腹之爻，应众阴而震动，众志皆赖以行，故曰“刚应而志行”。众志和乐，而顺理以动，虽天地之大且如之，而况“建侯行师”，不过人和而已，何弗“利”乎？天左旋，顺也，地静而顺天。天地顺其常运而动，则日月之行无过差，而四时序无愆忒。民同此理顺，圣人顺理以顺民心而动，则刑罚以清，教化而民心悦服。故豫者，顺理和乐之谓，天地圣人皆然，“时义大矣哉”。义而言时，时中然后精义也。

《象》曰：雷出地奋，豫，先王以作乐崇德，殷荐之上帝，以配祖考①。

震者，阳气奋发，德蕴于中，发而为声，“乐”之义；坤顺而震发，“乐”之象。互坎亦有乐律象。阳为德，五阴而向一阳，“崇德”之象。“帝出乎震”，故称“上帝”。中爻艮为门阙，坎为隐伏，宗庙祖宗之象。殷，盛也。荐，进也。阳气潜于地中，及动而出，奋发成声，则阳气和畅，万物生遂，故为“豫”也。先王法天地之义，知人心之德，乃天地人所同贯，因而“作乐”。万物本乎天，人本乎祖，以乐畅其德音，象天地之豫，使人“崇德”。而于是“殷荐”于“上帝”，帝格其和，以“殷荐”于“祖考”，欲祖考亦配德于天地，皆本乎天地人心自然之“豫”，以通天祖也。

初六，鸣豫，凶②。

初应震，又变震为决躁，善鸣象。初与四应，四为豫主，近君得权。初不中正，上下悬绝，欲与之应，已无可乐，而恃其配以为乐，“凶”之道也。

《象》曰：初六“鸣豫”，志穷凶也③。

---

① 《周易集解》：“崔憬曰：雷，阳气，亦谓龙也。……郑玄曰：奋，动也。……崇，充也。……上帝，天也。……祀天帝‘以配祖考’者，使与天同飨其功也。”（卷第四，第 65 页）

② 《周易折中》：“《集说》：王氏应麟曰：‘鸣谦’则‘吉’，‘鸣豫’则‘凶’，‘鸣’者，心声之发也。”（卷第三，第 96 页）

③ 《来注》：“相孚者皆曰‘心’，不相孚者皆曰‘志’。”（卷之四，第 197 页）《周易折中》：“《集说》：赵氏汝梅曰：位方在初，时势未穷，而竟躁如此，是‘志’已先‘穷’，自取其‘凶’者也。”（卷第十一，第 402 页）

豫之为义，以德顺动而和。初本无德，恃四为援，欲相唱和为乐，不求诸己而求诸人，其“志”必“穷”，故致“凶”也。

六二，介于石①，不终日，贞吉。

介，际也，特也，谓居初三之间。互艮有石象。介于石，谓居其间而操守坚确如石也。不终日，不久居“豫”。六二处豫乐之时，而以中正自守。初“鸣豫”以援四，三“盱豫”以望四，二处其间，特然自立，如石坚确，而不易其操，不溺于豫乐，不终日而即去，如此守“正”，“吉”之道也。

《象》曰：“不终日，贞吉”，以中正也。

以中正言其不终日，非矫情，非戾俗，乃不过乎则，而得处豫之中正也。

六三，盱豫悔，迟有悔②。

盱，目上视也。变巽为多白眼，故象“盱”，又为不果，故象“迟”。六三阴居阳位，位不中正，宜静以听命于四，待时而从之。若时未至而妄思攀援，“盱豫”则有悔；若时已至而不从其上，“迟”亦“有悔”也。

《象》曰：盱豫有悔，位不当也。

盱、迟皆悔，而迟不过失豫而已，盱则失己，故专就盱豫释之。位不当，以爻义言也。

九四，由豫，大有得，勿疑，朋盍簪③。

由，从也。一阳动而群阴附之，“由豫”之理以动也。以象言，九四震之主，万物莫不由震以豫；以爻言，九四阳之动，五阴莫不由阳以豫。

---

① 《来注》：“凡物分为两间者曰‘介’。二变刚，分坤为两间，‘介’之象。”（卷之四，第197页）

② 《来注》：“‘盱’与‘介’相反，‘迟’与‘不终日’相反。”（卷之四，第198页）

③ 按：簪，众本同，《周易集解》《周易述》作“戠”，《周易述》：“戠，犹植也……今本作‘埴’。……《易》作‘戠’，《书》作‘埴’，《考工》作‘樴’，训为‘黏’，字异而音义皆同。……王弼从京氏之本，又讹为‘簪’。”（《周易上经三》，第59页）

阳为大，众阴皆为一阳所得，故曰“大有得”。四多惧，互坎有疑象，又互艮止，故戒勿疑。朋谓五阴，阴以得阳为朋也。盍，合也。簪以束发，一阳横贯于五阴，以簪括发之象。九四为成卦之主，由豫而行，众阴从之，大有得人之助。占者得之，勿以阴多为疑，推诚行之，则朋类自然合聚，如盍簪束发，不虞其散漫也。

《象》曰：“由豫大有得”，志大行也。

一阳统群阴而豫动，大得群阴之助，其“志大行”也。

六五，贞疾，恒不死①。

居中故言贞。下卦坤为腹，中爻互坎为心疾，疾象。六五居尊，宜“豫”者也，受制于四而不得“豫”，心有病焉。常病人之豫不由己，亦病己之豫不得自由也，或“贞疾”。然因疾则戒，损其骄淫而益其畏慎，“恒不死”，所谓生于忧患者也。

《象》曰：“六五贞疾”，乘刚也。“恒不死”，中未亡也。②

六五居尊，贞而有疾者，何也？以乘九四之刚，群阴皆附之，五独无权故也。“恒不死”者，以位中而贞，知戒惧也。

上六，冥豫，成有渝，无咎。

以阴柔居“豫”之极，为昏冥于豫之象。上处豫终，故“成”；动极而变，故渝也。“冥豫”之事已成，幸震体动而能变，一旦悔悟尽反其所为，则复于无过矣，故“无咎”。

《象》曰：“冥豫”在上，何可长也。

“冥豫”已极，灾咎必至，何可长溺而不变乎？故“渝”则“无咎”也。

---

① 《周易折中》：“《程传》：六五尊位，权虽失而位未亡也，故云。”（卷第三，第99页）

② 《周易折中》：“《集说》：郑氏汝谐曰：二与五皆不言‘豫’，二静晦，不为豫也；五乘刚，不敢豫也。若人得一固疾，虽不快于己，亦足以久其生者，有戒心也。”（卷第十一，第403页）

附 解

天地气化，以和畅为美，人心亦然。但所贵乎“豫”者，天地之和，心德之畅，人伦之乐，非徒娱耳目，悦心志，耽溺为尚也。故圣人于豫卦深明其“时义”之大，而初六“鸣豫”，即戒其“凶”，所以遏其恶于始；上六“成有渝”，即许其“无咎”，所以开其善于终。六二不溺于“豫”，九四能合众人之“豫”以为“豫”，皆美之。“盱豫”之“悔”，希冀非分之“豫”以为“豫”也；“贞疾”之“不死”，因不“豫”而深戒惧也，然则人之所以处“豫”者可知矣。惟圣人道合天地，以天地和气顺人心之和气，阴阳调，风雨时，伦物遂而万汇昌，故“作乐崇德”，荐上帝而配祖考，大鸣其豫。学者苟非从事于致中致和，亦安知“豫之时义大矣哉”？

䷐ 震下兑上①

刚下柔而说之，故曰“随”。少女从长男，随之义也；雷动而泽随之，随之象也。以二体言，震刚下，兑柔上。以卦画言，刚爻皆下于柔爻，动而说，说而动，皆随之义也。《序卦》：“豫必有随，故受之以‘随’。”

随，元亨，利贞，无咎。

不自是而屈己随人，故可“大亨”。然苟不正则为“诡随”，故必利于正乃“无咎”。《春秋传》穆姜之语得占法矣，其所谓“四德”则非本旨。

《彖》曰：随，刚来而下柔，动而说，随。大亨贞无咎，而天下随时，随

① 《周易折中》：“《程传》：又以卦变言之，乾之上来居坤之下，坤之初往居乾之上，阳来下于阴也。以阳下阴，阴必说随，为‘随’之义。凡成卦既取二体之义，又有取爻义者，复有更取卦变之义者，如‘随’之取义，尤为详备。”（卷第三，第100页）

时之①义大矣哉②。

刚，震；柔，兑也。内为来，为下；外为往，为上。随时，随其理之所在而以时处之也。随时处中，非精义入神者不能，故曰“随时之义大”。言刚来而下于柔，动而人心说之，所以名“随”也。“大亨”得其“正”而所往“无咎”，则措诸天下，无往不宜，“天下随时”矣。夫随时处中，通变宜民，邦家无怨，此其义岂不大哉？赞其大以为随之法也。

《象》曰：泽中有雷，随，君子以嚮晦入宴息。

嚮、向同。晦，昏暮。宴，安。息，休也。震，东方之卦；兑，西方之卦。雷二月动，八月息，泽中有雷，阳气收敛之候。人事与天地相准，故君子法之，以“嚮晦”则“入”而“宴息”。盖阴阳动静，造化之自然，即人事之当然也。

初九，官有渝，贞吉，出门交有功③。

官，得主有权之称。震长子，主器，官之象。初为震主，动而为“随”，“有渝”象。二互艮，门象。“随”之为卦，以相随为义，故其爻皆下随上，不论应与。初九阳刚得正，本震之主也，随时以动，变而随二，二居中正，其随得正为吉。且二与初近，为出门而即交得其人，可有功也。

《象》曰：“官有渝”，从正吉也。“出门交有功”，不失也。

二中正，故从之得吉，不然则失所随矣。言“有功”，以明不负所随之意。

---

① 按：天下随时，随时之义，众本同，《周易述》作“天下随之，随之时义”。《周易折中》：“《本义》：王肃本‘时’作‘之’……‘时’字在‘之’字下，今当从之。”（卷第九，第324页）

② 《周易集解》：“蜀才曰：此本否卦，刚自上来居初，柔自初而升上，则内动而外悦……相随而‘大亨’‘无咎’，得于时也。”（卷第五，第67页）

③ 《周易折中》：“《集说》：随之六爻，专取相比相随，不取其应。初九震体，震以刚爻为主，官也。官虽贵乎有守，然处随之时，不可守常而不知变也。变者何，趋时从权。……初九乃成卦之主爻，主不可以随人，故不言‘随’而言‘交’。系者，随而攀恋不舍之义，六二、六三、上六，其性皆阴柔……故皆言‘系’。”（卷第三，第101页）

六二，系小子，失丈夫①。

中爻巽，为绳系之象。以刚从人谓之"随"，以柔从人谓之"系"。随则公，故无失；系则私，故有失也。阳大阴小，故阳爻为"丈夫"，阴爻为"小子"。六二中正，当随之时，义当随三，然三不正，初得正，故有"系小子，失丈夫"象。不言凶咎者，明言系失，决择在乎人，有如是之象，而不如是行，则无害也。

《象》曰："系小子"，弗兼与也。

"弗兼与"者，从此则失彼，无两是之理。居位如是，是在人之自戒耳。

六三，系丈夫，失小子，随有求得，利居贞②。

丈夫九四，小子六二也。六三当随之时，义当随四，为"系丈夫"而"失小子"。四近君，为大臣，随之而有所求，可以得志。但四不中正，而六三阴柔，利于自处以正，否则非"随"之义矣。

《象》曰："系丈夫"，志舍下也。

此爻在下，而一意随四，得阳倡阴随之常，故圣人犹嘉其志，而以"系丈夫"象之。"志舍下"，不随初与二也。

九四，随有获，贞凶。有孚在道，以明，何咎？

阳爻实，故"有孚"。震为大涂，"道"之象。互艮辉光，"明"之象。九四以刚居上之下，为大臣随君而得众人之心，为随有所获。第大臣义当随君，威则不可擅也。恃其随以有获，虽所随得正，岂不凶哉？若至诚以结主，知言行皆在于道，而以明哲处之，何咎？

《象》曰："随有获"，其义凶也。"有孚在道"，明功也。

---

① 《周易折中》："《程传》：二应五比初，随先于近……初阳在下，小子也；五正应在上，丈夫也。二若志系于初，则失九五之正应……舍正应而从不正，其咎大矣。"（卷第三，第101页）

② 《周易折中》："《程传》：大抵阴柔不能自立，常系于所近者，上系于四，故下失于初。上随则善也，如昏之随明，事之从善，上随也；背是从非，舍明逐暗，下随也。……人之随于上而上与之，是得所求也。《集说》：陆氏希声曰：三非正而随，其义可尚者，以承阳为顺也。"（卷第三，第102页）

义凶，有凶之理。明功，言“有孚在道”，要皆明哲之功也。盖明哲则知，心不可欺，行不可苟，所以无咎也。

九五，孚于嘉，吉。

嘉，善也。上为兑主，说以随时，居上无位，盖有德而隐者。九五随之，而与相孚，是孚于善矣。自天子至于庶人，随之道惟在随善而已，故“吉”。

《象》曰：“孚于嘉，吉”，位正中也。

正中，言不下系也。当随之时，居尊位而有正中之德，故能“孚于嘉”也。

上六，拘系之，乃从维之，王用亨于西山。

互艮手，为拘系。变乾，“王”象，指九五。兑为西。伏艮，“山”象，上居高位，亦“山”象。上六为兑说之主，处随之极，无所随而远举，然德自可随。九五以孚随之，恐其不固，则“拘系之”，又从而维絷之，其好贤如此，随之美无有加焉者。其占为王者尚贤崇德，舍己从人，用以“亨于西山”之象。

《象》曰：“拘系之”①，上穷也。

穷，谓居卦之终。上六居随之极，无所随而将遁，非九五“拘系之”，则失贤矣，故言“上穷也”，以戒必“拘系之”乃善。

附解

卦以相随为义，随以时中为美。先儒乃以应与诂六爻，故多失其旨，九五、上六二爻尤为鲜当。夫卦以刚来而下柔为“随”，初刚下于二柔，则九五之刚亦下于上柔，故九五之“孚嘉”，随上六也。上六之“系维”，系维之者九五，所以可系维者，自在上六爻，从九五取象，以其随故也。贤人岳降崧生，“王用亨于西山”，以其好善之诚，克当天心，不负

① 《周易折中》：“《程传》：随之固如‘拘系’维持，随道之穷极也。《案》：上穷则有高亢之意，在人如绝世离群，往而不返者是也。卦之阴爻皆云‘系’，至上六独曰‘拘系之’……因上六之不易‘系’也。”（卷第十一，第405页）

地灵也。比卦“比之无首，凶”，以其相说而入于不正；此卦以刚下柔，相随以正，故曰“孚于嘉”，异于兑之“孚于剥”也。他说之误尚多，今不悉辨，学者但玩本注可也。

䷑ 巽下艮上①

蛊者，物久败坏而蛊生也。“于文皿虫为蛊”，《左氏传》云：“女惑男，风落山。”以长女下于少男，其情乱矣。以卦德言，在上者止息而不动，在下者巽顺而无违，委靡因循，积成败坏，所以蛊也。又二体则阳卦居上，阴卦居下；六位则刚爻居上，柔爻居下，阴阳刚柔不相交，尊卑上下不相接，百弊生而万事隳，“蛊”之义也。《序卦》：“以喜随人者必有事，故受之以‘蛊’。”蛊非训事，蛊乃有事也。

蛊，元亨，利涉大川。先甲三日，后甲三日②。

蛊，物败坏而生蛊，凡事败坏而后有事。文王恐人以蛊弃之，言占得此卦者大亨，其利如涉大川。盖事坏亟须治安，如大川虽险，亦必涉之，但济险扶危，需有为之才耳。先甲，未事；后甲，已事也。天地生机在木，以喻人事。三日犹三月，《诗》曰：“一之日，二之日。”甲木旺于春，水生木，其原在冬三月；甲木至巳而盈，子泄母气，衰谢在夏三月。先甲三日，言治蛊者当审其机于未萌、未蛊之时，即豫为救蛊之地。后甲三日，言治蛊者当察其机于将衰、方蛊之时，即豫为防蛊之道也。本卦艮居上，阳生于严冬之时，是寅甲生盛之机，而艮以止之，成一年之岁功，即启二年之春景。巽居下，阴生于盛暑之时，是甲木将尽之兆，而巽以动之，万物皆洁齐以相见，实万物皆发泄而无余。“先甲三日，后甲三

① 《周易折中》：“《程传》：为卦山下有风，风在山下，遇山而回则物乱，是为‘蛊’象。蛊之义，坏乱也……物皆挠乱，是为有事之象……既蛊而治之，亦事也。”（卷第三，第104页）

② 《周易折中》：“《程传》：治蛊之道，当思虑其前后三日，盖推原先后为救弊可久之道。”（卷第三，第105页）《周易述》：“泰初之上，与随旁通，蛊者事也。……刚上柔下，乾坤交，故‘元亨’。……坤器为皿，之初成巽，巽为风，风动虫生，故为蛊卦。……甲谓乾也。乾纳甲，泰内卦本乾，乾三爻，故三日。……坤上之初成巽，在乾之先，故‘先甲’也。”（《周易上经三》，第65页）

日”，戒占者凡事必豫为防慎为备，法斯义也。言三日者，阴阳之气三而盛，盛而衰，循环不穷。占者遇事审之，是所以“元亨”也。

《彖》曰：蛊，刚上而柔下，巽而止，蛊。“蛊，元亨”，而天下治也。“利涉大川”，往有事也。“先甲三日，后甲三日”，终则有始，天行也。①

刚上而不下交，柔下而不从，上安于卑，巽止而不迁，万事隳颓，所以名为“蛊”也。而文王言“元亨”者，知蛊之可为，不以蛊而弃之，则必有见几之明，勘乱之略，蛊不终于蛊，故曰“蛊，元亨，而天下治也”。利涉大川，非徒冒险以行，盖寔有治蛊之寔功，往而有事也。“先甲三日，后甲三日”，审于其始，慎于其终。盖“终则有始”，天道循环之自然，占者能法而慎之则吉也。

《象》曰：山下有风，蛊，君子以振民育德。

山下有风，所谓“风落山”也。山木风摧，“蛊败”之象。“振民”者，振作而维新之象，巽风之行于下也；“育德”者，涵养而扩充之象，艮山之止于上也。成己成人皆此义。

初六，干父之蛊②，有子，考无咎，厉终吉。

苏氏曰：“器久不用而虫生曰‘蛊’，人久晏溺而疾生曰‘蛊’，天下久安而弊生曰‘蛊’。”蛊非一日之故也，必世而见，故爻多以父子言之。干，木身也。木有干而后能载枝叶，人有才而后能振家声，故曰“干蛊”。父死曰“考”。厉，危也。初六阴居阳下，当蛊之初，坏乱未甚，其占为“干父之蛊”，则克盖前愆，有子而考亦无咎。虽当蛊之时，不免危厉，然惕虑正所以有成。始虽悚惕，终则吉也。

《象》曰：“干父之蛊”，意承考也。

巽主于顺，子道亦然。而云“干父之蛊”者，盖其意主于盖前

---

① 《来注》：“盖造化之与人事，穷则变矣……故蛊而乱之终，乃治之始也。……往有事，犹言‘往有为’，方天下坏乱，当勇往以济难。……治乱相仍，乃天运之自然也。”（卷之四，第204页）《周易折中》：“《集说》：龚氏焕曰：甲者事之始……庚者事之变……夫事之坏而新之，是谓‘终则有始’。”（卷第九，第325页）

② 《周易述》：“《文言传》曰：‘贞者，事之干也。’知‘干’即‘正’也。‘蛊’自‘泰’来，故泰乾为父。初之上体艮，艮为少男，故为子。”（《周易上经三》，第66页）

愆，不必袭父之为正，所以“善承考也”。武、周善继善述以此，绍圣之非亦以此。

九二，干母之蛊，不可贞①。

六五阴柔处尊，“母”象。九二刚而处柔，上应六五，“子干母蛊”象。阴性安，无事而恶有为？其蛊干之尤难者，正之则伤爱，不正则伤义，故不可以贞自恃，言当巽以成之也。戒占者如是。

《象》曰：“干母之蛊”，得中道也。

九二得巽之中正，上应六五，故能“干母之蛊”。得中道即“不可贞”之义也。惟不恃贞，故为“得中”。

九三，干父之蛊，小有悔，无大咎。

“悔”以心言，因九三过刚，则干蛊之事更张，未免太急，所以“悔”也。“咎”以理言，巽顺得正，能制其刚，则意主“干蛊”，非同私意妄行，故无咎。九三阳刚之才，能干父蛊者，第过刚自用，不免“小有悔”，而意主干蛊，“无大咎”也。圣人教人，欲并其小悔而亦无之。

《象》曰：“干父之蛊”，终无咎也。

人子以成亲之美为孝，故孔子许其“终无咎”，以为天下劝也。

六四，裕父之蛊②，往见吝。

裕，宽裕也。强以立事为“干”，怠而委事为“裕”，正相反也。六四以阴居阴，不能有为，裕父蛊象。治蛊如拯焚溺，惟恐不及，怠缓则蛊日益深。以此往治其蛊，立见其吝，盖必不可行也。

《象》曰：裕父之蛊，往未得也。

未得，未得遂其治蛊之意，盖惜才不足也。

---

① 《周易述》：“五本坤也，故曰泰坤为母，应在五，故‘干母之蛊’。二五失位，故‘不可贞’，言当变之正也。”（《周易上经三》，第66页）

② 《周易述》：“《孝经》孔子曰：‘父有争，子则身不陷于不义。’四阴柔弱，不能争父之过，故云‘裕不能争也’。”（《周易上经三》，第66页）

六五，干父之蛊，用誉①。

六五以柔居刚，又能得中，其干蛊也，善继善述，引咎而归美于亲，不彰其父之失，而人因子以颂其父，故为“用誉”。此干蛊之最善者也。

《象》曰：干父用誉，承以德也。

德，善继善述之事，不承以才而承以德，乃能不彰父恶，光大前人，极美之也。

上九，不事王侯，高尚其事②。

上事，事奉；下事，事体也。五居尊，故为王。三互震，故为侯。上九在其上，故为“不事”。巽为高，艮为山，上在艮上，故象“高尚”。蛊当有事之时，家事责之子，国事责之臣，上高无位，故王侯之事有不事者焉。夫其不为王侯之事者，盖有更高于王侯之事者也。天下有事蛊，有心蛊，事蛊在一时，心蛊在万世。上以事外之身，抱道而处，高风介节，立懦廉顽，不治事蛊而治心蛊，不治一时之蛊，而治万世之蛊。是人以事为事，上以不事为其事，不事之事，更高于事，其尚之也宜哉。

《象》曰：“不事王侯”，志可则也。

高尚其事，即孟子言居仁由义，尚志之事，非以放情物外为尚高已也，故曰“志可则”。

附　解

天地无蛊之时，人心有蛊之事，失其所以承天地之理，而蛊生焉矣。

---

① 《来注》：“用者，用人也。‘用誉’者，因用人而得誉也。二多誉，‘誉’之象也。……六五以柔居尊，下应九二，二以刚中之才而居巽体，则所以承顺乎五者，莫非刚健大中之德矣。以此治蛊可得闻誉……用人而得其誉也。”（卷之四，第206页）

② 《周易折中》：“《集说》：石氏介曰：在卦之终，事成也。在卦之上而无所承，身退者也。在外卦而心不累于内，志之高者也。张氏振渊曰：当事者以干蛊为事，不当事者以‘高尚’为事，故不曰无事，而曰‘高尚其事’。”（卷第三，第108页）

圣人以救蛊为心，治蛊为事，故系之以“元亨”，象之以“干蛊”。夫气运之盛衰，人以为天为之也，而不知人为之。人心动而失中，由无以养其本体之明，复无以察其事理之正也。一心之蛊，见于一身，著于万事，而事父事君皆不得其正矣。然君臣以义合，故容有不遇于时，不能成其“干蛊”之功者。若父子则一家，继述恩义两无所逃，故圣人就其切近者立论。干父母之蛊如是，即干君之蛊视此也。惟上九一爻，乃就君臣论，而以“不事王侯”为言。盖贤人君子忧时悯俗之心，即忠君爱国之心，惟君不之用，则志无可展，惟有“高尚其事”。然其高尚也，正所以励一世之人心，存万古之名教，而忠爱之心固未尝一日忘也，故子曰“志可则”。而钦定《述义》更能曲畅其说，今敬从之。至“先甲”“后甲”，《彖传》明言，“终则有始，天行（也）”，而先儒穿凿之过矣。又来、汪诸人以艮止于上，为父道尊而无为之象；巽顺于下，为子道服劳承顺之象，故爻多以父子言。义亦可通，然无解于六五一爻也，不如东坡之说为允。

䷒ 兑下坤上

临，莅也，大也。二阳方长而盛大，临乎四阴，故为“临”，十二月之卦也。为卦下兑说，上坤顺。天下之物密近相临者，莫如地与水，故地上有水则为“比”，泽上有地则为“临”。《序卦》：“有事而后可大，故受之以‘临’。临者，大也。”韩康伯曰：“可大之业，由事而生。”二阳方长而盛大，故次于“蛊”。

临，元亨，利贞①。至于八月有凶。

八月，建未之月，由“复”至“遁”也。言占得此卦者，大亨。盖自子一阳生，至丑月而阳壮，阳气方盛，天运日趋于泰，人事得之为君子得志之时，故“大亨”也。但所以“元亨”者，以其阳长阴衰，理盛欲

① 《周易集解》：“虞翻曰：阳息至二，与‘遁’旁通。刚浸而长，乾来交坤，动则成乾，故云‘元亨，利贞’。”（卷第五，第72页）《周易折中》：“《集说》：孔氏颖达曰：若以类言之，则阳长之卦，至其终末皆有凶也。陆氏振奇曰：日阳象，月阴象。八，少阴之数；七，少阳之数。故言阴来之期曰‘八月’，言阳来之期曰‘七日’。《案》：盖阳数穷于九，则退而生少阴之八；阴数穷于六，则进而生少阳之七。七八者，阴阳始生之数也。”（卷第九，第326-327页）

除，占者必利于正，乃合天地之义。又恐人恃盛而骄也，戒之曰："至于八月有凶。"盖由子而至于"遁"卦之月，则二阴又为主而阳消矣。方盛而即戒其衰，所以长保其盛之道也。

《彖》曰：临，刚浸而长。说而顺，刚中而应，大亨以正，天之道也。"至于八月有凶"，消不久也。

浸，渐也。说而顺，内说而外顺也；内说则阳进不逼，外顺则阴从不逆。刚中，九二。应，六五应之。天道，天生成万物之道。言"临"之所以为名，以阳刚浸长而日大也。然其体内说外顺，九二以刚中之德，而六五应之，六五应则群阴无不应者。刚柔相济，大亨而以正，此乃天之道也，人事如之，其吉岂不大乎？故系曰"元亨"也。然亨不长，亨必有否时，"至于八月有凶"，所以明阳虽方盛，而其消亦不久，所以戒乎人之自满也。

《象》曰：泽上有地，临，君子以教思无穷，容保民无疆。

临者，大也。地大容泽，泽满等地，大之义也。君子法之，教化斯民。至诚恻怛之心无穷，与兑泽同其渊深；含容保固斯民，无有疆域，与坤土同其博大。以是相临，临之至大者也。

初九，咸临①，贞吉②。

咸，感也。初阳在下，前临四阴，无位而临人，不能强其服也，必有所以感之。初九刚正，感之以正，而人心说从，故"吉"。

《象》曰："咸临贞吉"，志行正也。

初九以阳刚之才，出以兑说，是其志在感人，非徒刚也，故曰"志行正"。阳健故曰"行"，互震亦为"行"。

九二，咸临，吉，无不利。

---

① 《来注》："咸，皆也，同也。彼临乎此，此临乎彼，皆同乎临，故曰'咸临'。"（卷之五，第208页）

② 《周易折中》："《程传》：凡言'贞吉'，有既正且吉者，有得正则吉者，有贞固守之则吉者，各随其事也。《集说》：李氏舜臣曰：山泽通气，故山上有泽，其卦为'咸'，而泽上有地，初二爻亦谓之'咸'者，阴阳之气相感也。"（卷第三，第109页）

九二上临四阴，而以刚中感之，如此临人，于理为“吉”，于事为“无不利”也。

《象》曰：“咸临，吉，无不利”，未顺命也。

命，谓六五之命。六五为群阴之主，举五可以该众阴也。九二阳刚，而为兑说之本体，故为“咸临”。然二与五应者也，以阳临阴，乃以说而顺感之，恐人疑其屈从于阴，故释之曰“未顺命也”。言其所以“吉，无不利”，乃以刚而得中，自能说以感人，未尝顺群阴之命也。

六三，甘临，无攸利，既忧之，无咎。

三当兑口，以言说人，故曰“甘”。互震恐惧，变乾“惕若”，故“忧”也。柔不中正，逼近二阳，德不及而位过之，以此临人，忧其不服，则为甘言以说之，故曰“甘临”。然其以甘临也，固已自知其不及而忧之矣，诚即其所忧而修德以践言，则“无咎”。戒占者以救过之法也。

《象》曰：“甘临”，位不当也。“既忧之”，咎不长也。

“位不当”，阴柔不中正也。“咎不长”，既忧则必改过，非徒忧也。

六四，至临，无咎。

至，至其地也。四近君，大臣之位，而六以顺临下，下卦兑说上临。又当坤兑之交，地泽相比，最为亲切，上下以顺说相临，是至而后临，情无隔阂者也，故“无咎”。

《象》曰：“至临，无咎”，位当也①。

以阴居阴为位当。上近五之君而见信任，下应初之贤而信从，至而后临，非强服也。

六五，知临，大君之宜，吉。

五以柔中下应刚中，知九二之贤而任之，是不自用而取诸人者。有知人之明而临人，“大君之宜”，莫先于此，故“吉”。

《象》曰：“大君之宜”，行中之谓也。

---

① 《来注》：“以阴临阳宜有咎，然阴阳相应之至，故‘无咎’。……其得‘无咎’者，以其位非以其阴也。”（卷之五，第209页）

九二中，六五亦中，行其中以相应，故曰“大君之宜”。若非中而徒以任人为重，则非“知临”，不得为“宜”也。

上六，敦临，吉，无咎①。

坤土敦厚，上六居“临”之终，为敦厚以临人之象。以厚待人，义当得“吉”，而事必“无咎”也。

《象》曰：敦临之吉，志在内也②。

内，谓内卦，内卦兑说。上六居临之极，而阴性柔顺，又坤体敦厚，故志在二阳。尊而应卑，高而从下，其意甚厚，故“吉”也。

附　解

“临”以盛大为义，物之相临者，惟盛大可以相服。下卦兑说感人，则以“以德临人”立象。初二“咸临”之吉，德盛临人而人自感也。“甘临”之“无攸利”，德不足而欲强人之感也。上卦坤顺，则以“以位临人”立象。六四之“无咎”，顺下情以事君；六五之“吉”，任贤臣以得众；上六之“吉”，蓄厚德以从人，皆有位而顺以临人也。盖居下以临人，无势位之尊，惟赖德以服人；居上以临人，虽有势位，亦必顺人情以相孚，此圣人教人之至意也。旧解以凌逼为义，于各爻取象，多不分明。今遵夫子“临者，大也”之意，而各就本文释之，其他牵强诸说，概不置辨。至“八月”之说，诸儒说各不同，然卦取阳盛为义，自当从自子至乾、阳极阴生之说，方合夫子“消不久”之义。所谓八月，由“复”计之也，非文王居殷之世即改正朔，以六月为八月。

䷓ 坤下巽上

观者，有象以示人，而为人所观仰也。凡观视于物则为观平声，为观

---

① 《周易折中》：“《程传》：六居‘临’之终而不取‘极’义，临无过极，故止为厚义，上无位之地，止以在上言。”（卷第三，第 111 页）

② 《周易折中》：“《案》：此‘志在内’，当与‘泰’初‘志在外’反观，同是天下国家也。自初言之则为外，自上言之则为内。”（卷第十一，第 408 页）

于下则为观去声。风行地上，遍触万类，周观之象也。二阳尊而在上为四阴所观，仰观之义也。《序卦》："物大然后可观，故受之以'观'。"① 此八月之卦也。

观，盥而不荐②③，有孚颙若。

观，去声。卦象叠艮，门阙重复，有宫观之象。艮手，巽洁，故象"盥"。艮止，故象"不荐"。颙，大头也，仰也。盥，将祭而洁手。荐，奉酒食以祭。言观之为义，有以示人，而为人所仰也。若有心求人之观，则无以观。卦体二阳尊而在上，四阴翕然从之，象之以观，当如祭祀者诚敬积于中，素为民所信服，则不待其以观示人。方盥而不荐之时，而有孚存于心，下已仰望而尊信，有"颙若"之象也。

《彖》曰：大观在上，顺而巽，中正以观天下。"观，盥而不荐，有孚颙若"，下观而化也。观天之神道，而四时不忒④。圣人以神道设教，而天下服矣。

下观之观，平声，余皆去声。阳大阴小，阳上阴下，故曰"大观在上"。顺，顺理。巽，顺民情也。"大观"，统谓二阳；"中正以观"，独举九五。天道至神，故曰"神道"。圣德如天，其道亦至神，故亦曰"神道"。言卦体阳德为群阴所观瞻，正如人君为群黎所尊仰，为"大观在上"之象。坤顺巽柔，九五中正，人君体之，顺理而巽从民愿，"中正以观天下"，以其中正观天下之不中正，而天下潜孚默契于不知。"观，盥而不荐，有孚颙若"，言下之人观上所行，自然感化也。盖盥荐者，文也；有

① 《周易集解》："崔景曰：言德业大者，可以观政于人。"（卷第五，第74页）

② 《周易集解》："地上有木而为鬼门宫阙者，天子宗庙之象也。"（卷第五，第74页）《周易正义》："王道之可观者，莫盛乎宗庙。宗庙之可观者，莫盛乎'盥'也。……故观盥而不观荐也。孔子曰：'禘自灌而往者，吾不欲观之矣。'"（卷第三，第36页）

③ 按：观，盥而不荐，众本同，《周易述》作"观，盥而不观荐"："《郊特牲》曰：既灌然后迎牲，迎牲而后献荐。是'荐'在'灌'后，故云'荐，羞牲也'。……观灌而不观荐，乃禘礼配天之祭，故马氏谓'盥'者，进爵灌地以降神也。配天之禘，灌礼最盛，古文作'祼'。"（《周易上经三》，第70页）

④ 《周易集解》："虞翻曰：忒，差也。……三上易位，坎冬离夏，日月象正，故'四时不忒'。"（卷第五，第75页）

孚者，诚也。诚存于礼文之先，即诚通于未祭之始，不特神格，而人亦可通。所以然者，天地人神，莫非一诚之所贯注也。故观天之神道，曷尝有言有为，而“四时不忒”，诚为之也。圣人诚身，而本天以治民，礼乐刑教，皆有至诚宰之，故“以神道设教，而天下服矣”。不言而信，无为而成，亦何异“不荐”之“孚”哉？

《象》曰：风行地上，观，先王以省方观民设教。

上观，去声。下观，平声。省方，即巡狩。观民，观民俗，如陈诗纳价之类①。设教，因俗以设教，不违乎中正也。“风行地上”，无所不至，有历览周遍之象。坤为方，“方”之象。巽以申命，“设教”之象。

初六，童观，小人无咎，君子吝。

观，平声。卦以“观示”为义，九五为主也；爻以“观瞻”为义，皆观九五也。互艮少男，“童”象。初在下居阳，亦“童”象。故二居阴，“取女”象。小人，下民也。阳为君子，阴为小人。初六以阴居下，去五最远，不能观五中正之德，犹童子之识见不远也。其占在小人则无咎，盖不识不知，顺帝之则，民之常也，若君子亦局于所见，则“吝”。

《象》曰：初六童观，小人道也。

小人之分，原不可责以远大之观，而君子之所以“吝”，不待言矣。

六二，闚观②，利女贞。

观，平声。闚、窥同。互艮门象。坤有阖户之义，闭门而观，故曰“闚观”。二五正应，能观五者，宜莫如二。二以阴暗不能观光，居于内以闚外，故为“闚观”。占者在女子得之，亦必利于守正。盖“闚观”非女子之正也，故戒之，而丈夫得之，其象可知矣。

① 《来注》：“陈诗以观民风，纳价以观好恶也。”（卷之五，第211页）

② 《来注》：“门内窥视也，不出户庭，仅窥一隙之狭者也。”（卷之五，第211页。）《周易折中》：“《集说》：胡氏炳文曰：初位阳，故为‘童’；二位阴，故为女。……‘窥观’，是所见者小而不见全体也。”（卷第三，第113页）

《象》曰：闚观女贞，亦可丑也①。

可丑，谓其不能“观国之光”，而仅以窥为事，虽“贞”亦“可丑”也，况不贞乎？然六二得中，无不贞之事。《易》为君子谋，以丈夫望人，故于“闚观”虽贞，亦以为可丑。

六三，观我生进退②。

观，平声。下爻皆观乎五，四“观国之光”，三为四隔，处坤顺之极，有可进之时，亦有可退之地，故为“观我生进退”象。我生，我生之所行。王氏申子曰：君子进退，当观乎时，今不观时而观我生者，九五以阳刚中正观示天下，时不待观，但观吾之所有以为进退可也。

《象》曰：“观我生进退”，未失道也。

当可进可退之时，而返己自审，则进退可不失道。恐人以当观而不观为非，故释之曰“未失道”。夫乘时观光，固君子之志也，然六三居下之上，居上之下，上有已观光之大臣，下有观而化之小民，是可进可退之时，“观我生”以“进退”，岂至失道哉？他卦三不中，多不吉，惟本卦此爻曰“未失道”。圣人欲人观光，尤恐人务于观光，而不自审也。

六四，观国之光，利用宾于王③。

观，平声。国光，国之盛德光辉。不言君身而言国者，人君以四海为家，观国之政化，则君德可知矣。坤为国，互艮光辉，五为王。九五阳刚中正，观示天下，四巽顺近之，亲炙光辉，五待之如宾，四乘时有为，故曰“观国之光，利用宾于王”。

---

① 《周易折中》：“《集说》：郭氏忠孝曰：男女吉凶不同，故恒卦曰：‘妇人吉，夫子凶。’则知‘利女贞’者，固为男之丑也。”（卷第十一，第409页）

② 《周易折中》：“王氏申子曰：三处下之上，上之下，故有‘进退’之象。”（卷第三，第113页）

③ 《周易折中》：“《程传》：古者有贤德之人，则人君宾礼之，故士之仕进于王朝，则谓之‘宾’。《集说》：刘氏定之曰：九五大观，观己所为仪型天下。初居阳而去五远，所观不明如童子；二……所观不明如女子。唯四……所观最明……盖诸爻皆就五取义。”（卷第三，第114页）

《象》曰：观国之光，尚宾①也。

尚，崇尚。九五中正以观天下，尊贤尚德，礼之如宾，故可观光。言非自居于宾，乃君以宾处之也，所以戒观光者躁进。

九五，观我生，君子无咎。

观，平声。君子二字句，下同。我，九五自谓。观我生，自省有生所行。九五为观之主，群阴皆仰观之，而阳刚中正，未尝有意求人之观，惟自观我生有君子之行。占者如是，则“无咎”也。

《象》曰：观我生，观民也②。

下观，去声。言其“观我生”者，正九五之所以为中正而为法于天下也。观民，即中正以观意。

上九，观其生，君子无咎。

其，自人言之也。上九处“观”之极，贵而无位，然为众阴所观，人心所瞻仰，故有“观其生”之象。盖贤者之责备愈严，二老系西周之归，终南讥仕宦之径，故上虽无五之位，而人亦必“观其生”也。君子阳刚与九五同体，是诚有君子之德，可为人观者，故“无咎”。

《象》曰：“观其生”，志未平也。

志，谓四阴仰观之志。上九阳刚处观之极，虽无权位，而实居尊。九五已为观之主，群阴皆仰之矣，而上更居五上，人心有未释然者，故“观其生”，盖言虚声之不可盗也。

附 解

自上示下曰“观”，自下观上曰“观”。然下之观者视乎其上之观者何如耳？若有心求人之观，务为观美而无中正之德，又何以成“大观”？故

---

① 《周易集解》：“崔憬曰：得位比尊，承于王者。职在搜扬国俊，宾荐王庭，故以进贤为‘尚宾’也。”（卷第五，第76页）

② 《来注》：“观我生者，观示乎我所生之四阴也。……君子当观示乎下，故‘无咎’。……九五虽与六二正应，然初、三、四与九五皆阴阳相生，故曰：‘观我生，观民也。’”（卷之五，第212页）

成卦虽以九五为主，而于下之观上也，惟以六四为美，以其近君而观光最切也；于上之观下也，亦以“观我生”“观其生”为象，言尽其所以可观者，而后观示于天下也。《象传》兼取九五、上九二爻言“大观”，爻辞于五、上二爻皆言“君子”，盖以其皆阳刚之德，为下所观也。第九五得位，则以“观我生”为中正观天下之道；上九高无位，则以人“观其生”为责备贤者之心，要无非欲观示天下者自省其德。至下之观上，“童观”则限于识，“闚观”则蔽于私，所以然者，以其去君太远，暗于观者，固陋妄为，观者亦丑也。惟六三审出处，六四际有为，乃许以观。圣人岂强人以观，而不自立乎？前人未融通卦爻，故说多牵强。

䷔ 震下离上

噬，啮也。嗑，合也。“颐”中有物，间之啮而后合。上下两阳而中虚，颐之象；四一阳间于其中，“颐中有物”之象也。为卦震下离上，物有为造化之梗者，必以刑狱治之。噬嗑去颐中之梗，雷电去天地之梗，刑狱去天下之梗，其义一也。《序卦》：“可观而后有所合，故受之以‘噬嗑’。”

噬嗑，亨，利用狱①。

言“噬嗑”自有“亨”义。事之不通，以有间也，去其间则通矣。此概举天下事而言，“利用狱”则“噬嗑”中之一事。六五为治狱之主，柔而得中。凡治狱之道，惟以威与明得中为贵，震有威，离有明，五柔得中，故“利用狱”也。

《彖》曰：颐中有物，曰噬嗑。噬嗑而亨，刚柔分，动而明，雷电合而章，柔得中而上行，虽不当位，利用狱也。②

刚柔分者，震刚离柔分居内外，刚爻与柔爻相间，刚柔分而不相

---

① 《周易折中》：“《程传》：至于万事，所以不和合者，皆由有间也，无间则合矣。……去天下之间在任刑罚，故卦取用刑为义。”（卷第三，第115页）

② 《周易折中》：“《集说》：崔氏憬曰：物在颐中，隔其上下，因啮而合，乃得其‘亨’焉。以喻人于上下之间，有乱群者，当用刑去之，故言‘利用狱’。”（卷第九，第328页）

杂，明辨之象。动，震也。明，离也。震雷动于下，离电明于上，合以成文，故曰“章”。得中，六柔五中。上行，震动离明，皆上行之象。于人事为人君以柔居心，下情上达。虽六五以阴居阳，位不为当，而治狱之道，则最宜也。言“颐中有物”，故名“噬嗑”，物梗则不通，噬而得合，故“亨”也。卦德刚柔两分，动而文明，于天象为“雷电合而成章”。六五柔得中道而居尊，虽不当位，利于“用狱”。盖不柔则失之暴，过柔则失之宽，柔得中则宽猛得宜，有哀矜之心，无姑息之过，如雷之断，如电之明，济以仁术，狱无冤滥矣。

《象》曰：雷电①，噬嗑，先王以明罚敕法。

雷震必电，电掣必雷，无不相合者。不曰“电雷”而曰“雷电”者，噬之合自下而合上，以震阳之动为先也。罚，一时所用之法；法，平日所定之罚。明，辨也，辨其轻重，象电之明。敕，正也，正其得失，象雷之威。明之敕之，使民知畏而已，非尚罚也。

初九，屦校灭趾②③，无咎。

震为足，在下则“趾”也。校，械也。震为木，校也。屦校以足，受校如屦。灭趾，没其趾。仅“灭趾”，械小也。九居初无位，下民之象。恃阳刚而不柔顺，未有不犯刑者。然方动之初，其恶未甚，止恶于初而用刑轻，所谓“小惩而大戒”也，故屦械仅灭其趾。占者知止恶，于初则“无咎”。初、上无位，受刑之人；中四爻，用刑之人。

《象》曰：“屦校灭趾”，不行也。

趾者，人之所以行，“屦校灭趾”则不得“行”。爻言“无咎”，而《象》叹其“不行”，戒人勿以小恶而为之也。

---

① 按：雷电，《周易折中》：“《集说》：张氏清子曰：蔡邕石经本作‘电雷’。”（卷第十一，第410页）

② 《周易集解》：“虞翻曰：屦，贯；趾，足也。……干宝曰：屦校，贯械也。”《来注》：“校，足械也。屦者，以械加于足，如纳屦于足也。中爻坎，坎为桎梏，校之象也。……灭者，没也，遮没其‘趾’也。”（卷之五，第214页）

③ 按：趾，众本同，《周易述》作“止”：“止，足也。……止，与‘趾’同，故云‘足’。以械为屦，足没械下，故云‘灭止’。”（《周易上经三》，第73-74页）

六二，噬肤灭鼻①，无咎。

祭有肤鼎，盖肉之柔脆，噬而易嗑者。二重柔，去胏远，故为“肤”。互艮，故为鼻。灭鼻，深入至灭没其鼻也。六二中正，故其所治如噬肤之易。因初刚不能即服，不免用刑，如“噬肤”至于“灭鼻”，然罪所当罪，“无咎”也。

《象》曰：“噬肤灭鼻”，乘刚也。

肤，易噬也，而何以灭鼻以乘初刚？是倔强之人，不能不深严以治之。叹刚之难服，非六二中正，则几无以服也。

六三，噬腊肉②遇毒③，小吝，无咎。

腊，音昔。腊，肉之陈久味厚者。三在肤里，故为“肉”；离日熯之，故为“腊”。毒，《说文》云“厚”也，味厚者为“毒”。又互坎为毒，故师亦言“毒”。六三居下之上，阴柔不中正，治狱而遇多年陈久烦难之事，一时艰于断理，如“噬腊肉”而遇陈久有毒之物，故小有所吝。然噬之欲其合之，“无咎”也。

《象》曰：“遇毒”，位不当也。

处位不当，谓下之上，上之下。所噬虽当，而德望不足以遽服人，非所行有不当也。

九四，噬干胏，得金矢，利艰贞，吉。

刚居柔，肉带骨，故曰“胏”。离火薰之，故干。金矢，金镞也。离之外爻，乾之匡廓也。乾，金。互坎为矢。干胏难噬，九四阳刚，臣之位，治难治之狱，搏豪强，治贵近，如噬干胏，而胏中又得金矢，非可噬者。盖其以刚明治狱，狱不难治，如“噬干胏”而中“得金矢”，则有未可尽以刚服者。故利于思艰持正，徐而去之，则“吉”。

---

① 《周易禅解》卷四：“灭鼻，谓肤掩其鼻。”（《周易四书禅解》，第77页）

② 按：腊，众本同，《周易集解》《周易述》作“昔”，《周易述》：“［疏］：《说文》曰‘昔’，干肉也。……腊，籀文‘昔’，肉久称‘昔’。”（《周易上经三》，第74-75页）

③ 《来注》：“凡易中言‘遇’者，皆雷与火也。……毒者，腊肉之陈久太肥者也。”（卷之五，第215页）

《象》曰："利艰贞，吉"，未光也。

九四虽刚正，然未能以德服人，故不免"噬干胏"而得"金矢"。离本光明，居离之初，故曰"未光"。知其未光，而持以艰贞，则亦无难光也，圣人戒刚之意。

六五，噬干肉，得黄金，贞厉，无咎①。

五质柔，故为"肉"。在离中，故"干"。变乾为金，得坤之中爻，故"黄"。六五柔中居尊，治人而人服之，且抒诚以献，为"噬干肉"而嗑之又"得黄金"之象。黄金，喻人心之坚贞也。所以然者，六五柔中，噬之以贞，又常存危厉之见，占者如是，则"无咎"也。

《象》曰："贞厉，无咎"，得当也。

惟"贞厉"乃得"无咎"。得当，得用刑之当，戒六五也。

上九，何校灭耳②，凶。

卦上为首。离为科上槁，校象。何，与"荷"通。施校于首，故荷之也。互坎为耳，又为耳痛。灭耳，校厚可知。上九过乎尊位，偏刚不服乎六五，是稔恶而不悛者。居至明之世，遇雷动之威，必有严刑，故为"荷校灭耳"象，占者得之必"凶"也。

《象》曰："何校灭耳"，聪不明也。

六五为噬嗑之主，柔中听治。上九无位而居其上，偏刚不服，是有耳无聪，遇明断而不闻知，故得"荷校灭耳"之"凶"。至于灭耳，则虽欲聪而亦无能矣。

附　解

五伦皆以和合为贵，有间之者，而乖违之风炽矣。正如噬嗑饮食，取

---

① 《周易集解》："王弼曰：干肉，坚也；黄，中也；金，刚也。以阴处阳，以柔承刚，以噬于物，物亦不服，故曰'噬干肉'也。"（卷第五，第 79 页）

② 《周易折中》："《集说》：郭氏雍曰：屦校，桎其足，桎大而灭趾；何校，械其首，械大而没耳也。或以'灭耳'为'刵'，灭鼻为'劓'，灭趾为'剕'，《书》注'劓''刵'轻刑，《吕刑》'剕辟'为重，故汉斩趾同于弃市。……是以知三者言灭，皆非刑也。"（卷第三，第 119 页）

其融化，颐中有物，梗而不通，必噬之使嗑。天下人情亦然，圣人以礼乐化天下，而有顽梗不顺者，必以刑罚治之。六爻，五君位也，为治狱之主；四大臣位也，为治狱之卿；三、二又其下也，为治狱之吏；初下民也，止恶于初，得以无咎；上非民非君，偏刚不驯，是上有圣明，为恶不悛，故其凶特甚，盛世之顽谗，山泽之狂夫，皆其类也。夫噬之所以合之，明刑所以弼教，圣人非尚猛也。故治狱者戒其过刚，而受罚者欲其改恶，无非仁民之心也。

䷕ 离下艮上①

贲，饰也。山止于上而火发之，蒸成文物之盛，故曰“贲”。盖火在天上为日，在地为火。山者，地之形高接于天者也。人知日乃阳精，而不知中藏阴火，即地之灵也。火伏于地，其焰上烛于山，文明之象，故为贲也。《序卦》：“物不可以苟合而已，故受之以‘贲’。”则以人事言，必相接以文，乃能合而不乱也。

贲，亨，小利有攸往。

有质不可无文，故占得“贲”者可“亨”。然文以济质，非可专尚也，故但小利于所往，恐人专骛乎文，故戒之也。

《彖》曰：贲，亨。柔来而文刚，故“亨”。分刚上而文柔，故“小利有攸往”，天文也。文明以止，人文也。观乎天文，以察时变；观乎人文，以化成天下。②

释“贲”之所以“亨”，故曰“贲，亨”也。柔来，离中一阴，从坤中爻而来也。本乾体而一阴来，变为离，文其刚德，则不偏于刚，故“亨”。分刚上，谓上九也。乾之中爻变离，分此一阳居于艮上，而文德尽以柔主之，故不若阳刚之大有为，而但“小利有攸往”。然天道纯

---

① 《周易集解》：“郑玄曰：贲，文饰也。离为日，天文也；艮为山，地文也。天文在下，地文在上，天地二文，相饰成‘贲’者也。”（卷第五，第80页）

② 《周易集解》：“荀爽曰：阴从上来，居乾之中，文饰刚道，交于中和，故‘亨’也。”（卷第五，第80页）《来注》：“分者，又分下卦也……分噬嗑下卦之刚，上而为艮，以文柔也。”（卷之五，第217页）

阳，而著为万象，则赖离火发生之，是柔以济刚，乃天文之道也。若夫有文明之美，而止乎其则，又人文之道也。“观乎天文以察时变”，而裁成辅相之事兴；“观乎人文以化成天下”，而礼乐文为之法详，凡此皆顺乎自然，而止乎其所当然。此二句申文明以止之义也。止乎其则，则文不徒文，否则但求观美，并不得为文矣。阳大阴小，故曰“小利”。离明于下，艮止于上，故曰“文明以止”。

《象》曰：山下有火，贲，君子以明庶政，无敢折狱①。

山者，地之高接于天者，火在其下而炎上，庶物露生，发越繁盛，故为“贲”。庶政，一切政事。明庶政，如火之无所不照，而万物长养。折狱，民命所系，非徒文察可了。贲之时，君子敷文德以明庶政，而折狱则不敢以文，正《彖传》所谓“文明以止”者也。非谓庶政皆明，而折狱不可，亦非谓庶政小而折狱大也。

初九，贲其趾，舍车而徒②。

卦下为“趾”，互坎为“车”，艮止故舍也。乘车，贵者之事。初九居贲之时，有刚德而在下，二为贲主，初以非应不与之比，安于徒行，自“贲其趾”。盖以德义自荣，不以外饰为务者也。

《象》曰：舍车而徒，义弗乘也。

初应四正也，从二非正也。居于下位，刚正自守，舍车而徒，义本不可乘，非故与世之贲相违也。

六二，贲其须③。

在颐曰“须”，在口曰“髭”，在颊曰“髯”。须不能以自动，附颐而

---

① 《来注》：“折狱……曰‘无敢’者，非不折狱也，不敢轻折狱也。”（卷之五，第218页）

② 《周易集解》：“王肃曰：在下，故称‘趾’。既舍其车，又饰其趾，是徒步也。”（卷第五，第81页）《周易折中》：“《程传》：君子在无位之地，无所施于天下，唯自贲饰其所行而已。……义或不当，则舍车舆而宁徒行……‘舍车而徒’之义，兼于比应取之。”（卷第三，第120页）

③ 《周易集解》：“侯果曰：二在颐下，‘须’之象也。”（卷第五，第81页）《周易折中》：“《集说》：俞氏琰曰：文当从质，非质则不能自饰。阴必从阳，非阳则不能自进。六二纯柔，必待九三之动而后动。”（卷第三，第120页）

动，三在上有颐象，二附三故为“须”。六二柔来而文刚者也，柔之文刚，非有加于刚之外也，文其不及者以成礼。阴随阳而动，文附质而行，如须附颐而动，故曰“贲其须”也。

《象》曰：贲其须，与上兴也。

上谓九三，火炎上故象“兴”。二阴柔为贲主，实乃与三俱兴，故能成“贲”。盖刚为质，柔为文，文不附质，焉得为文？圣人右质左文之意也。

九三，贲如濡如①，永贞吉。

如，语助辞，又两端不进之词。濡，沾濡也。互坎，故有“濡”象。九三阳刚有质，二阴比而文之，故“贲如”。而居离之终，极贲之后，易陷溺焉，故“濡如”。盖柔能文，刚亦能溺质，当文之盛，持以戒心，“贲如”而又恐其“濡如”，永守刚正则吉也。

《象》曰：永贞之吉，终莫之陵也。

陵，侮而上之也。九三居离之上，永守刚正，则柔能文之，不能溺之，故言“终莫之陵”，盖深幸其“贞”也。

六四，贲如皤如，白马翰如，匪寇婚媾②。

皤，白也。变巽为白，互震为馵足，为的颡，白马之象。翰，马白色。《礼记》曰：“商人尚白，戎事乘翰。”互坎，寇象。初与四为正应，婚媾象。六四已入艮体，文明将止，贲道将变矣。故虽从事文饰，而心怀疑惧，“贲如皤如”，相持于文质之间，而未有决也。有“白马翰如”而来者，谓初九也，初与四为正应，来辅以质，相须而非相敌，共成其贲，故曰“匪寇婚媾”。

---

① 《周易述》：“离文自饰。是‘贲如’也，互体坎，坎水自润，是‘濡如’也。”（《周易上经三》，第 77 页）

② 《来注》：“翰如者，马如翰之飞也。……六四与初为正应……四往求于初之心如飞翰之疾，不以三之隔而遂已也。”（卷之五，第 219 页）《周易折中》：“《程传》：四与初为正应，相贲者也……其从正应之志如飞，故云‘翰如’。《集说》：俞氏琰曰：发白为‘皤’，马白为‘翰’。”（卷第三，第 81 页）《周易述》：“马作足，横行曰‘皤’，董遇义也。董读‘皤’为‘盘’。……郑氏谓四欲饰以适初，进退未定，故‘皤如’，义亦同也。”（《周易上经三》，第 77 页）

《象》曰：六四当位，疑也。“匪寇婚媾”，终无尤也。

当，平声。六四居离之外，艮之始，文胜质而将变，当其位者不得不疑。然有此疑畏，则必以质辅文，而不自恃其文，故与初九相须而贲，“匪寇婚媾”，正以质来辅文，虽始疑而终无尤也。

六五，贲于丘园①，束帛戋戋，吝，终吉②。

丘园，谓在外而近者，指上九也。艮为山，“邱”象。艮为果蓏，震为林木，“园”象。变巽为“帛”，五疋为“束”，爻数五，故为“束帛”。戋戋，浅小意。五艮体得中，文明以止，柔中而密比于上九之贤，“贲于丘园”之中，以求贤士。其“束帛戋戋”然，虽似于“吝”，然体薄意厚，不过乎文，终有“吉”也。

《象》曰：六五之吉，有喜也。

喜，庆也。阴阳需而成贲，六五与二为应，两阴不能贲，与上九近而贲之，是能求贤自辅，以成贲之治者，故曰“有喜”也。

上九，白贲，无咎。

上，艮之终，止之极也。尽去其华，归于无色，故“白”也。白非贲也，贲极而反于白，以白为贲，正所以善其贲。无咎者，返本复始，救败之道也。

《象》曰：白贲无咎，上得志也。

上得志，谓上九当贲之极，阳德而止于事外，六五亦从之，救弊扶衰，得行其志也。

附　解

质与文相资而成“贲”，“柔来而文刚”，以刚过则纯乎质，故坤之一阴入于乾中而为离，以文其刚；“分刚上而文柔”，以柔过而弊于文，故乾

---

① 按：丘园，众本同，《周易集解》作“邱园”：“虞翻曰：艮为山，五半山，故称‘邱’。”（卷第五，第82页）

② 《周易述》：“［疏］：戋戋，委积貌。薛、虞谓礼多也。……五失位，故‘吝’，变而得正，应二……故‘终吉’而‘有喜’。”（《周易上经三》，第78页）

之一阳上居坤末而为艮，以止其文，文质中而贲乃善也。然人情易趋于文，故圣人戒之。《彖》曰“小利有攸往”，《象》曰“无敢折狱”，慎之至也。而初九则曰“义弗乘”，许其不务华；二曰“与上兴”，勖其能从质。至于“莫之陵也”“永贞吉也”“婚媾无尤”“束帛终吉”，莫非所以明乎文之必依乎质，而《杂卦》则直曰“贲，无色也”。盖天文、人文，皆自然当然之理，而圣人品节之以适于中，对质言则曰文，自圣人出之，则无质非文，无文非质。盖法天地自然之文，故以为无色也。凡卦皆从乾坤而生，则柔来刚上，主乾坤言者是也。又邱氏富国谓阴阳二物有应者以应而相贲，无应者以比而相贲，亦深得本卦六爻取象之意。

䷖ 坤下艮上①

剥，落也。五阴盛而逼阳，剥落将尽，故为“剥”，九月之卦也。又山本高起于地，今乃下附，是颓剥之象。《序卦》：“贲者，饰也。致饰然后亨则尽矣，故受之以‘剥’。”人事日华，则本质日漓，故亨尽而剥。

剥，不利有攸往。

小人之害君子也，萋菲浸润，使日消月削而不知。此卦阴盛阳消，小人害君子之象，故占得者不利有所往也。为君子谋，欲其安坤之顺，守艮之止，晦迹潜身以待时，非第远害也。

《彖》曰：剥，剥也，柔变刚也。“不利有攸往”，小人长也。顺而止之，观象也。君子尚消息盈虚，天行也。②

剥者，阳剥也。“柔变刚”者，从乎阳之自变而言，为阴所蚀，浸淫不自觉，以至于剥之将尽，一阳仅存，亦不能久，故不曰“柔剥刚”，而曰“变刚也”。阴，小人，五阴方盛，“小人长”之象，故“不利有攸往”。法坤之顺，守艮之止，占者观于卦象，理当如此，申之曰：“君子尚消息盈虚，天行也。”见无所往者，乃天理之当然，非私智避害之比

① 《周易折中》：“以二体言之，山附于地，山高起地上，而反附着于地，颓剥之象也。”（卷第四，第124页）

② 《周易集解》：“虞翻曰：坤顺艮止，谓五消观成剥，故‘观象’也。……乾息为‘盈’，坤消为‘虚’。”（卷第五，第83页）

也。“消息”者，盈虚之方始；“盈虚”者，消息之已成。天行，天道自然之运。

《象》曰：山附于地，剥，上以厚下安宅①。

山，形峙地上，根蟠地中。言附于地，则圮剥矣，故为“剥”。上谓民上，一阳在上之象也。宅，上所居之位。民在下为君之基，犹地在下为山之基。居上者厚于民以安其位，高而不危，与剥者异矣，厚如坤，安如山也。

初六，剥床以足，蔑贞凶。

以，由也。此爻变震为“足”，初在下亦“足”象。一阳而覆五阴，有“宅”象、“庐”象、“床”象。蔑，灭。贞，正也。阴之剥阳，自下而上。初六，剥之始，“剥床以足”象。床以安身，足剥则床不安矣。此如小人害正，以渐而起，必灭其贞，占者得之，凶也。

《象》曰：“剥床以足”，以灭下也。

上者必以下为基，剥床以足，下剥而上亦倾矣。“以灭下也”，叹其剥之术毒，所以蔑贞而凶也。

六二，剥床以辨②，蔑贞凶。

辨，床之面，即平也。古平、辨字通用，《尚书》平意、平秩，《史记》作“便”，《索隐》曰：“今文《尚书》作‘辨’。”六二阴极盛而上凌，居下卦正位，故为剥床面象。“剥足”犹阴害之，“剥辨”则明攻之矣。“蔑贞凶”，初言其势，此则实有其事也。

《象》曰：“剥床以辨”，未有与也。

---

① 《周易集解》：“陆绩曰：……谓高附于卑，贵附于贱，君不能制臣也。……卢氏曰：君当厚锡于下，贤当卑降于愚，然后得安其居。”（卷第五，第83页）《来注》：“宅者，上所居之位，非宅舍也。”（卷之五，第221页）《周易折中》：“下者，上之本，未有基本固而能剥者也。故上之剥必自下，下剥则上危矣。”（卷第十一，第413页）

② 《周易集解》：“虞翻曰：指间称‘辨’。……郑玄曰：足上称‘辨’，谓近膝之下。……崔憬曰：今以床言之，则‘辨’当在第足之间，是床梐也。”（卷第五，第83页）《周易折中》：“《程传》：辨，分隔上下者，床之干也。”（卷第四，第125页）

阴阳比应，则为“有与”，二比初应五，前后左右皆阴邪，而无有阳爻相辅救，故“无与”。言阴何以遂盛极而“剥床以辨”，由群阴比应，阳“未有与”而然也，叹君子之势不可孤如此。

六三，剥之，无咎①。

三亦以阴剥阳，故曰“剥之”。然居刚而独与上应，则是处剥之时，能去其党以从阳，异乎上下之阴矣，占者尚可“无咎”。

《象》曰：“剥之无咎”，失上下也。

上下谓四阴。三与上九应，居群阴之中而失其助，故占者得以“无咎”也。

六四，剥床以肤，凶。

下坤象床，上艮象人，四居上体，乃床上人。剥近下之肤，为害深而益近，故不曰“蔑贞”，而直曰“凶”。

《象》曰：“剥床以肤”，切近灾也。

不早为计，而使阴邪害己，“剥床以肤”之象，则切近之灾矣，深叹之也。

六五，贯鱼，以宫人宠②，无不利。

变巽为鱼，为绳，“贯鱼”象。五君位，阴居之，象“后”。变巽长女，下体坤，“宫人”象。上承阳，后妃以宫人受宠于君象。六五阴极盛而将消，上九一阳居于其上，阴不能剥之，剥皆自下而上。六五柔顺居正，率群阴以听命于一阳，为统众宫人贯鱼次序而受宠。占者得之，是阴反听命之时，故“无不利”。

《象》曰：“以宫人宠”，终无尤也。

以宫人宠，疑于阴，或蛊阳。然此爻乃阴极将衰，听命于阳，故占者得之，可以化阴，而“终无尤也”。

---

① 《周易折中》：“《案》：王氏、程子皆以‘剥之无咎’连读，言此乃剥时之无咎也。玩《本义》，似以‘剥之’为剥去其党。”（卷第四，第125页）

② 《来注》：“贯鱼者，鱼之贯串而相次以序，五阴列两旁之象也。”（卷之五，第222页）

上九，硕果不食，君子得舆，小人剥庐①②。

硕，大也。艮为果，阳为硕。在上独存，“不食”象。坤为舆，下诸阴承以坤舆，而一阳得之，“君子得舆”也。艮一阳覆于下，有象于庐，庐所以庇人，舆所以庇身。上九剥极而阴衰，一阳止而不动，如“硕果不食”，生意独存，将来生生不穷者赖此也。当剥之极，群阴上顺乎阳，为“君子得舆”，身安而道可行。庐以宅身，今属于阳而不属于阴，是小人失所凭依，将借荫庇于君子也。

《象》曰：君子得舆，民所载也。小人剥庐，终不可用也。

民所载者，剥极将复，民心翼戴君子，冀其奠安。“终不可用”者，失其所庇而宅身无所。前此之剥害君子者，至今欲君子之庇荫，而一切阴谋无所用。自古小人害正于无事之日，而欲求庇于有事之时。究之国亡家破，小人必不能独全，圣人戒之而叹之。然则为君子谋，亦未始非为小人谋也。

附解

凡卦义自下而上者五，皆从上，本卦亦然。圣人为君子谋，不为小人谋，故全卦皆就君子处剥之时说。而前人“无咎”“无尤”或主小人言者，非也。剥之事自小人为之，而剥之弊必赖君子救之。上九一阳止于众阴之上，阴欲破而不能，势已衰，数已穷也。圣人为君子谋，于其剥时，欲其全身养道，以为将来拨乱反正之机。非但欲其自全，然亦未有不自全而可以救世者也。孔孟栖皇无补，不能治一时之天下，而治万世之天

---

① 按：君子得舆，众本同，《周易集解》《周易述》作“君子德车”，《周易述》：“［注］：乾在坤上，故以德为车。［疏］：《礼运》曰：天子以德为车。”（《周易上经四》，第80-81页）

② 《来注》：“果硕大不食，必剥落腐烂矣。故孔子曰：剥者，烂也。”（卷之五，第223页）《周易折中》：“《程传》：以气消息言，则阳剥为坤，阳来为复，阳未尝尽也。……《集说》：杨氏文焕曰：‘贯鱼’者，众阴在下之象也；‘硕果’者，一阳在上之象也。胡氏炳文曰：床，上之借下以安者也；庐，下之借上以安者之……今而‘剥庐’，自失所安矣。”（卷第四，第126页）

下，然后知硕果之为世教赖者大。若夫忠孝节义，即或捐身赴难，亦维名教于千秋，不得以为凶咎。在常人处事，占之进退存亡，皆仿是以推，亦“思过半矣”。

䷗ 震下坤上

复，阳复生于下也。自五月一阴生，至于十月为纯坤之卦。阴阳本相循环，阴极而阳复生，十一月之卦也。《序卦》：“物不可以终尽，‘剥’穷上反下，故受之以‘复’。”

复，亨，出入无疾，朋来无咎，反复其道，七日来复，利有攸往。

一阳既生，其机莫遏，故“亨”。下二句，正言其所以亨也。天地之气化，以阳为主，出而长养，入而归藏。动静无端，阴阳无始者，一元之理气，周流主宰而不息也。圣人难以显言，聊即此卦示其机。言阳出而施生，今也复入而含于坤土，其出也于何而出？其入也于何而入？一出一入，无有疾害之者。今既一阳来复，则五阴虽众，皆为之辅，“朋来无咎”，卦象如此，安得不亨也？“反复”即出入之义，“道”天地之理，人得之以承天地者，天地人所共由，如道路然，故曰“道”。七日，阴阳之数各极于六，自“姤”至“复”凡七月，主阳而言，故曰“日”。《豳诗》“一之日”“二之日”，古人多呼月为日。人之始生也，与天地会而得其理气以为人，及其既生，物欲扰之而情不驯。离变为日，阳爻主以坤阴，心神内含杂识，性不全矣。法天地之理，而运化其阴阳，以合于道。“七日来复”，由反复之后，而阳盛阴衰，天定理纯，则人道亦一天道。占者如之，何不可“利有攸往”也？不曰“天道”而曰“天行”者，天以不息为体，其行也，其道也，其动也，其静也。复之一言，特就其机明之，而岂真阳有剥时，至此而始复哉？

《彖》曰：复，亨，刚反。动而以顺行，是以“出入无疾，朋来无咎”。

"反复其道，七日来复"①，天行也；"利有攸往"，刚长也。复其见天地之心乎。②

反，即复也。动者，阳性。顺行，顺其自然之理气。刚长，就其既盛后言。见天地之心，谓即一阳动处，见天地生生之意未尝稍息，非谓止此是天地之心。言"复"之所以"亨"者，以阳刚反还本体，虽初生而有日盛之势。其云"出入无疾，朋来无咎"者，阳虽主动而施生，然乃顺乎自然之运，未尝一毫强为。故一出一入，动静自如，阴不能害，而适为辅，即卦体之震动坤顺，可以得其意矣。"反复其道，七日来复"者，阴阳循环，分为二气，实止一元。人则不如乎天，法天之行，以复还天理，则静而存其未发之中，动而著为已发之和。一如天之"七日来复"，未尝无阴而阴不害。性定而理纯，人之道也，即天之行也。刚长，即阳气充盛之意。观于复卦，其不可以"见天地之心乎"？盖天心无息，而非从复卦观之，则几疑纯阴之时，真无阳矣。人心天理，亦未尝一日亡，而非复性之后观之，则几疑为恶之徒，真无性矣。圣人教人学《易》，"反复"二句，紧粘"利有攸往"说，不仅言天道，旧解失之。

《象》曰：雷在地中，复，先王以至日闭关，商旅不行，后不省方。

至日，冬至之日。一阳初复，当安静以养微阳，故先王使上下安静，以合天地。阖户为坤，一阳承而闭之，"闭关"象。震为大涂，坤为众，众阴为一阳所止，"商旅不行"象。后，君也。震阳象，坤为方，阳安养于下，故"后不省方"。圣王立政，无非法天地，此亦但言其概耳。

初九，不远复，无祇悔，元吉③。

祇，但也，至也，适也。阳动于初，复之最先者也。在人心则为"不远"之"复"，一念稍非，即复于善，无大失而至于悔恨。占者如是

---

① 《周易集解》："侯果曰：五月天行至午，阳复而阴升也。十一月天行至子，阴复而阳升也。天地运往，阴阳升复，凡历七月。"（卷第六，第 87 页）

② 《来注》："朋者，阴牵连于前，朋之象也。……七日来复者，自姤而遁、否、观、剥、坤、复、凡七也。……'刚反'对'刚长'，反者，言剥之刚穷上反下而为复也；长者，言复之刚自下进上，历临泰而至于乾也。……天地无心，生之不息者，乃其心也……今一阳来复，可见天地生物之心。"（卷之五，第 224 页）

③ 《周易折中》："《程传》：祇，宜音柢，抵也。《玉篇》云'适也'，义亦同。'无祇悔'，不至于悔也。"（卷第四，第 128 页）

则大吉。

《象》曰：不远之复，以修身也。

稍有不善，则为身累。于其念之甫动，即复于善，以之修身，莫吉于此也。

六二，休复，吉。

休，休休有容也。六二虚中，比初之贤而能下之，人之有善，若己有之，是能亲师取友以成德者，故“吉”。

《象》曰：休复之吉，以下仁也。

仁，仁人。谓初九以其下仁，故“吉”，非但以其柔中也。

六三，频复①，厉无咎。

频，数也。三居震动之极，上接静坤，旋动旋静，复而又复之象。人心惟危，故“厉”；旋失而能旋复，故“无咎”。

《象》曰：频复之厉，义无咎也。

不能无失，然能旋复，义得“无咎”。

六四，中行②独复。

四在群阴之中，独与初阳相应，是与众俱行而独能从善也。外不立异，中不苟同，独立而不计毁誉祸福，故不言吉，以坚“独复”之志。

《象》曰：“中行独复”，以从道也。

道，即仁之众著者。二近初，能见其心，故曰“下仁”；四远初，但循其迹，故曰“道”。震为大涂，有道象。

六五，敦复，无悔。

六五中德居尊，以其虚中，能知其失，而复之又持以坚固，则既复而

---

① 《周易述》：“频，颇也……‘频’字有两义，一见上。《广雅》曰：频，比也。”(《周易上经四》，第 84–85 页)

② 《周易述》：“郑氏谓爻处五阴之中，度中而行，四独应初……虞氏以其说非是，而驳之曰：四在外体，外体中者五，又非内象，内象中者二，卦唯二、五称‘中行’，既不在二、五，何得称‘中行’？明《易》无是例也。”(《周易上经四》，第 86 页)

不再失，故“无悔”。坤土敦厚，重阴居尊，故象“敦复”。

《象》曰：“敦复无悔”，中以自考也。

考，察也。六五虚中而有顺德，中常自考其得失，故复而能敦，不至有悔。盖能守之固者，故美之也。

上六，迷复①，凶，有灾眚。用行师，终有大败，以其国君凶，至于十年不克征。

阴终不返，故为“迷”。迷复，迷而不知复位，高而远于仁贤，积恶已厚，迷而不返，故“凶”，灾眚又凶之大者也。若用以行师，终必大败，害其国以及其君，至于十年而未已，极言“迷复”之害大也。震帅坤众，故象“行师”。坤为国象，震君象。十年，土之成数。

《象》曰：迷复之凶，反君道也。

君道，六五之道。本卦以初爻为复之主，自二至四，皆以下从初而复为吉。以六五之尊，而“敦复自考”，则能从善，亦可知上六位高而危，“迷复”不悛，与“敦复”者大相反，故宜其“凶”也。

附　解

伏羲取“复”卦象，主天道意多，文王、周公乃皆引之于人事。孔子兼天道与人事言，而曰“复，其见天地之心乎”，盖合人与天而一之矣。阴阳之气本无终始，物之得天下不备，则有终始，而天地一元之理，固未尝息也。复之为卦，一阳含于地中，是动极而静之时，静极而动之机。夫子曰“动而以顺行”，明乎阳之为用，动而无动，所以常主静也。“出入无疾，朋来无咎”，本无有动，故亦无疾咎。第就气机之端倪言，则姑言“出入”；就卦象言，则姑言“朋来”耳。“反复其道，七日来复”，“反复”者天行之常，“来复”者本卦之象，于来复见天地之心，而天心正未始离于反复中也。特自人观天，则以是察之，若夫天道之在人，亦犹是

① 《周易折中》：“《集说》：何氏楷曰：坤本先迷，今居其极，则迷之甚矣。《总论》：‘迷复’与‘不远复’相反……‘敦复’与‘频复’相反……‘独复’与‘休复’相似。”（卷第四，第130页）

也。乾孕于坤之中而为性，坤藏于乾之中而为命，后天性情之所以颠倒，而人心之所以“惟危”也。养其纯阳之气，以全天地之理，则乾坤各得其所而“天地位”。静而含乎一阳，动而顺乎天则，静中有动，动中有静，静而无静，动而无动，一天心之浑全，一天行之自然。所谓“七日来复”者，不在天而在人。故“利有攸往”者，不徒占象，而当察理也。邵子曰：“冬至子之半，天心无改移。一阳初动处，万物未生时。”明乎体察天心，以是为端，而养其乾元之气，以为万事万物之本。非谓天心止在于此，而发育流行，独无天心也。“反复其道”，一阴一阳，不违乎则，故“七日来复”，浑然在中。后人以心为性，则但制其有觉之心，无以养先天浩然之气。而所谓“反复其道”者，莫得其方，即所谓“七日来复”者，亦但泥于象数耳。不知文王以二句明“利有攸往”之义，夫子申之曰“天行也”“刚长也”，谓法天行而养其浩然。阳统乎阴，性主乎命，天地之性在我，可以无往不宜，故曰“利有攸往”也。识者参之。

䷘ 震下乾上①

无妄者，诚实之名。诚实而无虚妄，动于理则天矣，动于人则欲也。本卦乾上震下，乾为天性，而震得乾之初爻，动而合乎天理，故名“无妄”。文王、孔子恐人不审于理，而但贵无妄，故又发明之。本体则第主天理言也。《序卦》：“复则不妄矣，故受之以‘无妄’。”复于天理故“无妄”，是卦之正义也。

无妄，元亨，利贞，其匪正有眚，不利有攸往。

其字指无妄而言。言占得“无妄”者大亨，然必利于正。其以“无妄”而动，不合乎正则“有眚”，不利于所往。盖无妄者诚之理，非但以实心行事，而不审乎理也。

---

① 《周易集解》：“何妥曰：乾上震下，天威下行，物皆絜齐，不敢虚妄也。”（卷第六，第88页）《来注》：“《史记》作‘无所期望’。”（卷之六，第229页）

《彖》曰：无妄，刚自外来而为主于内[1]，动而健，刚中而应，大亨以正，天之命也。“其匪正有眚，不利有攸往”，无妄之往，何之矣？天命不祐，行矣哉。

刚，乾刚。外，上卦。内，下卦。为主，为震动之主。得乾体故健。刚中，九五。应，同以健动应也。大亨以正，万物各得乾健之气以亨通，而不失其正。命为理气之流行，皆由“无妄”主宰之。言卦何以名“无妄”，以天体纯阳至刚，而震得乾之初爻，以成雷动。卦上乾下震，“刚自外来而为主于内”，动而能健，不失乾性之本然。九五以刚中应之，天道健行，所以流行于万物，而“大亨以正”者也，故占者“元亨”。然其元亨以其正也，“其匪正有眚，不利有攸往”，则违乎天理，恃其无妄，欲有所往，亦何所之？天命既不祐矣，尚能行矣哉？《彖词》本明，故夫子第就本文咏叹而深戒之。

《象》曰：天下雷行，物与无妄[2]，先王以茂对时育万物[3]。

天纯阳，雷在天之下，而载阳气以行，万物皆各得其气以生。一诚之所发越，物物而与以无妄之理，所谓“天之命也”。先王，圣人之得天德而履天位者。茂，盛也。对，与天为两也。德盛而时行，配天之时，养育万物，礼乐教化皆在其中矣。

初九，无妄，往吉。

初九得乾初爻，阳刚，诚一之性，任天而动，所往无不“吉”者，盖至诚可以贯万事也。

《象》曰：无妄之往，得志也。

---

① 《来注》：“旧注（整理者按：如《本义》）以‘刚自外来’为自‘讼’来，则非自外来，乃自内来矣。”（卷之六，第231页）《周易折中》：“《集说》：王氏宗传曰：初九之刚，乾一索于坤而得之，是以为震……则初九之刚，实自乾来。”（卷第九，第333页）

② 《周易集解》：“《九家易》曰：‘天下雷行’，阳气普遍，无物不与……物受之以生，无有灾妄。虞翻曰：……京氏及俗儒，以为‘大旱之卦，万物皆死，无复所望’，失之远矣。‘有无妄然后可畜’，不死明矣。”（卷第六，第89页）

③ 《来注》：“对时者，因雷发生，万物对其所育之时也。如孟春牺牲毋用牝之类也。”（卷之六，第231页）

震动以发育为心。初以诚一而往，故无不“得志”。

六二，不耕获，不菑畲①，则利有攸往。

六二柔顺得中，随初九阳刚以动，而无急躁之心，故有不计功利之象。占者如是，则“利有攸往”。盖方耕而望获，方菑而望畲，不惟获畲之愿皆虚，并耕菑之功亦旷矣。震本坤卦，得乾之初爻而成震。震木临坤，土耕象。震为稼穑，艮为手，“获”象。初，地位，二在地上，为田，故取“菑畲”象。

《象》曰：“不耕获”，未富也。

富，谓阳之盛入巽则为富。言其所居之位本当未富之时，故宜耕不求获，菑不望畲也。

六三，无妄之灾，或系之牛，行人之得，邑人之灾②。

坤为牛，变离亦为牛。伏坎为寇盗，互巽为绳，“系”象。震为足，三人位，“行人”象。乾为“行人”，坤土为“邑人”。六三以柔顺而居震动之极，恃无妄以往，去初已远，上逼于乾，占者有意外之患，故为“无妄之灾”。其象则“或系之牛”，行人得之，而邑人被灾。虽事非己致，然以无妄之故，动非其时，故有此象也。

《象》曰：行人得牛，邑人灾也③。

言意外之患往往而然，虽动以无妄，必审其时，故叹之也。

---

① 按：畲，《周易集解》作“畬”：“虞翻曰：……田在初，一岁曰‘菑’；在二，二岁曰‘畬’。初爻非坤，故‘不菑而畬’也。”（卷第六，第89页）

② 《周易述》：“《海内经》曰：‘后稷是播百谷，稷之孙叔均是始作牛耕。’郭璞注云：‘始用牛犁，故云牛所以资耕菑也。……无妄之世，故系而弗用，为行人所得，不耕不菑，故‘灾’也。夏商天子之居名邑……是以《百虎通》曰‘夏曰夏邑，殷曰商邑，周曰京师’。……文王演《易》，据夏商之礼，故以天子所居为‘邑’，举‘邑’以概天下，故云邑人灾，天下皆灾矣。”（《周易上经四》，第89页）

③ 《来注》：“彼得此失，祸福相因也。‘也’字可味。”（卷之六，第233页）

九四，可贞[1]，无咎。

九四乾之初爻，本无妄者，但本卦以震初爻为动主，四以阳居阴位，不中正，故“可贞”守其“无妄”。占者如是则“无咎”。

《象》曰：可贞无咎，固有之也。

四刚而不中，然“可贞”者，以无妄者天之性。九四乾之初爻，于人为天性之初，固有之理，故“可贞”而得“无咎”也。

九五，无妄之疾，勿药有喜。

变坎为心病，“疾”象。中爻巽木、艮石，“药”象。九五乾性之本体，阳刚中正而居尊，无妄之至者也。如是而或有为之害者，为“无妄之疾”，当静以待之，“勿药”自然“有喜”。盖静专者，乾之本性，五居中正，动而无动，意外之患，不足为患，故戒以“勿药”。人有自返无妄，而患出意外者，顺其自然，患当自息，勿复用智以生他咎也。

《象》曰：无妄之药，不可试也。

试，少尝之也。“无妄”本无可药，药之则反妄而致疾，故不可尝试也。

上九，无妄，行有眚，无攸利。

乾刚故“无妄”，时穷位极，故“行”则“有眚”，而“无攸利”。乾健行，应下卦震为“行”，动成坎为“有眚”。

《象》曰：无妄之行，穷之灾也。

时穷势极，恃其“无妄”以行，必有灾也。此与乾上九“亢龙”同义，故《小象传》语亦同。

附　解

无妄者，天之实理也。为卦乾健震动，以至诚发育万物，故名本无不

---

① 《周易折中》：“《集说》：胡氏炳文曰：贞，正而固也。曰‘利贞’，则训‘正’字，而兼‘固’字之义；曰‘不可贞’，则专训‘固’字，而无‘正’字之义。”（卷第四，第133页）

美。第人之占象，所以趋吉避凶，占得无妄而曰“元亨”，不复审其理之是非则谬矣，故圣人晓以“匪正有眚”。若夫六爻皆以无妄为义，则宜皆吉矣，而时不同则动静行止不同，苟恃其无妄，不择时而动，则有“灾”“疾”与“眚”。故无妄之贵，贵其以诚，尤贵其时中也。《大象》恐人无妄而不本于天理，六爻恐人无妄而不得乎时宜。身心性命之理，日用伦常之道，本至诚以行时中，无余蕴矣。《中庸》言至诚，《孟子》言大人不失其赤子之心，皆无妄之义。第不可以知觉运动之心，为先天无妄之性耳。先儒泥“元亨利贞”为天之四德，于“匪正有眚”及《大象》之词，皆不分明，识者当细参之。又六爻皆无妄，“无妄之灾”，意外生患，故子叹之，说者以为有妄亦非。

☶ 乾下艮上

天在山中，所畜至大，非如巽以阴畜阳之小也。兼畜止、畜聚、畜养三义：天在山中，畜聚；艮止乾，畜止；刚上尚贤，畜养也。《序卦》：“有无妄然后可畜，故受之以‘大畜’。”实而不虚，乃可积畜，故次“无妄”也。

大畜，利贞，不家食吉①，利涉大川。

乾至大也，而为艮所畜止，占者蕴畜其德，不为苟进，亦当如之，故利于贞固。阳为君子，五为君位，六五虚中，畜止乾阳，尊尚上九之贤，是有明君在位，占者“不家食”而“禄食”可“吉”。又天实非山所能畜止也，特养其德以有为之象。故占者可以济险，“利涉大川”。

《彖》曰：大畜，刚健笃实辉光，日新其德。刚上而尚贤，能止健，大正也。“不家食吉”，养贤也②。“利涉大川”，应乎天也。

刚健，乾象，以内之存主言。笃实，艮象，以外之践履言。艮阳外

---

① 《周易折中》：“《本义》：不家食，谓食禄于朝，不食于家也。《程传》：若穷处而自食于家，道之否也。”（卷第四，第135页）

② 《周易集解》：“虞翻曰：二五易位成家人。……案：乾为贤人也，艮为宫阙也，令贤人居于阙下，‘不家食’之象。”（卷第六，第91页）《来注》：“止健者，止居上而健居下，禁民之强暴也。”（卷之六，第233页）

焕，“辉光”象。刚上，谓上九。尚贤，六五虚中从上。大正，不自用故“大”，能尊贤故“正”也。养贤，以六五有养贤之德应乎天。乾，天德也。言大畜卦体，占者如之，则有“刚健笃实辉光，日新其德”之象。《彖》言“利贞”者，以阳刚居上，“贤人”之象，六五能虚中以尊尚之，又能畜止乾健，是舍己从人，有广大之量，而不失君人之正者，故占者“利贞”。“不家食吉”，以养贤之君在位也。“利涉大川”，占者有乾之德则“应乎天”，故可大有为也。

《象》曰：天在山中，大畜，君子以多识前言往行，以畜其德。

天包乎地，非徒在山也，第即卦象言，山止天而畜之，则所畜至大。识，记也。德本于天，“前言往行”皆德之所著见，多识而畜之，益以养成大德，犹乎“天在山”①，而天之大益盛也。

初九，有厉，利已②③。

已，音以。初九阳刚健进，然当大畜之时，为六四所畜止而不得伸，轻进则危，故“有厉”，利于止也。他卦以相应为相援，此卦以相应为相止畜。

《象》曰：“有厉利已”，不犯灾也。

厉，即“灾”也。止而不往，则“不犯灾”。

九二，舆说輹。

乾为圜，错坤为舆，中爻兑为毁折，“脱輹”象。輹，车上伏兔以承轮者。二以刚居柔，虽健行而能审处，乘舆而行，中道“脱輹”，暂止不进，盖相时而动，宁需勿躁者也。大畜初、二与小畜同，皆不受阴畜，故不进。然“輹”与“辐”异，“脱辐”其“脱”重，车轮散而不能行；“脱輹”其“脱微”，车暂止而旋可行者也。

---

① 按：“天在山”下，疑脱“中”字。

② 按：利已，众本同，《周易集解》作“利己”：“王弼曰：四乃畜己，未可犯也。进则灾危，‘有厉’则止，故能‘利己’。”（卷第六，第91页）

③ 《来注》：“已者，止也。厉者，不相援而反相挤排，危厉之道也。”（卷之六，第234页）《周易折中》：“《程传》：大畜，艮止畜乾也。故乾三爻皆取被止为义，艮三爻皆取止之为义。”（卷第四，第135页）

《象》曰：舆说輹，中无尤也。

九二刚中有中德而自止，故无妄进之尤。

九三，良马逐①，利艰贞，日闲舆卫②，利有攸往。

乾为良马，互震而动，故“逐”也。三与上同道，引初二以并进，如良马之相逐。然四、五有阻，故利于克艰，不可有易心；利于贞固，不可有速志。其“艰贞”也，奈何“日闲”其“舆卫”？舆，所以利行；卫，所以周身，可以济世，亦可以保身，则“利有攸往”也。初虑其进，二喜其不进，三可进又恐其轻进，君子之难进也如是夫。

《象》曰：“利有攸往”，上合志也。

上九无位而尊，为五所尊尚；三慎于进，则有用世之心而不轻进者。上合志，上自重之志与之合也。

六四，童牛之牿，元吉。

童，未角之称。牿，施横木于角端，以防其触。此爻变离为牛，艮少故“童”，一阳横亘于其首，“牿”象也。四畜初，止之于初，如“童牛”而加“牿”，用力少而成功易。占者得之，用以止恶，“元吉”也。

《象》曰：六四元吉，有喜也。

四畜阳于初，初安为所畜。喜者，喜其畜之不劳也。

六五，豮豕之牙③，吉。

震为决躁，故有“豕”象。《尔雅》云：豕，子豬；䝐，豮。故“豮豕”与“童牛”同义。牙，系豕之杙也。艮止，有“木杙”象。豮豕善走，有牙以系之则止。九二阳刚方盛，五以柔中畜之，无严法而九二自为

---

① 《周易折中》：“《集说》：项氏安世曰：初九在初，故称‘童牛’；九二以刚居柔无势，众本同，故为‘豮豕’；九三纯乾，故为‘良马’。”（卷第四，第136页）

② 按：日，众本同，《周易述》作“曰”：“［注］：‘曰’读为‘日’。［疏］：马郑皆云：闲，习也。……《尚书大传》曰‘战斗不可不习，故于搜狩以闲之’是也。……讲武闲兵，郑氏谓‘日习车徒’是也。”（《周易上经四》，第91–92页）

③ 《周易集解》：“崔憬曰：《说文》：‘豮，剧豕。’今俗犹呼为‘剧猪’是也。”（卷第六，第93页）《来注》：“豮者，犗也，腾也，乃走豕也。……旧注因宫刑或曰辖刑，遂以为去其势，但天下无啮人之豕，所以此‘豮’字，止有‘腾’字义。”（卷之六，第235页）

所畜，如“豮豕之牙”，禁豕而不酷也。

《象》曰：六五之吉，有庆也。

喜，就一己而言；庆，兼人己而言。六五居尊虚中，以柔畜刚，九二安为所畜，无相制之嫌，而有相容之美，故“有庆”也。

上九，何天之衢①，亨。

何，与“荷”通。《诗》曰：“何天之龙。”天衢，天路也。本卦虽取艮止为畜，然六五以阴畜阳，实畜之主也。上九阳德而居五之上，为五所尚，《象》所谓“刚上而尚贤”也。当畜贤之时，为五所尚，主张贤路，贤者得志莫盛于斯，故曰“何天之衢”。占者“亨”也。

《象》曰：“何天之衢”，道大行也。

上九畜极而通，何五之宠，贤路大通，则道无不行，故美之也。

附　解

大畜以“所畜者大”为义，修身莫大于德，治世莫大于养贤，本卦四阳皆贤人也。下卦取其自畜，以自重而不轻进为美；上卦取其畜彼，以相畜而无妨害为贵。旧解于“童牛”“豮豕”，谓为止恶，夫下卦乾德，岂可以“恶”视之耶？第人君养贤，原非一端，幼而服习，长而教训，涵养之，变化之，学成而优以禄，德大而隆以师保，莫非畜养贤士之道也。“童牛之牿”“豮豕之牙”，纳之于礼、乐、诗、书之途，共安于仁义中正之则，故吉而有喜庆。爻言“童牛”“豮豕”，而《象》但言六四、六五有“喜”“庆”，以二爻为畜阳之主。至“何天之衢”，乃畜极而贤路大通，上九一贤为五所尚，而初、二、三之贤亦畜久而进，故“道大行”。经义自明，为众说所乱，学者细味本文，必有以知其得失也。

① 《周易集解》：“虞翻曰：何，当也。衢，四交道。”（卷第六，第 93 页）《来注》：“以事论，天衢乃朝廷政事之大道也。……道即‘衢’字。”（卷之六，第 236 页）《周易折中》：“《案》：‘何’字，《程传》以为误加，《本义》以为发语，而诸家皆以‘荷’字为解，义亦可从。盖‘刚上尚贤’者……则是贤路大通……故‘天衢’者，喻其通也。”（卷第四，第 137 页）

䷚ 震下艮上

颐，口旁也。口食物以自养，故取养义。以卦之二体言，雷震于山下，根荄发生，“养”之象。以上下言，上止下动，“颐颔”之象。以卦形言，上下二阳中含四阴，外实内虚，“颐口”之象。《序卦》：“物畜然后可养，故受之以‘颐’。”物畜聚而无以养之，则不能存，故次“大畜”。

颐，贞吉，观颐，自求口实①。

贞吉，得正则吉也。本卦大象离目，故言“观”。口实，颐中之物。本卦内二阴同初阳成动，外二阴同上阳成止。止者不求动，动者不求止，既不同德又不取应，而合体为“颐”，故彼此相观以知其正不正。自求口实，自考所以养我之口实得正与否。孟子曰“所以考其善不善者，于己取之而已矣”，即此意。

《彖》曰：“颐，贞吉”，养正则吉也。“观颐”②，观其所养也。“自求口实”，观其自养也。天地养万物，圣人养贤以及万民，“颐”之时大矣哉③。

释卦辞，而因极赞养之为道。观其所养之正不正，谓上下二阳；观其自养之正不正，谓中间四阴。阳实阴虚，实者养人，虚者求人之养。本卦颐，原从口，无养德之意，惟养得其正，则养德即在其中矣。不但养人、自养，以至天地、圣人养物、养民，无非养之所在，故曰“颐之时大矣哉”。

《象》曰：山下有雷，颐，君子以慎言语，节饮食④。

“帝出乎震”，万物得养而生；“成言乎艮”，万物得养而成。君子“慎言语”，以养其德；“节饮食”，以养其体。言语、饮食，动之象；慎、

---

① 《来注》：“震不求艮，艮不求震，惟‘自求’同体之阳。”（卷之六，第237页）

② 《周易集解》：“姚信曰：君子‘割不正则不食’，况非其食乎。……侯果曰：此本观卦，初六升五，九五降初，则成‘颐’也。”（卷第六，第94页）

③ 《周易折中》：“《集说》：李氏舜臣曰：养其大体，则为大人；养其小体，则为小人。……而人之所养各殊，则其所成就者亦异。……赵氏汝梅曰：贤得所养，则仁恩自及于百姓矣。”（卷第九，第335页）

④ 《周易禅解》卷四：“慎之，节之，不失其‘止’也，故知‘养正’莫善于‘知止’。”（《周易四书禅解》，第91页）

节，止之象，此处方说出养德。傅元《口铭》 “病从口入，祸从口出”，亦斯意。

初九，舍尔灵龟，观我朵颐①，凶。

大象离，故言龟。龟阴物而含阳，故能服气不食。此爻一阳伏于群阴之下，故象“龟”，喻性分之乐也。初九阳德居卑，无养人之位而足以自养，因震动为“颐”，与四应，动其口腹之欲，为“舍己灵龟，观人朵颐”之象。尔谓初，我谓四，因其动而慕外，故设为四语初之词。朵，垂也。刍豢说口，不如义理可以说心，故“凶”。

《象》曰：观我朵颐，亦不足贵也。

爻言其“凶”，此言“不足贵”，盖以理断之，欲人知良贵也。

六二，颠颐，拂经于邱②颐，征凶。

颠，顶也，谓上卦也。拂，违悖意。邱，高阜，谓上九。本卦四阴皆以求养于同体之阳为正，六二阴柔，不能自养，求养于人，舍初九而上求上九，为“颠颐”。周公言其拂颐之正道，而往“邱颐”以求养，“征”必有“凶”也。

《象》曰：六二征凶，行失类也。

震为行。言六二之所以征凶，以其阴柔妄动，求养于人，舍初九而求上九，上非己之“类”也。

六三，拂颐贞凶③，十年勿用，无攸利。

诸爻皆以求养于同体为义，六三阴柔居震动之极，拂养之道，不求养于初而求养于上，上虽正应，然为口腹而求之，虽“贞”亦“凶”。占者得之，当戒妄动。“十年勿用”，以其“无攸利”也。中爻互坤，故象

---

① 《周易集解》：“侯果曰：初本五也。五互体艮，艮为山龟。”（卷第六，第94页）《周易折中》：“《附录》：项氏安世曰：灵龟伏息而在下，初九之象也；‘朵颐’在上而下垂，上九之象也。”（《卷第四，第140页）

② 按：邱，众本作“丘”，《周易折中》：“《本义》：丘，土之高者，上之象也。”（卷第四，第140页）

③ 《周易折中》：“《集说》：项氏安世曰：‘拂颐贞’三字当连读。……卦中唯此一爻，与卦义相反，故曰‘道大悖也’。”（卷第十一，第421页）

十年。

《象》曰：十年勿用，道大悖也。

养道以静为主，妄动求人，大悖颐之正道，故戒以“十年勿用”。来氏曰：“口容止，故下三爻养于动者皆‘凶’，上三爻养于止者皆‘吉’。”

六四，颠颐，吉。虎视眈眈，其欲逐逐①，无咎。

颠，顶也。四与上为同体，故求养而吉。上九本乾体，故象“虎”。耽耽，视近而志专也。六四当颐养之时，求养于上，有“颠颐”之象。自求其类，故吉。盖上九以养人为志，居高而下贤，如“虎视眈眈”，志甚专一，而六四求养之志正切，“其欲逐逐”，不患其不合，故“无咎”。此二句申明所以“吉”也。六四连下卦震动而来，故“逐逐”。

《象》曰：颠颐之吉，上施光也。

施，及也。上九以养人为心，四以同体而求之，故受其光而吉。言“上施光”者，明有养我之心而后求之，非妄求者比也。

六五，拂经②，居贞吉，不可涉大川。

六五居尊，能自养者也，但阴柔不正，无养人之才，而待养于上，以君待养于臣，似拂其养之常理。然养贤及民，君道之正，故教占者顺以从上，守此正道则吉。但不可自用而妄有作为，如“涉大川”也。

《象》曰：居贞之吉，顺以从上也。

互坤顺，变巽亦顺，顺以从上，从上九之贤以养天下，所谓养贤以及万民也。

上九，由颐，厉吉，利涉大川。

---

① 按：逐逐，众本同，《周易述》作“攸攸”：“虞喜曰：‘攸’当为‘逐’，是‘攸’为古文‘逐’也。”（《周易上经四》，第95页）

② 《周易集解》：“虞翻曰：失位，故‘拂经’。”（卷第六，第95页）《来注》：“五与内卦为正应，亦如二之求养于上，违悖养于同体之常道也。故二、五皆言‘拂经’。”（卷之六，第239页）《周易述》：“五为天位，以阴居之故‘拂经’。与上易位，则养道之成。成于上，实成于五。二正应五而养于上，故亦曰‘拂经’。初亦求养于上，故四不以不应初为违常也。至养道既成，六爻皆正，各得其应矣。”（《周易上经四》，第95页）

由，从也。上九以阳刚居上位，天下之养皆从上九养之。厉者，君知而顺我，恐其权尊而逼；民仰望于我，恐其恩膏不逮，心怀危惧也。如此存心则吉，可以济险而无不济矣。

《象》曰：“由颐厉吉”，大有庆也。

君民皆待养于己，故言大有庆，庆其得君志行，非徒自喜也。

附　解

卦象“颐”，以其上止下动，然养道以静而守正为主，故下卦动而求养，为营口腹之私者；上卦止而求养、养人，皆得义理之正者。且初、上皆阳，可以养人，然初无位而上位尊，六五亦顺从之，是贤而得君者，苟能养人以辅治尤吉，故《象》美之曰“大有庆”。夫物非养不能生也，况于人乎？然养体有义，匪正而求养，则为饮食之人；养贤有方，匪正而待养，则有覆悚之凶。故圣人以阳为主，尤以阳之得位者为主。至于养德之义，则但于初九一爻象以“灵龟”，盖灵龟服气而生，人生天性之良如之。养性者无取乎膏粱，养身者岂徇于嗜欲？舍“灵龟”而观“朵颐”，孟子所谓“以口腹之害为心害”者也。圣人知天下之不可无养，而又虑人失养之正，故于《彖》《象》详为示焉。然则养人与自养者，可以了然矣。然而自古及今，为养之故，辱己而求人；挟养之权，尊己而傲物。卒之所养非贤，自养者失身，而养人者亦不得其力，岂非此卦不明之故哉？

䷛ 巽下兑上

大者，阳也。大过，阳过于阴也。泽本润木，而乃至灭木，则“大过”矣。四阳之卦亦多，惟此相聚居中而过盛，故名“大过”。大者过，过之大与大事过也。圣贤道德功业，大过于人，非有过于理也。非常所见，故谓之“大过”。《序卦》：“颐者，养也，不养则不可动，故受之以‘大过’。”

大过，栋桡，利有攸往，亨①。

屋脊曰“栋”，以承椽瓦者也。木曲曰“桡”，本末弱而栋不正，故曰“桡”。大象似“坎”，二中直②，“栋”象。两阴上下，象坎之险陷与矫輮。又卦上缺下断，皆“桡”象。以理论之，本弱则无所承，末弱则无所附，故象“栋桡”。然阳虽过而二五得中，内巽外说，道实可行，故“利有攸往”而“亨”。“栋桡”者，卦象；利往而亨者，卦之德与才也。

《彖》曰：大过，大者过也。栋桡，本末弱也③。刚过而中④，巽而说行，利有攸往乃亨。大过之时大矣哉。

大过者，阳之过也。在人事则凡大者皆是，非一端也。本谓初，末谓上，弱谓阴柔。四阳聚于中，故曰“刚过”。“中”者，二、五，内外卦之“中”；三、四，全卦之“中”。巽而说行，内巽而外以说行也。体质刚毅，本足发奋有为，而又能用之以中；德性巽顺，本足深入义理，而又能行之以和，所以“利有攸往”。惟“利往”，是以“亨”，不如此则不亨，故曰“乃亨”。大过之时，非时大过，人当大过之时也。立非常之大事，兴不世之大功，成绝俗之大德，皆是。非其时，或有其时而无其德与才，皆不得借口于“大过”。

《象》曰：泽灭木，大过，君子以独立不惧，遁世无闷。

上一句大过之象，下二句大过之行。不惧，兼穷达言，守理至精，不苟同世俗也；无闷，道足自乐，不以世莫知而含闷，此非有大过人之才德不能也。“独立”象巽木，“无闷”象兑说。

---

① 《周易折中》：“《程传》小过，阴过于上下；大过……阳过于中而上下弱矣，故为‘栋桡’之象。……栋，今人谓之‘檩’。”（卷第四，第143-144页）

② 按：二中直，据下文“二五得中”，“二”下疑脱“五”字。

③ 《周易集解》：“向秀曰：栋桡则屋坏，主弱则国荒。所以‘桡’，由于初上两爻也。初为善始，末是令终。始终皆弱，所以‘栋桡’。”（卷第六，第96页）

④ 《来注》：“‘刚过’者，四阳也，而‘中’者，二五也。三四亦可言‘中’，故复卦四曰‘中行’。”（卷之六，第241页）

初六，借用白茅①，无咎。

借，承也。位在下，上承四刚，故曰“借”。巽阴木，“茅”象，又为白，“白茅”象。为事之始，必须敬慎，然后免咎，况当大过之时，其事至重，尤不易为初。六阴居巽体之下，慎而又慎，如物不措地而“借”之，且必借以茅之白者，过于慎矣。然慎于事始，执柔处下，不犯乎刚，于此而过，其谁咎之？

《象》曰：“借用白茅”，柔在下也。

“柔在下”，以刚在上也，以是而过慎，过所以“无咎”也。

九二，枯杨生稊，老夫得其女妻，无不利②。

木生于泽下者，杨独多，杨乃木之弱者。二五近本末之弱，故皆象“杨”。曰“枯”者，大过于时之义③。稊，木蘖也。二爻阴在下，故言“生稊”。稊者，下之根生也。五爻阴在上，故言“生华”，华者上之枝生也。“生稊”，则生意不息，故曰“过以相与”；“生华”，则生意将竭，故曰“何可久”。下卦错震，长男，故象“老夫”。老夫，已娶之夫也。应兑，少女，故象“女妻”。女妻者，未嫁之女。九二阳刚得中，当大过之时，而应于少女，取诸物有“枯杨生稊”，取诸身有“老夫得其女妻”之象，终成生育之功，故“无不利”。老夫而女妻，虽过乎常，然阴阳相与，以成生育之功，过而不过，故“无不利”。当大过之时，老阳得少阴，则刚不过于刚，而相与以成事，可例观也。

《象》曰：老夫女妻，过以相与也。

老阳而应少女，虽若大过，然阴阳相与以有成，故“无不利”也。

九三，栋桡，凶。

---

① 《来注》：“借者，荐也，承荐其物也。……茅者，草也。”（卷之六，第241页）《周易折中》：“《集说》：朱氏震曰：茅之为物薄而用重，过慎也。……赵氏玉泉曰：当过时阴居巽下，是以过慎之心任事，谨始虑终，无所不至。……《案》：任重大者，栋也；基细微者，茅也。”（卷第四，第144页）

② 《周易折中》：“《程传》：阳之大过，比阴则合，故二与五，皆有‘生’象。……在大过，阳爻居阴则善，二与四是也。《集说》：司马氏光曰：大过之时，皆以居阴为吉，不以得位为美。”（卷第四，第145页）

③ 按：疑于句前脱“取”字，似当作“取大过于时之义”。

三、四二爻居卦之中，“栋”象也。居大过之时，成大过人之事，必刚柔相济。九三以刚居刚，不胜重任，故象“栋桡”而“凶”。

《象》曰：栋桡之凶，不可以有辅也①。

刚强之过，而不能取于人，人亦不能亲辅之，叹其不可，深为刚愎自用者戒也。

九四，栋隆吉，有它吝。

隆，高起貌。屋以栋为中，故三四皆有栋象。而三“桡”四“隆”者，三以刚居刚，太刚则折；四以刚居柔，权重心下。又三在下，四在上，三于下卦为上实下虚，四于上卦为上虚下实也。四乃大臣之位，以柔济刚，能肩大事，故象“栋隆”而“吉”。然其吉也，谓其近君任大过之事，有大过人之才。若舍五而下应初六，是为“有它”，则“吝”也。

《象》曰：栋隆之吉，不桡乎下也。

不桡曲以就下，而一意当君之大事，故“吉”。而“有它”之所以“吝”，亦可知矣。

九五，枯杨生华，老妇得其士夫，无咎无誉。

九五兑错艮，少男，士夫之象。士夫，未娶者也。应爻巽为长女，故象“老妇”。老妇，已嫁而老者也。余见九二爻下。九五以阳刚应过时之长女，故为“枯杨生华，老妇得其士夫”之象。阴从阳，故不曰“士夫”得，而曰“老妇”得，以阴求阳，非阳之咎，故“无咎”。然亦非配合之美也，安得有誉哉？

《象》曰：枯杨生华，何可久也？老妇士夫，亦可丑也。

过时而将衰，苟为一时之遇合，故不久而“可丑”。凡当大过之时，欲成大过之功，而所与非人，皆类此。

① 《周易集解》：“本末弱，故‘桡’。辅之益‘桡’……阳以阴为‘辅’也。”（卷第六，第97页）

上六，过涉灭顶，凶，无咎①。

兑泽而至其极，“过涉”之象。变乾为首，而此爻在上，“顶”象。泽水在首，“过涉灭顶”之象。当大过已极之时，勇于必济，有冒险过涉而灭其顶之象，故“凶”。然杀身成仁，于义为“无咎”也。

《象》曰：过涉之凶，不可咎也。

“无咎”者，上六本无咎也；“不可咎”者，人不得而咎之也。以人事论，过涉之凶，虽不量其浅深以取祸，然有死难之节，而无苟免之羞，论其心不论其功，论是非不论利害，人恶得而咎之？

附　解

大过本为阳过，若复以阳居阳，则愈过，故诸爻以阳居阴者皆吉，以阳居阳者皆凶，与《大壮》诸爻取义略同。然大过者，谓大过之时，大过之事功，大过之才德，非可以一端限也，故《彖传》赞其“时大”，而六爻杂取诸象，初无一例。“借用白茅”，过于居心敬慎；“枯杨生稊”，过于情谊相与，此皆过而不嫌其过者也。“栋桡”，过于自恃；“栋隆”，过于任事，以其位断吉凶，占者必自择焉。枯杨生华，时已过而犹强为欢；过涉灭顶，事已过而必欲求济，为儿女之私情则“可丑”，为天下之公义则“无咎”。圣人设象以示人，可谓曲尽矣。夫理惟中道，大过非过，因常人所不及而似过，君子则行其时中而已。“独立不惧，遁世无闷”，此岂非修身乐道之常，何所过者？而人不能然，则以为过。推至于尧舜禅让、汤武放伐、孔子作《春秋》、孟子好辩，皆曰过也，而其实非过也。非仁熟而义精，亦恶知大过之时大哉？

① 《周易集解》：“虞翻曰：乾为‘顶’，顶没兑水中，故‘灭顶凶’。”（卷第六，第98页）《周易述》：“《风俗通》曰：涉始于足，足率长十寸，十寸则尺，一跃三尺，法天地人，再跃则涉，所谓一为过，再为涉，三而弗改，谓至上也。案涉从水从步，步长六尺，以长为深，则涉深六尺，过涉则水益深，故‘灭顶凶’。”（《周易上经四》，第99页）

䷜ 坎下坎上

坎，陷也。一阳陷于二阴之中，坎陷之义。乾坤为老父母，而乾交于坤，坤中孕乾，则为坎。坎，水也，水行于地中，实来于天上，天施而地所以生也。于人则身中有性，阴中含阳，为义理之心所寓。本卦上下皆坎，以象言为“重险”。《序卦》：“物不可以终过，故受之以‘坎’。”过极而陷，故次“大过”也。

习坎，有孚，维心亨，行有尚①。

习，重也，又便习之义。坎本先天坤体，孕真阳于中，而天气行于地矣。人秉天之理气，得之阳者为性，得之阴者为命，阳交于阴而命中有性，性转为情，心之所以不正，事之所以多险也。此卦上下皆“坎”，重重险闭，人心牿于形质，蔽于私欲，正以阳陷于阴之故。圣人独加“习”字，以此卦“重坎”，是天地所以交，而气质所以陷溺天良。习于坎而不能复性，常人之所以流荡而忘返；习于坎而保其天良，君子之所以立命而修身。有孚，诚实。维，语助词。心亨，性得其正，故心善其用也。行，行事。尚，上达。言此卦重坎，占者“有孚”而得乎理之正，则心乃为性而得亨通，行事有日新月盛之美也。

《彖》曰：“习坎”，重险也。水流而不盈，行险而不失其信。“维心亨”，乃以刚中也。“行有尚”，往有功也。天险不可升也，地险山川丘陵

---

① 《周易集解》：“虞翻曰：乾二五之坤，与离旁通。……习，常也。孚，信，谓二五。水行往来，‘朝宗于海’，不失其时……坎为心，乾二五旁通流坤，阴阳会合，故‘亨’。”（卷第六，第 98 页）《来注》：“维者，系也……心亨，则洞见乎事机之变，自可以拯溺亨屯。”（卷之六，第 243-244 页）《周易折中》：“《程传》：行有尚，谓以诚一而行，则能出险，有可嘉尚，谓有功也。《集说》：孔氏颖达曰：案……此‘坎卦’之名特加‘习’者，以坎为险难……吕氏大临曰：习坎，更试乎至难也。李氏舜臣曰：坎之中实是为‘诚’，离之中虚是为‘明’……作《易》者，因坎离之中而寓‘诚明’之用，古圣人之心学也。章氏潢曰：六十四卦，独于坎卦指出心以示人，可见心在身中，真如一阳陷于二阴之内，所谓‘道心惟微者此也’。”（卷第四，第 148 页）

也，王公设险以守其国，险之时用大矣哉。①

习，即“重”字之义。重险，叹之也。天交于地，而坤中孕乾，万物之精浮而为水。人心禀天之良，其气则天地之所以合，其理则天之所以主也。天不能以有阳而无阴，人心不能有理而无欲，此天之所无如何也。圣人补造化之憾，以复性望人，欲人得其刚中之理，而返乎纯乾之性，故即水以示人。“流而不盈”，谓流行各足而无泛滥，理之即物而各如其分者，视此也。“行险而不失其信”，谓经历幽阻，而卒达四海，气之充周而无间断者，视此也。刚中，中爻真阳。维心亨，由“有孚”而得真阳之义，故但释“心亨”而不释“有孚”也。往有功，心亨则事无不成也。天之险以气，地之险以形，王公设险守国，则人为也。天地之理，充周流行，曷尝有险？形气则居然险也。王公体天养民，何必恃险？不得已而然，因险而转得其平，险曷足为累哉？圣人欲人化形气之拘，而全刚中之性，故曰险之时用大矣哉。险非大，用险者因时之义大，此所以为“习坎”也。

《象》曰：水洊至，习坎，君子以常德行，习教事。

洊，流相续也。德行，德之行；教事，教之事。始终如一曰“常”，一再不已曰“习”。言坎为水，水何以习？盖水之至也，循序不息而成其险，故曰“习坎”。君子象之，常其“德行”，习乎“教事”，学而不厌，诲人不倦，如“水洊至”，此“习坎”之实也。

初六，习坎，入于坎窞，凶②。

窞，坎中之小坎。初六阴柔居下位，习为险难之事，而不以刚正自守，机智日甚，险亦日深，为“入于坎窞”，其“凶”必矣。

《象》曰：习坎入坎，失道凶也。

“习坎”何以“入坎”？以其阴柔，失正道也。

---

① 《周易集解》：“虞翻曰：两象也。天险、地险，故曰‘重险也’。……陆绩曰：月者水精，月在天，满则亏，不盈溢之义也。……荀爽曰：水性有常，消息与月相应，故‘不失其信’矣。”（卷第六，第 99 页）《来注》：“日月风雷，故曰‘天险’，不然天苍然而已，何处有险。”（卷之六，第 244 页）

② 《周易集解》：“干宝曰：入于坎窞，是水失其道也。”（卷第六，第 100 页）

九二，坎有险，求小得。

阳陷阴中，二阴附之甚固，故“坎”而“有险”。然九二刚居柔位，不遽求出险，实未尝为险所困。第从容观变，求小者之得，不急求成大功也。

《象》曰：“求小得”，未出中也。

刚中宜可大有为，而“求小得”者，以未出险中，义当如此也。

六三，来之坎坎，险且枕①，入于坎窞，勿用。

之，往也。上下皆“坎”，故曰“坎坎”。中爻互震木、艮止，“枕”象。六三履重险之间，来则下入于坎，往则上入于坎，其“险”甚矣，占者宜静以俟时。且枕险而居，“入于坎窞”，切“勿用”也，妄动者致险。六三位险而性柔，故戒以“且枕”“勿用”。

《象》曰：来之坎坎，终无功也。

处坎以出险为功。终无功，言动不能出，徒益之险，故“且枕”“勿用”。

六四，樽酒，簋贰，用缶，纳约自牖，终无咎②。

四变互离巽，巽为木，离中虚，樽象。坎水，酒象。震为竹，簋，竹器；缶，瓦器，所以盛酒浆，亦可节乐。约，绳也，变巽为绳。在墙曰牖，在壁曰牕。二至五中虚，牖象。出险之道，必刚柔相继。四大臣，近君之位，九五刚德，能出险而下求四。六四以柔居柔，上亲于君，君臣相求，去繁文而就悃挚。一樽之酒，贰簋之食，用缶为乐，礼质而情欢，如“纳约自牖”，虽险未能出，而彼此已通，终得济险而“无咎”也。

---

① 《来注》：“‘险且枕’者，言面临乎险，而头枕乎险也。”（卷之六，第245页）《周易折中》：“《本义》：枕，倚着未安之意。《程传》：枕，谓支椅。居险而支椅以处，不安之甚也。”（卷第四，第149页）

② 《周易集解》：“虞翻曰：簋，黍稷器。……贰，副也。坤为‘缶’，礼有副樽，故‘贰用缶’耳。”（卷第六，第100页）《周易折中》：“《本义》：晁氏云：先儒读‘樽酒簋’为一句，‘贰用缶’为一句，今从之。贰，益之也。”（卷第四，第150页）樽酒、纳约，众本同，《周易述》作“尊酒”“内约”：“尊、簋、缶皆祭器也。……《周礼·酒正》云：‘大祭三贰，中癸再贰，小祭一贰。’郑彼注云：‘贰，副益之也。’……内，入也。……约，信也。”（周易上经四》，第101页）

《象》曰：樽酒簋贰，刚柔际也。

俭薄之物，可以通情，由刚柔相际，皆求出险，故情通而交可固也。

九五，坎不盈，祗既平①，无咎。

盈，满。祗，适也。险生于自满，水流而不盈，不必高于坎，适与坎平，则无坎矣。九五刚中，在险中而不自满足，如坎水不盈，适得其平，险者悉化，故“无咎”。

《象》曰：坎不盈，中未大也。

九五阳居尊位，宜可大有为，而曰“坎不盈”者，以方在坎中，阳德尚未光大，故当以“不盈”处之，乃可平险也。

上六，系用徽纆，寘于丛棘，三岁不得，凶。

系，缚也。徽、纆皆索名，三股曰“徽”，二股曰“纆”。坎黑色，变巽为绳，“徽纆”象。寘，置也，囚禁之意。坎为坚多心，“棘”也。重坎，“丛棘”也。上居险极，阴柔不正，象为“系用徽纆，寘于丛棘”，三岁而不得其出险之道，罪戾日深，凶也。《周官》：司圜收教罢民，能改者，上罪三年而舍，其不能改而出圜土者，杀。

《象》曰：上六失道，凶三岁也。

道，济险之道。叹其自取，欲其早求出险也。

附　解

乾坤生六子，长少男女皆得乾坤偏体，惟坎离得乾坤正体。而坎又乾宫真阳所寓，故坎为中男，位北为水。水流行于天地之间，无乎不到，风云雷雨，皆挟水火之气，而水尤天精，万物所以生成也。人秉乾坤之精气，独灵于物，其性则天之心，其命则坤之气。乾交于坤而成坎，一点纯阳真性蔽于形质，故心中之阴气难除，即义理之天良难保。惟天下至诚为能尽其性，尽其性者，化其气质之私，复其纯一之性，本卦所谓“刚中”

---

① 按：祗，众本同，《周易集解》《周易述》作“禔”，《周易集解》：“禔，安也。艮止坤安，故‘禔既平’。”（卷第六，第101页）

也。“习坎”而“有孚”，所以全刚中之性，而不为形气所拘。“维心亨，行有尚”，心纯乎性，故行当于理，而“往有功”，可必也。六十四卦惟此指心示人。章氏潢谓，一阳陷于二阴之内，所谓“道心惟微”是也。《彖》《象》略示人以机缄，六爻则第以险为象，以天地之藏固不可尽泄也。“刚中”者，中存刚正而不偏任乎刚。初六、上六皆阴柔，故皆“失道”而“凶”；二五皆刚中，故“小得”“无咎”。六三阴居阳位，亦有刚柔意，故教以“且枕”“勿用”。六四与九五际，刚柔相求，故独佳。夫险非人所乐居也，然天地未尝无险，人事尤多有险，惟恃有刚中之德，则戒惧慎独，操心虑患，履险而得其平，此圣人教人习坎之意也。《象词》明以“樽酒簋贰”为句，而晁氏以“贰用缶”为句，非。“贰簋”而曰“簋贰”，倒词耳。“坎不盈，祇既平”，言不盈而适得其平，水之象然，济险者亦然。前人何多谬说？“三岁不得”，《周官》所谓不能改者。“不得”即“失道”，圣人于险之初即戒其失道，险之终尤欲其得道，所以拯民之意至矣。

䷝ 离下离上

离，丽也，明也。一阴附丽于上下之阳中，虚明之象也。火外阳而内阴，阴必待阳而明，故为“离”，火无常形，丽物而明。《序卦》：“坎者，陷也。陷必有所丽，故受之以‘离’。”谓陷于中而欲出，则必有所附丽而后能。坎内阳而外阴，性之含也；离内阴而外阳，情之著也。明暗互代，阴阳相需，夫子第就次序之意言之，非本卦正义也。

离，利贞，亨，畜牝牛，吉①。

占得“离”者，利于“贞”则亨通。盖阴丽阳以成其明，阳光外发，必内含贞德，始不尽用其明，而其明可久，其象如“畜牝牛”则“吉”。盖牝非牡敌也，然牝牛健而驯，实牡牛之所自出，含刚健于柔顺。人之韬光孕德如之，则与卦体相合，故“吉”也。离中之阴本坤体，故

---

① 《周易折中》：“《本义》：阴丽于阳，其象为火，体阴而用阳也。……《程传》：畜牝牛，谓养其顺德……《集说》：郭氏忠孝曰：乾为马，坤为牝马；坤为牛，离为牝牛，象之宜也。”（卷第四，第152-153页）

象“牝牛”。

《彖》曰：离，丽也①。日月丽乎天，百谷草本②丽乎土，重明以丽乎正，乃化成天下。柔丽乎中正故“亨”，是以“畜牝牛吉”也。

离以一柔附于两刚之间，附丽而错然成文，故曰“丽”也。天地之气，阴以含光，阳以发泄，然其体用相资，即文质相丽。如“日月丽乎天”，而明无不照；“百谷草木丽乎土”，而象无不呈。天地非日月百物则无文，然日月百物非丽乎天地，亦无以成其美盛也。卦体重明，二阴皆丽于二阳，是所“丽”者“正”，人能如之，则得乎文明之正，乃可以“化成天下”也。《彖词》之所以言“亨”，正以二柔丽乎四阳之中，得其中正，不自用其明，而其明愈著，故“亨”，是以“畜牝牛吉”也。“日月”四句，极赞离之义；“柔丽”以下，乃释《彖词》也。

《象》曰：明两作，离，大人以继明照于四方。

作，起也。火炎上，故曰“作”。上离下离，“明照”两并而“作”，附丽以成文明，故曰“离”。大人，大德之人，在下则圣人，在上则王者。继明，继天之明。照于四方，无地不明。盖其明德如天，内含章而外发育，故能继天以照天下也。

初九，履错然③，敬之无咎。

履，行也。错，交错。初在下，变艮为径路，故象“履”。然，语助词。在卦之初，日出之离也。朝日初出，群动交作，故“履错然”，言事杂乱也。然心为事主，旦气方清道心，宜守敬以束心，使长保其明，则“无咎”。

《象》曰：履错之敬，以辟咎也。

---

① 《周易集解》：“荀爽曰：阴丽于阳，相附丽也。亦也别离，以阴隔阳也。”（卷第六，第102页）

② 按：草本，疑误，众本作“草木”。

③ 《周易集解》：“王弼曰：错然，敬慎之貌也。”（卷第六，第103页）《来注》：“《诗传》云：东西为交，邪行为错。”（卷之六，第248页）《周易折中》：“《集说》：王氏昭素曰：处万物相见之初，履错杂之时。……胡氏一桂曰：错然，是事物纷错之意。……《案》：于应物之初而知敬，其即于‘咎’者鲜矣。”（卷第四，第153页）《周易述》：“履，礼也；错，置也。”（《周易上经四》，第103页）

辟，避也，又除也。人心之动，如火之始，然朝日之方升，平旦之气未远，履纷错之事，而敬以直之，所以“辟咎”也。深美其“敬”之善。

六二，黄离，元吉①。

二在卦中，日中之离也。以其得中，本坤土，故曰“黄离”，所谓柔丽乎中正也。备中正之德，以坤贞葆其乾元，可以无所不宜，故“元吉”。

《象》曰：“黄离元吉”，得中道也。

中道，天地之正道。天地之文盛矣，然其美在中，蕴于不穷，六二得之，故“元吉”也。

九三，日昃之离②，不鼓缶而歌，则大耋之嗟③，凶④。

三在卦上，“日昃之离”也。离中虚，本坤土，故象“缶”。八十曰“耋”。坤数八，三虽阳，以离之正体言，故从坤数取象。日之有昃，人之有老，常也。明德之人，身老而神明不衰。九三居“日昃”之时，素未能明其德，欲及时行乐，则“鼓缶而歌”；忧死期将至，“则大耋之嗟”。不如彼则如此，不明而为物役，哀乐无常，“凶”可知矣。苟能缉熙于光明，则不知老之将至，何非礼哀乐之有？故曰夭寿不贰，修身以俟之，所以立命也。

《象》曰：“日昃之离”，何可久也。

日昃则明将尽，德昏则人不久，笑歌嗟叹，皆非可久之道，故“凶”也。

九四，突如其来如，焚如，死如，弃如。

如，形容之词。四在昃后，日入明息之时。九四刚焰不正，前无所

---

① 《周易述》：“五动应二，故‘元吉’，与坤五同义。”（周易上经四，第103页）

② 《周易集解》：“荀爽曰：初为日出，二为日中，三为日昃，以喻君道衰也。”（卷第六，第103页）

③ 《周易折中》：“《集说》：梁氏寅曰：其歌也，乐之失常也；其嗟也，哀之失常也。……《案》：盖‘日昃’者，喻心之昏，非喻境之变也。”（卷第四，第154页）

④ 按：则大耋之嗟，凶，众本同，《周易述》作“则大耋之差”：“差，古文‘嗟’。……俗本‘差’下有‘凶’字者，衍文也。”（《周易上经四》，第104页）

因，后无所袭，如火突起，焰焰方来。然五以柔居尊，四不能犯之；三火炎已甚，四又不能禁之。不戢其暴，必至于焚，焚而死，死而弃。圣人深戒刚暴之流，而极其祸如此。

《象》曰："突如其来如"，无所容也。

卦以"养德继明"为美。四当两火相继之际，刚而不中，见逼于三，见弃于五，故有"焚、死、弃"之凶。无所容，非人不容，自失其所以容之道也。凡人刚忿私心类此，俗谓"无明业火"。无明，不明；业，罪也。夫子言辨惑而曰一朝之忿，即此意欤？

六五，出涕沱若，戚嗟若，吉。

沱，涕下垂貌。离为目，重火炎上熏目，故"涕"。错坎为加忧，故象"戚"；中爻兑口，故象"嗟"。六五居重明之上，火性炎上，重离薰蒸，其象为目被火而"出涕沱若"，面被火而"戚嗟若"。夫火取其明，明恶其太盛，六五明之盛矣，不戒则焚。处此位者，果能持以忧惧之心，如"出涕沱若，戚嗟若"，则方且避炎畏热之不暇，而暇自恃其明乎？故占者若是则吉。盖六五以柔居尊，故善用其明如此。

《象》曰：六五之吉，离王公也。

离，音丽。以六居五，不恃其明，而怀忧惧，乃王公之德，所以能继明照四方也。五本王公之位，不患不明，患过用其明，故言离之者当如此。

上九，王用出征，有嘉折首①，获匪其丑，无咎。

离为甲胄，为戈兵，故象"出征"。兵犹火也，故夏官掌之。嘉，美也。折首，折其魁首。丑，类也。离火戒猛，故不用刚而用柔。然道非一端，如上九之刚明及远，王者亦可用之以出征。盖禁暴止乱，"有嘉"之道也，但当"折首"而不获其丑类，如《书》所谓"歼厥渠魁，胁从罔治"，则猛而不残，无用刚之咎矣。五乃君位，此爻云"王用出征"者，上九本乾刚之体，且命将出师，即是"王用"也。

---

① 《周易集解》："虞翻曰：首，谓坤二五来折乾，故'有嘉折首'。"（卷第六，第104页）

《象》曰："王用出征"，以正邦也。

征之为言正也。离象城郭，故曰"邦"。言"王用出征"，非黩武也，但取残伐暴，正其邦耳。盖圣人惟恐人黩武而云然。

附　解

离于八卦为日，为火，日即火之精也。水火为天地之精，金木即水火之神，土则中气之运四象者也。人秉天地之灵而生，即秉水火以为精神，神藏于心，心之灵，神之妙也。心有人心、道心，以心本火精，地二生火，天七成之，内阴而外阳，质所以滞神，神遂不能纯一也。圣人者，有觉之心统于虚灵之性，性定而情为之使，情皆得中，由性无驳杂也。故离卦二阳乾体，其中一阴坤也，阴为主而阳反居外，故人心易昏而难明。在天地则火之中凝者水，水之中凝者火，故坎离分用，日月互形，而功化以成，未尝为天地之病。在人心则木液流而难制，邪火妄而易行，心之发于私者恒多，当于理者恒少，故离中之阴私不除，天理之纯全不复。夫子言克己复礼，即克去此阴邪，以清其源，而由中达外，当于"天则"也。六子乾坤所化，而坎离独得中气，故"羲图"乾南坤北，而"文图"离南坎北。日月不运行，天地无以为功化；人心不合天，身世无以为事功。然乾坤交而坎离分，天地之所以生生而不穷；坎离合而天地泰，乾坤之所以一元而不已。在天地则有分有合，实无合无分，而在物则分者难合，合者竟分。故复性之功，非体天地之撰，而通神明之德，无以全性也。然此理至秘，前圣罕言，故于卦明示其机，而爻象别为之说。"利贞，亨，畜牝牛，吉。"火本无质，有所丽而炎生；心本无形，有所丽而神发。所丽者不可不正，丽于理则正而明，明则通，故"亨"；丽于欲则邪而昏，昏则塞，塞则窒，不亨矣，此以心之萌动省察而言。坤为子母牛，牝牛则所以孕阳也。离中一阴本坤，人心静而存养，专气致柔，以坤之顺，驯伏阳光，安敦之意，止于中黄，以是为"畜牝牛"象，此则"静存"之理也。盖后天之离本先天之乾，而后天之坎即先天之坤，坤以藏之，乾以君之，此天地之性也。人性何独不然？乾性寓于坤命，静专而后动直。若以有形者言，则不过诂为顺德而已。然圣人意无不包，学者最当审之。二五皆柔丽乎中正，而或以为专指二言则非。八卦惟乾坤总称"行健""地势"，其余六子皆以上下重卦言之，震坎云“洊”，皆取连续相因；风曰“随”，山曰“兼”，泽曰“丽”，皆各以其体言。若火之为用，相得而益辉煌，继续而弥光大，两离并作，附丽之盛莫有逾于斯者，故曰“明两作，离”。旧说亦殊，未醒大人兼德位言。各爻旧多误解，兹已见于正文，不再赘。

周易恒解卷三

周易下经

䷞ 艮下兑上①

咸，感也。不曰感而曰咸，咸，皆也，男女皆相感也。男女相感之深莫如少者，男下于女，女悦而应之，夫妇之道，万物所由生化也。《序卦》："有天地，然后有万物；有万物，然后有男女；有男女，然后有夫妇；有夫妇，然后有父子；有父子，然后有君臣；有君臣，然后有上下；有上下，然后礼义有所错。"此所以"咸"为下经之首也。

咸，亨，利贞，取女吉②。

山泽通气，上下相感，曰"咸"。天地之间，感应而已。有感无不通者，特患其不"贞"耳。以性相通，不以情私，则冥漠之䜣合，皆天理之流行也。卦以二少相感，男下乎女，婚姻之正，故以"取女"则"吉"，贵其"贞"也。夫妇者，人伦之始。婚姻之礼正，然后品物遂而天命全。故《诗》始《关雎》，礼重大婚，而此经以"咸""恒"配"乾""坤"也。

---

① 《周易折中》："《集说》：邱氏富国曰：咸，二少相交者，夫妇之始也。……恒，二长相承者，夫妇之终也。"（卷第五，第156页）

② 《周易集解》："虞翻曰：坤三之上成女，乾上之三成男，乾坤气交以相与。"（卷第七，第105页）

《彖》曰：咸，感也。柔上而刚下[1]，二气感应以相与。止而说，男下女，是以"亨，利贞，取女吉"也。天地感而万物化生，圣人感人心而天下和平，观其所感，而天地万物之情可见矣。

咸者，无心之感，无心于感，乃无所不感，故为"咸"。卦体兑柔在上，艮刚在下，山泽之气相通，一感一应，阴阳之正，彼此相与。卦德内止外说，人心之说，易失其正，惟止而说，则无徇情纵欲之私。卦象少男下于少女，女守贞静，男先下之，得婚姻之正。此咸道之所以"亨"而"利贞，取女吉"也。化者气化，生者形生，天地以气感万物，而万物无不通；和者无乖戾，平者无反侧，圣人以德感人心，而天下无不通。盖天地万物虽异位，其气则同；圣人亿兆虽异势，其诚则一，"观其所感"，而天地万物止此一诚之所通也，故曰"天地万物之情可见"。

《象》曰：山上有泽[2]，咸，君子以虚受人[3]。

山本高，泽本下，今泽在上而下润于山，山在下而上蒸于泽，一气交感，故为"咸"。君子观象，知山惟中虚乃能受泽，心惟中虚乃能受人，廓然大公，无所系累，以诚相感，而万感皆通，亦如山泽之通气也。《彖》言"贞"，《象》言"虚"，惟"虚"故"贞"。虚其心者，诚于理者也。

初六，咸其拇[4][5]。

感通之机，莫捷于心身，圣人通天下为一身，知所以感身，则知所以感天地万物矣，故六爻皆以身取象。拇，足大指。艮错震，初在下，故象"拇"。人心欲有所往，身未动而拇先伸，是动之微几之先见者也。人不

---

① 《来注》："柔上者，恒下卦之巽，上而为咸之兑也；刚下者，恒上卦之震，下而为咸之艮也。二气者，山泽之气也。"（卷之七，第252页）

② 《周易集解》："虞翻曰：艮山在地下为'谦'，在泽下为'虚'。"（卷第七，第106页）

③ 《来注》："人之一心，寂然不动，感而遂通者，虚故也。……山以虚则能受泽，心以虚则能受善。"（卷之七，第252页）

④ 按：咸其拇，众本同，《周易集解》《周易述》拇作"母"，《周易述》："母，古文'拇'，子夏作'踇'，与'拇'同。"（《周易下经一》，第107页）

⑤ 《周易折中》："《程传》：人之相感，有浅深轻重之异。识其时势，则所处不失其宜矣。"（卷第五，第157页）

知而己独知，谨之则“吉”，不谨则“凶”。不言占者，谨几也。

《象》曰：“咸其拇”，志在外也。

外谓四。身未动而志已应之，如拇之常向外也。

六二，咸其腓，凶，居吉。

腓，足肚。二在股足之间，故为“腓”。腓不自动，因足而动，且不能自止，动而不能止，凶道也。然不能止腓，当止其足，去躁去妄，常“居”而不行，则腓无由动，亦因之以得“吉”矣。二以阴在下，与五为正应，若不待上之求而妄动，则“凶”，故设为此象以戒慎动。

《象》曰：虽凶“居吉”，顺不害也。

顺，顺理。静守而不妄干，则顺于理而不害也。

九三，咸其股，执其随，往吝①。

三在腓上，互巽为“股”。随，指下二阴而言，足之拇、腓乃随股者，今拇、腓因感而动，股亦随之而动，为“咸其股”象。执，拘执。九三阳刚之才，宜乎自以正道感人，乃因初二之动，随之而动，如“股”反随“拇”“腓”以动，拘执随人之义，不能自主，以此而“往”，其“吝”必也。

《象》曰：“咸其股”，亦不处也②。志在随人，所执下也。

亦蒙上六二之词，处，即“居”也。下，谓初与二在三之下。言六二以“不处”而“凶”，阴柔随人，不足怪矣。今九三刚明，宜卓然自立，乃亦“不处”而随拇、腓而动，则妄感之动，不能自禁，深可危也。九三本可自主，今乃志在随人，所执者卑下不堪，故“往吝”也。

九四，贞吉悔亡，憧憧往来，朋从尔思③。

---

① 《周易折中》：“《案》：执其随，《本义》以为随下二爻，《程传》以为随上。然随之为义，取于雁行相从，则以三为随四者近是。”（卷第五，第158页）

② 《周易集解》：“虞翻曰：巽为处女也。男已下女，以艮阳入兑阴，故‘不处也’。凡士与女未用，皆称‘处’矣。”（卷第七，第106页）

③ 《来注》：“朋者，中爻三阳牵连也，故曰‘朋’。泰三阳牵连亦曰‘朋’。……言四与三五共从乎心之所思也。”（卷之七，第254页）

四在“股”上“脢”下，心之位也。不言“咸其心”者，心司感者也。心之所感不正，则有悔，无所系累，则“贞”而“吉”。九四居三阳爻之中，为乾体，当兑说之始，感人以“贞”则“吉”，而“悔”可以“亡”。然阳居阴位，于爻不为中正，未能应以无心，虚己感人也，故有“憧憧往来，朋从尔思”之象。憧憧，“往来”貌。往来，通上下诸爻言之，咸拇、腓、股，已往者也；咸脢、辅颊舌，来者也。朋，谓三五二阳。四居心位，为感之主，有心感人，朋类从之，感虽贞而纷纭亦甚矣。

《象》曰：“贞吉悔亡”，未感害也。“憧憧往来”，未光大也。

害，害理。贞则能静，未感于害理之事，故“悔亡”。然兑悦居阴位，不能常贞，感于往来之事而憧憧，故未光大。

九五，咸其脢，无悔。

脢，脊也。心系于脊，一身皆动，惟“脢”不动。“咸其脢”，是感于不动之处，其志有定，而感不足乱之矣，故“无悔”。九五阳刚中正，兑说正体，故有此象。

《象》曰：“咸其脢”，志末也①。

末对本而言，谓一身形体，拇、腓、股辅颊舌之类。感者心，而脢则心之所系，感于不动之处，则感之本得，本正而末亦正矣。故“咸其脢”者，其志在末，而特清其本也。圣人以无所感为感之本，故云然。

上六，咸其辅颊舌②。

上当兑口，辅在口旁，颊在辅下，舌在中。上六以阴居兑说之终，急于感人，不觉其“辅颊舌”之皆动。以言感人，未为全非，但所感者浅耳。故不言吉凶，俟占者之自审而自戒焉。

---

① 《周易集解》：“末，犹上也。四感于初，三随其二，五比于上，故‘咸其脢’。‘志末’者，谓五志感于上也。”（卷第七，第107页）《周易折中》：“孔氏颖达曰：马融云‘脢’背也，郑康成云‘脢’脊肉也，王肃云‘脢’在背而夹脊。诸说不同，大体皆在心上。”（卷第五，第160页）

② 《周易述》：“上为首，故辅，颊、舌谓上也。兑为辅、颊，《九家说卦》文。五与上比，上不之三，故‘咸其辅颊舌’，徒以言语相感而已。”（《周易下经一》，第108页）

《象》曰："咸其辅颊舌"，滕口说也。

滕，张口骋词貌。感人而徒以口说，难矣，故叹之。

附　解

易例，各爻取"应""比"立义，然亦视乎卦体卦义，不可一概论也。如此卦义主感通，《彖词》统论其理，而有"吉"无"凶"，爻象则"近取诸身"以例万事，而有"吉"有"否"，然皆不主"应""比"言，以咸主动也。九四为心位，曰"贞吉悔亡"，则非谓心可无感，特恐所感者不正耳。"憧憧往来，朋从尔思"，所以状有心之感，虽正而亦不免纷纭，欲无思而无不通，则非克己复礼，未易使有觉之心皆为虚明之性也。《系传》乃申之，此未及详。贞故无害，未能感以无心，故"未光大"。词义自明，不用向他索解。"脢"字诸说不同，以《正字通》为是。脢本不动，何感之有，因九五阳刚中正，故设为此象，言能正其心，感于不动之处，则其本立而末自举，"悔"之所以无，"志"之所以得。九四之"悔亡"，犹有悔而亡之，五之"无悔"则绝无也，而前人以为志在上六，王注又以为志在浅末，均失之。"咸其辅颊舌"，象口之内外皆动，《传》一"滕"字正形容之。旧解以为口舌感人，苏张之事，小人女子之常态，殊不知卦体下止上说，义无不吉，此爻当兑口说极，急于感人，故不觉其"辅颊舌"之俱动。圣人不言吉凶，以君子觉世牖民，木铎也，好辨也，亦有滕口说时，不过感人者浅，其意岂得为非？若以小人当之，则必曰"凶咎"矣。夫子曰"滕口说也"，一"也"字无限慨叹，言感人而至此，即所感者正，亦已劳矣，况不正乎？咸、艮二卦，爻象皆取诸身，盖一动一静者，天道之常；动静协宜者，人事之正，静者所以为动之根，动者所以达静之理。前人分下卦静，上卦动，离艮止兑说而二之，于"咸"之义已戾，故其说多不合圣人也。夫天地之道，一阴一阳而已，阴阳合而万化生，二气交而感应起。咸之为象，取于下男上女，以有情之感，乃天地自然之气机，阴阳生化之由来也。然得正则吉，失正则凶者，天地无心成化，感而实未尝感，阴阳阖辟，自然翕应，一元之理，主宰之正大光明者，万古未尝息也。人心则不能然，气动而心随之，役于形，逐于物，有感而迁，其去天日远矣。故圣人以人之一身言感，名感而名"咸"，无心之感，天地之本体也，人受天地之中以生，何独不然？特有生以后，性逐情移，理为欲溺，故感者非耳。由“拇”而“腓”而“股”而“晦”而“辅颊舌”，由下而上，喻气动于阴，乃后天之心所以多感也。四为心位，状以“憧憧”“朋从”，心主如是，一身形体安得不如是？夫不感则不成乾坤，多感又违乎中正，复性之功安可一日缓哉？“圣人感人心而天下和平”，尽性立命以通万物之情，亦一天地无心之感也。故惟圣人为能感，而世之逐情以言感者戾。

䷟ 巽下震上

恒，常久也。男在女上，男动乎外，女顺乎内，人道之常。又《彖词》所言皆“恒”之义也。《序卦》：“夫妇之道不可以不久也，故受之以‘恒’。”言夫妇偕老，终身不变也。咸，少男少女，以男下女，是男女交感之义；恒，长男长女，男尊女卑，乃夫妇居室之常。论交感则少为亲切，论尊卑则长常谨正，所以次“咸”也。

恒，亨，无咎，利贞，利有攸往①。

阖辟之机，始于风雷；男女之正，通乎造化，故占得“恒”者，“亨”而事得“无咎”。然必利于“贞”，盖贞则可以“亨”而“无咎”，否则不利矣。贞而恒，则无所不通，无由获咎，随所“攸往”皆“利”。是故五性五伦，人道之常经，即天地之常理，久于其贞，亨无不利也。

《彖》曰：恒，久也。刚上而柔下，雷风相与，巽而动，刚柔皆应，恒。“恒，亨，无咎，利贞”，久于其道也。天地之道，恒久而不已也。“利有

① 《周易折中》：“《集说》：徐氏几曰：恒有二义，有不易之恒，有不已之恒。林氏希元曰：唯其‘不易’，所以‘不已’。”（卷第五，第162页）《周易述》：“恒，震世也，巽来承之，长男在上，长女在下，阴阳会合，故通，无咎。”（《周易下经一》，第108页）

攸往"，终则有始也①。日月得天而能久照，四时变化而能久成，圣人久于其道而天下化成。观其所恒，而天地万物之情可见矣。

刚上而柔下，乾之初上居于四，坤之初下居于初。震刚巽柔，刚上柔下，天地之常。雷资风而益远，风假雷以增威，相须以成功用，气化之常，巽顺震动，动不顺岂能常，刚柔不相应岂能久？四者皆恒之道，卦所以为"恒"也。恒之所以"亨，无咎，利贞"，以"贞"乃能"久"，天地之道，恒久不已，惟其"贞"也。"利有攸往"，以恒久则终又复始，循环不穷，故所往无不利也。天纯一不已，日月阴阳之精，得天之健以行，而能"久照"。四时一天道之卷舒，阴阳变化不息，而能"久成"。圣人法天，久于其道，而修己治人之事治浃，"天下化成"。"观其所恒"，可见万古此天地，万古此恒；万古此万物，万古此恒也。若当春而夏，当秋而冬，当生不生，当成不成，则为变怪，安得谓之恒。

《象》曰：雷风恒，君子以立不易方。

雷动风散，若无常也。然收发温凉，不爽其时，刚动巽入，互成其功，无常而实有常。凡事之来，万变不穷，而君子以时中处之，有定而实无定，无定而实有定，是为"立不易方"。震巽皆木，有立象。巽入在内，震动在外，各居其所，"不易方"象。

初六，浚恒②，贞凶，无攸利③。

浚，深也。初六巽主，其性善入，故以"浚"为"恒"，强求深也。庸德庸言，事近而理平；强求其深，虽"正"亦"凶"。以此为恒，失之凿求诸难。修己，则锐进者易退；为政，则欲速者不达，"无攸利"也。

---

① 《周易集解》："荀爽曰：谓乾气下降，始复升上居四也。坤气上终，始复降下居初者也。"（卷第七，第108页）《来注》："终而不能始，则终止矣。有止息间断非恒久不已者矣，安能'攸往'。"（卷之七，第256页）《周易折中》："《程传》：动则终而复始，所以恒而不穷。……故恒非一定之谓也，一定则不能恒矣。唯随时变易，乃常道也，故云'利有攸往'。"（卷第七，第341页）

② 按：浚恒，众本同，《周易述》作"濬恒"："阳在初，为潜为渊，皆深也。……'濬'与'浚'通。"（《周易下经一》，第109页）

③ 《周易折中》："《案》：盖凡事渐则能久，不渐则不能久矣。孟子所谓其进锐者，其退速也。"（卷第五，第163页）

《象》曰：浚恒之凶，始求深也。

始谓初也。可恒之道，必久而成，“始”即“求深”，其志不惬。四虽与初正应，而不能合，故“凶”也。

九二，悔亡。

以阳居阴，宜有悔者，以其得中，所应又中，时位不当，而能素位以求中，随时以处中，则不正之“悔”皆“亡”矣。此与大壮九二、解初六，皆不著其所以然，盖卦惟此爻以刚居中。大壮之“壮”，戒于太过，而四阳爻惟二得中；“解，利西南”，贵处后，而惟初六为最后。此皆合乎卦义而甚明者，故直系以吉占，而词可略也。

《象》曰：“九二悔亡”，能久中也。

可久之道，中而已矣。九二能以“中”为“久”，尚何“悔”焉。

九三，不恒其德，或承之羞，贞吝①。

以阳居阳，本有德者也。在巽之极，为进退不果；当内外相接之际，变坎又为“狐疑”，故象“不恒”。“或”者，不知何人之词。承，奉也。恒以“久于中”为贵，三过中而刚，过刚则躁矣。巽极则为进退不果，是“不恒其德”之人，羞辱无端而至，故曰或“承之”。吝滞于行，虽“贞”亦“吝”，不能保其德，则不能“亨”也。

《象》曰：“不恒其德”，无所容也②。

当内外相际之间，非躁即不果，进不能为震之动，退不能安巽之顺，无所容其身。凡无恒者，类此也。

九四，田无禽③。

---

① 《周易折中》：“《案》：易最看重者‘中’，故卦德之不善者，过乎‘中’则愈甚，睽、归妹是也；卦德之善者，过乎‘中’则不能守矣，复、中孚之类是也。况‘恒’者，庸也，常也，唯‘中’故‘庸’，未有失其‘中’而能‘常’者也。”（卷第五，第163页）

② 《周易集解》：“《九家易》曰：言三取初隔二，应上见乘，是‘无所容’。无居自容，故‘贞吝’。”（卷第七，第109页）

③ 《来注》：“师卦所应刚实，故‘有禽’；本卦所应阴虚，故‘无禽’。”（卷之七，第258页）

震，马动，“田”象。又为大涂，“无禽”之处。四在震初，不中；以阳居阴，不正，不中不正，动而不已，是恒于所不当恒者，如“田”于“无禽”之地，虽久而终无得也。三有德而不恒，四能恒而无德，是以“恒”必“利贞”。

《象》曰：久非其位，安得禽也。

非其位而久焉，安得有功，故“无禽”也。

六五，恒其德贞，妇人吉，夫子凶①。

以柔中之德，应二刚中，常久不易，是“恒其德”也，有“德”能“恒”，故“贞”。然以柔从刚，久而不变，是妇人之贞，而非夫子之义，故吉凶异。

《象》曰：妇人贞吉，从一而终也；夫子制义，从妇凶也。

妇人无专制义，当从“一夫”以“终”，故其“吉”者乃其“贞”也。夫子以义制事，乃反“从妇”，则“凶”矣。

上六，振恒，凶②。

振，变动貌。上居震，极柔不能守而变动不已，是以振为恒变而不得其正，故“凶”。

《象》曰：“振恒”在上，大无功也。

恒不得其正则当变，得其正则不当变。“振恒”而“在上”，则是阴柔妄动，所谓天下本无事，庸人自扰之也，不惟无功，且“大无功”而足以败也。

附　解

道中而已矣，惟“中”故可久，然中之为道，非胶于一定之谓。天道

---

① 《周易折中》：“《集说》：《朱子语类》：大抵看易须是晓得象占分明。所谓吉凶者，非爻之能吉凶，爻有此象，而占者视其德而有吉凶耳。”（卷第五，第164页）

② 《来注》：“在下入，乃巽之性，‘浚恒’也；在上动，乃震之性，‘振恒’也。方恒之始，不可浚而乃浚；既恒之终，不可振而乃振，故两爻皆凶。”（卷之七，第259页）

莫大于时，圣人法天而时行，故至无定至有定，千变万化不离乎“中”，此尧舜禹汤文武周公迹不同而心同、理同也。雷风变动不拘之物，而名其卦曰“恒”，圣人正恐人以胶泥失之。夫子《彖传》极详其义，而于六爻复条析之。初在下体之下，四在上体之下，皆未及乎“恒”者，故泥常而不知变，初“浚恒”而四“田无禽”也；三在下体之上，上在上体之上，皆已过乎“恒”者，故好变而失其常，三“不恒”而上“振恒”也。惟二五得上下体之中，知恒之义者，而五不能制义，则为妇人之吉；惟二刚中柔位，是能守其正，而又能随时变易以从道者，故“无悔”，而夫子赞之。盖不变所以“守中”，能变所以“时中”，变不变之迹异，而其“中”则同，此所以惟精惟一，然后可协于“中”也。

䷠ 艮下乾上

遁，避去也。二阴浸长，阳势不胜而避去，在人事则小人道长，君子避而退之。山高上凌乎天，阳气若避而去之，故为“遁”。《序卦》：“恒者久也，物不可以久居其所，故受之以《遁》。”此六月之卦也。

遁，亨，小利贞①。

阴盛，阳当退避，故占得“遁”者“亨”。然所谓“亨”者，非徒苟以全身，盖仍守其贞而不渝。特自晦其贞，不等于有道之时大行其志，“小利贞”耳。圣人恐人舍“贞”而“遁”，故云然。

《彖》曰：“遁，亨”，遁而亨也。刚当位而应，与时行也。“小利贞”，浸

① 《周易集解》：“虞翻曰：小，阴，谓二。……郑玄曰：互体有巽，巽为进退。君子出门，行有进退，逃去之象。……始仕他国，当尚谦谦，小其和顺之道，居小官，干小事，其进以渐，则远妒忌之害。”（卷第七，第110页）《周易折中》：“《集说》：朱子《易说》问：遁‘小利贞’，《本义》谓小人也。案易中‘小’字，未有以为小人者，如‘小利有攸往’，与‘小贞吉’之类，皆大小之‘小’耳。”（卷第五，第166页）

而长也①。遁之时义大矣哉。

“遁而亨”，惟“遁”乃“亨”，见其不可不“遁”也。刚当位，谓九五之应六二而“遁”，知几于微，“与时偕行”之义也。贞宜大利，而云“小利”者，以二阴浸而长，善用其贞，乃善全其遁也。是非有明哲之智，见几之勇，安能践之，故叹其“时义”之“大”。盖“遁”非难而“贞”为难，“小利贞”以遁，时而止者，亦可时而行，遁者非遂忘世也。“大矣哉”，此中有许多经济在。

《象》曰：天下有山，遁，君子以远小人，不恶而严。

天下有山，山势凌天，天不拒之，而山自不能及天，“遁”之象也。小人，二阴之象。恶者，声色俱厉，绝之已甚。严者，以礼自持，凛不可犯也。不恶而严，与天之无心于远山，而山自绝于天者，同矣。远小人，“艮止”象。不恶而严，“乾刚”象。

初六，遁尾厉，勿用有攸往②。

卦以上为首，初为尾。在遁之初一，阴虽微，已有浸长之势，其几危厉。占者得此，“勿用有攸往”，不可以有为也。

《象》曰：遁尾之厉，不往何灾也。

在遁之初，一阴方长，而即决其几，断乎“不往”，何由取灾也。

六二，执之用黄牛之革，莫之胜说③。

黄牛，坤爻居中之象。互巽为绳。艮为手，“执之”象。革，皮绳

---

① 《周易集解》：“荀爽曰：阴称小，浸而长，则将消阳，故‘利正’，居二与五相应也。”（卷第七，第111页）《周易折中》：“《本义》：以下二阴释‘小利贞’。《集说》：朱氏震曰：二阴浸长方之于否，不利君子贞，固有间矣。然不可大贞，‘利小贞’而已。”（卷第十，第342页）

② 《周易折中》：“《集说》：陆氏绩曰：阴气已至于二，而初在其后，故曰‘遁尾’也。避难当在前而在后，故‘厉’；往则与灾难会，故‘勿用有攸往’。《案》：易例多取初爻为居先，何独遁而取在后之义？曰：因卦义而变者也。初于序则先，然于位则内也。遁者，远出之义也，故以外卦为善。初居最内，岂非在后者乎？”（卷第五，第166页）

③ 《周易集解》：“虞翻曰：莫，无也。胜，能。说，解也。”（卷第七，第111页）《来注》：“胜音‘声’，说音‘脱’。执者，执缚也。……胜者，任也；脱者，解脱也。”（卷之七，第261页）

也。互见乾巽之象。执，固留之意。六二阴长，阳之所由遁也。夫贤人之遁，亦岂小人之利哉，故为六二谋，当亲固君子，执而留之，恭顺听命，如“用黄牛之革，莫之胜说”，则阴无妨于阳，而且为阳用，均受其福也。因六二中顺，上与五应，故设此象以导之。圣人抑阴扶阳，为君子谋，未尝非爱小人也。

《象》曰：执用黄牛，固志也。

六二阴盛，贤人遁志已决，而二能承顺之象，以执用黄牛，固贤者不去之志也。诗曰“絷之维之，毋金玉尔音，而有遐心”，此爻之义。

九三，系遁，有疾厉。畜臣妾，吉①。

九三阳刚，处遁之时，宜知遁者。因艮止，初二两阴紧蹑其后，为其所“系”，不能决去，而心知不可，常怀忧惧，如“有疾”者然，如此岂不危厉。然阳德小人不能即害，但能善驭小人，如“畜臣妾”则“吉”。盖臣妾则为我所役而不为所役，可以免祸也。

《象》曰：系遁之厉，有疾惫也。“畜臣妾，吉”，不可大事也。

遁贵见几明决，“系遁”自危而有疾，则困惫不能自立矣。“畜臣妾，吉”，不过不为所役。然以小人为臣妾，终非善计，故不可大事。爻，幸其能免；象，终惜其“系遁”也。

九四，好遁②，君子吉，小人否。

好，如字。好者，恶之反。好遁，以礼而遁，无遁之形，孔子之以微罪行，孟子之三宿出昼是也。君子之遁世由小人，然君子从容而去，道全身安。小人自恃其焰，将不旋踵而覆矣，故此“吉”彼“否”。九四阳刚居乾健之始，故能决然以遁而无所系。

《象》曰：君子好遁，小人否也。

犹有君子，则事尚可为，而小人得祸亦浅。君子从容而去，小人必不

---

① 《周易折中》：“《集说》：苏氏濬曰：‘畜臣妾吉’，示之以待小人之道，见其不可系也。……畜之法，止有‘不恶而严’，‘严’以杜其狎侮之奸，而‘不恶’以柔其忿戾之气。”（卷第五，第 168 页）

② 《周易折中》：“《案》：好遁，言其‘不恶’也，从容以遁，而不为忿戾之行。”（卷第五，第 168 页）

能自保矣。故叹以惕之。

九五，嘉遁，贞吉。

嘉遁，守礼也，身不遁而心遁也。小人道长，君子皆去，孰与维持。九五乾刚中正，以礼自防，不必潜踪匿迹，而小人自不能害，所谓“不恶而严”者也。身虽未遁，而心实超然物外，其道甚“贞”，其占甚“吉”。自古国有小人，得一二“嘉遁”之君子而再造者，不可胜数，故深与之。

《象》曰“嘉遁，贞吉”，以正志也。

以“正志”者，身不遁而心实超然，所以正其志而正人之不正。实天命人心所依赖，故为“嘉”而“吉”也。

上九，肥遁，无不利。

肥，光大宽裕之意，心广体胖，“疾惫”之反也。上九以阳刚而居卦外，是有德无位，萧然世外之人，俯仰自如，道安身泰，故“无不利”。

《象》曰：肥遁无不利，无所疑也。

本无官守言责，舍则藏之，何疑之有。

附　解

卦之名“遁”，以二阴盛而诸阳遁去。下卦山下止，上卦天上行。六爻取象不离乎卦体，立义不以“应与”立说。初二皆阴，阳之所以遁也。《易》为君子谋，不为小人谋，故戒以“勿往”，导以“执用黄牛”，以君子见“几”必“遁”，故戒小人安之。九三比二阴，故“系遁”，然以阳刚，故“畜臣妾，吉”。是三爻者皆止，就艮义立象也。至上三爻为乾卦，纯于阳德，故无不吉。前人拘于上下“应与”之说，各爻意义多牵强不通，今悉正之。学者博观诸家，则知得失，今不悉辨。夫遁之为义，取于天行，山止于下而欲凌上，天不可凌，益自远于天。有德而遁者，德虽不一，然皆分天之德以为德者也。“好遁”“嘉遁”“肥遁”，行不同而“遁”之“美”同，以纯乾之体故也。三之一阳因在艮止，故“系遁”，然则遁者岂不以能远于阴为贵哉。若夫初二两爻，则遁之所以成。

圣人各就阴爻意设象，不可与诸阳牵合论也，识者详之。

䷡ 乾下震上

“大壮，大者壮也。”大谓阳，四阳盛长也。为卦震上乾下，乾刚而震动，以刚而动，“大壮”之义。《序卦》：“遁者退也，物不可以终‘遁’，故受之以‘大壮’。”此二月之卦也。

大壮，利贞①。

四阳壮，则君子道长之时。然阳长过“中”，恐恃刚不能审理，好动不能需时，故欲其“贞”，不恃势而守理，则刚“不过”而动得“中”矣。

《彖》曰：大壮，大者壮②也。刚以动，故壮。大壮利贞，大者正也。正大而天地之情可见矣。

“大者壮也”，正月“泰”，阳虽长未盛；三月“夬”，阳已盛将衰，皆不可以言“壮”，惟四阳则“壮”矣。刚则能胜其人欲之私，动则能奋其必为之志，何事不可行哉？此其所以“壮”也。其曰“利贞”者，“大者正也”。大与正非二理，不正不可为大。天地之情，一正大而已。情，谓发育之情。“大者壮”以气言，乃壮之本体；“大者正”以理言，所以运壮之道也。人能以天地之情为情，则刚合天德，动合天行，其为壮也，可以配道义而塞天地，此孟子“至大至刚”之论所由出也。俞琰曰：“复，雷在地中，天地生物之功未露，故圣人有以见其心；大壮，雷在天上，天地生物之心已达，故圣人有以见其情。”

《象》曰：雷在天上，大壮，君子以非礼弗履。

震为足，象“履”。震在正大之乾上，故有“非礼勿履”象。雷震天上，阳德施威，而沴气咸戢。“非礼弗履”，克己存仁，而天命在我。古云“自胜”之谓“强”，《中庸》言“强哉矫”，皆是义也。

---

① 《来注》：“大壮不言‘吉亨’，而言‘利贞’者，圣人忧盛危明也。儆戒无虞。”（卷之七，第263页）

② 《周易集解》：“侯果曰：此本坤卦。阴柔消弱，刚大长壮，故曰‘大壮’。”（卷第七，第113页）

初九，壮于趾①，征凶，有孚②。

乾初震体在下而动，“趾”象也。恃刚而动，“壮于趾”象。刚壮忌其大过，初在下，恃刚而躁进，故往必获“凶”。有孚，谓九四也。初之所以躁进，恃四之刚与己相孚而然。然从来刚猛妄动之人，未尝无与，但不可恃耳。

《象》曰：“壮于趾”，其孚穷也③。

在趾而壮，躁进妄行，即有所“孚”，亦无足恃，故以穷惕之，言所以终不免于凶也。

九二，贞吉④。

二阴位，乾阳正体居之，是为刚中有柔。壮或过刚，九二得其正，故“贞”而占者亦“吉”。

《象》曰：九二贞吉，以中也。

以九居二，疑于非贞，而云“贞吉”者，以其居中，为乾之中爻，“壮”而得“中”，故“贞吉”也。

九三，小人用壮，君子用罔，贞厉，羝羊触藩，羸其角⑤。

罔，无也。羝羊，牡羊。本卦大象似兑，中爻为兑，皆“羊”之象，故诸爻皆有“羊”象。三重刚，故象“羝羊”。震为竹，为苇，“藩”

---

① 按：趾，众本同，《周易述》作“止”。

② 《周易集解》：“虞翻曰：趾谓四。征，行也。震足为趾，为征。”（卷第七，第113页）《周易折中》：“《程传》：在下而用壮，‘壮于趾’也。《集说》：王氏申子曰：卦虽以刚壮为义，然爻义皆贵于用柔，盖以刚而动，刚不可过也。”（卷第五，第170页）

③ 《周易折中》：“《集说》：王氏申子曰：居下而用壮，任刚而决行，信乎其穷而凶也。”（卷第十二，第433页）

④ 《周易折中》：“《集说》：易氏祓曰：爻贵得位，大壮以阳居阴为吉，盖虑其阳刚之过于壮也，故二与四皆言‘贞吉’。”（卷第五，第170页）

⑤ 《周易折中》：“《集说》：京氏房曰：壮一也，小人用之，君子有而不用。……郭氏雍曰：至三而壮矣，小人务胜人，故喜壮而用之；君子务胜己之私，是以勿用壮于外也。”（卷第五，第171页）《周易述》：“兑为羊。阳息之卦，故云‘羝’。藩，谓四也。羸，读为‘累’。三欲触四而应上，故‘羸其角’。角，谓上也。”（《周易下经一》，第113页）

之象。羸，病也，弱也。九三以阳居阳，过刚不中，小人恃其胜而壮往，君子则必审理度义，视有如无。所以然者何也？此爻阳刚本贞，而过刚不正，实可为“厉”。若用壮，则必陵物，而反为物制，如“羝羊触藩”，反为藩所困，而“羸其角”也。

《象》曰：小人用壮，君子罔[①]也。

叹用壮者，君子所必无，而壮之不可用审矣。

九四，贞吉悔亡，藩决不羸，壮于大舆之輹[②]。

决，破也。三前阻于四，犹有藩焉。四前二阴，故藩决而可进。輹，车轮之干也。车之败多在“折輹”，輹壮则车强。乾为舆，变坤亦为舆，故为大为舆。震阳善动，宜有悔也。以其居柔，得时义之正，故与二同其“贞吉”，而好动之“悔”皆“亡”。三用刚，前阻于四，势不克行，故“触藩羸角”。四以柔处刚，前无所阻象，为“藩决不羸”。壮于大舆之輹，不用壮而弥壮，此“大壮”之义也。

《象》曰：藩决不羸，尚往也。

尚、上同。惟前无所阻，故可以上往而吉，叹往之得时也。

六五，丧羊于易[③]，无悔。

易，忽易。六五以柔居尊，下四阳并进，而己以柔中处之，忘乎其壮，如丧羊于率易之时，虽不壮，而实无悔也。

《象》曰：丧羊于易，位不当也。

位不当，阳刚上往则为壮。五之所处，不当壮之位，故如“丧羊于易”而“无悔”。五为君位，以柔处刚，刚皆自失，人君大度“包荒”似之矣。

---

① 《周易集解》：“案：自三至五，体兑为羊，四既是藩，五为羊角。”（卷第七，第114页）《周易折中》：“《集说》：项氏安世曰：《诗》《书》中‘罔’字与‘弗’字、‘勿’字、‘毋’字通用，皆禁止之义也。”（卷第十二，第433页）

② 按：輹，众本同，《周易集解》《周易述》作“輹”，《周易述》：“腹，读为‘輹’。坤为‘大舆’，为‘腹’，四之五折坤，故‘壮于大舆之腹’。”（《周易下经一》，第113页）

③ 《周易折中》：“《本义》：易，容易之‘易’，言忽然不觉其亡也。或作疆场之‘场’，亦通。《汉·食货志》‘场’作‘易’。”（卷第五，第172页）

上六，羝羊触藩①，不能退，不能遂，无攸利，艰则吉。

震错巽，为进退，“退遂”之象。触者，互兑，羊动于下也。六五已“丧羊”，而上六又言“触藩”者，处一卦之穷，适当角位，羊动则必有触也。“不能退”者，在众爻之上；“不能遂”者，亢而不可前进也，进退维谷，故“无攸利”。然质柔非刚，能艰以处之，则“无咎”。

《象》曰：不能退，不能遂，不详也。艰则吉，咎不长也。②

详，审也。壮终动极，不能度德量力，而详审以处之，故有“不能退，不能遂”之“咎”。艰则知其难而详慎，咎自不长，所以教人善补过也。

附　解

雷在天上，造物之大壮以时，本无不善。在人则或恃其质，或恃其势，昧乎义理之中，而刚以妄动。六爻取象，所以兢兢致戒也。夫德非刚不成，事非刚不决，有为之志气，君子所贵也。然必审于义理之中正，得其时势之攸宜，而其源尤在养浩然之气。天地以一元之理，驭一元之气，而乾健不息，得乎至中至和。人性本于天，其理固粹然无疵，而其气亦浑然至善。自生质牿之人欲乱之，而至大至刚之本体亡矣。养浩然之气者，静而存养，动而省察，克治扩充，驯至乎美大。圣神则心通造化，气塞乾坤，大壮以动，不刚不柔，亦如天地矣。即或功未纯全，而谨几度理，以小心行其刚健亦吉，否则恃壮而行，其不罹咎者几希。

䷢ 坤下离上

晋者，进也。日出地上，进而益明。不曰“进”而曰“晋”者，进

---

① 《周易折中》：“《案》：羊之触也以角，卦似兑，有羊象，而上六适当角位，故虽阴爻而亦云‘触藩’也。《总论》：项世安世曰：大壮之时义，其所谓‘利贞’者，利守事理之正，不以爻位言也。”（卷第五，第 173 页）

② 《周易折中》：“《集说》：俞氏琰曰：人之处事，以为易则不详审，以为艰则详审。”（卷第十二，第 433 页）

止前进之义，晋则有进而光明之义。《序卦》：“物不可以终壮，故受之以《晋》。”①

晋，康侯用锡马蕃庶，昼日三接②。

康侯，能安国之侯。锡，赐与也。坤错乾，故象“马”。坤有臣道，离为日，“君”象。离在坤上，日出照临地上，其光进而益明。人臣有贞顺之德，“能安其国”象。为康侯人君宠之以马，极其“蕃庶”，且“昼日三接”之。占者有是德，则有是占矣。坤为众，“蕃庶”象。昼日，离象。三，离数也。

《彖》曰：晋，进也。明出地上，顺而丽乎大明，柔进而上行，是以“康侯用锡马蕃庶，昼日三接”也。

晋，进也，明卦体以“进”为义，下详言之。顺谓坤，臣也。大明谓离，君也。柔进，六五之阴本坤中爻之阴，进居乾中。上行，柔阴愈进而益明也。火必有所附丽而明，坤以顺德丽乎大明。“柔进而上行”，是臣忠顺之至，而上合君心，君有至明之德，照临于下而沛恩荣，是以“康侯用锡马蕃庶，昼日三接”也。此与咸卦《彖传》文意相同，既用以释卦名，而即以之释卦辞，故皆用“是以”字接下。

《象》曰：明出地上，晋，君子以自昭明德。

昭，明之也。自我固有，而不待外求。日本明，入于地则晦，出地进而益上，则明无不烛。德本于天，本至明也，为阴私所蔽则晦。君子观晋之象，自明其明德，明而益明，如日之进。胡氏炳文曰：“至健莫如天，故君子以之‘自强’。至明莫如日，故君子以之‘自昭’。”是也。“自昭”之功，动静交相养，本末无不贯，乃是。

---

① 《周易集解》：“崔憬曰：不可以终壮于阳盛，自取‘触藩’，宜柔进而上行，‘受兹介福’。”（卷第七，第115页）

② 《周易集解》：“虞翻曰：离日在上，故‘昼日’；三阴在下，故‘三接’矣。……侯果曰：《大行人职》曰：‘诸公三飨三问三劳，诸侯三飨再问再劳，子男三飨一问一劳。’即天子三接诸侯之礼也。”（卷第七，第115页）《周易述》：“卦自观来，从四阴二阳之例。观六四进居五，故曰‘晋，进也’。……又郑注‘康侯’云：康，广也，谓褒广其车服之赐也。”（《周易下经一》，第115页）

初六，晋如摧如，贞吉，罔孚，裕无咎①。

摧，折抑也。孚，信。裕，宽绰自如意。初六当晋之时，位下而去五尚远，为九四所阻抑，欲晋而不果，于晋为“晋如摧如”之象。初，民位，不苟于晋，得正而吉。所以然者，既远于五，二三又不同志，罔有相孚者，惟守贞自重，则宽裕自得，可“无咎”也。

《象》曰：“晋如摧如”，独行正也。“裕无咎”，未受②命也。

当晋之时，众人皆进，初独虑其“摧”而不进，独行其正道也。裕无咎，六五明君非不知己，特为四所阻，初未受其宠命，故惟“裕”以待时，则“无咎”也。命，即“锡马三接”之命，及二而不及初，故言“未受”。

六二，晋如愁如，贞吉，受兹介福，于其王母。

二变坎，为加忧，为心病，“愁”象。王母，祖母，阴之至尊者，且喻慈荫之意。不曰“母”而曰“王母”者，礼重昭穆，故孙祔于祖，孙妇祔于祖姑。盖昭穆相配，易爻以相配喻相应也。二五本相应者，当晋之时，而晋非强进也。然应五阴柔，则愁其不断；间四邪僻，则愁其见阻，故有“晋如愁如”象。君子难进，义贞而吉。且二本中正，与五同德，五必信任之，而“受兹介福，于其王母”。介，大也。王母谓六五。离日象“王”，五亦“王”象。离中女，故象“王母”也。凡二五以阴应阳，则象“君臣”；以阴应阴，故象“王母”，夫母子一气相亲者也，王母则亲而尊。二五柔中正同，一气相亲者也，而中隔三四，上下君臣之分迥殊，故象“王母”。王母之爱育其孙也，无异于子，而孙之亲王母也，尤甚于亲，然其尊益甚，以此明受“介福”之义。盖其意弥挚，而其荫弥远矣。

《象》曰：“受兹介福”，以中正也。

---

① 《来注》：“摧者，‘崔嵬’之‘崔’，高也。中爻艮山在坤土之上，‘崔’之象也。”（卷之七，第267页）《周易折中》：“《程传》：晋如，升进也；摧如，抑退也。……《集说》：胡氏炳文曰：‘贞’与‘裕’，皆戒辞也。”（卷第五，第174页）

② 《来注》：“文王卦辞曰‘接’，初、二爻皆言‘受’，皆有‘手’象。”（卷之七，第268页）

以中正，明非阴柔阿合也。

六三，众允①，悔亡。

坤为众。允，诚信也，亦“坤土”象。三近四而不相得，达五而不相应，宜有悔也。以居坤上，其顺已极。二阴同心而进，上阳相应，故众皆诚信，五亦信焉，九四之媢嫉，不能有阻，而“悔亡”矣。人臣精白乃心，信友获上，其象如斯。

《象》曰：众允之志，上行也。

上行，谓三阴之志，皆“上行”，而顺丽乎大明也。初“罔孚”，众未允；二“愁如”，犹有悔也；三德孚于众志，已上行，故进得所愿而“悔亡”。

九四，晋如鼫鼠②，贞厉。

鼫，同“硕”，大也。阳大阴小，四爻阳，故为大。中爻艮，变爻亦艮，“鼠”之象。鼠昼伏夜动，畏人者也。离为日，晋昼也，鼠岂能见之哉？但当晋之时，见众人俱进，彼亦同进，窃位而居，上畏六五大君之明，下畏众人之逼，故其“晋如鼫鼠”之象。当晋之时，其晋非不正也，然其人如此，则可危厉，言不能久安其位也。

《象》曰：“鼫鼠贞厉”，位不当也。

位不当，不中不正。晋之道，以顺而丽乎大明为主，四失柔顺之道，故如“鼫鼠”而不得遂。

六五，悔亡，失得③④勿恤，往吉无不利。

以阴居阳，宜有悔矣。以大明在上，为“自昭明德”之主，下皆顺从而“悔亡”。又戒以虚心应物，“失得勿恤”，则所“往”皆“吉”而

① 《周易集解》：“虞翻曰：坤为众。允，信也。坤性‘信’，故‘众允’。”（卷第七，第116页）

② 按：鼫鼠，众本同，《周易集解》《周易述》作“硕鼠”。

③ 按：失得，众本同，《周易集解》《周易述》作“矢得”。《周易集解》：“虞翻曰：矢，古‘誓’字。誓，信也。”（卷第七，第117页）

④ 《来注》：“凡易中遇离，或错离，或中爻离，皆言‘失得’二字。”（卷之七，第269页）

“无不利”。离火无定形，倏起倏灭，故多以失德取象。中爻互坎，为加忧，“恤”象。“失得勿恤”，虚中之义。往，即“晋”意，或谓不言晋，非也。

《象》曰：“失得勿恤”，往有庆也。

“失得勿恤”，则至明至虚；无心而当于理，故“往有庆”，兼人己言，故曰“庆”也。

上九，晋其角①，维用伐邑，厉吉无咎，贞吝。

刚在上，“角”象。坤“邑”，离“戈兵”，有“伐邑”象。维、惟同，独也。以刚服人故“厉”，顺动故“吉”，“吉”言其理，“无咎”言其事。“贞吝”者，居大明之世，不能化其私邑而待刚克，于理虽正，不免于“吝”。吝进之难，上穷于进，而又以刚，不得柔顺之义，故云然也。

《象》曰：“维用伐邑”，道未光也。

居大明之时，惟能以刚克邑，于道未为光大。古者天子诸侯之卿，各有私邑。六五君位，上九臣位之尊者。盖世卿乏柔中之德者，故曰“道未光”。

附　解

晋、升、渐，皆进之义，而晋以“日出地上”为象，故于义尤美，在人事为明君在上，群臣忠顺之道。夫德感以柔，推诚以顺，故君虚中以莅下，明无万照，而未尝恃威；臣小心以事上，顺理以动，而非有阿谀，则君德晋而益明，“往吉无不利”；臣德晋而弥光，“锡马昼三接”。然则柔者柔其心，顺者顺乎道，非阴柔阿顺之谓也。九四、上九两爻皆刚，四近君当国之臣，上远君养尊之臣，四窃位而畏人，上恃正以伐人。当六五大明

① 《周易折中》：“《程传》：伐四方者，治外也；伐其居邑者，治内也。……人之自治，刚极则守道愈固，进极则迁善愈速。《集说》：王氏宗传曰：晋之上九，晋至角，无所复进矣。……项氏安世曰：上已穷而犹进，故为‘晋其角’。《案》：‘晋其角’者，是知进而不知退也。”（卷第五，第177页）

之时，四不能行其志而徒自疑惧，上虽能伐其邑而不免艰难。乃六五之君以大度处之，无心应之，贤者顺，权者儆，世臣有私邑者，未尝禁而自正，厥属皆无不在照临中也，此所以为“自昭明德”之君，而主乎“晋”者也。旧说见象与爻象取义微别，遂龃龉，而至以九四、六五为“康侯”之位，失之远矣。

䷣ 离下坤上

日出地中，非有伤也，为其光为地掩，圣人借以明有“德见蔽害”之象。坤上离下，与晋相反，晋为明君在上，群贤并进；明夷为暗君在上，明者见伤之时。《序卦》：“晋者进也，进必有所伤，故受之以‘明夷’。”

明夷，利艰贞①。

当“明夷”之时，贤人君子“利艰难”而不失其正。盖不贞则波靡，贞则恐危身。利在神明其德，有贞之心，无贞之迹，艰难而不失其正。

《彖》曰：明入地中，明夷②。内文明而外柔顺，以蒙大难，文王以之。“利艰贞”，晦其明也。内难而能正其志，箕子以之。

明入地中，光掩而明伤，惟能掩而不伤，则善处“明夷”者也，夫子因即文王、箕子以明其象。卦德内离文明，外坤柔顺，文王用之，“内文明”而懋敬德，“外柔顺”而笃忠贞，以此蒙犯羑里之大难，而纣莫用其虐；云“利艰贞”者，晦其明而不息其明，箕子用之，处家庭之内难，而能正其志，迹虽佯狂，心则忠靖，道不与身俱伤。凡天下后世“明”而“夷”者，以二圣为法则得矣。文王之难，关系天下，故曰

① 《周易集解》：“虞翻曰：谓五也，五失位，变出成坎，为‘艰’，故‘利艰贞’矣。郑玄曰：夷，伤也。日出地上，其明乃光，至其入地，明则伤矣，故谓之‘明夷’。”（卷第七，第117页）《周易折中》：“《集说》：李氏舜臣曰：易卦诸爻，噬嗑之九四、大畜之九三曰‘利艰贞’，未有一卦全体以‘利贤贞’为义者。”（卷第五，第179页）

② 《周易集解》：“蜀才曰：此本临卦也。案：夷，灭也。九二升三，六三降二，明入地中也。明入地中，则明灭也。”（卷第七，第117页）

"大"；箕子宗臣，忠不能达，义无可逃，故曰"内难"。互坎为难，为幽谷，离为狱，坤阖户，皆幽囚之象。

《象》曰：明入地中，明夷，君子以莅众，用晦而明。

坤为众，为晦。离为明。莅，临也。明入地中，迹若有伤，而其明实无损也。君子法此卦之象，虽举世不明，不必违众独立，日用常行，未尝绝人逃世，与世相莅。然韬晦其光，不逐俗亦不矫俗，而明自长存，非至德不能也。

初九，明夷于飞，垂其翼，君子于行，三日不食，有攸往，主人有言①。

离为雉，故"飞"。阳健，故"行"。离为日，其数三，又为腹而中虚，"不食"象。外卦错乾，为"言"，言谓讥议也。初九阳健离明，有志自展，如鸟欲飞，而有夷之者，象为"垂其翼"。盖小人害正，欲阻其行，故"君子于行"，必"三日不食"。有所往托，而"主人有言"，必不能容其身。象如此，则占者当见几可知矣。

《象》曰："君子于行"，义不失也。

君子于行，非无食也，君子守义，而明夷之时重利轻义，故义不苟食，欲人知几而早为计，不可至于"三日不食"也。

六二，明夷，夷于左股，用拯马壮②，吉③。

二在下体之中，故为"股"。夷左股，谓伤其行而不甚切也。变乾为

---

① 《周易集解》："荀爽曰：火性炎上，离为飞鸟，故曰'于飞'，为坤所抑，故曰'垂其翼'。"（卷第七，第118页）《来注》："'垂其翼'者，其翼见伤而垂亸也。……卦之中为鸟身，初与六上下为翼，故小过初六曰'飞'，上六亦曰'飞'，皆以'翼'言也。"（卷之七，第272页）《周易折中》："《集说》：项世安世曰：'垂其翼'不言'夷'，未伤也；'夷于左股'，言已伤也。说者以'垂其翼'为伤翼，非也。敛翼而不飞者，避祸之象也。……俞氏琰曰：居明夷之初，不敢高飞，遂垂敛其翼以向下。此见几之明，不待难作而蚤避者也。……主人固不识也，岂得无言？"（卷第五，第178页）

② 按：夷于左股，用拯马壮，众本同，《周易述》作"'睇'于左股，用'升'马壮"。

③ 《周易集解》："案：初为足，二居足上，股也。二互体坎，坎主左方，'左股'之象也。"（卷第七，第118页）《周易折中》："《案》：明夷与丰卦略相似，然丰者明中之昏，明夷则昏极而不复明也。"（卷第五，第179页）

良马，“马壮”之象。六二中顺，为明之主，去上虽远，较初已近，不能无伤，为明夷“夷于左股”之象。然左非便用者，六二以中正至明之才，顺其势而用道以拯之，得马至壮，控之而行，则股虽伤而终致远，故“吉”也。凡救败扶倾，因时救势而善全其功，皆类此。

《象》曰：六二之吉，顺以则也。

则，谓中正之道。夷而犹吉，以其顺处而合乎法则，权而不失其正，故得转败为功也。

九三，明夷于南狩①，得其大首，不可疾贞②。

离为“戈兵”，震“马”坎“车”，“狩”象。离位在南，故曰“南狩”。大首，元恶也。疾贞，急求其正。九三阳刚居下体之上，而屈于下，与上六暗主为应，故有“向明除害，得其首恶”之象。夫“狩”，非必有心求“大首”也，而其狩也正大光明，元恶无心而得。盖以至刚至明，暗者自无心而正。占者得之，当以为法，不可疾求其贞。盖急于求正，则非无心，且往往不光明矣。戒之之词。

《象》曰：“南狩”之志，乃大得也。

狩，武事。向南，光明正大意。乃，不料之词。“南狩之志”，非有心于得也，乃“大首”皆得，惟其无心而得，故为“大”也，汤武曷尝有心征伐，德威惟畏，而天下来同，斯为“大”也。夫岂以除元恶为快哉？读者详之。

六四，入于左腹，获明夷之心，于出门庭③。

坤为腹，震为左，故象“左腹”，言与上六亲近也，变异故“入”。六四与上六同体，故以“腹”“心”言之。不言“心”而言“腹”，明者非上同，心虽处肺腑，而意初不属，故以“左腹”象之。获明夷之

---

① 按：南狩，众本同，《周易述》作“南守”：“［注］：守，猎也；离，南方卦，故曰‘南守’。”（《周易下经一》，第118页）

② 《周易折中》：“《程传》：九三离之上，明之极也，又处刚而进；上六坤之上，暗之极也。……正相敌应，将以明去暗者也。”（卷第五，第179页）

③ 《周易折中》：“《程传》：入腹，谓其交深也。其交之深，故得其心。《集说》：胡氏炳文曰：初二三在暗处，至四，则将入暗中。然比之六五，则四尚浅也，犹可得意于远去。”（卷第五，第180页）

心，深知其嫉正之意。于出门庭，去就自如也。六四位近上六，与之同体，象为“入于左腹”，而深得“明夷之心”，其恶直丑正，亦已了如矣。故从容去就，“于出门庭”，未尝以“入于左腹”依徊不去，有伤其明。古大臣或受任先朝，或受知初载，及其后主暗不容，从容而去似之。坤户，四六同体，故象“门庭”，大臣与国同体，国门及已庭户也。

《象》曰：“入于左腹”，获心意也。

人心莫测，入腹则无不知。六四居近暗君，既象“入于左腹”，则心意无不获矣，“于出门庭”，岂容或缓。夫明者之事君也，苟君有可辅，必不遂尔恝然获心意也。叹其知之已稔，不去；徒为所伤，无益。

六五，箕子之明夷，利贞①。

六五尤近于君，同体至切，则宗臣也，义无可逃。明夷已甚，是箕子所处之时与位，故曰“箕子之明夷也”。“利贞”者，六五柔顺，能守其正，但恐不堪其“夷”，而难以“久贞”，故戒占者“利贞”。

《象》曰：箕子之贞，明不可息也。

云“箕子之明夷”，是欲贞者以箕子为法。箕子之贞，谓“明不可息也”。贞外无明，不明何以能贞，故曰“不可”。

上六，不明晦②，初登于天，后入于地。

不明晦，日落而晦也。初“登”后“入”，以“日升月坠”象言。上六阴终暗极，如日不明而晦。初则尊居人上，伤人之明，后则以暗自伤。象如此，而占者可知矣。

《象》曰：“初登于天”，照四国也。“后入于地”，失则也。

照四国以位言，失则以德言。有照四国之势，而以伤人为事，则失人君之则，故“后入于地”，自坠厥命也。

---

① 《周易折中》：“《程传》：五为君位，乃常也，然易之取义，变动随时。上六处坤之上，而明夷之极，阴暗伤明之极者也，五切近之，圣人因以五为切近至暗之人，以见处之之义，故不专以君位言。上六阴暗，伤明之极，故以为明夷之主。”（卷第五，第180页）

② 《周易折中》：“《集说》：胡氏炳文曰：盖唯上六‘不明’而‘晦’，所以五爻之‘明’，皆为其所‘夷’也。”（卷第五，第181页）

附　解

卦曰“明夷”，以“明”者为主，故下五爻皆明者，而上六乃“夷明”之人，居高而至暗，“昏主”之象，故以君言。前人乃泥于五为君位，不无疑词，非也。夫“明夷”非一类也，大而君臣父子，小而日用言行，皆有“明”而见“夷”之事。惟德造其极，然后文明柔顺，艰贞晦明，克全人伦之正，而不失乎明哲之中，圣人即文王、箕子以示法，而天下后世“明夷”者，可以得其中正矣。六五又云“箕子之明夷”，以时位适合，亦不过假以立象。前人拘牵过甚，谓此卦就殷之末造言，于是以初九为夷、齐，六二为文王，九三为武王，六四为微子，上六为纣王，虽其义亦可通，然于圣人设象之意为不融矣。故愚推就本文经义释之，而不专指其事，若夫六二、六四象词，说尤多谬，今亦正之。要惟即本文字意，爻象本然推阐，而非故好异也，识者详焉。

䷤ 离下巽上①

家人者，一家之人也。马融曰：“木生火，火以木为家，故曰‘家人’。火生于木，得风而盛，犹夫妇之道相须而成。”风火一气相济，内外一气相成，又九五、六二各得阴阳之正，皆“家人”之义也。《序卦》：“夷者，伤也，伤于外者必反其家，故受之以‘家人’。”

家人，利女贞。

马融曰：“家以女为奥主，长女、中女在二四，各得其正，故（特）曰‘利女贞’。”女贞乃家人之本，正家之先务也。正虽得女，而所以正之者，则在丈夫，故曰“利女贞”。

《象》曰：家人，女正位乎内，男正位乎外②，男女正，天地之大义也。家人有严君焉，父母之谓也。父父子子，兄兄弟弟，夫夫妇妇，而家道

---

① 《来注》：“八卦正位，巽在四，离在二。此卦巽以长女而位四，离以中女而位二，二四皆得八卦正位。”（卷之八，第277页）

② 《周易集解》：“王弼曰：谓二五也。家人之义，以内为本者为，故先女矣。”（卷第八，第121页）

正，正家而天下定矣①。

《彖词》以巽离二体言，故言“女贞”。《彖传》以二五两爻言，故兼言男女。女之正，由于男之正也。二柔得正而居内卦，是女秉顺德以正内；五刚得正而居外卦，是男秉健德以正外。男女本于天地，各得其正，则合天地，故曰“天地之大义”也。严，谓分尊严，非严厉。君，主也。父母亦为一家之主，其尊同，故皆称“严君”。二五正应，为男女之尊。凡卦中阴阳之爻，皆分卑而听命，故象“严君”。父母正则一家无不正，一家正而推以正天下，使人人各正其家，则天下定。然则所谓“女贞”者，男女正也，非专尚女也。因家以女为本，故言“利女贞”，男正而后女正，女正则男可知。舜观刑二女，文刑于寡妻，皆是故也。至取象以卦画推之，则上父，初子，五三夫，四二妇，五兄三弟。以遁变言，则乾为父，艮为子。三变震，为兄，艮为弟。震为夫，巽为妇。以卦象言，初上两阳蔽于外，家也，其内则人也。五正外为父，二正内为母，以次相承，凡阳爻皆子，上者兄而下者弟。初三五，夫之正位。二四，妇之正位，故曰“男女正”“家道正”。以一人之家，推之天下之家，以一家之男女，推之天下有家之男女，莫非此象，即莫非此道，故曰“正家而天下定矣”。

《象》曰：风自火出，家人，君子以言有物而行有恒②。

火非与风期也，而火炽则风生。离女正位乎内，而丈夫之化弥光，故象“家人”。然家人之所以发迩而见远者，“言”“行”而已，言行正而后家正，故“君子以言有物而行有恒”。有物，言皆实践不虚也；有恒，行皆久远不变也。“言有物”象火，“行有恒”象风。

---

① 《来注》：“《本义》上父初子之说非也，吴幼清以五为巽女之夫，三为离女之夫，亦非也。惟依《彖辞》‘女正’‘男正’二句，则卦名卦辞，皆在其中矣。”（卷之八，第 277-278 页）

② 《周易集解》：“荀爽曰：风火相与，必附于物，物大火大，物小火小；君子之言，必固其位，位大言大，位小言小。”（卷第八，第 122 页）

初九，闲有家①，悔亡②。

初，家道之始也。限隔内外曰“闲”，离为垣墉，“闲”之象；又为礼文，“闲”之义也。初九离明，阳刚之才，有先见豫防之明，而处以严肃，则有以潜消其渎乱而“悔亡”。凡教在初而法在始，初之时当闲也，颜之推曰：“教子婴孩，教妇初来。”

《象》曰：闲有家，志未变也。

家人志未变动之始，而即闲之，则邪僻之事无自而生。

六二，无攸遂③，在中馈④，贞吉。

遂，径情自遂。中，内。馈，饷也。六二柔中，而上与五应，以家人言，“为妻从夫”象焉。故无所径情自遂，惟在内而主馈食。馈食妇人常业，以此该凡正内之事也，故“吉贞”即所谓“女贞”，而《彖传》所谓“正位乎内者”也。互坎为酒食，离为烹饪，故象“中馈”。

《象》曰：六二之吉，顺以巽也。

顺以巽，顺理巽从，非私昵也，故“吉”。易《小象》言“顺以巽”者三，蒙，事师之道；渐，事君之道，此事夫之道也。

---

① 《来注》：“闲者，防也，阑也。其字从门从木，木设于门，所以防闲也。又变艮，艮为门，又为止，亦门阑止防之意也。”（卷之八，第278页）

② 《周易折中》：“《程传》：不云‘无悔’者，群居必有悔，以能‘闲’故‘亡’耳。”（卷第五，第182页）

③ 《来注》：“攸者所也，遂者专成也。……言凡阃外之事，皆听命于夫，无所专成也。”（卷之八，第278页）《周易折中》：“《集说》：王氏宗传曰：‘无攸遂’，示不敢有所专也。妇人之职，不过奉祭祀、馈饮食而已，此外无他事也。”（卷第五，第182页）

④ 《周易述》：“古文《论语》曰：‘咏而馈’。旧注云：‘咏，歌；馈，祭也。’《周礼·笾人》有‘馈食’，《仪礼》有‘特牲’‘少牢’‘馈食’之礼，皆谓荐孰，故云‘馈，馈祭也’。……是‘馈祭’为妇职。二居下体之中，故在‘中馈’，孰中含和，正应九五，故‘贞吉’也。”（《周易下经一》，第123页）

九三，家人嗃嗃①，悔厉吉，妇子嘻嘻，终吝②。

嗃嗃，犹熇熇也。嘻嘻，笑言之声。三离体而互坎，兼有水火之象焉。重刚而明，治家过严，故“家人嗃嗃”，病其太刚，非中道也，故悔而有危厉。然介居二阴之间，宁失于严，邪慝不作，“吉”也。若失之宽纵，而“妇子嘻嘻”，无有礼法，则一时虽若欢洽，“终”必“吝”也。

《象》曰：家人嗃嗃，未失也。妇子嘻嘻，失家节也。

节，宽严得中也。为其介于二阴，故嗃嗃而不失为严明之道。嘻嘻则狎昵无度，失治家之法则矣。

六四，富家大吉。

四爻巽主，变亦互巽，巽为“工”，为“帛”，为“近市利三倍”，“富”象。富，谓福禄昌炽。四在他卦臣道，在本卦妻道，夫主教一家，妇主养一家，老子所谓“教父食母”是也。自二之在“中馈”，进而至于四之“富家”，则内职举矣。《记》曰：“父子笃，兄弟睦，夫妇和，家之肥也。”肥，即“富”字意。

《象》曰：“富家大吉”，顺在位也。

位，谓相五之位，顺理以相家克修其职，是以诸福之祥毕致。

九五，王假有家，勿恤，吉。

假与格同，谓感格也。五尊位，故以“王”言。恤，忧也。九五阳刚中正居尊，为一家之主，而巽以正家，为王者以德假家，“不尚威猛”之象，虽非以严治家之道，而“勿恤”也。德至诚孚，家道自正，于义甚“吉”。

《象》曰：“王假有家”，交相爱也。

王者，非无权与威也，而以至德感格，则恩谊浃洽，身修家齐，“父

① 按：嗃嗃，众本同，《周易述》作“熇熇”：“熇熇，盛烈也。”（《周易下经一》，第122页）

② 《周易折中》：“《集说》：胡氏炳文曰：嗃嗃，以义胜情，虽‘悔厉’而‘吉’；嘻嘻，以情胜义，‘终吝’。‘悔’自凶而吉，‘吝’自吉而凶。”（卷第五，第183页）

父子子，兄兄弟弟，夫夫妇妇”，无不“交相爱也”。

上九，有孚威如，终吉①。

上，有家之终也。家道之终，必为之计久远，以诚相孚，则心久合而不睽，而又整齐严肃，望之常如有威，则孚久无弊，故“终吉”也。

《象》曰：威如之吉，反身之谓也。

谓非作威也，反身自治，以诚相孚，则人望而畏之，自有不怒之威，故曰“威如”。

附　解

齐家必本于修身，《大学》言之详矣，言修身之教必本于夫妇，自古圣帝明王莫不得贤配之力，即下逮士民，有内助者兴，无者则微，故夫妇为人伦之始，万化之原也。此卦以长女、中女得位，二五阴阳各正，名为“家人”，而《彖》直曰“利女贞”，明乎女贞者，正家之本也。顾女之贞，必由于男；男之贞，必“言有物而行有恒”，夫子推言其理，曰“天地之大义”，“正家而天下定矣”。则夫正内正外，德不齐，道不备，而能兴化致治者，岂理也哉。六爻之为夫妇，诸说不同，而爻象及《传》则第以阳爻为夫、阴爻为女而已。初九家道之始，凡家之初肇，事有许多不及周详，情有许多不能融洽者，故常不免于悔。而能“闲有家”，则礼法既定，规模初立，便已有整齐气象。九三居二阴之间，故宁失之严，毋失之纵，而前人谓治家以严为本，非也。严以立法，宽以通情，不可偏废。卦名“家人”，圣人以全德示人，无姑就一偏之说，因恐昵于阴，故以“嗃嗃”为“未失”。未失非全美之词，《象词》曰“悔”曰“厉”，正是此意。“妇子嘻嘻”曰失节，节者中也，不得其中，则狎昵放纵，何所不至。古圣人“琴瑟钟鼓”之乐，“既翕好合之欢，岂必专尚威严，然情欲之感，无介仪容，燕私之意，不形动静，自有节也”。“嗃嗃”之“吉”仅吉，“嘻嘻”之“吝”宜知，圣人固明明两示其象。九五“王假有

① 《周易折中》：“《集说》：王氏弼曰：家道可终，唯信与威。何氏楷曰：治家观于身，下五爻未及正身之义，故于此爻足其意。”（卷第五，第184页）

家”，以其刚中正位，巽体善入，王者权势至尊而不恃威，以盛德感孚一家，故夫子曰“交相爱”也。恩义兼尽，正家之善，无逾于此。上九之“有孚威如”，犹是九五之德，而持之以久，善其终耳。凡正位乎外之事，即此四爻可以类推，至正位乎内之事，则六二勤妇职而守贞静，六四相夫子以致福祥，虽地道无成，实赞成夫德，家人之义如斯，岂复犹有遗憾乎。勿恤“勿”字，前人多不体会，并“王假有家”，义亦不明。夫家者，国与天下之本，正家者，男女各尽其道而已。然无诚意正心之学，则身已不修，而徒以严立法，必至恩义之乖，否则失之慢肆而颓败万端。故学者必从事于克复之功，更熟玩乎爻象之旨，然后可以有其家人也。

䷥ 兑下离上①

睽，乖也。为卦上离下兑，火炎上而泽润下，二体相违，“睽”之象也；中女、少女虽“同居”，而“志不同行”，“睽”之义也。“二女同居”之卦亦多，独于睽、革言之者，以其非长女也。凡家有长嫡，则有所统率而分定，否则各行其志，故生乖异变易。《序卦》：“家道穷必乖，故受之以‘睽’。”

睽，小事吉。

炎上者上，润下者下，曰“睽”，人之志行不合，亦犹是也。文王以为志趣不能强同，各行其是，于“小事”亦可以“吉”，盖欲人之善用其“睽”也。若大事，则必志同道合，而后可以共济。

《彖》曰：睽，火动而上，泽动而下，二女同居，其志不同行。说而丽乎明，柔进而上行，得中而应乎刚，是以“小事吉”②。天地睽而其事同

---

① 《来注》：“睽字从目，目少睛也。目主‘见’，故周公爻辞初曰‘见恶人’，三曰‘见舆曳’，上曰‘见豕负涂’……若从耳，亦曰‘睽’，盖耳聋之甚也。睽，乖异也。”（卷之八，第 281 页）

② 《周易折中》曰：“《程传》：凡离在上而《彖》欲见柔居尊者，则曰‘柔进而上行’，晋、鼎是也。《集说》：何氏楷曰：易无乐乎柔主也，而独离居外体者，每称焉。”（卷第十，第 347 页）

也，男女睽而其志通也，万物睽而其事类也①，睽之时用大矣哉。

炎上润下者，火水之性本异，然苟相济则合，惟动而益上益下，故“睽”，此物理之“睽”也；中女少女，少则同处，长各有归，虽同居而志异，此人情之“睽”也。此释卦名。既曰“睽”矣，而云“小事吉”者，以兑说而附丽于明，说则情合，明则理得，又六五阴柔进而上居尊位，得乎其中，下应九二之刚，是虽无刚断之才，而善用其柔，使睽者不至大睽，是以“小事吉”也。夫睽者事势之常，不睽者情理之顺，天地高卑，其形睽矣，而阳健阴顺，互为功用，其生成化育之事同也；男外女内，其迹睽矣，而阳教阴教，共成家法，“其志通也”；万物露生，其象尤错杂不齐，而得天地之和，禀阴阳之气，其消长盛衰之事类也。然则不睽亦无由而合，故圣人以其睽者类族辨物，而以其不睽者通德类情，睽之时用大矣。文王言“小事吉”，不强人以同也。而夫子推论之，则又明睽者必合而后贵。盖其意不同，而其理同，其维世忧民之心则一也。

《象》曰：上火下泽，睽，君子以同而异②。

同而异者，事无定，理亦无定，无定而有一定，以时中之理，处纷纭之事，不苟于同，未尝不同也。非义精仁熟，未易言此。同象兑之说，异象离之明。

初九，悔亡，丧马勿逐自复，见恶人无咎③。

四互坎，故为“马”，不与初应，故“丧”也。初刚能自守，故不逐。五应二而三应上，四与初睽，无所复之，久当“自复”也。离躁坎险，四兼有之，故象“恶人”，离为目，故象“见”也。初在下而无应，与四相睽，宜有悔矣，以刚正而说，忘乎其睽，当睽之时，不立异同，善处睽者也。是故“丧马勿逐”而“自复”，本同而忽异者任之；恶人来见即见之，本异而忽同者容之，所谓往者不追，来者不拒也，故

① 《周易集解》：“虞翻曰：五动乾为天，四动坤为地，故‘天地睽’……四动艮为男，兑为女，故‘男女睽’……四动，万物出乎震，区以别矣，故‘万物睽’。”（卷第八，第124页）

② 《周易集解》：“荀爽曰：大归相同，小事当异。”（卷第八，第125页）

③ 《周易折中》：“《程传》：睽独无与则不能行，是丧其马也，四既与之合则能行矣。……恶人，与己乖异者也。‘见’者，与相通也。”（卷第五，第185页）

"无咎"。

《象》曰:"见恶人",以避咎也。

不为已甚,故"无咎"。夫睽之始尚可合也,惟绝之太甚,则仇怨生而凶咎至,故"避咎"为贵也。

九二,遇主于巷,无咎[①]。

无心而会曰"遇",离为日, "主"象,五君位,亦"主"象。巷,委曲之路。离中虚两阳横亘其外,"巷"象。变艮为径路,变震为大涂,大涂转入径路,亦"巷"象。二本与五应,因睽之时,义不苟合,乃五得中而应乎刚,自求贤臣,二不意而"遇主于巷",睽而得合,然非苟合也,故"无咎"。

《象》曰:"遇主于巷",未失道也。

枉道曰"失"。九二刚中,不苟于同,而主自求之,故不"失道"。然巷非周道也,故曰"未"。邓禹似之,若伊吕则非巷遇。

六三,见舆曳,其牛掣[②],其人天且劓[③],无初有终。

离为目,"见"象。又为牛,变乾,"舆"象,互坎亦"舆"象,"曳"象。兑伏艮,"手"象,"掣"象。曳,拖引也。掣,挽也。阴居两阳之中,时际睽乖,虽与上九为正应,而不能骤合,前曳后掣,进退维谷,物象如此,其睽之甚可知矣。若以其人当之,则三为人位,上为天位,三欲与上合而九四梗之,仰首望天,天不可阶,而徒伤鼻,其难合又如此,然睽而难合者,以二四阻限之也。三与上刚柔正应,终必得合,非二与四所能终隔,故"无初"而"有终"。兑口上为"鼻",伏艮亦"鼻"象。离为干戈在前,兑毁折,鼻上加干戈,"劓"象。天,或作

---

① 《周易折中》:"《程传》:二与五正应,为相与者也。然在睽乖之时,阴阳相应之道衰,而刚柔相戾之意胜。学易者识此,则知变通矣。故二五虽正应,当委曲以相求也。"(卷第五,第186页)

② 按:掣,众本同,《周易集解》作"觢":"牛角一低一仰,故称'觢'。"(卷第八,第125页)

③ 《周易集解》:"虞翻曰:'其人'谓四,恶人也。黥额为'天',割鼻为'劓'。"(卷第八,第125页)《来注》:"六三阴也,居人位,故曰'人',上九阳也,居天位,故曰'天'。"(卷之八,第283页)

"而"，谓古文相类而误也，髡首也。然上与三始睽而终合，《传》云"遇刚"，正以上九刚故能合，不得以为髡三之首也。

《象》曰："见舆曳"，位不当也。"无初有终"，遇刚也。

位不当，阴居阳位，而二四两阳又厄之也。刚谓上九。三与上正应，上九刚能克敌，非二与四所能终间也。

九四，睽孤，遇元夫，交孚，厉无咎。

元夫，善士也。初九以阳居下，有德之匹夫，实天下之善士也。九四阳刚，当睽之时，左右二阴皆小人，与己不类，为"睽而孤"之象。初九以阳德而居下位，与己同道相应，九四遇之，与之交孚，惟恐不合，常怀危厉，同德相交，可"无咎"也。盖以大臣而下交贤士，故可以合睽，不患其孤。

《象》曰：交孚无咎，志行也。

二阳同德，济睽之志得行也。

六五，悔亡，厥宗噬肤，往何咎①。

厥宗，其党。二为五之正应，又互离，五之宗也。二变则成噬嗑，噬嗑之二曰"噬肤"，故睽五亦曰"噬肤"，言相合甚易，如噬肤之柔脆也。九二言"遇主"，主者尊之，此言"厥宗"，宗者亲之。臣尊其君，君亲其臣，何难合天下之睽。上六②当睽之时，以柔居尊，宜有悔矣，然质本文明，柔进上行，有柔中之德，下应九二刚中之贤，故"悔亡"。而与其党相亲，如"噬肤"之易，以此而往，更何咎也。

《象》曰："厥宗噬肤"，往有庆也。

得贤臣以济睽，则睽合，故勖以往而曰"有庆"。君往求贤，贤与之遇，圣人之不贵苟合如此。

---

① 《周易折中》："《集说》：王氏申子曰：睽之诸爻皆言'睽'，独二五不言'睽'而言'合'。'肤'者睽之浅，噬则合之深，君臣之合如此，可以往而有为，何'咎'之有？"（卷第五，第188页）

② 按：上六，刻写之误，应作"六五"。

上九，睽孤，见豕负涂，载鬼一车，先张之弧，后说之弧①，匪寇婚媾，往遇雨则吉②。

离互坎为“豕”，入于兑泽，故“负涂”也。坎为车，又为隐伏，故“载鬼”也。离为“弓”，坎为“矢”。先张，离虚圆也；后说，兑毁折也。坎为“寇盗”。三与上正应，故曰“婚媾”。坎水成泽，故“雨”。四之“孤”，以人而孤也，因左右皆阴爻也；上九之“孤”，自孤也，因猜疑而孤也。“见”者，上九自见为然而疑之也。上九刚极而过于用明，睽极而孤，猜疑益甚，所见愈奇。“见豕负涂”，疑其不洁而污己；“载鬼一车”，疑其为幻而祟己；“先张之弧”，疑其设机以射己；“后说之弧”，疑其虚无以误己，四句皆形容其“睽孤”之象。所以然者，因上疑三为寇也。其实三与上应，本非寇而婚媾，特己之私心甚而戾气昭，变现诸象。是惟以诚相信，猜疑释而同心，如阴阳和而遇雨，则疑消而明生，睽合而说应，“吉”也。

《象》曰：遇雨之吉，群疑亡也。

因疑生睽，睽则愈疑。上九离火焰极而昏，象人心过察而疑以诚信。六三火降泽润，故象“遇雨”。群疑，谓“豕负涂”诸象。一诚则无不合也。

附　解

睽非事理之宜也，而事势则往往有之。君子以同而异，则处睽之道尽矣。六爻设象，皆明“睽”之状，而欲人“合睽”，大要以相应与为始睽终合。初“丧马自复”，四所以“遇元夫”而“无咎”；二之“遇主”，即

---

① 接：后说之弧，众本同，《周易集解》《周易述》作“后说之壶”。《周易述》：“《释诂》曰：‘说，舍也。’郭注云：‘舍，放置。’说、舍同义。……壶，俗作‘弧’，今从古。……壶器大腹有口，盛坎酒于中，故‘后说之壶’也。”（《周易下经一》，第127页）

② 《周易折中》：“《本义》：‘见豕负涂’，见其污也；‘载鬼一车’，以无为有也。张弧，欲射之地；说弧，疑稍释也。……‘往遇雨则吉’，疑尽释而睽合也。《程传》：大凡失道既极，必反正理，故上之于三，始疑而终必合也。……阴阳交而和畅则为雨。”（卷第五，第189页）

五之“噬肤”；三之“无初有终”，即上之“遇雨亡疑”也。守正推诚，含宏宽大，泯其私意猜疑，则睽者亦合。惟不能然，是以五伦之谊遂多乖离，而有情世宙长为缺憾乾坤矣。噫！

䷦ 艮下坎上

蹇，难也。为卦坎险艮止，见险而止，不能前进，故为“蹇”。《序卦》：“睽者乖也，乖必有难，故受之以‘蹇’。”自屯蒙至蹇解，中隔三十六卦；自蹇解环至屯，中隔二十四卦，此阳四九、阴四六之数也。老阴老阳之策主变，故相沿以阳九阴六为难限。

蹇，利西南，不利东北，利见大人，贞吉①。

后天之坎，即先天之坤，因乾阳居坤中，故成“坎”。后天卦位，坤在西南，艮在东北，坎在北。本卦坎艮成蹇，往西南则阳据坤中，得位而顺，故“利”；往东北则愈入于险，故“不利”。大人谓九五也，坎中阳即乾中真阳，故称“大人”，互离，故称“见”。出艮而见九五之大人，故“利见大人”，即上文利西南意耳。

《彖》曰：蹇，难也，险在前也。见险而能止，知矣哉。蹇利西南，往得中也；不利东北，其道穷也；利见大人，往有功也；当位贞吉，以正邦也。蹇之时用大矣哉。

蹇有艰难之义，坎险在前，不可前进，故“难也”。然艮止在后，知其为险而不进，知孰如之。互离故能“见”，变坤故“知”也。见险虽以能止为“知”，而济险必以能往为功。坤位西南，致养万物，乾阳居坤中之正位，乃得中道；入其东北，则愈入于闭藏消歇之所，其道必穷。大人者，济蹇之人；贞者，济蹇之道。九五本乾，九五入居坤中，见之而蹇可平，故“有功”。当位，即指“得中”言，惟当其位，则处之以贞，而不失已，不犯险，故“吉”。天下之难，非圣智不能平，故曰“时用大”。

① 《周易折中》：“《集说》：范氏仲淹曰：蹇与屯近，然屯‘动乎险中’，难可图也；蹇则止乎险中，难未可犯也。《案》：西南，当为退后之位；东北，当为进前之方。”（卷第五，第190页）

《象》曰：山上有水，蹇，君子以反身修德①。

水流下，山上有水，则不得地而险阻难行，“蹇”之象。君子之行，不得于人似之，反求诸身，益修其德，济蹇之道也。艮止，“反身”象；坎劳，“修德”象。

初六，往蹇来誉②。

处难之始，居止之初，上进则入于险，不进则见几而有“誉”。往以坎言，来以艮言也。

《象》曰：“往蹇来誉”，宜待也。

宜待，言其时当“待”而勿往也。

六二，王臣蹇蹇，匪躬之故。

二与五应，是为“王臣”。委贽为臣，义不可去，而犯难以救时，蹇君之蹇，故曰“蹇蹇”。其所以“往蹇”而不来者，为君非为身也。五在坎中，大蹇之时，六二阴柔才弱，然一心与五应，力任其蹇，功未必就，志则贞也。

《象》曰：“王臣蹇蹇”，终无尤也。

志济君，蹇大义无亏，尚有何尤。

九三，往蹇来反。

三为内卦之主，往与坎接，则入险而“蹇”。来反，归其所而比于二也。二有济险之志而才柔，三以刚反而内止，相资可以共安。

《象》曰：“往蹇来反”，内喜之也。

内者，内卦之二也。阴喜从阳，故三反而内喜之，以阳为艮主，内阴之所恃也。凡忠良得贤士内助，皆象此。

---

① 《周易集解》：“虞翻曰：君子，谓观乾，观上反三，故‘反身’；阳在三，‘进德修业’，故‘以反身修德’。”（卷第八，第127页）《来注》：“山上有水，为山所阻，不得流行，‘蹇’之象也。”（卷之八，第286页）

② 《周易折中》：“《程传》：上进则为‘往’，不进则为‘来’，止而不进，是有见几知时之美，来则‘有誉’也。”（卷第五，第191页）

六四，往蹇来连①。

连，相连也。六四居大臣之位，而才柔；往与上六应，则益柔，无以济事而蹇。来则上乘九五，下乘九三，皆刚，为上有贤君信任，下有贤士相助之象。

《象》曰："往蹇来连"，当位实也②。

阳实阴虚，凡言"实"者，皆谓依倚得力之意。居大臣之位，事刚正之君，义当取贤自辅，三五皆阳，故"往蹇"而"来连"，得其依仗。

九五，大蹇朋来③。

阳大阴小，九五阳陷坤中，正当险位，为"大蹇"。朋来，谓诸爻。变坤为众，亦"朋"象。九五阳刚居尊，当大蹇之时，而其才德可以济蹇，凡卦中比应之爻，无不仰而赖之。"匪躬"之二，正应而来；"来反"之三，又挟二以俱来；"来连"之四，相比而来；所连之三，亦承四以俱来；同德之三，既因二四而来；应三之上六，与众以俱来，故曰"朋来"。自本爻言之，即《彖传》之"当位贞吉，以正邦也"，自诸爻言之，即《彖传》之"利见大人，往有功也"。

《象》曰："大蹇朋来"，以中节也④。

---

① 《周易折中》："《案》：荀氏以'来连'为承五，极为得之。易例，凡六四承九五，无不著其美于爻象者，况蹇有'利见大人'之文乎！若三则于五无承应之义，而为内卦之主，固不当与四并论也。"（卷第五，第192页）

② 《周易集解》："荀爽曰：蹇难之世，不安其所，欲往之三，不得承阳，故曰'往蹇'也。来还承五，则与至尊相连，故曰'来连'也。处正承阳，故曰'当位实也'。"（卷第八，第129页）《周易折中》："《程传》：当位不曰'正'而曰'实'，上下之交，主于诚实，用各有其所也。《案》：'当位'两字宜着九五说，言当尊位者有实德也，如'敌刚也'之例。"（卷第十二，第441页）

③ 《来注》："朋，指三……三与五同功异位者也……三有刚实之才，惟三可以济蹇。然三与五非比非应，不能从乎其五，惟二与五应，乃君臣同其患难者，余四爻则不当其责者也。"（卷之八，第287页）《周易折中》："《案》：凡易之应，莫重于二五，故二之称'王臣'者，指五也；五之称'朋来'者，指二也。"（卷第五，第193页）

④ 《周易折中》："《案》：蹇卦之义，在乎进止得宜，爻之往来，即进止也。九五虽不言往来，而《传》明其为'中节'，则进止之宜不失，可以济难而不至于犯难矣。"（卷第十二，第441页）

中，中德。节，节制也。九五居尊中正，其位足以引援，其德足以动众。不惟“王臣蹇蹇”，凡“来誉”“来反”“来连”“来硕”者，皆欲出而图君。是诸爻以为“往”者，自五视之则为“来”；诸爻以为“臣”者，自五视之则为“朋”。以一中节制群才，无过不及，而蹇之济可知矣。

上六，往蹇来硕，吉，利见大人。

硕，大也。阳为大，谓九三。上六才柔，若欲济蹇而独往，则益其蹇。来而就正应之九三，则“吉”。盖刚柔相济，且当蹇之时，惟有德有位可以济之。九五“大蹇朋来”，上六诚来就三，而与之同见大人，则济蹇之志可遂也。

《象》曰：“往蹇来硕”，志在内也。“利见大人”，以从贵也。①

内对外卦而言，九三在内卦，且贤者与己同志，有亲比意，故为内也。贵谓九五，下资贤士，与之从王济蹇，故“吉”。

附　解

跛行曰“蹇”。蹇与险异，见险而止之谓也。不肯蹈险前进，固属不嘉，然天下事皆止足不前，岂成世宙，故圣人第于“往来”之宜，设象以告，明处蹇非徒以止足为高，救时之心也。六爻皆蹇中人，故他卦上六多居事外，而本卦以志内从贵为“吉”。夫当蹇之时，必思不蹇之道，以上六之位居事外，且喜其就贤从贵济蹇，其他可知。若夫二与五不言往来，以君臣任天下之责，虽蹇而义无所逃，故臣效“匪躬”，君以“中节”，为去蹇之正道。“利西南，不利东北”，诸儒各有异说。王辅嗣以西南为地，东北为山，诸儒从之，作平易险阻解。夫西北多山，东南多水，天地之大势，故先天八卦艮居西北，泽居东南，以西南为地，东北为山，义殊强也。惟虞翻谓坤西南卦，五在坤中，坎为月，月生西南，故“利西南”，往得中，谓“西南得朋”也；艮东北之卦，月消于艮，丧乙灭癸，故“不利东北”，其道穷也，则“东北丧朋”矣。荀爽曰：西南谓

① 《周易折中》：“《集说》：苏氏轼曰：内与贵，皆五之谓。”（卷第十二，第443页）

坤，乾动往居坤五，故“得中”；东北谓艮，艮在坎下，见险而止，故“其道穷”。是二说者，于义为长，而荀尤直截了当，故从之。乃或以月消长之说为凿，不知一阴一阳者天地之道，日往月来者悬象之明。《周易》一书，包罗万象，而其原本于乾坤，乾坤之精为坎离。六十四卦皆从乾坤而生，则即乾坤以解象，应多合也，况据《象传》以释之，岂为悖乎？至于“来反”“来连”“来硕”，亦多歧说，今悉正之。

䷧ 坎下震上

解，散也。震动坎险，动而出乎险中，为“患难解散”之象。又雷雨交作，阴阳和畅，百物解散，亦“解”象。《序卦》：“蹇者难也，物不可以终难，故受之以‘解’。”

解，利西南，无所往，其来复吉，有攸往，夙吉①。

阳陷于坤中，故成坎险。解者，一阳动而出险也。方免乎险，阳微，当就养于坤母，故“利西南”。因一阳尚稚，未可大有所为，又震在外卦，五上二爻皆阴，更无外之可往，故“无所往”。来复，谓震来居下卦也。复卦震下坤上，阳得所养而日盛，此卦震虽出险，然居外卦，坎险犹在其下，故占者当法天地之义，方解之初，惟“来复”而养于坤母，静以自守，不宜躁动。若必有所往，必夙有成算，理势既审，然后往而无失。盖患难初解，以安静为“吉”也。蹇之难在东北，故言“利西南，不利东北”，示以去蹇之道，此句本已有“解”象，故不言“不利东北”。

《象》曰：解，险以动，动而免乎险，解。解，“利西南”，往得众也；“其来复吉”，乃得中也；“有攸往夙吉”，往有功也②。天地解而雷雨

---

① 《周易集解》：“虞翻曰：临初之四。坤，西南卦。初之四，得坤众……二往之五，四来之初，成屯，体‘复’象，故称‘来复吉’矣。”（卷第八，第129页）《来注》：“解与蹇相综，解，即解蹇难……蹇下卦乃艮止，止则不往，所以‘无所往’也。”（卷之八，第289页）

② 《周易集解》：“荀爽曰：五位无君，二阳又卑，往居之则吉。据五解难，故‘有功也’。”（卷第八，第129页）

作，雷雨作而百果草木皆甲坼，解之时大矣哉①。

险以动，因险而动，不安于险也。动而能免乎险，故名“解”，若动而不免，犹不得为“解”也。所以云“利西南”者，以坎中一阳动而出险，上居坤之一画为震。坤为众，位西南，一阳往居，上卦二阴爻皆随之以动，为“得众相助”象也。“其来复吉”者，震来居下卦，则坎变为震，阳长而险无，静以自养，为得中道。“有攸往夙吉”者，不轻于往，夙为之计而后往，往则“有功”，不徒往也。下文因推广言之，天地不交则气机闭塞，解其郁而雷雨交作，阴阳和同，“百果草木皆甲坼”，凡不解者胥解。天地之解，人事如之，则时以动而险尽平，故曰“时大矣哉”。

《象》曰：雷雨作，解，君子以赦过宥罪②。

坎为狱，为罪过，震发动之，“赦过宥罪”象。过，无心之失。罪，有心之恶。郁结甚而雷雨作，万物被发生之仁，蹇难后而行宽仁，体天地物与为新之意也。

初六，无咎③。

难既解时，以柔居刚，以阴应阳，为柔而能刚之义，故“无咎”。

《象》曰：刚柔之际，义“无咎”也。

际，交际。初刚六柔，应四刚，刚柔相济，无不可为，故有“无咎”之义。

---

① 《来注》：“险之为物，见天则讼，见泽则困，见山则蹇，在外卦则屯，惟坎险在内，震动在外……得以免于险难，所以名‘解’也。……震二爻皆坤土，坤为众……甲者，萌甲；坼者，坼开。”（卷之八，第289页）

② 《周易折中》：“《集说》：孔氏颖达曰：过轻则赦，罪重则宥，皆解缓之义也。赵氏汝楳曰：雷者天之威，雨者天之泽，威中有泽，犹刑狱之有‘赦’‘宥’。”（卷第十二，第442页）

③ 《周易折中》：“《集说》：胡氏炳文曰：恒九二‘悔亡’，大壮九二‘贞吉’，解初六‘无咎’，三爻之占二字，其言甚简，象在爻中，不复言也。《案》：《彖》‘利西南’者，处后也。初应刚乘刚而处其后，得卦义矣。义明故辞寡。”（卷第六，第196页）

九二，田获三狐，得黄矢，贞吉①。

坎为狐，又为弓矢。互离伏，离数三。三狐，指应比之三阴也。离为戈兵，戈兵震动，“田”象。坎中本坤之中，故称“黄”；一阳乾金，故称“矢”。黄，中正之色，矢直物，所以射狐。解难者，必去难之所由生，小人如狐，九二刚中之才，能去邪媚而不失已，如“田获三狐”，狐去而“黄矢”如故。盖以中直之道解难，故无难解，非徒以力胜也，故“贞吉”。

《象》曰：九二贞吉，得中道也。

二阴位，九以阳居之，本坤中位，刚直而以柔居之，不动声色，小人自除，故曰“得中道也”。

六三，负且乘②，致寇至，贞吝。

坎为“舆”，为“盗”，故兼有“乘寇”之象。六三阴柔而居下之上，是无德而欲据高位，取非其有，力不胜重，有如“负”焉；据非其地，以高陵人，有如“乘”焉。负而且乘，人将夺之，故“致寇至”。象如此，占者虽所为之事贞，而亦难行也。

《象》曰：“负且乘”，亦可丑也。自我致戎，又谁咎也。

乘者，君子之器。负荷之人而乘，小人窃位为荣，故“可丑”。寇自己致，又将谁咎？叹之也。

九四，解而拇③，朋至斯孚④。

---

① 《周易折中》：“《程传》：田者，去害之事；狐者，邪媚之兽。《集说》：杨氏万里曰：当解之时，此爻欲其‘获狐’，三戒其‘致寇’，四欲其‘解拇’，五欲其退‘小人’，六欲其‘射隼’。一卦六爻，而‘去小人’之象居其五。”（卷第六，第197页）

② 《周易折中》：“《程传》：犹小人宜在下以负荷……而反乘……当致寇夺也。难解之时，而小人窃位，复致寇矣。《集说》：孔氏颖达曰：乘者，君子之器也；负者，小人之事也。”（卷第六，第197页）

③ 按：拇，众本同，《周易述》作“母”：“母，古文‘拇’。”（《周易下经二》，第133页）

④ 《周易折中》：“《程传》：拇，在下而微者，谓初也。《集说》：刘氏牧曰：拇，谓初也。居下体之下而应于己，故曰‘拇’。何氏楷曰：解，去小人之卦也。卦唯二四两阳爻，皆任‘解’之责者。”（卷第六，第198页）

而，汝也。拇，足大指。震为“足”，三居震下，故象“拇”。二与四为同德之朋，当解难之时，四近君，而二与五为正应，宜协力以解难，而三阴柔间之，必先去之，然后二与五相孚有成。因象以戒占者，故曰“而”。

《象》曰：“解而拇”，未当位也。

以阳居阴，应初比三，为“未当位”，故必须“解拇”而后“孚”也。

六五，君子维有解，吉，有孚于小人①。

五居尊，君子之位；中而应刚，君子之德。维、惟同。当解之时，六五以君子之道化人，其于小人，不念旧恶，惟有解之之一术，占者“大吉”。盖服小人易，化其心难，惟有解，则小人亦感其德而自新，“有孚于小人”也。

《象》曰：君子有解，小人退也。

退，即《论语》“不仁者远”意。

上六，公用射隼于高墉之上②，获之，无不利。

四近五为公位，“公用”与随上、离上“王用”同义。隼，鸷鸟，害物者。坎矢居下卦，“自下射上”象。高墉，王宫之墙。六近五而蔽于外，故象之。四震动，为解之主，上六阴党而远翔，君不能制。四乃大臣，乘“高墉”以“射”而“获之”。大奸既得，蹇难悉解，故“无不利”也。

《象》曰：“公用射隼”，以解悖也。

---

① 《周易折中》：“《本义》：孚，验也。君子有解，以小人之退为验也。《程传》：‘有孚’者，世云‘见验’也。”（卷第六，第198页）《周易述》：“两‘系’称‘维’，故知初系二，五亦系四也。二阳同类，故‘朋’谓‘二’，二之五，两系皆‘解’。坎信为‘孚’，故‘朋至斯孚’也。”（《周易下经二》，第133页）

② 《来注》：“九二地位，故曰‘田弧’，则地之走者也；上六天位，故曰‘高’，隼则天之飞者也。”（卷之八，第291页）《周易折中》：“《集说》：沈氏该曰：墉，所以卫内而限外也。害在内，小人在君侧也。出乎墉之外，则非射之所能及。《案》：盖‘狐’者，邪而穴于城社，在内之奸也；‘隼’者，鸷而翔于垌野，化外之悍也。”（卷第六，第199页）

上居高而党阴悖阳，自远于君，射而“获之”，更无悖而不顺者也。

附 解

阳陷于坤中而成坎，动而出坎成震，是“动而免乎险”象。夫易不过阴阳二者，乾坤阴阳正象，乾三爻皆阳，而惟中一爻为“真阳”；坤三爻皆阴，而惟中一爻为“真阴”，真阳陷而艮止，不敢前进，诚以势难遽解也。此卦阳动而出，则坎仍为坤。震者，乾初爻居坤之初爻也，阳动固可出险，而阳微岂可骤施，故利以坤土养稚阳，然后阳益甚而用可大。文王八卦方位坤居西南，制烈火以孕西金，乾阳真气所恃以不敝，蹇、解之“利西南”，即此义也。蹇困于东北，故不宜在东北；解则已离东北，特阳尚微弱，更须致养乎坤耳，故不言“东北”。先儒纷纷，何其谬说。惟本卦以四一阳为解之主，故初际之而“无咎”，五惟解而有孚。九二动而出坎成震，两阳仍是一阳耳，故“贞吉”。六三阴居二上，上六阴居五上，皆为“小人”。上于君子之小人必遭寇盗，上于君之小人必罹诛殛，圣人所以谆谆致戒也。夫惟难由小人，解难必去小人，固已而有刚柔变通之用。九二“获狐”，九四“解拇”，上六“射隼”，皆以刚去小人，忠贤之用也。六五“维有解，吉”，则以宽大行之，盖人君任得贤臣，正不必自尚严威，而小人自服。尧用舜与皋陶，好生之德，洽于民生，而四凶去，顽谗警，即其事焉。然六爻皆言君国之事，而一身一家之当解者从略，以君子反身修德，“赦过宥罪”，大象已尽其义，故不烦也。

䷨ 兑下艮上

损，减省也。为卦兑下艮上，损泽之深，益山之高，“损”之象；损下卦上画之阳，益上卦上画之阴，损之义也。《序卦》：“解者缓也，缓必有所失，故受之以‘损’。”上经乾坤历十卦而为泰否，下经咸恒亦历十卦而为损益，泰否以著乾坤之交，而损益则少长男女之交，皆阴阳消长著而为人事者，故《杂卦》曰：“损益，盛衰之始也。”

损，有孚，元吉，无咎，可贞，利有攸往。曷之用？二簋可用享①。

损，损下之刚以益上也。爻尚刚而卦主内，内刚有损，故谓之“损”。乾刚变兑说，至诚以孚人之象，故“有孚”。占者如是，则“元吉”而“无咎”。盖咎生于强人从己，至诚而损己从人，尚何咎之有？可贞，言此理可常守，则居身应世，不特一事“无咎”而已。曷之用，设为问词，举“二簋”以明其象。二簋，损减之至，然“有孚”则可用以“享”神，凡事损之当者视此。坤含乾元艮止，故象“贞”；互震行，故象“往”；兑说，故“利”。震象“簋”，兑数“二”，兑口坤腹，又众也，故象“享”。

《彖》曰：损，损下益上，其道上行。“损”而“有孚，元吉，无咎，可贞，利有攸往。曷之用，二簋可用享”。二簋应有时，损刚益柔有时，损益盈虚，与时偕行。②

损，以三、上二爻为成卦之主。损下卦以益上卦，取下以益上，如人臣致身，百姓服役，必如此然后上下交而志同，故曰“其道上行”。损而能以“有孚”行之，则“元吉，无咎，可贞，利有攸往”何疑。又云“曷之用，二簋可用享”者，“二簋”至薄，而“可用享”，以其时当损，必不能备礼，而后损至二簋以应其时。凡事由此类推，太过者谓之刚，不及者谓之柔，当损而损，损刚益柔，固有其时。必“损益盈虚”，乃天时自然之运，“与时偕行”，不必不损，损之适得其中，与时偕行而已。

《象》曰：山下有泽，损，君子以惩忿窒欲。

深泽山高，损下以增高，“损”之象也。惩，戒。窒，塞。人之当损者，莫如“忿”与“欲”，忿心之起，如山之高；欲心不溺，如泽之深。君子观象反躬，以“惩”以“窒”，损之又损，以至于无。虞翻曰“兑说，故惩忿；艮止，故窒欲”，是也。少男少女，忿欲尤甚，惩忿窒

---

① 《周易集解》：“虞翻曰：艮男居上，兑女在下，男女位正，故‘可贞，利有攸往’矣。崔憬曰：曷，何也……以喻损下益上，惟在乎心，何必竭于不足而补有余者也。”（卷第八，第131-132页）

② 《周易集解》：“荀爽曰：谓损乾之三居上，孚二阴也。……少男在上，少女虽年尚幼，必当相亲承，故曰‘可贞’。……二簋，谓上体二阴也。上为宗庙。簋者，宗庙之器，故可享献也。虞翻曰：乾为盈，坤为虚。”（卷第八，第132页）

欲，内则义理说心，外则止于礼法。故曰：“损，德之修也。”

初九，已①事遄往，无咎，酌损之。

已，止也。事谓私事。刚故“遄往”。初民位，四虚己求益，初九缀②。已事而速往应之，义得“无咎”。盖酌其当损而损之。急公奉上，损己利人之大者也。

《象》曰：“已事遄往”，尚合志也。

上谓六四，舍己而往应他人，得以无咎者，以四有虚己之诚，初尽奉上之义，其志合也。

九二，利贞，征凶，弗损益之。

九二刚中，中则正矣。“利贞”者，安中德以自守。若不守中而往，则非道容说，故“凶”，盖守贞而弗损己，正所以益上也。

《象》曰：“九二利贞”，中以为志也。

人臣忠贞事上，不为容说，乃中道也。当损下益上之时，而以不损为益，要惟适乎其中而已。

六三，三人行，则损一人，一人行，则得其友。

三，人位。乾本三阳，以一与上，是三人而损一人也。阳上阴下，适居应位，是一人而得友也。互震为大涂，此往彼来，故曰“行”。一阴一阳之谓道，两而化也，三而损一得两，一而得友亦两也。损有余以补不足，因自然之理，而两化者一神。此爻卦之主，故于此发明损之不得不然，而天、地、人义统存焉矣。

《象》曰：“一人行”，三则疑也③。

两相与则“专”，参以三则“疑”。一人行，得友而成两，故损其余

---

① 按：已，众本同，《周易集解》作“祀”：“虞翻曰：祀，祭祀。……祀，旧作‘巳’也。”（卷第八，第133页）《周易正义》作“巳”：“巳，竟也。”（卷四，第53页）《来注》作“己”：“己者，我也。”（卷之八，第293页）

② 按：缀，当作“辍”，《周易折中》：“《本义》：初九……辍所为之事而速往以益之，‘无咎’之道也。”（卷第六，第201页）。

③ 《来注》：“一人行，得友而成两，则阴阳配合而专一，若三，则杂乱而疑矣，所以损其一也。”（卷之八，第294页）

以致一也。

六四，损其疾，使遄有喜，无咎①。

阴阳之偏为“疾”。六四重阴，承乘皆阴，有偏柔之“疾”，乃虚己求益于初九，是能损其柔疾，以受益于人，遂“使遄有喜”而疾顿除矣。占者如是，何咎？

《象》曰：“损其疾”，亦可喜也。

柔非美德，虚己下人，则善用其柔，而“疾”顿为“喜”。亦可喜也，深喜其能自损也。

六五，或益之，十朋之龟，弗克违，元吉②。

坤为众，其数“十”，“朋”象。大象似“离”，“龟”象。十龟，《尔雅》所谓“神、灵、摄、宝、文、筮、山、泽、水、火”也③。六五虚中居尊，当“损”之时，虚己以受天下之“益”，故益来于意外。或有益之，虽“十朋之龟”，亦“弗能违”，吉无大于此者。《洪范》曰“汝则从，龟从，筮从，卿士从，庶民从”，是之谓“大同”也。

《象》曰：“六五元吉”，自上祐也。

上，上九也。上本坤体，得三阳益之而成艮。四五皆受上阳之益，而五尤切近，故曰“自上祐”。以理言，则上谓天也。谦受益者，天祐之而人神皆莫能违也。

上九，弗损益之，无咎，贞吉，利有攸往，得臣无家④。

九二“弗损”谓损己，“益之”谓益人；此“弗损”谓损人，“益之”

---

① 《周易折中》：“《程传》：人之损过，唯患不速。《集说》：杨氏万里曰：初言‘遄往’，四言‘使遄’，盖初之‘遄’，实四有以使之也。”（卷第六，第203页）

② 《周易折中》：“《程传》：‘龟’者，决是非吉凶之物。众人之公论……虽龟筮不能违也。《集说》：杨氏简曰：‘或’者，不一之辞，‘益之’者不一也，人心归之也。”（卷第六，第203页）

③ 《周易述》：“马、郑释‘十朋之龟’，据《尔雅·释鱼》曰：一曰神龟，二曰灵龟，三曰摄龟，四曰宝龟，五曰文龟，六曰筮龟，七曰山龟，八曰泽龟，九曰水龟，十曰火龟。故云‘十’。”（《周易下经二》，第137页）

④ 《来注》：“师卦上六坤变艮，则曰‘承家’；此爻艮变坤，则曰‘无家’。”（卷之八，第295页）

谓益已。卦义损下益上，在下卦为自损，在上卦为受益。卦以“损三益上”成义，上为受益之极，成卦之主，不损人而自有益于己，故“无咎，贞吉”，而“利有攸往”。臣谓三，艮象庐，为“家”，变坤则“无家”。得臣无家，正言“弗损益之”之象也。上得三以自益，为得贤臣自助，然乃益己以益于国，非自益其私家。盖上为臣之尊位，本卦上卦受下卦之益，皆以损三益上，故其象如此。而前人以君当之，非也。

《象》曰：“弗损益之”，大得志也。

阳大阴小。志，合众贤以益国之志。

附　解

此损则彼益，太过则必损，故损者天地之理，人事之宜也。然不善用其损，则损已损人损物，均有所失。《彖》揭“有孚”为损之本，而以“二簋”明其象，凡损道可类推矣。夫子推言“损刚益柔有时”，“与时偕行”，则知损者非知时不能，欲知时非修德不可，故《大象》以“惩忿窒欲”为损道切己之要。初九损已而益人，九二不损已而亦益人。六三就上下交接立象，损此有余，益彼不足，推之于天下万物莫不皆然，则得其平。故小象以“三则疑”，明其不可不损，而《系辞》复推言之。若夫上卦三爻，则受益者也，然非损已，亦无以受益。故六四之“损其疾”，为其能虚已受初九之益；六五之“或益”，为其能虚己受九二之益；上九之“弗损”而“益”，为其能合众人之益以成益。损者固损，而益者亦必先自损，此损之名卦，所以异于“益”也。先儒于各象不甚分明，于彖爻大象小象，尤多不能贯通。

䷩ **震下巽上**

风烈则雷迅，雷激则风怒，两相助益，为“益”之象。巽震二卦，皆由下变而成。损上卦之阳，以益下卦，损上益下，下厚则上安，故名“益”。《序卦》：“损而不已必益，故受之以‘益’。”

益，利有攸往，利涉大川。

雷动风行，无所阻滞，故“利有攸往”；震巽皆木，大象离中虚，乘木中虚，“舟楫”之象，故“利涉大川”。利往处常，利涉处变也。

《彖》曰：益，损上益下，民说无疆①，自上下下，其道大光。“利有攸往”，中正有庆；“利涉大川”，木道乃行。益动而巽，日进无疆，天施地生②，其益无方，凡益之道，与时偕行。

言“益”之为义，损上乾之初以为“巽”，益下卦之初以为“震”。于人事为损君益民，民说上恩于无穷矣。盖上尊下卑，患下情之不达，今上自损以益民，“自上下下，其道大光”，故民情悦而上通。“利有攸往”者，九五中正而位乎上，六二以中正应之，是圣主得贤臣而交相济美。利涉大川，则不特宜常，亦可济变也，其取象于“涉大川”者，震巽皆木，以涉川为常而不溺。利涉大川，木道乃通行无滞，而本卦震巽之“益”，所以无所不益也。若以卦体而言，震动巽入，奋动而顺入，日进于益，而不可限以时与地；以卦体言，损天阳以益下地，为“天施地生”而“品物咸亨”。夫奋动而巽入，事无不可为；天施而地生，物无所不遂，此皆当乎理之自然，而非强为相益。“凡益之道”，准此而推，当益而益，“与时偕行”，然后合益之义也。

《象》曰：风雷益，君子以见善则迁，有过则改。

风雷之势，交相助益。善者天理，性所固有，日迁则日益。过者人欲，性所本无，日改则日无。损彼益此，慎于其几。雷以动阳，风以散阴，速“迁”速“改”，象风雷之勇矣。

初九，利用为大作，元吉，无咎③。

---

① 《周易集解》：“蜀才曰：此本否卦，乾之上九下处坤初，坤之初六上升乾四，‘损上益下’者也。虞翻曰：上之初。坤为无疆，震为喜笑，‘以贵下贱’，大得民，故‘说无疆’矣。”（卷第八，第135页）

② 《来注》：“震乃刚卦，为天，‘天施’者，初之阳也；巽乃柔卦，为地，‘地生’者，四之阴也。”（卷之八，第297页）

③ 《周易集解》：“虞翻曰：‘大作’谓耕播，‘耒耨之利’，盖取诸此也。……侯果曰：若能不厚劳于下民，不夺时于农畯，则大吉无咎矣。”（卷第八，第136页）《周易折中》：“《案》：凡易中言‘吉’‘无咎’者，皆谓得‘吉’而后可以免‘咎’，而损《彖辞》及此爻，与萃四之辞为尤著。”（卷第六，第205页）

大作，大有作为。初，民位，当损上益下之时，六四大臣倾心以应，故“利用为大作”。上之事，非下不成，而非上损以应下，则贱者何敢妄作。爻义不然，则虽动众劳民，“民说无疆”，大吉而无咎也。既言“吉”，又言“无咎”者，以位卑“大作”，似非其分，或疑有咎，故重言以决之。

《象》曰：“元吉无咎”，下不厚事也①。

厚事，厚以自益之事。恐人以利大作为自私自益，故言“元吉无咎”，乃由上损己以应下，下殚力以事上，上下交而其事益，非谓下受上益，可以自私自便为身图，下固“不厚事也”。

六二，或益之十朋之龟弗克违，永贞吉，王用享于帝，吉。

损益相综，益二即损五也，故其象同。六二当益之时，虚中处下，故求益之心切，而五与之应，益自意外而来，虽“十朋之龟弗克违”也。然必永守其正，则“吉”，盖人臣忠顺而不失正。又当益时，王者依为一德，用以享于上帝，克享天心，人神可知矣。

《象》曰：“或益之”，自外来也。

外谓意外，卦以外卦益内卦，故无心而得益者，曰“自外来”。

六三，益之用凶事，无咎，有孚中行，告公用圭②。

凶事，艰危之事。阴爻而言“孚”者，中虚且受益也。三四非中而言“中”者，重卦之中也。公，公侯，谓九五。圭，以通信者也。六三阴柔居下之上，位危才弱，当受益之时，而六四蔽之，“益之用凶事”，艰难盘错，在所不免。然困之所以亨之，“无咎”也。但当有孚存心，中道而行，上交不谄，守信不渝，“告公”而“用圭”。圭者，上所

① 《来注》：“‘下’者，下位也；‘厚事’者，大作也。”（卷之八，第297页）《周易折中》：“《集说》：郑氏汝谐曰：然在下而为大益之事，位未崇也，诚未孚也，必‘元吉’然后‘无咎’，以其位非厚事之地也。”（卷第十二，第445页）

② 《周易集解》：“虞翻曰：圭，桓圭也。《九家易》曰：天子以尺二寸玄圭事天，以九寸事地也。上公执桓圭，九寸；诸侯执信圭，七寸；诸伯执躬圭，七寸；诸子执穀璧，五寸；诸男执蒲璧，五寸。五等诸侯，各执之以朝见天子也。”（卷第八，第136页）《周易折中》：“《程传》：《礼》云大夫执圭而使，所以申信也。凡祭祀朝聘用圭玉，所以通达诚信也。”（卷第六，第206页）

命于下，下以此告上，必不能舍此以取信，四安能终间之也。

《象》曰："益用凶事"，固有之也。

固有，谓理之固然。才德必从艰难而出，知其为事所"固有"，则必勉为受益，而"有孚中行，告公用圭"，不待言矣。

六四，中行，告公从，利用为依迁国①。

六四，大臣之位，而巽顺当益下之时，能顺以从下事上，中道而行，告公而公信从，是能宣上之德意，达下之民情者也，故"利用为依迁国"。盖"迁国"者，必上下相安，而通上下之情必赖大臣，故"利用"依之也。互坤，故象"迁国"。

《象》曰："告公从"，以益志也。

五之志在于益民，而四能宣上意以及下，故"告公从"也。

九五，有孚惠心，勿问，元吉②，有孚惠我德。

惠心，惠下之心。惠我德，以我德为惠。九五阳刚中正，居尊位而布恩泽，有至诚惠人之心，勿待疑问，至大吉也。盖惠下者，人君之分，特患不诚耳。今既有至诚之惠心，则下亦至诚而感我之德，天理民彝，不能或外也。恐人不坚其"孚"，故决以"勿问"。

《象》曰："有孚惠心"，勿问之矣；"惠我德"，大得志也。

有实心则有实政，益下而"有孚惠心"，更何所问，叹美以决之。"惠我德"，则下实受其益，而益下之本志"大得"也，亦美之之词。

上九，莫益之，或击之，立心勿恒，凶③。

上居益之极，刚而不正，不能益人，且反为人所侮，所以然者，立心不恒，"凶"之道也。互艮，手；变坎，盗；大象离，戈兵。与动极之三

---

① 《周易折中》："《本义》：《传》曰：周之东迁，晋郑焉依。盖古者迁国以益下，必有所依，然后能立。此爻又为迁国之吉占也。"（卷第六，第 207 页）

② 《周易折中》："《集说》：吕氏祖谦曰：人君但诚心惠民，不须问民之感，如此然后'元吉'。"（卷第六，第 208 页）

③ 《周易述》："旁通恒，益初体复心，上不益初，故'立心勿恒'。伤之者至，故'凶'。"（《周易下经二》，第 139 页）

相应，故象“击”；巽进退不果，故象“勿恒”，刚而不中，安能有恒。损言“有时”者，非常道也；益取日进无疆，“立心”当恒，“勿恒”则凶矣。

《象》曰：“莫益之”，偏辞也；“或击之”，自外来也。

偏辞，犹言偏之谓也。惟其偏刚，故不能益人，亦不为人所益。外，意外。本卦以损上益下为义，上不能益三，三柔亦未必仇之，而患自意外而来，甚言偏刚之为害也。《系辞》言“莫之与，则伤之者至”，盖推论其理。

附　解

卦以损阳益阴名为“益”，为卦主者，“四”与“初”也。而下卦皆以“受益”为义，上卦皆以“能益下”为义，惟上九位之亢，势之穷，不能益人，是以人不“益之”，而反“击之”。盖益人之事，必能损己；损己者，非违道徇人也。理之所在，舍己从人，宁自居于谦菲，此必有中正之行、虚衷之度。四为“益”主，故通上下之情以成“益”；五居尊而虚中，故能有益人之“惠心”，人亦被惠我之实德；上则无四之位，无五之虚中，恃刚而“偏”，故“莫益”而“或击之”。若夫下三爻，受人之益者也。初为民，受上益而“元吉无咎”；二为贤，受上益而享帝；三居下之上，位不中正，虽受益而“用凶事”，赖“有孚中行”以贞之。统观六爻，凡益人与受益者，其理可以类推矣。夫益则无往不利，而亦视乎益之之道何如。《彖》言“凡益之道，与时偕行”，则益固无定法矣；《象》言“见善则迁，有过则改”，以为益道莫大于是。体《彖》《象》以得乎益之全，参六爻以尽乎益之变，是在学者之神而明之也。

䷪ 乾下兑上

夬，决也。兑上乾下，水在天上，势必下溃。五阳盛长，决去一阴，皆“决”之象也。《序卦》：“益而不已必决，故受之以‘夬’。”三月之卦也。

夬，扬于王庭①，孚号有厉，告自邑，不利即戎②，利有攸往。

五阳连汇而进，决去一柔，“扬于王庭”，以正其罪。虽以诚相孚，号召其众，协力同心，然不无危惧也。是惟议道自己，由近及远，告自于邑，以渐而化，不可恃君子之势盛，遽兴兵戎，思以力服。如此，则“利有攸往”，柔不患其不决，小人不患其不化矣。乾“王”象，五亦“王”象。阳实“孚”象，兑口“号”象，乾惕“厉”象。乾伏坤，故象“邑”；乾兑皆金，故象“戎”。

《彖》曰：夬，决也，刚决柔也。健而说，决而和。“扬于王庭”，柔乘五刚也。“孚号有厉”，其危乃光也。“告自邑，不利即戎”，所尚乃穷也。“利有攸往”，刚长乃终也。

五刚进决一柔，势在必决，故曰“夬”。乾健兑说，健则不怯懦以长恶，说则不猛烈以激变，是以有壅则决，而无决不和。“扬于王庭”者，以一柔乘于五刚之上，小人而在高位，非明正其罪不可。以孚相号，而云“有厉”者，其危惧之念，乃所以能光大也。“告自邑，不利即戎”者，小人之据高位已久，其平日必有笼络愚人之术，由近明告其非，则众知小人之罪，不待戎威，而其势自孤，“所尚乃穷也”。“利有攸往”者，决之有道，决之不骤，则刚日长而尽变为乾，乃有终也。

《象》曰：泽上于天，夬，君子以施禄及下，居德则忌。

泽本下而气腾于天，势必溃决成雨，故象为“夬”，君子体之，施禄及下，亦如泽自天下。如自居其德泽不下，究如泽壅而不流，必有溃决，是乃所“忌”也。

---

① 《周易集解》：“郑玄曰：扬，越也。五互体乾，乾为君……阴爻越其上，小人乘君子，罪恶上闻于圣人之朝，故曰‘夬，扬于王庭’也。”（卷第九，第139页）《来注》：“扬者，得志放肆之意。‘于王庭’，在君侧也。五为君，‘王’之象也。兑错艮，为‘门阙’，‘庭’之象也。”（卷之九，第301页）

② 《周易折中》：“《程传》：邑，私邑。告自邑，先自治也。……即，从也。从戎，尚武也。”（卷第六，第209页）《周易述》：“震善鸣，为‘告’。坤为‘自’为‘邑’，故为‘自邑’。……复时坤有民众，乾来消坤，故民众消灭。二变体离，离，甲胄戈兵，故为‘戎’。……卦穷于上，故‘所尚乃穷也’。”（《周易下经二》，第143页）

初九，壮①于前趾，往不胜为咎②。

卦下为“趾”，重刚故“壮”，“前”犹“进”也。兑在夬上，初“往”无应与，而遇毁折，故“不胜”。当夬之时，前往非咎，然亦必审时量力，期于有济，若冒昧前往，角而不胜，则不可“决”矣，是“无咎”而自“为咎”也。

《象》曰：不胜而往，咎也。

君子虑胜而动，所以善全其理，不胜而轻往，自然咎也。叹之也。

九二，惕号，莫夜有戎③，勿恤④。

变离伏坎，为“加忧”，故象“惕”；上卦兑口，“号”象。兑西为日暮，乾西北则夜也，离为戈兵，伏坎盗，故象“暮夜有戎”。九二以刚居柔，当夬之时，能知戒备，内乾惕而外号众，持重如此，虽“暮夜有戎”，亦勿忧惧也。惕，即《彖》所谓“厉”，惕号，即“孚号”也。

《象》曰：“有戎，勿恤”，得中道也。

中道，乾之中也。得中则不恃其刚，而能“惕号”，不忘戒备，故“有戎勿恤”。

九三，壮于頄，有凶⑤，君子夬夬，独行遇雨，若濡有愠，无咎。

頄，音逵。頄，颧骨也。乾为首，三居下乾之上，故象“頄”；乾体，故称“君子”。夬夬，决于夬也。兑泽为雨，三与之应，故“遇雨”，以其适值而非本心，故称“遇”；本非“濡”也，而迹类之，故称

① 《来注》：“壮者，大壮也。四阳为‘壮’，五阳为‘夬’。”（卷之九，第303页）

② 《周易折中》：“《程传》：前趾，谓进行，人之决于行也。……九居初而壮于进，躁于动者也，故有‘不胜’之戒。”（卷第六，第210页）

③ 《来注》：“二为地位，离日在地下，‘莫夜’之象也。……本卦五阳一连重刚，‘有戎’象，所以卦辞爻辞皆言‘戎’，非真有戎也。”（卷之九，第303页）

④ 按：莫夜，众本同，《同易折中》作“暮夜”：“《案》：此爻辞有以‘惕号暮夜’为句，‘有戎勿恤’为句者。言‘暮夜’人所忽也，而犹‘惕号’，则所以警惧者素矣。”（卷第六，第211页）

⑤ 《周易集解》：“王弼曰：九頄，面颧也，谓上六矣。……剥之六三，以应阳为善……然则处阴长而助阳则善，处刚长而助柔则凶，而三独应上，助小人，是以‘凶’也。”（卷第九，第141页）

"若"；无以自明，故"有愠"。九三刚而不中，志夬阴而征于面色，"壮于頄"，事未发而机先泄，凶之道也。君子内断于心，欲决即决，独行而前，与上相应，迹类和同，不知者谓为小人所染，"遇雨"而"若濡"，君子无以自明，"有愠"也。然不遽绝小人，实欲变化而夬去之，义"无咎"也。盖圣人欲人夬小人，而又贵其善夬，故云然。

《象》曰："君子夬夬"，终无咎也。

有愠，疑乎有咎，然君子不妨与小人交，而实欲夬小人，其夬已决，始虽若濡有愠，而终无咎也。

九四，臀无肤①，其行次且，牵羊悔亡，闻言不信。

臀，足所附以行也，变坎，故象"臀"，又上卦之下也。乾兑相比为"肤"，兑毁折，故"无肤"。次且，与"趑趄"同，行不进也。五为夬主，四故阻而不能行。兑为羊，综巽为绳象，伏艮为手象。牵羊，牵连三阳，而随五以进也。牵羊者让之使前，戒以如是，则"悔亡"也。兑口"言"象，变坎为"耳痛"，又刚傲，故"不信"也。诸阳皆同志夬阴，而五为夬主，四居下上之间，不夬则迫于其下而不能安，欲夬则阻于其上而不能往，为"臀无肤，其行次且"之象。是惟若牵羊然，牵三阳以并进，随五而夬，不自用其夬，则悔可以亡。然四刚险多疑，虽闻善言，不能信也。

《象》曰："其行次且"，位不当也。"闻言不信"，聪不明也。

阳居阴位，与上势隔，又变坎值兑毁坎陷，故"位不当"。聪，听也，变坎为"耳"，刚傲故"不信"。占者知其位而戒"不信"，则"悔亡"也。

---

① 《来注》："臀字从殿，殿者后也。凡易中言'臀'者，皆坎也。"（卷之九，第304页）《周易折中》："《案》：'臀'者，与阴相背之物也。夬四姤三，皆与阴连体而相背，故皆以'臀'为象。夫相背则势犹相远，缓以处之可也，若臀有肤，则能安坐矣。"（卷第六，第212页）《周易述》："爻例：初在下体之下，故象'止'；四在上体之下，故象'臀'。艮为'肤'，《九家说卦》文。艮灭兑下，故'臀无肤'。"（《周易下经二》，第145页）

九五，苋陆夬夬①，中行无咎。

苋，音桓。苋，山羊，陆，平地也；夬夬，决于夬。六爻独三五言“夬夬”，三应上，五比上，恐其系累，故欲其决于夬也。卦大象似“兑”，诸阳上夬一阴，如群羊在陆，纵其觝触，以必夬为志，则合于“中行”，可“无咎”也。山羊角细，五与上比，其触不力，故特戒以勖之。

《象》曰：“中行无咎”，中未光也。

九五刚中，为夬之主，仅云“无咎”者，以与上比，同此说体，未甚光明，故勖以“夬夬”，而仅许“无咎”。盖小人惟君授以柄，然后得据高位。今诸阳协力夬阴，而其权必归于五，五稍狎昵于上，则不可夬矣，故象占如是。

上六，无号②，终有凶。

此众阳之所“夬”也。垂尽之阴，若无足虑，然一返即“姤”，不可忽也。惟望众君子“孚号”“惕号”，不忘敬惧，则刚长有终。若易而无备，“无号”而不协力以去之，则“终有凶”，盖戒人除恶之务尽也。

《象》曰：无号之凶，终不可长也。

一阴微矣，何以“无号”而有“凶”，以夬之不力，隐忍相安，终非长久之道也。自古君子去小人不尽其类，终贻大患，故圣人深戒之。

附　解

夬之为卦，以盛进之五刚，决衰退之一柔，其势似易，然而圣人丁宁

① 《周易折中》：“《集说》：郑氏汝谐曰：苋陆，《本草》云，一名‘商陆’，其根至蔓，虽尽取之而旁根复生，小人之类难绝如此。《朱子语类》云：‘苋陆’是两物，‘苋’者马齿苋，‘陆’者章陆，一名‘商陆’，皆感阴气多之物。《案》：此言‘苋陆夬夬’，犹姤言‘包瓜’，皆以细草阴类喻小人也。”（卷第六，第213页）

② 《周易折中》：“《案》：若壮上之‘艰’，夬上之‘号’，则戒之始终不忘危惧而已。”（卷第六，第214页）

告戒之，若防备惟恐不周者何也？阴居高位，由来岂伊朝夕，五虽夬主，而非下四阳助之，安能胜阴？人君合群贤以去一小人，仅能胜之，甚矣小人之势之固，而俾得位以成其势者为可叹也！九五所以言“中未光”，上六所以言“无号”“有凶”，皆是故也。“终有凶”与“刚长乃终”，意相反而相足，先儒解未明。夫小人由君而进，亦可由君而退，然非众君子之协力，一人之刚断不能夬之，且夫夬小人者，岂必尽诛夷哉，去其元凶，化其丑类而已。本卦之所以详为夬阴谋者，以其已据高位，而在君上也。若防之于早，势未极隆，固可以德柔之，以礼远之。圣人于《彖》言“孚号有厉”“告自邑，不利即戎”，于《大象》言“施禄及下，居德则忌”，固未尝以能夬为乐。特当夬之时，夬之不可不力，而非善其夬，尤恐反为君子害耳。然其柄必归诸二五两爻，明君贤臣协心，乃可图也。后世若汉唐党祸，众君子无权而欲去小人，或有权矣而去之不得其道，遂为国家大害，然后知圣人之戒深矣。苋陆，《程传》《本义》以为马齿苋，然苋、陆实二物。陆，商陆也。惟《述义》“山羊”之说为长。大抵四五六三爻词，旧解多强，今酌而存之焉。

䷫ 巽下乾上

姤，遇也。风行天下，物无不遇者，又一阴生于下，阴与阳遇，本非所望，而猝然值之，故为“姤”。《序卦》：“夬，决也，决必有遇，故受之以‘姤’。”五月之卦也。

姤①，女壮②，勿用取女。

巽长女，故“壮”，又一阴生而在内为主，阳反为客，其势日壮。圣人戒人防其渐，曰“勿用取女”，盖小人道长，皆由君子假之以权，若始

① 按：姤，众本同，《周易述》作“遘”。《周易折中》：“《集说》：冯氏椅曰：古文‘姤’作‘遘’，遇也，亦婚媾也，以女遇男为象。王洙易改为今文为‘姤’。《杂卦》犹是古文，郑本同。”（卷第六，第 214 页）

② 《周易集解》：“虞翻曰：消卦也，与‘复’旁通。巽长女，‘女壮’伤也，阴伤阳，柔消刚。郑玄曰：一阴承五阳，一女当五男……壮健以淫，故不可娶。”（卷第九，第 142 页）《周易折中》：“《案》：‘女壮’之义，非认一阴始生于下为‘壮’……盖卦以阴为主，阴而为主，即是‘壮’也。”（卷第六，第 215 页）

进而即“勿用”，彼何能为哉。

《彖》曰：姤，遇也，柔遇刚也。“勿用取女”，不可与长也。天地相遇，品物咸章也①。刚遇中正，天下大行也。姤之时义大矣哉。

刚来谓之“复”，复，反也，反其故居，君子之当然也；柔来谓之姤，“姤”，遇也，不期而会，小人之天幸也。“取女”者，室家长久之道，一阴而敌五阳，则女德不贞，不可与之长久，故“勿用取女”也。然此特因人事阴常胜阳，故戒之防其渐耳，若天地之道，则一阴生于下，而五阳方盛于上，于辰为午，天地相遇，正“品物咸亨”之时，阴不能为阳害也。二五皆刚，五位中正，九二以刚中之才，遇中正之君，人事如之，则君正臣贤，天下之教化大行，小人在下，亦不能为害也。然则阴非不可遇阳，特戒其遇壮耳，“姤之时义大矣哉”。

《象》曰：天下有风，姤，后以施命诰四方②。

“天下有风”，与“风行地上”一也，然自地而行者，各以其方，故象“观”；天下有风，则风自天而下，周遍四方，无一物不与风遇，故为“姤”。天与万物远，而鼓舞之以“风”；后与民相远，而鼓舞之以“命”。“施命诰四方”，丁宁反复，俾微阴之潜伏者，有以振动而发散之，此君与民相与之道也。后施，“乾”象。命，“巽”象。诰四方，“风行天下”之象。

初六，系于金柅，贞吉，有攸往，见凶，羸豕孚蹢躅③④。

柅，在车之下，所以止轮，令不动者也，以金为之。巽为绳，故象“系”。羸豕，小豕也。蹢躅，跳踯也。一阴初生而将长，制之当于未盛

---

① 《来注》：“天地相遇，止可言‘资始’‘资生’而曰‘含（咸）章’者，品物在五月，皆章美也。”（卷之九，第306页）

② 《周易集解》：“虞翻曰：后，继体之君，姤阴在下，故称‘后’。与泰称‘后’同义也。乾为‘施’，巽为‘命’为‘诰’。”（卷第九，第143页）

③ 按：金柅，众本同，《周易述》作“金鑈”。蹢躅，众本同，《周易集解》《周易述》作“蹢躅”。

④ 《周易集解》：“《九家易》曰：丝系于柅，犹女系于男，故以喻初宜系二也。”（卷第九，第143页）《周易述》：“系于金丝，言初系二也。……蹢躅，不静也。阴阳相求，故遘女望于五阳，如豕‘蹢躅’也。”（《周易下经二》，第148页）

之时，止以“金柅”，系而又系之，止之固也，如是则正而吉。若纵之而有所往，立见其“凶”矣。譬诸“羸豕”，虽幼弱而其类相孚喜，以“蹢躅”为事，盖淫躁之性然也。若畜小人者，纵之使与类孚，则不可制矣。

《象》曰：“系于金柅”，柔道牵也。

柔道当有以牵制之，使为刚役，乃可也。

九二，包有鱼，无咎，不利宾。

以外裹内曰“包”，初在内，故二、四、五皆言“包”。鱼，阴物之美者。初一阴为主，四居应位，乃其“宾”也。初本应四，以先遇二，遂为所有，容之于内，而制之于外，所以“无咎”也。“不利宾”者，初与四合，则阴势盛而不可制也，钱一本曰：“姤取象曰‘鱼’曰‘瓜’，鱼烂瓜溃，皆自内始而外，初不觉也。”

《象》曰：“包有鱼”，义不及宾也。

固包之，使不及于宾，制阴之义也。凡卦以相应为义，姤则以相遇为义，先遇二，故即为二所“包”。

九三，臀无肤，其行次且，厉，无大咎①。

夬姤相综，姤三即夬四，故其象同也。但夬四之意在于夬上，姤三之志在于遇初，象同而情不同也。三欲遇初，而为二所阻，不安其居，有“臀无肤”象。因心恋于初，故“其行次且”。然初已为二所有，不可遇矣，若惕厉而不溺于邪，则“无大咎”。刚而不正，故有不安不行之象。得乾体，故能“厉”也。

《象》曰：“其行次且”，行未牵也。

二与初隔，其行未相牵连，欲遇而终不可得也。

九四，包无鱼，起凶。

四与初为正应，而初已与二遇，二有鱼则四“包无鱼”矣。起凶，犹言起衅。四，大臣之位，而无民与之，“起凶”之道。不曰凶而曰

---

① 《周易折中》：“《程传》：非义求遇，固已有咎矣，知危而止，则不至于大也。《集说》：李氏简曰：居则臀在下，故困初六言‘臀’，行则臀在中，故夬、姤三四言‘臀’。”（卷第六，第216页）

"起凶"，言凶自此起，咎在自取。

《象》曰：无鱼之凶，远民也。

初为民，四为大臣，而自远于民，故凶由自起也。初本四之正应，大臣本当亲民，巽不果而四健行，故不遇。责在于四，故不曰"民远"而曰"远民"。

九五，以杞包瓜，含章①，有陨自天。

杞，杞柳。乾为圆，"瓜果"象。九五阳刚中正，能制阴而包含之，如"以杞包瓜"，内含章美，不露声色。然一阴为所包容，久而自化，瓜将自陨，出于天心，如自天而下也。

《象》曰："九五含章"，中正也。"有陨自天"，志不舍命也。

包阴而能"含章"者，以其中正，故能以大度包之，中正化之。"有陨自天"者，乾，"天"象，九五中正，志存天德，不敢稍舍天命，故小人为所化而自陨也。

上九，姤其角，吝，无咎。

刚而在上，"角"象也。穷上则返下，与初有"姤"之理。然过刚而不能合，故为"姤其角"象。吝，难合也，不强合于阴，故"无咎"。

《象》曰："姤其角"，上穷吝也。

乾为首，而上又处其极，其势已穷，故难遇而"吝"也。单释"吝"而不释"无咎"者，上穷则宜返下，遇初而柔其过刚，可以得其平也。

附　解

卦以一阴遇五阳为义。阴壮者戒其盛，故"彖"之"勿用取女"。初"系金柅"，二"包有鱼"，皆喜其能制阴也。然阳偏而无阴以济之，亦不

---

① 《来注》："含，即杞之包；章，即瓜之美，'以杞包瓜'，即'含章'之象也。……孔子'后以施命诰四方'一句，本自周公'有陨自天'来。"（卷之九，第308页）《周易折中》："《程传》：九五尊居上位而下求贤才，以至高而求至下，犹以杞叶而包瓜，能自降屈如此。"（卷第六，第217页）

为美，故四为初正应，而以“包无鱼，起凶”。若夫三，则初本非其所遇，上则亦可以遇而不果遇，一以“溺阴”为戒，一以“穷吝”为占，皆欲其审乎义理之中，而得阴阳配合之宜，非谓初之必不可遇，亦非谓其必遇也。惟五中正而得九二之臣，故初为所包，含久而自化，“有陨自天”，志不舍命，惟五有中正之德，故天心合而命默相焉。包瓜自陨，古圣王之靖顽谗而格有苗，用此道也。夫阴壮不可遇，而二五能包，则刚本足制柔，特患己无其德耳。然戒于壮阴，而当遇不遇亦非，故《彖传》言“天地相遇”“刚遇中正”，以广其义，使人知姤之道决于己，而不可以一概量也。彖爻大象小象，旧说多牵混不明，今正之。

䷬ 坤下兑上

萃者，聚也。泽润之地，物群聚而生，故为“萃”。又上说下顺，九五刚中，而下以柔顺应之，萃之由也。《序卦》：“姤者遇也，物相遇而后聚，故受之以‘萃’。”

萃，亨，王假有庙，利见大人，亨，利贞，用大牲吉，利有攸往①。

上“亨”，占得此卦者“亨”；下“亨”，见大人之“亨”也。互艮为宫阙，“庙”象。大象坎，为“隐伏”，“鬼神”象。假，同格。大人，谓九五。上兑为羊，下坤为“牛”，“大牲”象。顺而说，故利攸往也。物萃，有“亨”之道，下顺上说，精诚所聚，有感必通也。无形之萃，莫大于格庙，聚万国之欢心，以事先王，神人之心通；有形之萃，莫利于见大人，聚万物之性情，以事其上，君民之心通，故“萃”必“亨”也。然“萃”而“亨”者，又“利”于“贞”，所守者正，萃而不散，如祭祀之“用大牲”然，备物备礼，丰萃而不违乎正，则“吉”，而“利有攸往”也。

---

① 《来注》：“大象坎为豕，外卦兑为羊，内卦坤为牛，‘大牲’之象也。”（卷之九，第309页）《周易折中》：“《程传》：天下萃合人心，总摄众志之道非一，其至大莫过于宗庙。……萃下有‘亨’字，羡文也。‘亨’字自在下，与涣不同。涣乃先言卦才，萃乃先言卦义，《彖》辞甚明。《集说》：项氏安世曰：卦名下元无‘亨’字，独王肃本有，王弼遂用其说，孔子《彖》辞初不及此字。”（卷第六，第219页）

《彖》曰：萃，聚也。顺以说，刚中而应，故“聚”也。“王假有庙”，致孝亨也。“利见大人，亨”，聚以正也。“用大牲吉，利有攸往”，顺天命也。观其所聚，而天地万物之情可见矣。①

坤顺兑说，下顺乎上，上说乎下，两卦有“聚”之体；五以刚中而下交，二以柔中而上应，两爻有“聚”之用，故名为“萃”。知所以为“聚”，则亨不待言矣。“王假有庙”者，“致孝”以尽志，“致享”以尽物，上有以萃祖考之精神，下有以萃天下之人心也。“大人”者，萃之主，正己而物正者也，萃而见九五大人，则“聚以正也”。“用大牲吉，利有攸往”者，备物尽诚，内萃其心，外萃其力，可以无所不宜。此天道自然之理，即人事当然之道，顺天理而行，即顺天命也。天以正相聚，而阴阳和，百族茂；万物以类相聚，而声气应，形性适，故日“观其所聚，而天地万物之情可见矣”。

《象》曰：泽上于地，萃，君子以除戎器，戒不虞②。

川壅为泽。泽，水之所聚，上于地则聚之盛，故为“萃”。水聚则决，必有以防之，水乃潴；人聚则争，必有以制之，乱乃定，君子以简除戎器。除者，去旧取新之谓。戎器久则必敝，除而修之，非右武也，以“戒不虞”而已。天下之患，多生于所“不虞”，故“戒”之。兑西金，“戎器”象。坤知阻，“戒不虞”象。

初六，有孚不终，乃乱乃萃，若号，一握为笑③，勿恤往无咎。

孚，与四正应，本相“孚”也，“不终”者，阴柔互巽，为“进退不果”象也。“乃乱乃萃”者，坤为“众”，初为“民”，三阴相连，欲萃而无主，故或“乱”而或“萃”也。号，呼四求萃也。一握为笑，一握手而定交，可以萃也。兑口，故笑。初六与四为正应，求萃于上，其意本

① 《周易集解》：“虞翻曰：坤为‘顺’，巽为‘命’，三往之四，故‘顺天命也’。……三四易位成离坎，坎月离日，日以见天，月以见地。”（卷第九，第 146 页）

② 《周易集解》：“虞翻曰：君子谓五。除，修；戎，兵也。《诗》曰：修尔车马，弓矢戎兵。”（卷第九，第 146 页）

③ 《周易折中》：“《程传》：一握，俗语‘一团’也，谓众以为笑也。”（卷第六，第 219 页）《周易述》：“握，当读为‘夫三为屋’之‘屋’，此郑读也。……又郑注《考工·匠人》：三夫为‘屋’，屋具一井之地，三屋九夫，三三相具，以出赋税。”（《周易下经二》，第 151 页）

诚，因三阴相连，而居性柔，为众所惑，不终于孚，“乃乱乃萃”，其志不定。若能知号四而一心于“孚”，则四必应之，一握手而欢笑相萃矣，故戒勿忧其不萃，但以孚往，自然“无咎”。

《象》曰：“乃乱乃萃”，其志乱也。

阴柔志弱，为众所惑，能定其志而终孚，则得矣。

六二，引吉①，无咎，孚乃利用禴。

互艮，手，应巽绳，故象“引”。禴，薄祭也。二，坤中爻，为众之主，而与五应，牵引其众，以萃于五，以人事君之义也，故“无咎”。夫引初与三，是人己相“孚”；引而萃于五，则君臣相“孚”也。人者神之主，合众志以相孚，人萃而神说之，用以禴祭，必获神也。“孚乃利”者，惟“孚”乃“利”，非幸致也。

《象》曰：“引吉，无咎”，中未变也。

初与三皆始孚而终变，惟二之“中”未变其志，故能相引以萃于五也。

六三，萃如嗟如，无攸利，往无咎，小吝。

上比二阳，与坤众同体，有“萃如”之象，然五非正应，而上又不足以应，故弗能萃而“嗟如”。如此，则“无攸利”矣。然下比二阴，皆已往萃，近比二阳，又能萃众，可以“往”而“无咎”也。但非其应而往，聚不无“小吝”耳。大象坎，加忧，应上“赍咨”之兑口，故象“嗟如”。

《象》曰：“往无咎”，上巽也。

巽者，三居中爻，本“巽”象，上兑综巽，亦“巽”象。三与二阴合为坤顺，往萃于上，以巽从阳，故可以“无咎”也。《易》例三四隔体，无相从之义，而九四有主卦之义者，则亦取相从，随三与此爻是。

---

① 《来注》：“引，开弓也，与‘君子引而不发’之‘引’同。凡人开弓射物，必专心于物，当物之中……盖‘中德不变’之象也。”（卷之九，第311页）《周易折中》：“《集说》：胡氏瑗曰：孚信中立，则虽禴之薄祭，亦可通于神明也。”（卷第六，第220页）《周易述》：“二在坤，体坤为众，二引坤众应五，故‘引吉’也。初、三失位，二居中未变，一屋为笑，故‘无咎’也。”（《周易下经一》，第152页）

九四，大吉，无咎。

九四近五之君，率三阴顺而萃于五，上悦下顺，不劳而聚。大臣为国求贤，其理“大吉”，而其事“无咎”。

《象》曰：“大吉，无咎”，位不当①也。

当，平声。当，任也。萃之权在君，居大臣之位，率群才以萃于五，而不当其功，故“吉，无咎”也。

九五，萃其位②，无咎，匪孚，元永贞，悔亡。

九五以阳居尊，有其位而握萃之权，故“无咎”。然下与众隔，有“不能孚而即萃”之象，惟当返而修其乾元之德，永守乎正，任贤臣以聚众才，则“悔亡”也。五本乾体，有元德，故曰“元”。

《象》曰：“萃其位”，志未光也。

萃而徒恃其有位，则自用而不任贤，自反不能光大，故有“匪孚”之象。戒人君养贤以致民，不可自恃其有萃之权也。

上六，赍咨涕洟，无咎。

赍咨，叹声。自目出曰“涕”，自鼻出曰“洟”。兑为口，“咨”象，又为泽，“涕洟”象。阴处萃终，萃极将散，乃孤孽之臣子不得于君亲者，故极怨艾哀号之诚，以冀君亲之一悟。忧思之至，危可使平，终得萃而“无咎”矣。

《象》曰：“赍咨涕洟”，未安上也。

上在卦外，未安上者，危惧而不敢自安。舜号泣，周公哓哓，皆必求萃于君父而后已也。

附　解

天地万物以“萃”，而后生生不穷，故萃卦六爻皆“无咎”，第其位不

---

① 《来注》：“位不当者，不中不正也。既不中正，则‘大吉’者亦不吉，‘无咎’者亦有咎矣。周公就时位能萃之象说，孔子就理上说。”（卷之九，第312页）

② 按：九五爻辞及《小象》“萃其位”，众本皆作“萃有位”。鲜本以“有”作“其”，不知何据，或为刻版之误。

同，故所以处萃者异。初为“民位”，民志无定，故“乃乱乃萃”，必得所归，而后破涕为笑。二在下之贤臣，能引众以萃于上。三居下之上，无所应与，而能随众贤以往萃，故可“无咎”。四则大臣之位，合众贤以事一人者也，故其位独美，而九五亦当任之，乃得“悔亡”。《象》重九五之萃，重一尊也；爻戒九五自用，劝任贤也。上六位远于君，而处萃之穷，必以“赍咨涕洟”求萃。凡圣帝明王，萃万物之情以顺天地，吁俊固有殷衷，而纲罗必咨宰辅，义正如斯。若夫下之欲萃于上，其义至顺，其志可嘉矣，然必有引之而集之者，故九四任为独隆。上六之“未安”，非自处于穷，乃事变所使，无以萃之，致使迁流放逐，“赍咨涕洟”，然其至诚忠顺之心，有以感君父而回天心，不得以为小人也。前儒不审萃之名义，而执泥成说，遂多不克贯通，识者详之。

䷭ 巽下坤上

升，进而上也。坤上巽下，木生地中，长而益高，“升”之象；巽木上进，坤顺无阻，“升”之义也。《序卦》：“萃者聚也，聚而上者谓之‘升’，故受之以‘升’。”

升，元亨，用见大人，勿恤，南征吉①。

内巽外顺，进而无阻，故占得此卦者“亨”，“用见大人”，勿忧惧，从南方行则“吉”。不曰“利见”而曰“用见”者，二中正顺进，理得与大人合，本卦尊爻无“大人”，故曰“用见”也。“南征吉”者，坤为巽母，志与之应，逆行故戒以“勿恤”，顺行由巽而升于坤也。

《彖》曰：柔以时升②。巽而顺，刚中而应，是以大亨。“用见大人，勿恤”，有庆也。“南征吉”，志行也。

---

① 《来注》：“文王圆图，巽东南之卦，过离而至坤，是巽升于坤，故‘南征吉’。若东行，则至震非升矣。”（卷之九，第 313 页）《周易折中》：“《集说》：代氏渊曰：尊爻无此人，故不云‘利见’。《案》：卦直言‘元亨’而无他辞者，‘大有’‘鼎’也；虽有他辞而非戒辞者，‘升’也，历选易卦，唯此三者。”（卷第六，第 223 页）

② 《周易集解》：“虞翻曰：柔谓五，坤也。升谓二。坤邑无君，二当升五虚。震兑为春秋，二升坎离为冬夏，四时象正，故‘柔以时升’也。”（卷第九，第 148 页）

坤居上体，地道上行，而巽之一阴为主于内，则自下升上，正惟其时，故曰“柔以时升”。下巽而上顺，有可升之德，二刚中而五应之，值可升之会，“是以大亨”也。“用见大人”，刚中顺进，义得与大人相见而相庆会，故“勿恤”也。“南征”，则顺其道而升。坤非“大人”，错乾则为“大人”，盖乾以得阴为美，二五本君臣，宜相应也。

《象》曰：地中生木，升，君子以顺德，积小以高大①。

升，取升高之义。木始生于地中，甚小，积而日升，高可干霄，大可蔽日，有“升”之象，然人不见其升之迹者，以顺积而致耳。君子体之，以顺天理之自然，积小而至于高大。顺德，“坤”象。高，“巽”象。

初六，允升②，大吉。

允，信也。坤土敦信，巽初乃坤一索而得者。初六巽主居下，犹木之根也，与二阳同体，顺之渐进，则升进之意合；与坤阴同德，应之上进，则顺进之志亦合，故曰“允升”，为升而大吉之象也。

《象》曰：“允升，大吉”，上合志也。

内卦二阳同体而“允”，外卦三阴同德而“允”。凡在上者皆“允”，故曰“上合志”，此即“柔以时升”，“大亨”之义。

九二，孚乃利用禴③，无咎。

九二以阳刚居中，六五以柔顺应之，盖孚信之至者也，故有利用薄祭，亦可交神之象，得遂其升，故“无咎”。升综萃，萃二以诚实感，而应以虚中；升二以虚中感，而应以诚实，虚实则异，其“孚”则一也。升以柔为善，而二刚亦“利”者，以其“中”也，“刚中而应”，“用见大人”，故“无咎”。

---

① 《周易集解》：“虞翻曰：‘君子’谓三。‘小’谓阳息复时，复小为‘德之本’。至二成临，临者，大也。临初之三，巽为‘高’。”（卷第九，第149页）

② 按：允，众本同，《周易述》作“𠃬”：“《说文》：𠃬，进也，从‘夲’。夲，进趣也。初失位，变之正，进与四应，故‘𠃬升’。”（《周易下经二》，第154页）

③ 《周易折中》：“《程传》：利用禴，谓尚诚敬也。《集说》：张氏清子曰：萃六二以中虚为‘孚’而与九五应，升九二以中实为‘孚’，而与六五应，二爻虚实虽殊，其‘孚’则一也。”（卷第六，第224页）

《象》曰：九二之孚，有喜也。

诚信之至，升而有庆，故“有喜”，言不止“无咎”也。中爻兑，“喜说”象。

九三，升虚邑①。

阳实阴虚，上体坤，“国邑”之象。九三重刚上进，所遇皆柔，如前行而入无人之境。不言吉凶，“虚邑”未堪止足，三升尚无止境，决于升而已。

《象》曰：“升虚邑”，无所疑也。

升必期于高大而止，三方升之时，巽为进退不果，或疑于升焉，而曰“升虚邑”，以阳居阳位，果于进而“无所疑也”，言升之是也。凡进德修业，及遇大有为之君，升无可疑，皆类此。

六四，王用亨于岐山②，吉，无咎。

亨，古“享”字，通用。王，谓六五也。巽高，互兑西方，岐山，西土之高者。四近五，大臣之位，升天下之贤士于君，而己则不升，恪守臣职，乃无逼上之嫌。昔者文王用思皇之士，抚頳尾之民，忠顺不改，事其境内之山川而神享之。升者如是，则“吉”而“无咎”也。

《象》曰：“王用亨于岐山”，顺事也。

四重柔入坤顺，下顺天下之贤而升之，上顺君使升天下之贤，己不升而使上与下皆升，《彖》所谓“有庆”“志行”者也。

---

① 《来注》：“或曰四邑为丘，四丘为虚，非虚空也，乃丘虚也。亦通。”（卷之九，第315页）《周易折中》：“《案》：九三过刚，与‘柔以时升’之义反，故其辞非尽善。”（卷第六，第225页）《周易述》：“坤土称邑……故‘升虚邑’，谓升坤邑也。”（《周易下经二》，第154页）

② 《来注》：“二‘用禴’而五‘用亨’，上下相‘用’，正所谓‘刚中而应’也，何吉如之。”（卷第九，第315页）《周易述》：“孟喜《易章句》曰：易本乎气而后以人事明之，文王爻辞皆据夏商之制，故云此王谓夏后氏也。”（《周易下经二》，第155页）

六五，贞吉，升阶①。

坤为土，三爻层上，“阶”象。五以柔中应二刚中，虚己下贤，人君之正道也，贞固守此，则“无咎”也。初“允升”而升，三与二同德而升，四与二同功而升，贤人皆升，升而有序，故曰“升阶”。古者宾主三揖三让，而后“升阶”，以况君子之进以礼也。五位非可升，故但言“阶”。阶，级也。

《象》曰：“贞吉，升阶”，大得志也。

大得志，即《彖传》所谓“有庆”“志行”也。自初至此，升已极矣，故初曰“上合志”，此曰“大得志”。

上六，冥升②，利于不息之贞。

阴终，故象“冥”；坤永贞，故象“不息”。上在五上，位无可升而求升不已，冥于升者也。此惟“利于不息之贞”，以其求进无已之心，施之于进德修业，则合于坤之“永贞”矣。为占者开迁善之门如此。晋上“晋（其）角”无可用，而用以“伐邑”；升上升无所利，而利于守贞，《易》“穷则变，变则通”，圣人之教也。

《象》曰：“冥升”在上，消不富也。

阴用事为“消”，冥于升而不知止，穷极惟有消亡，岂复有增益而成富。盖在上位满势盛，故宜如此，而“利于不息之贞”，不待言矣。巽，为近利市三倍；坤，土，皆“富”象。上六下不与巽应，处坤之穷，故为“消不富”象。

---

① 《周易折中》：“《集说》：熊氏良辅曰：以顺而升，如历阶然。”（卷第六，第225页）

② 《来注》：“冥，与豫之‘冥’同，昏于升而不知止者也。……不息之贞，天理也，惟准天理可以常升而不已，若……涉于人欲之私……者，则有消长也。”（卷之九，第315页）《周易折中》：“《集说》：徐氏之祥曰：豫上乐极，故‘冥豫’；升上进极，故‘冥升’。”（卷第六，第226页）

附　解

地中生木，有自然之生机，顺而日升者，君子进德高明，登朝致主，皆天理之自然，人事之当然。顺而升焉，义无更大于此者，《象》与爻词皆言是理也。若夫非道而求升，德不修，名不立，曰时运之不亨也，乃世俗之谬，圣人不为之谋，故本卦亦不言及。《周易》为卜筮之书，此卦为升进之义，然其戒如此，则夫非理而求升者，岂得许以占乎？上六“冥升”，惟“利于不息之贞”，而知进而不知退者，且孳孳求富，不计其消，即消矣而犹冥于升，是以大人不可见，南征未必吉，而困且随之也，能无惕诸？顺德改为“慎德”，“亨于岐山”读如字，皆不合卦义，故正之。

䷮ 坎下兑上

困者，穷病也。泽待水而润，水在泽下，则泽涸矣，“困”象。又兑阴在上，坎阳在下，上六在二阳之上，而九二陷二阴之中，皆阴柔蔽阳刚，君子为小人所困时也，故为“困”。《序卦》：“升而不已必‘困’，故受之以‘困’。”①

困，亨，贞大人吉②，无咎，有言不信。

刚为柔掩，君子为小人所困，然困者所以动心忍性，增益其不能，有可“亨”之理也。“贞大人吉”，正守其大人之道，则“吉”。二五刚中，“大人”之象也。恐人以守正为易得咎，故以“无咎”坚其“贞”焉。有言不信，言困之时，不可求伸于言，惟当自守其正而已。兑为口，“有言”象。坎为耳痛，“不信”象。

---

① 《周易集解》：“崔景曰：冥升在上，以‘消不富’则穷，故言‘升而不已必困’也。”（卷第九，第150页）

② 《来注》：“此卦‘亨贞’，言处‘困’能‘亨’，则得其‘贞’，是‘贞’由于‘亨’也。然岂小人所能哉。”（卷之九，第316页）《周易折中》：“《集说》：孔氏颖达曰：处困而不失其自通之道，故曰‘困亨’。”（卷第六，第227页）《周易述》：“今郑谓上体之兑弇下体之坎、离以释‘困’字，违《象传》‘刚弇’之义。”（《周易下经二》，第157页）

《彖》曰：困，刚掩[1]也。险以说，困而不失其所亨，其惟君子乎。“贞大人吉”，以刚中也。“有言不信”，尚口乃穷也。[2]

刚掩，坎刚为兑柔所掩，九二为二阴所掩，四五为上六所掩也。困云“亨”者，卦体坎险兑说，处险而以说行之，是困而有自乐之道，不失其所以亨，“其惟君子乎”。“贞大人吉”者，以二五刚中，刚则不为困累，中则不为困滞。“有言不信”者，道既不行，而“尚口”以求“信”，所遇必“穷”，故惟自贞其大人，则自有亨之会也。

《象》曰：泽无水，困，君子以致命遂志。

水下漏则泽上枯，故曰“泽无水”。命，天理主宰之名。致，穷致以造乎其极。遂志，遂其本志。凡道德仁义当为之事，皆天理也，尽其道而顺天命以自适，无论常变显晦，一切困苦，卓然不摇，惟遂其本志之安，是所以“亨”也。致命，“坎陷”之象。“遂志”，兑说之象。

初六，臀困于株木，入于幽谷[3]，三岁不觌。

初在下，“臀”象。人行则趾在下，坐则臀在下，故前行者言“壮趾”，坐困者言“臀”也。坎木坚，兑毁折，故为“株木”。初为坎窞，故曰“幽谷”。互离目，数三，初在离外，故“不觌”也。初与四应，不往助四，而自欲困二。阴柔居坎陷之下，力不能胜，故有“坐困于株木，不能自脱，入于幽谷，三岁不觌”之象。不觌，不与四觇也。欲困君子，而反自困，即象可知矣。

---

① 按：刚掩，众本同，《周易述》作“刚弇”。

② 《周易集解》：“荀爽曰：此本否卦。阳降为‘险’，阴升为‘说’也。……谓二虽弇阴陷险，犹不失中，与正阴合，故通也，喻君子虽陷险中，不失中和之行也。……阴从二升上六，成兑为‘有言’，失中为‘不信’，动而乘阳，故曰‘上口乃穷也’。”（卷第九，第151页）《来注》：“‘贞大人吉’者，‘贞’在文王卦连‘亨’字读，《彖》辞连‘大人’者，孔子恐人认‘贞’字为戒辞也。”（卷之九，第317页）

③ 《来注》：“株者，根株也，乃木根也……幽谷在下，则谷之中皆木根矣。”（卷之九，第317页）《周易折中》：“《案》：初不能自迁于乔木，而唯坐困株木之下，则有愈入于幽谷而已。”（卷第六，第227页）

《象》曰："入于幽谷"，幽不明也。

幽不明，言"不觌"之故。互离为明，初在离下，则在明外矣。居坎北为"幽"，但释"不明"，则"臀困"亦由此也。

九二，困于酒食，朱绂方来，利用亨祀[①][②]，征凶，无咎。

亨，当作享。坎为酒，兑为食，二居坎而应兑，故有"酒食"。绂与"芾"通，韠也。天子之芾纯朱，"朱绂"谓五也。互离为朱，在巽股之下，故象"绂"。坎隐伏，有人鬼象，故言"享祀。"九二刚中之德，当困之时，道无可见，而溷于尘俗，虽酒食餍饫，自养其身，然上有刚中之君，求贤自辅，"朱绂方来"，不能终困也。第为三所阻，一时不能自达，惟守道至诚以俟之，如享祀者竭诚而不求福，占者或有所往，其"征"虽"凶"，可"无咎"也。为三所困，故"征凶"；刚中应五，故"无咎"。

《象》曰："困于酒食"，中有庆也。

小人困君子之身，不能困君子之道。酒食醉饱，自溷其迹，而刚中之德，自有来"朱绂"者，故"有庆"也。

六三，困于石[③]，据于蒺藜，入于其宫，不见其妻，凶。

兑刚卤，有"石"象；坎为丛棘，"蒺藜"象。三在内卦之上，以不善居九二上，"据蒺藜"象。坎，"宫"象；巽，"入"象。互离为目。坎兑，中男少女，"夫妻"之象。而坎中兑中皆阳，无阴，三与上同阴不应，"入宫不见妻"象。六三在下之上，阴柔不中正，前为四阻，如"石"而坚不可动，后为二迫，如"据蒺藜"而不可依。处于两刚之

---

① 按：亨祀，众本同，《周易集解》《周易正义》作"享祀"。

② 《来注》："酒食且'困'，大于酒食者可知矣。"（卷之九，第318页）《周易折中》："《程传》诸卦二五以阴阳相应而吉，唯小畜与困，乃厄于阴，故同道相求。《集说》：石氏介曰：朱绂，祭服，谓可衣朱绂而享宗庙也。"（卷第六，第228页）《周易述》："古易分田制禄，采地禄所入，故《乾凿度》曰：'困于酒食'者，困于禄也。"（《周易下经三》，第159页）

③ 《周易折中》："《案》：三阴皆非能处困者，初在下，坐而困者也；三居进退之际，行而困者也……甚言妄行取困，其极如此。"（卷第六，第229页）《周易述》："《易例》：'阴承阳，阳据阴。'今三乘刚而云'据'，失其义……必为阳所伤。"（《周易下经三》，第159页）

中，无阴阳之正应，进退无依，室家不保，“凶”之甚也，此盖小人窃位而自困者。此爻变为“大过”，有“棺椁”象，故《系辞》直以死期卜之。

《象》曰：“据于蒺藜”，乘刚也。“入于其宫，不见其妻”，不祥也。

乘刚，乘二之刚。四亦刚也，而但言其乘，以退无所归为尤凶。死期将至，故“不祥”。

九四，来徐徐，困于金车①，吝，有终。

坎为车，兑为金，故象“金车”。礼，金辂以赐同姓。四近臣，故有乘“金车”象。四近君，有亨困之责者，且与初为正应，义当拯之，乃其“来徐徐”，救困不勇，若“困于金车”者然，“吝”矣。然阴阳正应，终必相合，且近君，得大人之力，终能拯初之困，故“终吉”。以刚居柔，又互巽，为进退不果，故象“徐徐”。困金车，爱惜金车而行迟。凡有权力之人，拯困不勇，多因势分牵累也。

《象》曰：“来徐徐”，志在下也。虽不当位，有与也。

下谓初。以刚居柔，为“不当位”。有与，初四正应，且得刚中之君为“与”也。

九五，劓刖，困于赤绂，乃徐有说，利用祭祀②。

一阴在上，有如鼻，欲去之，则“劓”之；两阴在下，有如足，欲去之，则“刖”之。赤绂，诸侯之服，谓九二也。祭天神，祀地祇，享人鬼，二言“享祀”而五言“祭”者，惟君得祭天也。五刚居尊，亨困者也。有志于去上下之三阴，而二著“赤绂”，困于两阴，不能遽来相助，为“困于赤绂”，然二非阴所能终困，五又与之同德，特一时未能出困耳。徐以待之，君臣合而有相说之道，不特济困，且“利用祭祀”，以受福于天矣。兑伏艮为“鼻”，变震为“足”。兑为毁折，伏艮为阍寺刑

① 按：金车，众本同，《周易述》作“金舆”。

② 《周易集解》：“崔憬曰：赤绂，天子祭服之饰。所以称‘困’者，被夺其政，唯得祭祀，若《春秋传》曰‘政由宁氏，祭则寡人’。”（卷第九，第153页）《周易折中》：“《程传》：人君之困，由上下无与也。赤绂，臣下之服。”（卷第六，第229页）

人，故象“劓刖”。互离巽，与二同，故象“赤绂”。兑说，故“有说”。

《象》曰：“劓刖”，志未得也。“乃徐有说”，以中直也。“利用祭祀”，受福也。

上下受伤，君臣交困，故“志未得”。中直，即“刚中”，以中直之道，与二相“与”，则“受福”于天而“有庆”。

上六，困于葛藟，于臲卼①，曰动悔，有悔，征吉。

伏艮，为山，为径路，为果蓏。《周礼》蔓生曰“蓏”，葛藟之类。臲卼，危动不安之状。“曰”者，自讼之词也。兑为“口”，变乾为“言”，“曰”之象。动悔，心口自商，恐其动而有悔也。有悔，谓有悔悟之心也。上六居困之极，为困所缠束，而居高危之地，若能小心自讼，恐其“动悔”，而有悔悟，则虽至危，一动而将出险，往必“吉”也。困极将变，故阴居亢位，而反胜于初三二阴，有出困之道也。困穷而通，其谓是欤？

《象》曰：“困于葛藟”，未当也。“动悔有悔”吉，行也。

柔处困极，才弱势穷，故“未当”，以其位言也。“动悔有悔”之所以“吉”者，以其能行而不自困也。

附　解

困之为义，柔掩刚，则当以君子见困于小人为主也。然君子有“刚中”之德，非小人所能终困，惟自返无主者，则境困而心与俱困。圣人标“大人”“君子”以为的，而以“致命遂志”明其象。夫命定于天，而志存于己，然己之道，实天之道也。天理备于人身，得其所以在我者，则亨固安，困亦安也。第天下不尽君子，而小人往往害正，遂使中材以下皆为所困，故圣人尤恶之，而于初三两爻，显著其象。欲困人而反自困，“入于幽谷”“据于蒺藜”，死亡迫而势焰倾，自古困人之小人，其有不灭亡者

---

① 按：臲卼，众本同，《周易述》作“倪仉”：“荀、陆、王肃本皆作‘臲卼’，云‘不安貌’。‘倪’与‘臲’，与‘仉’与‘卼’，古今字。”（《周易下经三》，第160页）

哉？若夫二五之君子，皆亨困者也，然九二贤者，道足自乐，而诚可格幽；九五人君，志在除奸，而功归贤佐。则亨困在权，尤在有德，九四志拯困而“有终”，上六志出困而“征吉”。合观六爻，困之事多由乎人，而困之亨否则存乎己，圣人教人处困之道，不已详且备哉。至孟子推言“动心忍性”“生于忧患”，而于是亨困之义，无遗蕴矣。象爻词义，前人互有得失，今酌其可存者存之。

周易恒解卷四

周易下经

䷯ 巽下坎上①

巽，木也，又入也。木入于下而上水，“井”之象也。《序卦》：“困乎上者必反下，故受之以‘井’。”井，物之最下者也。

井，改邑不改井，无丧无得，往来井井，汔至亦未繘井，羸其瓶②，凶③。

以木上水曰“井”。巽为市邑。坎水，井之体；巽木，井之用。改邑不改井，言邑有时更，井无时息，是“井养不穷”之故也。无丧无得，又承“不改井”意发明，惟其水常足而无有“得丧”，故不穷。往来

---

① 《周易集解》：“郑玄曰：坎，水也。巽，木，桔槔也。互体离兑，离外坚中虚，瓶也；兑为暗泽，泉口也。言桔槔引瓶，下入泉品，汲水而出，‘井’之象也。”（卷第十，第155页）《周易折中》：“《程传》：木，‘器’之象，木入于水下而上乎水，‘汲井’之象也。”（卷第七，第232页）

② 按：卦辞及《彖传》“羸其瓶”，众本同，《周易述》作“累其瓶”：“虞氏本‘累’作‘羸’，云‘羸，钩罗也’。”（《周易下经三》，第162页）

③ 《来注》：“汔，涸也。巽下有阴拆，‘涸’之象也。‘繘’者，井索也。”（卷之九，第321页）《周易折中》：“《程传》：井以济用为功，几至而未及用，亦与未下繘于井同也。《案》：改邑不改井，解说多错，文意盖言所在之邑，其井皆无异制。……无丧无得，则言井无盈涸，以喻道之可久。往来井井，则言所及者多，以喻道之可大。……故‘汔至’以下，又以汲井之事言之。”（卷第七，第232-233页）《周易述》：“《方言》曰：关西谓‘绠’为‘繘’。郭璞注云‘汲水索’也。”（《周易下经三》，第162页）

井井，又承“改邑”意发明，虽改邑而莫不资水以生，是井养之故，此皆言井之事也。“汔至”以下，乃言用井者之事。汔，几也；繘，绠也；羸，败也。巽绳“繘”象，互离虚“瓶”象，互兑毁折“羸”象，言井虽养人不穷，而汲井将至未至，遽败其瓶，则不得井之利，而且自丧其器，“凶”也。凡修身治世之道，可以利济于无穷，而不终其功，皆若此类。第即井言，人事胥该其中矣。

《彖》曰：巽乎水而上水，井，井养而不穷也。“改邑不改井”，乃以刚中也。“汔至亦未繘井”，未有功也。①“羸其瓶”，是以凶也。

巽乎水，木入于水。上水，坎水在上也。井养不穷，明井之义所以大，而圣人所以名卦也。刚中者，泉源之性，天一之理，人之必资水以生，以其为生生之本。邑者身之所居，而水者生之所赖，故彼可改而此不可改也。“汔至”而繘未及井，则尚未有功；“羸其瓶”，则不成井养之功，并失上水之用，是以“凶”也。《孟子》“掘井九仞而不及泉，犹为弃井”，意从此出。

《象》曰：木上有水，井，君子以劳民劝相。

木上有水，泽润上行，“井”之象也。木之枝叶花实，皆由水气上行，直至木杪，故以象井水之上汲。“劳民”者，以君养民而劳者劳之；“劝相”者，劝民之相助相扶持，此皆养人不穷之事也。劳，坎“劳卦”象。劝相，巽“申命”象。

初六，井泥不食，旧井无禽②。

坤阴浊土居下，故象“泥”。兑口曰“食”，今覆而为巽，口在下，“不食”象。初一阴为二阳所蔽如“旧井”，然虽无水可汲，亦无物敢入，禽本高飞，安得在井。于人事为无用于时，亦无损也。

① 《周易集解》：“荀爽曰：巽乎水，谓阴下为巽也；而上水，谓阳上为坎也，木入水出，井之象也。……繘者，绠汲之具也。”（卷第十，第157页）

② 《周易述》：“井为人用，故云‘食，用也’。坎折坤体，虞氏坤土得水为‘泥’，故需九三‘需于泥’，震九四‘震遂泥’，皆谓坎初应在四，故四坎为‘泥’。……寻井与噬嗑旁通，噬嗑，食也，故初、三、五皆言‘食’。”（《周易下经三》，第163页）

《象》曰："井泥不食"，下也。"旧井无禽"，时舍也。

下，井之下也。舍，弃也。下则其位卑，"时舍"则其用穷，凡废弃在下者视此。

九二，井谷射鲋[①]，瓮敝漏。

井谷，井中出水之窍。巽阴伏在坎窞下故为"谷"。巽为鱼，初阴在下，故象"鲋"。鲋，小鱼也。互离为"瓮"，互兑毁折，故敝漏也。二刚中，甘泉也，然上无应与，象无人汲引。泉出于谷，而水下注，鲋不能上行，仅容小鱼。九五以阳刚临之，如欲"射鲋"，然欲汲而瓮又"敝漏"，是不特难以济人，亦不能用之也。

《象》曰："井谷射鲋"，无与也。

井以养人为义，有与然后己能养人，人亦借其养。仅有井谷，又有鱼焉，人但欲取鱼，不以为养，"无与"之弊至此。

九三，井渫[②]不食，为我心恻，可用汲，王明，并受其福[③]。

渫，治井清洁之名。巽为洁，三居巽极，故象"渫"。互兑变震，不成兑口，故象"不食"。我，三自谓也。为我，盖指四。坎为加忧，"恻"之象。王明，谓九五。九三阳刚，居下之上，为井泉清洁可食者，而上无汲引，不为人用。然可食者自在于我，虽一时"不食"，人皆"为我心恻"，而信其"可用"以"汲"。但王者明智，则必求之，而养人与养于人者，皆并受其福也。

《象》曰："井渫不食"，行恻也。求"王明"，受福也。

行恻，行道之人为之"心恻"，非三自恻也。求王明，即"为我心恻"者，悯其不食而代求"王明"，非三自求也。三居上之下，而在下之

---

① 《周易折中》："《程传》：鲋，或以为虾，或以为蟆，井泥中微物耳。射，注也，如谷之下流注于鲋也。"（卷第七，第233页）《周易述》："郑云：瓮，停水器也。《说文》曰'汲瓶'也。二不变，应五，故瓮瓶毁缺，卦辞所谓'累其瓶'是也。"（《周易下经三》，第163页）

② 按：渫，众本同，《周易集解》作"渫"："荀爽曰：渫去秽浊，清洁之意也。"（卷第十，第157页）

③ 《周易折中》："《案》：不曰'明王'而曰'王明'，乃恻者祈祷之辞，言'王'若'明'，则吾侪'并受其福'矣。"（卷第七，第234页）

上，故人知其贤，而为之心恻。然无自求“王明”之礼，故圣人望“心恻”者代求，而“并受其福”。

六四，井甃，无咎。

甃，修砌也。四互离，为墉而中虚，“井甃”之象。卦以阳为泉，阴为井，此以阴居四，故但言“井甃”。井而既甃，不特非旧，且井道已成矣，故“无咎”。六四阴柔得正，近九五之君，盖修治其井，以潴畜九五之“寒泉”者，故有“井甃”之象。占者能修臣下之职，则可以因君而成井养之功矣。

《象》曰：“井甃无咎”，修井也。

甃者，固其井以御外恶，即所以洁其泉也。六四居下之上，上之下，固其井以为井养之用，臣职也，故以“修井”叹美之。

九五，井洌寒泉食①。

洌，甘洁也。五变坤，为甘。以阳居阳，则洁甚为“洌”。寒泉，泉之美者。坎居北方，一阳生于水中，得水之正体，故甘洁而“寒”。食，人食之也。五位互兑口上，“食”象。九五阳刚居中，井养之德已具，而井养之功已行，然而不言“吉”者，井以上出为成功，未至于上也，故至上而后言“元吉”。

《象》曰：寒泉之食，中正也。

坎中一阳，天一之性，九五阳刚中正，中则其性纯，正则其用溥，故能成养人之功。以德性言，则渊泉而时出；以治功言，则德位兼有，皆中正之义也。

上六，井收勿幕，有孚元吉②。

收，谓以鹿轳收繘也。坎为车，应巽绳为“繘”，旋坎轮以收巽绳，故象“井收”。幕，蔽覆也。阴爻耦画两开，“勿幕”象。有孚，

---

① 《周易折中》：“《集说》：易氏祓曰：三与五皆泉之洁者，三居‘甃’下，未汲之泉也，故曰‘不食’；五出乎‘甃’，已汲之泉也，故言‘食’。”（卷第七，第235页）

② 《周易折中》：“《程传》：收，汲取也。……它卦之终，为极为变，唯井与鼎，终乃为成功，是以吉也。《案》：勿幕，谓取之无禁，所谓‘往来井井’者也。有孚，谓有源不穷，所谓‘无丧无得’者也。”（卷第七，第235页）

“坎”象，谓人皆取养于井，诚信不疑，即所谓“往来井井”者也。上六居井之极，“巽乎水而上水”，井道已成，收“井养”之功；听人取水而勿幕之，诚孚于人，“往来井井，井养不穷”，占者大吉也。于人事为天德备，王道成，济人利物于无穷之象也。

《象》曰：“元吉”在上，大成也。

通卦惟上“元吉”，以井道至此而始大成也。初“井泥”，二“井谷”，皆废井也。三“井渫”，渫初之“泥”；四“井甃”，甃二之“谷”，既“渫”且“甃”，则井道全矣，故五“井洌泉寒”，而上六“井收勿幕”，乃大成其及物之功。

附　解

庄子曰，盈天地间，惟水为大。水生于天一之精，而流行于六合之内，木则其机之见而上行者也。当闭塞时，木气入于地而水温；当发生时，木气出于上而水溢。人非水无以养其精神而生其智慧，故水为天地之至贵而生气所含。木以泄水之华，水以成木之体，凿井而饮，养道莫大于斯，故圣人特以名卦。百谷之养人，其用切矣，然非水则百谷且无以成质，而人奚赖焉，故但以“井”名养道而其义已全。劳民劝相，因民之所利而利之使自养，实天地本有养人之具，非有所加损也。然裁成辅相，非君相无以为功；而养身修德，非圣贤莫全其理，故淑身淑世，养义尤为至大。爻词第以井言，虚悬其象，万事万理，不出乎此。或必沾沾就王者治道言，舍本文之词意而他说，亦已滞矣。井可养人，而不“甃”、不“洌”“幕”之，则不成其“井”；汲井至便，而“井泥”“井谷”“羸瓶”，则不得全其用。上六居井之上，水出于井，取用不穷矣，故一卦惟兹“元吉”。然则有养人之具，而无以维持保护之，则亦终归无用，此则圣人教人之意也。初六、九二皆井之无用者，然初犹“无禽”，可以自守，二则鲋且居之，人且射之，可鉴矣。

䷰ 离下兑上

革，变革也。为卦兑上离下，泽中有火，水灭火，火涸水，相息而相克，故“革”。又“二女同居”，而其归各异，“志不相得”，兑金从离火，亦“革”也。《序卦》：“井道不可不革，故受之以‘革’。”① 谓易旧为新，井始清洁也。

革，己日乃孚②，元亨，利贞，悔亡③。

己，十干之“己”，土也。水火二者以土而神。后天卦图离兑之间为坤，火金相克，中央土孕金而御火，以授生气。不言“戊”而言“己”者，离兑皆阴，故以阴土言，且离纳“己”也。孚，相信而相合。言当革之事，占得此卦，“己日”而“乃孚”也。“元亨”者，物不革则不能化，事不革则不能成，然必利于正也。“悔亡”者，卦以火金相克为义，疑于“有悔”，然革之当理，其“悔”可“亡”也。

《彖》曰：革，水火相息，二女同居，其志不相得，曰“革”。“己日乃孚”，革而信之，文明以说，大亨以正，革而当，其悔乃亡。天地革而四时成，汤武革命，顺乎天而应乎人，革之时大矣哉。

息，有息灭、生息二意。火涸水，水灭火，相灭则“革”矣。睽、革皆“二女同居”，然中上少下，其序未紊，但志不同行而为“睽”；少上中下，则序已紊，故“志不相得”而为“革”。“己日乃孚”者，离兑皆索坤土，兑得土以御火，火不灭金，而兑得所生；离得土以御水，水不灭火，而离遂所生，物理如此，人事因之也。卦德内有离之文明，外有兑之和悦，明则能察乎“革”之理，悦则能顺乎“革”之情。“革”者如是，则“大亨以正”，有所革而当乎天理，“其悔乃亡”也。“乃”者，难

---

① 《周易折中》：“韩康伯曰：井久则浊秽，宜革易其故也。”（卷第十，第158页）

② 按：卦辞“己日乃孚”及六二爻辞“己日刀革之”之“己”字，各本不同，《周易集解》作“已”，《周易正义》《周易禅解》《周易折中》《周易述》作“巳”，《来注》作“己”。

③ 《周易折中》：“《集说》：何氏楷曰：巳日，即六二所谓‘巳日’也；刀孚，即九三、九四、九五所谓‘有孚’也。……九四当上下卦之交，正改命之时，故‘悔亡’独于九四见之，即《彖传》所云‘革而当，其悔乃亡’也。”（卷第七，第236页）

之之词，故下以“天地”“汤武”之“革”，明其正与当之理。天地四时之变易，皆一元理气之自然，而无驳杂；圣人革命之大事，皆天命人心之当然，而无偏私，即此二大者以明之，而凡有所革，悉顺乎天，岂义未精、仁未熟者所能，故曰“革之时大矣哉”。

《象》曰：泽中有火，革①，君子以治历明时。

泽本潴水，中乃有火，火盛而水将息，水存而火亦难遂，仍水火相息之义也。五行递相生克，天地二气循环，革故而易新，故名之曰“革”。治历明时，非有所革也。人事必准天时，成毁因而变易，治历明之，天之革者可知，其不革者亦可知矣。兑为书史，故言“治历”，离明，故象“明时”。

初九，巩用黄牛之革②。

巩，韦束也。离为牛，中爻错坤，“黄”之象。革，皮也。鸟兽更四时而皮毛改换，故革义有取于“革”，而六爻取象于“牛”“虎”“豹”焉。牛皮坚韧难革，以之系物则固，故遁二之“执用”者似之；以之裹物则密，故此之“巩用”者似之。初九当革之时，阳刚之才，可以革矣，然居初位卑，无可革之权；上无应与，无共革之人，则不可有为也。但阳性上行，火性上炎，恐其躁妄，故戒以坚确固守，如“巩用黄牛之革”。

《象》曰：“巩用黄牛”，不可以有为也。

无权无与，惟当中顺自守，不可有为。不可革而不革，惟其时而已。

六二，己日乃革之，征吉，无咎。

二为离主，离为日，纳己土，故曰“己日”。文明中正，有能革之德；上应九五，有能革之权。己日乃革之，所谓革而信之者也。君臣相

---

① 《周易集解》：“崔憬曰：火就燥，泽资湿，二物不相得，终宜易之，故曰‘泽中有火，革’也。”（卷第十，第159页）

② 《周易折中》：“《程传》：巩，局束也，革所以包束。黄，中色；牛，顺物……谓以中顺之道自固，不妄动也。《集说》：龚氏焕曰：《易》言‘黄牛之革’者二：遁之六二，居中有应，欲遁而不可遁者也；革之初九，在下无应，当革而不可革者也。”（卷第七，第237页）

孚，人皆乐从，有更化善治之吉，而无轻变妄动之咎，故“征吉，无咎”。

《象》曰：“已日革之”，行有嘉也。

行即“征”，嘉即“吉”也。上应九五，故“行”而“有嘉”。明革必君臣道合而后可，臣子不专其功也。

九三，征凶，贞厉，革言三就，有孚①。

贞厉，虽正亦厉，危之也。革言，革之议论。正应兑口，“言”象；中爻乾为言，亦“言”象。就，成也，从也。本爻位三，又离数三，故曰“三就”。本卦下三爻，主革者也，故皆言“革”；上三爻，受革者也，故言“改”“变”。九三以刚居刚，处离之极，苟躁动而往，必“凶”。盖刚明太过，上接兑泽，泽足息火，故虽有革之权，有可革之道，而亦多危厉，惟当宣明所以革之故，不惮再三以就人情，人悦而应之，则“有孚”而可革矣。读《盘庚》《泰誓》三篇，可以知“革言三就”之苦心。

《象》曰：“革言三就”，又何之矣。

之，往也。“革言三就”，则已尽告戒之诚，人悦变更之善，“又何之矣”。言人自不能违，以明躁动之无益。

九四，悔亡，有孚改命②，吉。

悔亡，所谓革而当，其“悔”乃“亡”也。变坎，故象“有孚”。未革而谋之曰“言”，已革而行之曰“命”。离变为兑，改夏为秋，不曰“革”而曰“改命”者，革只去“故”，改则兼有“新”义。九四离下体而进上体，当革之时，革势已甚，近君而任革之事，事之可悔者革之，革

---

① 《周易集解》：“翟元曰：言三就上二阳，乾得共有，信据于二阴，故言‘革言三就，有孚’于二矣。”（卷第十，第160页）《周易折中》：“《集说》：吕氏大临曰：自初至三，遍行三爻，革之有渐，革道以成，故曰‘革言三就’。”（卷第七，第238页）

② 《周易折中》：“《程传》：改命，改为也，谓革之也。……四非中正而至善何也？曰：唯其处柔也，故刚而不过，近而不逼，顺承中正之君，乃中正之人也。《易》之取义无常也，随时而已。刘氏牧曰：成革之体，在斯一爻。《朱子语类》：乾卦至九四爻谓‘乾道乃革’，也是到这处方变。”（卷第七，第239页）

之而当，其“悔”乃“亡”。以刚居柔，刚柔相济，行之以诚，上信而下顺，以之“改命”必吉也。五方“虎变”，而四言“改”者，佐命之臣也，伊、莱、望、散似之。

《象》曰：改命之吉，信志也。

信志，即“有孚”。变坎，故言“志”。革之道，以上下相信为本，不当不诚则不信。九四之志，足以孚乎人心，是以“改命”而“吉”也。

九五，大人虎变，未占有孚。

居尊互乾，阳刚中正，故称“大人”。兑于方为“西”，故为“虎”；于时为“秋”，“鸟兽毛毨”，故“变”也。九五才德位兼全，当革之时，为革之事，为“大人虎变”之象。占者得之，必“未占”而已“有孚”于人，乃应其象。盖其变也当，未变之前，已早恩浃义顺也。尧舜汤武而外，有革之事无革之德者，不足当之。

《象》曰：“大人虎变”，其文炳也。

应离，故曰“文”，以人事言，变礼易乐，新天下之耳目，而不失其中正，如虎之斑文炳著也。

上六，君子豹变，小人革面，征凶，居贞吉①。

豹，虎类而小。兑为口，乾为首，故象“面”。君子，有德之勋臣，革道已成。从龙之士，勋成名就；归化之民，涤虑洗心，为“君子豹变、小人革面”之象。此时若更有所往，烦扰不已，则“凶”，惟“居贞”而与天下相安于无事，则“吉”。盖变者“时”，不变者“道”，“革”之所以名，以其悖道也，既革而归于道，则惟“居贞”。然则圣人之“革”也，乃圣人之守常也欤。

---

① 《来注》：“盖九五既‘虎变’而为天子，则上六即‘豹变’而为公侯。……‘革面’者，言旧日面从于君者亦革也。……以力服人者面从者也，以德服人者……心从者也。……小人革面者，革其旧日之作伪也。”（卷之十，第330-331页）《周易折中》：“《集说》：龚氏焕曰：九三与上六皆曰‘征凶’，而有‘贞厉’‘贞吉’之殊者。杨氏启新曰：所谓‘革面’者，亦非但革其面而不能革心之谓……故以此为民风丕变之喻尔。”（卷第七，第240页）

《象》曰："君子豹变"，其文蔚也。"小人革面"，顺以从君也。

文蔚，辅君致治，勋望俱隆也。顺以从君，言"革面"由于心悦诚服，非貌从也。

附解

天理未尝一息亡也，而气化人事，消息盛衰，不无变革，然其革也正，所以维持天理，非好纷更也。圣人以天道之四时、汤武之革命明其象，四时不变，岁功不成，然变而未尝变者，元气之周流；汤武不兴，世乱不止，然革而未尝革者，生民之大道，故夫道行于天壤之间，而变起于人心之际。惟圣人得天之道，以其至常至正者经纬万端，裁成辅相，革其所当革，而无一毫私意于其间，然后天理民彝，历久而不失其真。若非其德，非其位，非其时，未易与言"革"也。奈何悖理乱常之流，借口于"革"，而篡逆频仍，更张不已，匪特莽曹之贼、安石之妄，乱人伦，误国家，不足言"革"。即泥古而不通今，守经而不达权，稍失毫厘，即去而千里，革可易云乎哉？夫八卦者，阴阳所布，阴革阳，阳革阴，似皆可以言"革"，而圣人独以泽火名者何也？泽，水之所潴，而中有火，火生于水，则水之势息可知；然泽本水居，火亦安能久盛，则火之必息亦可知矣。阴阳二气之用见于五行，五行相生相克，循环不穷，其克也，即其"革"也；而革乃所以为"生"，生者不能无革。一元之理无息歇，即一元之气无始终。见于迹象者，固有其宰于无形者，不得其天理之正，曷可行革之事乎？水灭火，而火亦涸水，水火相为制，即相为用，推之五行，莫不如斯，即天地亦莫不如斯，故曰"革之时大矣哉"。火克兑金，亦革也，而《彖》《象》不言，义已该于相息之中也。六爻第陈人事，下三爻为革者谋，初未可革，二许其革，三慎于革。"黄牛"也，"嘉"也，"孚"也，一而已也，皆谓革之本也。上三爻为革者美，四有德而佐革，五极盛而主革，上既革而功成，然亦同归"有孚""居贞"，则革之道可知矣。

䷱ 巽下离上

卦有"鼎"象，初为"足"，二三四为"腹"，五为"耳"，上为"铉"。又巽木离火，互乾金兑泽，"烹饪"之象也。《序卦》："革物者莫若鼎，故受之以'鼎'。"变腥为熟，易坚为柔，水火同处，相为用而不相害，能革物也。

鼎，元吉亨①。

养人莫大于水火，"井""鼎"是也。但火必假器以成用，故鼎为最重，而占得此卦者大吉。亨，谓推之凡事，皆可亨通矣。

《彖》曰：鼎，象也②。以木巽火，亨饪也。圣人亨以享上帝，而大亨以养圣贤。巽而耳目聪明，柔进而上行，得中而应乎刚，是以"元亨"。③

卦体自具足、腹、耳、铉之象，因象命名，故曰"鼎，象也"。下巽上离，以巽木入离火之中，而致烹饪，鼎之用也。烹，煮；饪，熟食也。烹饪之用，宾祭为重，而祭莫大于享帝，宾莫大于圣贤。享帝尚质，故止言"亨"；享圣贤贵丰，故曰"大亨"，此言鼎之为用大也。巽而以下，又推广其义，以明"元吉亨"之故。离为目，错坎为耳，耳目之所以聪明，木火之生气贯之也。卦体以木巽火，人心体之，内而此心巽顺于理，外而耳目聪明，则可以无所不可。又下卦一阴进而上行为六五，则文明得其位。以六五得中，而下应九二之刚，则得其辅，以此凝天下之重器，是以大亨而吉，不待言矣。《彖》言"元吉亨"，而此只言"元亨"

① 《周易集解》："郑玄曰：'鼎，象也。'卦有木火之用，互体乾兑。乾为金，兑为泽，泽钟金而含水，爨以木火，鼎烹熟物象。"（卷第十，第162页）《周易折中》："《本义》：卦自巽来，阴进居五，而下应九二之阳，故其占曰'元亨'。'吉'，衍文也。《程传》：止当云'元亨'，文羡'吉'字。……《彖》复止云'元亨'，其羡明矣。《集说》：易氏祓曰：《易》之诸卦皆言象，取诸物以名卦者，鼎与井而已。"（卷第七，第241页）

② 《周易集解》："虞翻曰：六十四卦皆'观象系辞'，而独于'鼎'言'象'，何也？'象事知器'，故独言'象'也。《九家易》曰：鼎言'象'者，卦也。"（卷第十，第162页）

③ 《来注》："'象'者，鼎之体；'亨饪'者，鼎之用。……'柔进而上行'者……言革下卦之离，进而为鼎之上卦也。进而上行，居五之中，应乎二之刚也。"（卷之十，第331–332页）

者，亨通则吉在其中。文王为占者言，夫子则欲人先求其理之亨，意微别也。

《象》曰：木上有火，鼎，君子以正位凝命①。

火生于木，木者，火之命也；火王于离，正位南方，然非木则无以发其光，君子法之，"以正位凝命"。人受天地之中以生，所谓"命"也。人身有太极之理，即有太极之位，命之所以常"凝"，性之所以常保，有"正位"焉。养其未发之中，静其天命之理，推之于凡事，莫不皆然。若人君重神器，承天命，亦是一义，非其实也。项安世曰："存神息气，人所以凝寿命；中心无为，以守至正，君所以凝天命。"盖亦见及之。

初六，鼎颠趾，利出否，得妾以其子，无咎②。

初在下，鼎趾也。六柔，故"颠"，又错震，动则颠也。否，垢也。巽为长女，位最卑，"妾"象。卦中奇实有阳气凝聚之象，故宜"子"。又错震，为主器长子，故象"子"也。烹饪者必涤其鼎，初六巽柔错震，有"鼎颠趾"象，是惟涤鼎而出其垢则"利"。譬诸人事，乍若颠倒，而实去旧图新，仍归于不失其常。如买妾者，因欲得子，而非颠倒贵贱，义得"无咎"也。

《象》曰："鼎颠趾"，未悖也。"利出否"，以从贵也。

趾当承"鼎"而"颠"之，"悖"也。然鼎未有实，而洗鼎固当如此，未为悖也。贵对贱言，否"贱"也，珍羞"贵"也，"出否"者，将去贱而纳贵。凡有所更新，必去贱而从贵，纳妾以其子，义亦该乎其中矣。

九二，鼎有实，我仇有疾，不我能即，吉。

九二刚中，在鼎之腹，故象"有实"。我，二自谓。仇，雠，谓三四

---

① 《周易集解》："虞翻曰：君子谓三也。鼎五爻失正，独三得位，故'以正位'。凝，成也。体姤，谓阴始凝初。"（卷第十，第163页）《来注》："正，对偏倚言；凝，对散漫言。'正位'者，端庄安正之谓，即斋明盛服，非礼不动也。"（卷之十，第332页）

② 《周易折中》："《案》：《易》例初六应九四，无'亨''吉'之义，盖以初六乃材德之卑，应四有援上之嫌，故于义无可取者。"（卷第七，第242页）

也。疾，妒害也。三四与二相比，位乎其上，恃刚而争，不无疾害，于人事为同朝嫉害之象。然九二有刚中之实德，上与五应，又巽为洁，志洁行芳，见知人主，虽仇我者有疾患之心，终不能"即"也，故"吉"。

《象》曰："鼎有实"，慎所之也。"我仇有疾"，终无尤也。

三四与二相比，而二独与五应，舍此他无所之，由其中有实德，故能慎于"所之"也。我仇有疾，二不与之为缘，安能害之哉，故"终无尤也"。

九三，鼎耳革①，其行塞，雉膏不食，方雨亏悔，终吉②。

就下卦言则初鼎趾，二鼎腹，三"鼎耳"也。鼎耳当虚，而兹以阳实居之，则失其常，故为"鼎耳革"象。其行塞，巽为进退不果，且五比四应二，独不取于三，故"塞"也。离为"雉"，鼎烹之，故为"膏"。"耳革""行塞"，虽实腹而有"雉膏"，不为人食，其悔多矣。所以然者，由三居巽极，应上离极，木火之极，以刚居刚，故致此悔。然变坎为"雨"，又互乾兑，有"方雨"象，木火盛而鼎沸，雨以亏损其势，则悔亡而终得吉也。凡有养人之才，而位不当，才过刚者，如斯"方雨亏悔"戒之，而欲全其"雉膏"也，故以"亏悔终吉"勖之。

《象》曰："鼎耳革"，失其义也。

义，卦义。全卦二三四皆鼎腹，而惟二得中，故独以"鼎有实"归之。三过刚不中，既不得为"耳"，亦不得为"腹"，虽有"雉膏"，不为人食，由其位非宜也。

---

① 按：鼎耳革，众本同，《周易折中》作"鼎而革"。

② 《来注》："三变，则内坎水，外亦坎水，'方雨'之象也。"（卷之十，第333页）《周易述》："［注］：动成两坎，坎为耳，'鼎耳'之象。倒'鼎'为'革'，故曰'鼎耳革'。鼎以耳行，耳革'行塞'。"（《周易下经三》，第169页）

九四，鼎折足，覆公悚，其形渥①，凶②。

四居鼎腹之上，有盈满倾覆之理，又位居大臣，舍同体之刚，而独与初应，初阴柔不胜重任，故足折而悚覆，鼎之形亦沾濡，“凶”矣。悚，美糁，鼎之实也。鼎以养贤，非以自私，故曰“公悚”。渥，沾濡貌，美糁沾濡于鼎也。吴澄曰：“初未实鼎之时，故‘颠趾’，而以‘出否’为‘利’；四已实鼎之后，故‘折足’，而以‘覆悚’为‘凶’。”

《象》曰：“覆公悚”，信如何也③。

信，信任。言覆悚之人，如何信之，且如五之任己何也，深责九四之词。

六五，鼎黄耳金铉，利贞④。

五，鼎耳之位。得中，本坤土，故象“黄”。铉，贯耳以举鼎者，变乾金，故曰“金铉”。耳、铉不相离，故并举之。六五有虚中文明之德，上比上九，下应九二，皆刚明，为“黄耳金铉”象，于人事为得贤臣以任事，事无不举。占者“利”在“贞”，守此理也。

《象》曰：“鼎黄耳”，中以为实也。

六五虚中，惟虚故能受实。言五有黄中之德，故下三阳之实，皆为所容，是其“中”也，乃所以“为实”也。赞之也。人君虚受贤人，天下之才莫非己有，如斯。

---

① 按：形渥，众本同，《周易集解》作“刑渥”（虞翻曰：渥，大刑也），《周易述》作“刑剧”（服虔云：《周礼》有“屋诛”，诛大臣于屋下不露也。俗本作‘形渥’，非）。又《周易折中》：“《本义》：晁氏曰：形渥，诸本作‘刑剧’，谓重型也。今从之。”（卷第七，第 243 页）

② 《周易折中》：“《案》：凡《易》例，九四应初六，皆有损而无助。”（卷第七，第 244 页）

③ 《周易集解》：“《九家易》曰：‘渥’者，厚大，言罪重也。既‘覆公悚’，信有大罪，刑罚当加，无可如何也。”（卷第十，第 164 页）

④ 《周易折中》：“《集说》：王氏宗传曰：在鼎之上，受铉以举鼎者‘耳’也，六五之象也；在鼎之外，贯耳以举鼎者‘铉’也，上九之象也。王氏申子曰：鼎之六五，虚其中以纳上九阳刚之助，而后一鼎之实，得以利及天下，犹‘鼎黄耳’得‘金铉’也。”（卷第七，第 245 页）

上九，鼎玉铉，大吉，无不利①。

上居鼎极，铉在鼎上，故象"铉"。乾为玉，玉非可为铉，象其贵重耳。上九鼎养之功成，而鼎器尊固，如鼎铉而以玉为之，贵美安重。于人事为大臣佐君养人，功成勋重，国家如九鼎，而己亦身系天下之重，故占者"大吉"，而"无不利"也。

《象》曰：玉铉在上，刚柔节也。

鼎赖铉以举，上本铉也，而曰"玉"者，以阳居阴，刚而节之以柔，如玉之温润也。在人事则大臣佐君养人之时，精坚如金，及功已成，勋崇望重，从容以辅太平，皆"刚柔节"之义也。

附　解

养人莫大于水火，故"木上有火""木上有水"，井、鼎之卦以名。然井之用在水，水需汲而已，故"改邑不改井"，而但戒于"羸其瓶"；鼎之用在火，火不能无所附而成功，且井养亦非此不行，故鼎之为器重，而圣人独系曰"元吉亨"。六十四卦皆象也，而惟鼎释之曰"象"，以器之象卦，无如此为最肖，而凡形肖者，皆可例推矣。若夫鼎义取于养人，而"享帝""养圣贤"为尤重。圣人之意，固非徒以养口体为能也，故于大象而直揭之曰"君子以正位凝命"。人之生也，理气赋于天，而形骸不能无所养以自立，然养其大体，尤急于养小体，能存其未发之中，乃可以充其本然之善。故位者，天人合一之窍，而"正位"者，静存纯一之功，命之"凝"以此，即天之"定"亦以此矣。自三教分门，言儒者执中而外求诸物理，不知物理之中，本未发之中，而一以贯之也；言释道者泥空元，不知空元之实，特言静存虚寂之状，而非外人伦以为功也。"正位凝命"，乃修道之实功，存养之关键，而推之于事为，亦不离乎此以为基矣。王氏申

---

① 《周易折中》："《本义》：以阳居阴，刚而能温，故有'玉铉'之象。《集说》：易氏祓曰：鼎与井，其用在五，而其功皆在上。胡氏炳文曰：上九一阳横亘乎鼎耳之上，有'铉'象。《案》：此卦与'大有'，只争初六一爻耳，余爻皆同也……又《易》中言天命者，亦唯此两卦，一曰'顺天休命'，一曰'正位凝命'。"（卷第七，第245页）

子曰："鼎形端而正，体镇而重，君子取其端正之象，以正其所居之位，使之愈久而愈安；取其镇重之象，以凝其所受之命，使之愈久而愈固。"旨哉斯言，是盖有以知其故矣。而儒者多疑于道家鼎炉之说，谓其相类，不知乾鼎坤炉，人身性命二关，即天地阴阳二窍，然非形质可执，尤非淫妄之言可参也。正位凝命，则法坤之安土敦仁，以为乾之健行不息也。推而及诸神器大位，则其支言在易理无不该，亦可旁通。而圣人本意不主此，特天地精微，前圣多不敢显言，故说愈多而愈棼耳。承鼎在"趾"，实鼎在"腹"，行鼎在"耳"，举鼎在"铉"，六爻合为"鼎"象。而三亦言"耳"，四亦言"足"者，三乃下卦之"耳"，四乃上卦之"足"也，易之取象，变动不拘，不得如前人之穿凿。爻义大半主君臣养人说，而象则止就鼎言鼎而已。"我仇有疾"，三四同类而见妒；"方雨亏悔"，鼎沸而解其威，象义甚明，必求深而反浅，则可无庸也。金铉、玉铉，旧解失亦如斯。或疑"我仇"，前人谓二与五，不言三四，不知二与三四同为鼎实，而惟二得中应五。三居下之上，庶司百职也。四居上之下，大臣也。二为贤人，鼎"有实"象。有德而蒙主知，三四同为阳刚，不无争胜，则"有疾"而如仇。然五为应二，不及三四，故虽欲疾之而不"即"也。此自然之象。

䷲ 震下震上

震，动也。一阳生于二阴之下，动而上，故名"震"。不曰"动"而曰"震"，震有奋发震惊之义，其象为"雷"。乾坤之交，一索而成"震"，生物之长，故为"长男"。《序卦》："主器者莫若长子，故受之以'震'。"①

震，亨，震来虩虩，笑言哑哑，震惊百里，不丧匕鬯②。

阳气奋发曰"震"。虩，蝇虎也，常周环于壁间，不自安宁。虩

① 《周易集解》："崔憬曰：鼎所以烹饪，享于上帝。主此器者，莫若冢嫡，以为其祭主也。"（卷第十，第165页）《周易折中》："《程传》：长子，传国家继位号者也，故为'主器'之主。"（卷第七，第246页）

② 《周易集解》："郑玄曰：人君于祭之礼，巳牲体、荐鬯而已，其余不亲也。升牢于俎，君匕之，臣载之。鬯，鬯酒，芬芳条鬯，因名焉。"（卷第十，第166页）

虩，惊恐貌。哑哑，笑声。震恐惧，故象“虩虩”；震善鸣，故象“笑言”，互辰①故“哑哑”有序。匕，匙也，以棘为之，长二尺。未祭则烹牢于镬，实诸鼎而加幂焉，将荐乃以匕出之，升于俎上。鬯，以秬黍酒和郁金灌地以降神也。祭礼甚多，独言二者，以人君所自亲，余不亲也。不丧，诚敬则不自失也，举此以该其变。震乃乾元生气动于坤官之下，阳气动而日长，故有“亨”道。以其象言为“雷”，人心闻雷则必惊惧，然君子修德于平日，当震之来也，故不免“虩虩”恐惧，而自问无他，可以释然，“笑言哑哑”，不失其常可也。不观于祭者乎？迅雷奋发震惊，至于百里之远，而主“匕鬯”者，意主于诚敬，不知其他，未闻“丧匕鬯”也。然则敬惧之念，存于平时，处常无惊，处变亦可无恐也。亨者如是可也。“震惊”“匕鬯”，就“雷”与“长子”取象。

《彖》曰：震，亨。“震来虩虩”，恐致福也。“笑言哑哑”，后有则也。“震惊百里”②，惊远而惧迩也。出可以守宗庙社稷，以为祭主也。

后，恐惧之后，非“震惊”之后。则，法则，有则不逾矩也。“惊”者，卒然遇之而动乎外。“惧”者，惕然畏之而变其内。卦皆震，故象“远迩”。出，谓阳气出而震动，长子出而主器。言文王言“震亨”而即继之以“震来虩虩”者，因恐惧而后“致福”也。“笑言哑哑”者，先有恐惧之心，而后能守乎法则，不逾矩也。震惊百里，其威盛矣，人君象之，出震乘权威及于远，而自身不忘敬惧如此，则出而宰世，“可以守宗庙社稷，以为祭主也”。夫子绎文王之言，而为主祭者劝，故但重恐惧修省之意，而“不丧匕鬯”意在其中矣，非逸文也。

《象》曰：洊雷震，君子以恐惧修省。

“洊”义与坎象同，雷声相续而至曰“洊雷”。人心非震不惕，君子畏天之威，以恐惧而修省。恐生于心，惧见于象，修饬其身，使事事合天理，省察其过，使事事遏人欲，虽震有不来之时，而恐惧修省必无间断之候，此人心“洊雷”之“震”也。恐惧，“初震”之象。修省，“重震”

---

① 按：互辰，“辰”字误，当作“互艮”。艮为止，故“哑哑有序”。

② 《周易集解》：“干宝曰：周木德，震之正象也，为殷诸侯。殷诸侯之制，其地百里。”（卷第十，第166页）

之象。

初九，震来虩虩，后笑言哑哑，吉①。

震主两阳，而下卦之初最先，即复之“天心”也。由此而进，皆后矣，故与《象》同辞，以明卦主而加一“后”字。处震之初，惧之能早，先有“虩虩”之戒惧，然后有“笑言哑哑”之安舒，谋成而后整暇，备豫而后和缓，故“吉”也。

《象》曰：震来虩虩，恐致福也。笑言哑哑，后有则也。

“后”字已于《彖传》提出，故无容更易一辞。

六二，震来厉，亿丧贝，跻于九陵，勿逐七日得②。

厉，猛厉。十万曰亿。亿丧，丧之多也。变互离龟蚌，“贝”象。跻，升也。震足动而益上，故曰“跻”。中爻互艮为山，“陵”象。五在艮山上，为“九陵”象；二与五应，“跻于九陵”象。“七日”者，阴阳数皆极于六，七则穷上返下。初为震主，二以柔乘之，象为“震来”“甚厉”，二度其不能敌也，捐其宝货，“跻于九陵”以避之。贝为人取，“勿逐”也，守正以俟之，七日而可复得。杨慈湖谓大王避狄岐山，而后卒兴周者象之。是也。

《象》曰：“震来厉”，乘刚也③。

乘刚，故厉而不犯其刚者之得可知矣。

---

① 《周易折中》：“《集说》：胡氏炳文曰：初九在内卦之内，震之主也，故辞与卦同。”（卷第七，第247页）《周易述》：“哑，《说文》曰‘笑声’，谓初得正，而笑四之失位。”（《周易下经三》，第171页）

② 《周易折中》：“《程传》：亿，度也。贝，所有之资也。跻，升也。九陵，陵之高也。逐，往追也。……九，言其重，冈陵之重，高之至也。《集说》：郑氏汝谐曰：亿，度也。”（卷第七，第247页）

③ 《周易集解》：“干宝曰：六二木爻，震之身也，得位无应，而以乘刚为危。此托文王积德累功，以被囚为祸也，故曰‘震来厉’。亿，叹辞也。贝，宝货也。”（卷第十，第167页）

六三，震苏苏，震行无眚①。

苏，蛰而复动也。《书》曰"后来其苏"，《记》曰"蛰虫昭苏"。六三下震方终，上震又接，阴为阳所震动，苏而又苏，不能自安，然以震而行，发奋有为，可以"无眚"也。以阴柔恐不胜其震，故勖之。

《象》曰："震苏苏"，位不当也。

不中不正，故"不当"，惟位不当，故必"震行"而后可以"无眚"。

九四，震遂泥②。

遂，直顺而不返。泥，滞弱③也。震体奋而上达，故"遂"；互坎而陷，又互艮止，故"泥"。九四以刚居柔，不中不正，陷于二阴之间，如雷乍动而又为阴气陷之，有"震遂泥"之象。在人则志气未能自遂，困心衡虑之时也。

《象》曰："震遂泥"，未光也④。

四有刚德，非不奋者，但陷于重阴，志气未能自遂，故曰"未光"。

六五，震往来厉，亿无丧有事⑤。

初阳震也，四阳亦震，五居四后，前震往而后震来，其厉与二同。然二臣也，所有者"贝"而已，故可"丧贝"以自守；五君也，土地、人民、社稷无一可丧者，故一切皆"无丧"，而震动有事以守其中。

---

① 《周易折中》："《程传》：苏苏，神气缓散自失之状。……三能行则'无眚'，有不正而处震惧，有眚可知。《集说》：杨氏启新曰：震而不行，徒震耳，行者，改图也，此恐惧所以修省也。"（卷第七，第248页）《周易述》："［注］：死而复生称'苏'。"（《周易下经三》，第173页）

② 《来注》："上下坤土得坎水，'泥'之象也。坎有'泥'象，故需卦，井卦皆言'泥'。"（卷之十，第338页）《周易折中》："《本义》：泥，滞溺也。《案》：盖雷声有动而不能发达者，陷于阴气也。此爻阳动于四阴之中，故有'震遂泥'之象。"（卷第七，第248页）

③ 按：弱，疑误，当作"溺"。

④ 《来注》："陷于二阴之间……无复有正大光明之事矣。"（卷之十，第338页）

⑤ 《周易集解》："虞翻曰：'往'谓乘阳，'来'谓应阴。……事，谓祭祀之事。"（卷第十，第167页）《来注》："初始震为'往'，四洊震为'来'。……'有事'者，犹可补偏救弊以有为也。"（卷第十，第338页）《周易折中》："《案》：《春秋》凡祭祀皆曰'有事'，故此'有事'谓'祭'也。"（卷第七，第249页）

《象》曰："震往来厉"，危行也。其事在中，大无丧也。

危行，忧危恐惧，以危惧之心守中而行，故能"大无丧也"。言有事者，明非徒一危惧毕事也。

上六，震索索，视矍矍，征凶，震不于其躬于其邻，无咎，婚媾有言。

索索，消索沮丧之状。变离故"视"，矍矍，不安貌。邻，谓五也。变离遇震，为"婚媾"，震为"言"。上六居震极，不胜其震，故震而"索索"，视亦"矍矍"，不能自安，以此而往，必有"凶"矣。然上六动极当静，且震威已极，"往来"之"厉"五已当之，震不"于其躬，而于其邻"，上惟以静自安，可以"无咎"，不必"索索"而"矍矍"也。且上与三应，如"婚媾"然，皆同处震极而不安。然三接外震，义主震行；上居震终，义主安静，易地则皆然。"婚媾有言"，可以共相筹度，非他卦之穷极而无与者比也。

《象》曰："震索索"，中未得也。虽凶无咎，畏邻戒也。

未得者，位不中而中心迷乱，故"索索"也。其位"虽凶"而"无咎"者，震及于邻而畏之，先自戒备，则能安静自守，下与三应也。

附　解

震之为义有三，天之震雷也，事之震忧患也，心之震戒惧也。阳气郁极而必舒，人事困极而必变，志气惰安而必警，此理之常，即圣人此卦垂象之意也。《彖传》已将"恐致福"意言明，而推之于"出可守宗庙社稷，以为祭主"，举其大而他可知矣。"恐惧修省"，盖人所以承天之道，而六爻大意不出此也。惟初九一爻为震主，故其辞与《彖》同。二、五以中而知戒惧，故有"复得""无丧"象。三与上一居内震之极，一居外震之极，皆不自安，圣人教以"震行无眚""无咎，婚媾有言"。而前人解上六欠妥，则圣意不明矣。九四"震遂泥"，圣人第言"未光"，固无贬词，而前人解亦误。学者参观而折衷焉，毋为群言所乱，则得也。

䷳ 艮下艮上①

艮，止也。一阳止于二阴之上，升极而止，上止下静，“止”之义。又为山，下坤土乃山之质，一阳覆于其上，轻清者在上，重浊者在下，“艮”之象也。《序卦》：震者动也，物不可以终动，止之，故受之以‘艮’。”震为静极而动，天行之气也；艮为动极而静，坤土之安也，合二卦而动静交相养之功得矣。

艮其背，不获其身，行其庭，不见其人，无咎②。

阳止于阴，曰“艮”。后天卦图艮止东北，成终成始，人身亦然，阴阳二气流行，存主有常，归于太极之所。“背”者，阳气所循，五官百骸之主，收视返听，止于其所，不自见其身，亦如天地之静极而物俱泰也。圣人因艮之在天地者，而欲人体之，故直指其象，不复先言卦名。庭，心之舍也。艮为门阙，重艮之间，故象“庭”；互震，故象“行”。洗心退藏于密，心君听事之“庭”，虚若无人焉，则止之至矣。其止如是，则得其静存之要，而万事万理所由出，故“无咎”。

《彖》曰：艮，止也。时止则止，时行则行。动静不失其时，其道光明③。艮其止，止其所也。上下敌应，不相与也。④是以“不获其身，行其庭，不见其人，无咎”也。

---

① 《周易折中》：“《程传》：乾坤之交，三索成艮，一阳居二阴之上……既至于上则止矣……然则与‘畜止’之义何异？曰：畜止者，制畜之义，力止之也；艮止者，安止之义，止其所也。”（卷第七，第250页）

② 《周易集解》：“虞翻曰：观坤为‘身’，观五之三，折坤为‘背’，故‘艮其背’。”（卷第十，第168页）《来注》：“震行也，向上而行，面向上，其背在下，故以阳之画初与四为‘背’；艮止也，向下而立，面向下，其背在上，故以阳之画三与上为‘背’。”（卷之十，第340页）《周易折中》：“《本义》：艮，止也……其象为山，取坤地而隆其上之状，亦止于极而不进之意也。《集说》：郭氏忠孝曰：人之耳目口鼻皆有欲也，至于背则无欲也。”（卷第七，第250–251页）

③ 《周易集解》：“虞翻曰：‘动’谓三，‘静’谓上。艮止则止，震行则行，故‘不失时’，五动成离，故‘其道光明’。”（卷第十，第169页）

④ 《来注》：“八纯卦皆不相应与，独于‘艮’言者，艮性‘止’，止则固执不迁，所以不光明而仅得‘无咎’。文王卦辞专以象言，孔子《彖》辞专以理言。”（卷之十，第341页）

易“背”为“止”，以明“背”者“止”之所也。“上下敌应，不相与”，凡应者阴阳不敌，今上下位爻皆峙敌，不相应与也。言“艮，止也”，非止而不行之为“止”也，止乎时之所当止，止固谓之“止”；行乎时之所当行，行亦谓之“止”。动静惟时中有主而神明不乱，则性听自见光明。“艮其止”，止其所当止之所也。而以“不获其身”“不见其人”立象者，上下爻位峙敌，而不相应与，各止其所，内不见有己，而绝外感之缘，外不见人，而无物交之累，“是以不获其身，行其庭，不见其人”而“无咎”也。

《象》曰：兼山艮，君子以思不出其位。

此并彼为“兼”，上下皆山，故曰“兼山”，谓重复也。两雷、两风、两火、两水、两泽，皆有相往来之理，惟两山并立，不相往来，“止”之象也。位，兼内外而言，静而止于未发之中，动而止于天理之则，皆不出位。曰思者，人心以思而灵，亦以思而妄，惟内止以清其思之源，外止以得其思之正，则与天地之动静相协矣。

初六，艮其趾，无咎，利永贞。

艮综震为“足”，初在下，“趾”之象。初位卑才弱，不敢轻举妄动，“艮其趾”象。事止于初，慎于其始，故“无咎”。但阴柔恐其不久，故戒以“利永贞”。

《象》曰：“艮其趾”，未失正也。

理之所当止者曰“正”，即爻辞之“贞”也。动莫先于“趾”，止于动之先，未失正理也。

六二，艮其腓，不拯①其随，其心不快②。

腓，足肚也，在趾之上。拯，救也。随，从也。二之所随者三也，六爻以身取象，三为心，人心之动，体则随之。又《易》例以相近之下位

① 按：拯，众本同，《周易述》作“抍”：“［疏］：抍，《释文稿》作‘承’，虞作‘抍’，今从虞。俗作‘拯’，非。抍，《说文》曰‘上举也’，故曰‘取’也。”（《周易下经三》，第175页）

② 《周易折中》：“《案》：此爻‘随’字与咸三同，咸三谓随四，此爻谓随三也。然六二有中正之德……与咸三之志在随人异矣。”（卷第七，第252页）

为“随”，六二柔中得正，“艮其腓”则不轻动，然三以刚躁居其上，有不当动而动者，二既不能拯之，又不得不“随”之而动，故“其心不快”。互坎为心病，故“不快”。

《象》曰：“不拯其随”，未退[①]听也。

退，谓九三退而就二。二下而三上，阳性上行，躁进不返，安能“退听”六二之“拯”乎？互坎又为耳痛，故曰“未听”。

九三，艮其限，列[②]其夤，厉熏[③]心[④]。

限，界限，谓身之中腰也。三在上下体间，故以为象。列，峙也。夤，夹脊骨也。三以一阳居卦中，故象“心”。人身脉络周流，故能屈伸俯仰如意，若“艮其限”而峙“列其夤”，血脉不通，水火不济，则不能“艮其背”而自得，心烦不安，危厉至于“熏心”，无以自主。象如是，则占可知矣。

《象》曰：“艮其限”，危熏心也。

人身之限，阴阳二气所流行，不当止而止，或强制其心，或强驭其气，皆反为害。“危熏心也”，叹之也。夫人身所以生者气血，而气为血主，心又气血之主。“艮其背”者，心止其所，性定而百体从令；“艮其限”者，止非其所，心妄而脉络不通，故“熏心”之危，就身中言之也，而推诸事为，象亦可知矣。

六四，艮其身，无咎。

人体统言之曰“身”，分言之则腰足而上谓之“身”。人身以安重为贵，六四已入上体，性柔位阴，止而不动，为“艮其身”象，言身不妄

---

① 按：退，众本同，《周易集解》作“违”。

② 按：列，众本同，《周易述》作“裂”：“［疏］：裂，绽也。《内则》曰：‘衣裳绽裂’。”（《周易下经三》，第175-176页）

③ 按：熏，众本同，《周易集解》作“阍”：“艮为阍，阍，守门人。坎盗动门，故‘厉阍心’。古‘阍’作‘熏’字。”（卷第十，第169页）

④ 《周易折中》：“《程传》：止道贵乎得宜，行止不能以时而定于一，其坚强如此，则处世乖戾，与物睽绝，其危甚矣。《案》：震之九四不当动而动，此爻则不当止而止；咸之九四，感之妄，此爻则止之偏，皆因失中正之德故如此。”（卷第七，第253页）

动，以礼自防也，故“无咎”。

《象》曰：“艮其身”，止诸躬也。

躬，即“身”也。止“诸”于“躬”，制乎其外，与正本清源、自然而止者有异，然固已禔躬矣。

六五，艮其辅，言有序，悔亡①。

艮为黔喙，故象“辅”；互震善鸣，故象“言”。六五当“辅”之处，以阴居阳，“艮其辅”而言不妄出，出必“有序”，当乎其节，是口虽动而心自止，失言之“悔亡”矣。

《象》曰：“艮其辅”，以中正也。

辅、颊、舌，皆言所由出，而辅在中，辅至易动者也。惟六五以柔居中，得口容止之正道，故“艮辅”而“言有序”也。

上九，敦艮，吉②。

居一卦之终，在兼山之上，刚实笃厚，故为“敦艮”。不言所艮者，无所不艮也。止于其所，久而不迁，万事万理，一以贯之，无不“吉”也。

《象》曰：“敦艮”之“吉”，以厚终也。

厚释敦意，艮成终，上又卦终，故曰“厚终”。凡事止于至是，难其有终。土弥厚而基弥固，德愈厚而止愈安，故大吉。

附 解

天地之化流行不已，然其理气所主宰，至静而未尝动也，静中自生阖辟，而动静形焉。无动无静者，天之体；有动有静者，天之用，人为万物之灵，以其得天地之全理。人生而静，天之性；无始无终者，与天同，乃

① 《周易折中》：“《集说》：苏氏轼曰：口欲止，言欲寡。”（卷第七，第254页）

② 《周易折中》：“《集说》：胡氏炳文曰：‘敦临’‘敦复’，皆取坤土象，艮山乃坤土而降其上者也，其厚也弥固，故其象为‘敦’，其占曰‘吉’。艮之在上体者凡八而皆‘吉’。”（卷第七，第254-255页）

既生以后，杂于情而昏于欲，穷理尽性以至于命，所以返乎天地之本然，而主静存诚，实握其枢。“艮其背”者，主静之极功，而存养之要道也。脏腑皆系于背，任、督二脉为元气所周流，滞之则病然，特形之所以生耳。若夫理之所萃，气之至纯，止于其所，至静无为，则非血肉之背所可拟。《传》曰“民受天地之中以生”，“中”者背也。文王有见于天地成终成始之理，而思人身亦然，故旷然有怀，突口说“艮其背”十六字五句，一气直下，不似他卦先举卦名，次言吉凶。以心契于天人合一之功，故不觉其词之直也。夫子《象词》亦十分鼓舞，“动静不失其时，其道光明”，著乎外者本乎中，藏其用者显其仁也。后人言“主静”，则寂守知觉运动之心；言“养气”，则惑于歧途驳杂之术，而“艮背”之实、“时行”“时止”之意，乃不克明。先儒解多向外，亦无以阐圣言之精奥也。夫天地与人同此理气之元，无为而无不为，至止而未尝止。著乃谓之象，形乃谓之器，天地之理气，万古而不穷，浑然粹然，团结一元者，所谓太极也。太极无可名言，故曰“无极”。人受天地之中以生，即受太极之全体以为性，所以独异于物。未生以前，此理浑然至足，孟子所谓“性善”者也，既生以后，气质拘而七情惑，性失其初，孔子所谓“性相近”，惟后天之心，非先天之性，故必学以复性。尽其心者知其性，谓全乎性之本体，乃尽乎心之分量，故存其有觉之心，养其虚明之性，即所以事天。天地之理气散著于万物，而实止函于太极。太极动而无动，静而无静，圣人尽性之候亦然，故止于其所，斯万变当前，以无心应之而不逾矩。“庭”者，心应事之地，在人身为膻中；“背”者，心退藏之地，《诗》云“宥密”，《易》亦曰“密”。天地之中，道义之门，其名不一，止于斯地，致中致和，皆以是而全，故“艮，止”者，人天合撰之理也。《连山》首“艮”，正由斯义。文王八卦，艮居东北，特取岁序循环，成终成始之义。而此卦则直以天人合一、安止之功言，突口而出，十分鼓舞，孔子《传》辞亦十分咏叹。自来言“艮背”者亦多，然直以为背脊搬运家行之背，为任、督二气所流通，如天江然，非可轻视也。但气之流行，必由其所结聚，故得太极之所而止之。涵养至久，乃得“时止”“时行”之妙。此理关乎天地奥窔，虽圣人不敢直言，而今异说愈多，至理愈晦，是以不得不详言之耳。咸、艮皆以人身取象者，感通之机，莫捷于身心之用，而此身动静，实该乎天地万物之全，故特于此示其端也。凡人心属阳，体属阴，咸卦三阳居中，而九四尤中之中，故以四为“心”，而五为“背”，上为“口”；艮惟九三一阳居中，故以三为“心”，而四为“背”，五为“口”。咸之九四“憧憧往来”，“心”以妄感而动；《艮》之九三“列（其）夤，厉熏心”，“心”以妄想而止，不得其当，动固非，静亦非；得其当，静固静，动亦静也。庄子曰“惟止能止众止”，盖亦知之，而语涉幽元。儒者又每避二氏之论，将“艮（其）背”“行（其）庭”俱说向外来，致圣人之意不明，此不可不辨也。

䷴ 艮下巽上

渐，渐进也。巽上艮下，止于下而巽于上，进不遽进，“渐”之义也；木在山上，以渐而高，“渐”之象也。《序卦》：“艮者，止也，物不可以终止，故受之以‘渐’。”

渐，女归吉，利贞①。

巽女在外，进而得位；艮男在内，止而不躁，“女归”之象也。妇人谓嫁曰“归”，女之归也以渐，纳采、问名、纳吉、纳征、请期、亲迎，六礼备而后成婚。凡人之进也，虑其躁而失身，必如“女归”之有“渐”则“吉”“贞”，即渐进之道也。守道而渐进，然后正已可以正人，故利于贞，乃所以为“渐”之“吉”也。

《彖》曰：渐之进也，“女归吉”也。进得位，往有功也②。进以正，可以正邦也。其位，刚得中也③。止而巽，动不穷也。

渐，有渐进之义，言“渐”之进，以别于“晋”与“升”之进也。渐进者未必皆“吉”，惟“女归”为得渐进之正，故“吉”也。云“利贞”者，卦位自二至五，阴阳各得正位，“进”而“得位”，“往”乃

---

① 《周易集解》：“虞翻曰：否三之四，‘女’谓四，归，嫁也。……反成归妹，兑女归吉。初、上失位，故‘利贞’，‘可以正邦’也。”（卷第十一，第 171 页）

② 《周易集解》：“虞翻曰：三进四‘得位’，阴阳体正，故‘吉’也。……‘功’，谓五，四进承五，故‘往有功’，巽为‘进’也。”（卷第十一，第 171 页）

③ 《来注》：“归妹下卦之兑，进而为渐上卦巽，得九五之位也。然不惟‘得位’，又‘正’之‘中’也。”（卷之十一，第 345 页）

"有功"也。其进以渐为得其正，"进以正"，则正己可正人，"可以正邦也"。所谓"位"者，五以阳刚中正居尊，是得天下之大位，行天下之中道，可以主天下之进，而使无不出于正。卦德艮"止"巽"顺"，止则静，顺则谦，既静且谦，自无躁进之失，有不动，"动"则通达而"不穷也"。"其位"二句，申"进得位"二句之义；"止而巽"二句，申"进以正"二句之义。

《象》曰：山上有木，渐，君子以居贤德善俗。

地中生木，始生之木；"山上有木"，已成之木也。木之始生也，由下而日升于上，故曰"升"；木之既成也，由小而渐至于大，且山本高大，木因山而高大，其成也以渐，故曰"渐"。贤，指行谊言；德，指心性言。君子体"渐"之义，以"贤德"为居，亹亹而不已，循循而有序，则其贤益彰，其德日新。善俗亦然，涵濡渐染，无欲速之心，则风移俗易而不自知也。居贤德，象"艮止"；善俗，象"巽入"。

初六，鸿渐于干①，小子厉，有言，无咎。

卦互离、坎，离为飞鸟，居坎水上，故象"鸿"。鸿之为物，至有时而群有序，于"渐"之义为切；婚礼用雁，取不"再偶"，又于"女归"之义为切，故六爻皆取"鸿"象也。初在坎侧，故象"干"；艮为少男，故象"小子"，近坎险，故"厉"。内卦错兑，外卦综兑，兑为"口舌"，故象"有言"。厉，危厉，以在我言；言，谤言，以在人言。初位卑，六才弱，当渐之时，欲进而不能遽进，有"鸿渐于干"象。人年少而才弱，遇险难进，不无危厉，人或从而"有言"，然不躁进躐等，"义无咎也"。

《象》曰：小子之厉，义无咎也。

位卑无应，危厉而致谤言，似乎有咎，然安分自守，不躁不惰，义得

---

① 《周易折中》："《程传》：干，水湄。《案》：昏礼用雁，大夫执贽亦用雁，皆取有别有序之义。"（卷第七，第256页），《周易述》："［疏］：《毛传》曰：大曰鸿，小曰雁，故曰'鸿，大雁也。'……《毛传》曰：干，厓也，故曰'水厓'也。从山流下称'干'者，王肃云：干，山间涧水也。"（《周易下经三》，第178-179页）

"无咎"也。言"义"，以勉人自守。

六二，鸿渐于磐①，饮食衎衎，吉。

磐，大石也，艮为石，故象"磐"；中爻互坎，故象"饮食"。鸿食则呼众，"衎衎"和乐也。渐"磐"，则远于"干"矣。二以中正之德，应五中正之君，进而安平，有"鸿渐于磐，饮食衎衎"之象。得渐之正，故"吉"。

《象》曰："饮食衎衎"，不素饱也。

素饱，即素餐。爻以其进安平，故象饮食和乐。夫子恐人未喻，故言二与五中正相应，将以行道，故和乐非谓"素饱"也。

九三，鸿渐于陆，夫征不复，妇孕不育，凶，利御寇②。

高平曰"陆"。鸿，水鸟，"陆"非所安也。夫，指上九。征，往也。复，反也。此爻变则下卦成坤女，上在卦外，不与三应，故为"夫征不复"象。坤女含阳为孕，此爻一阳在坤之上，为孕不得其正，终不成育也。"御寇"者，一阳止于其上，内蔽二阴，上承巽顺，如御寇者不轻进而自保也。九三过刚不中，止而无应，又当坎险，如"鸿渐于陆"，失其所依。在人事为"夫征"而"不复"，"妇孕"而"不育"，咎可知矣，惟"御寇"则利，以艮止而刚，可以自保也。

《象》曰："夫征不复"，离群丑也。"妇孕不育"，失其道也。利用御寇，顺相保也。

丑，类也，谓五、上二阳爻。上，三之正应，而不相应，五非三比。离其丑类而进于陆，故有"夫征不复"象。阴孕阳，必得中为贵，今一阳止于阴上，非孕育中和之道，故"不育"。利用御寇者，刚而艮止，巽于上下之三阴，以相保也。

---

① 按：磐，众本同，《周易述》作"般"："［疏］般，王弼本作'磐'。磐，俗字。马云：山中磐纡，故称'磐'。……磐纡，般旋之意也。聚石称'般'者，亦'般纡'之意也，故作'般'也。"（《周易下经三》，第179页）

② 《周易折中》："《程传》：'夫'谓三……'妇'谓四。《集说》：程氏敬承曰：'征''孕'皆'凶'，言不可进也。'利'在'御寇'，言可止也。《案》：以士君子之进言之，上不下交，而下又失顺勤之道，于义则'凶'矣。"（卷第七，第257页）

六四，鸿渐于木，或得其桷，无咎。

鸿趾连，不能握木，故不木栖。四巽体为木。桷，椽也，乘瓦以蔽屋。九五阳覆四阴，"桷"象。"或"者，意外审慎之词。六四以阴柔居阳刚之上，岂能久安，故如"鸿渐于木"，虽高于"磐"，而实非所安，是为审慎而择所处，"或得其桷"而栖之，则"无咎"。盖九五得位而有功者，四比之而得所栖，则安也。凡履危者，审理度势，则免于咎，亦然。

《象》曰："或得其桷"，顺以巽也①。

四入巽体，变又互巽。求安之道，惟"顺"与"巽"，顺理而卑巽，则危者可安也。

九五，鸿渐于陵，妇三岁不孕，终莫之胜，吉。

陵，高阜也，巽女"归"而"得位"，故曰"妇"。二阴偶含一阳，"孕"象。上卦二阳而一阴，虽为妇而"不孕"。三岁，言其久，互离故曰"三"。"终莫之胜"者，五与二应，阴阳正配，终合故也。九五于全卦为"进得位"之爻，如"鸿渐于陵"，高远而无所伤。然下卦艮止，二与之应，而不能即合；上卦巽为不果，阴阳不能即谐，有"妇三岁不孕"象。但二五正应终合，于人事为进而得位，事有阻滞，久自和谐，"吉"也。

《象》曰："终莫之胜吉"，得所愿也。

二五正应相合，为得所愿；而"三岁不孕"，为一时不能如愿，亦可知矣。

---

① 《周易集解》："案：四居巽木，爻阴位正直，'桷'之象也。自二至五体有离坎，离为飞鸟而居坎水，'鸿'之象也。鸿，随阳鸟，喻女从夫。卦明渐义，爻皆称焉。"（卷第十一，第173页）

上九，鸿渐于陆，其羽可用为仪，吉①。

陆，当作“逵”，盖字误也。逵，云路。巽为风，又为高。仪，羽毛旌纛之饰也。上九渐进而极于至高，如守道之君子，立身高极，而非无用，为“鸿渐于逵，其羽可用为仪”象，占者“吉”也。

《象》曰：“其羽可用为仪吉”，不可乱也。

鸿飞有序，而极于至高，故“不可乱”。进德由渐而盛，不罹世纲，不掩文明，亦如之也。

附 解

卦义主于渐进，渐进者必以正，故“利贞”，而首以“女妇吉”明之，非谓六爻皆有“女归”义也。先儒不深玩圣意，拘泥女归，于三五之言“妇”者，牵强穿凿，舍自然之爻象而他求，可谓舍康庄而就荆棘矣。于②、磐、陆、木、陵、逵，以渐而上，其进有序，贞道即存乎其间。则上九之“陆”，自当从胡安定公作“逵”，不必以叶韵为定，盖古韵“逵”仪本非叶也。“御寇”“得桷”“终莫之胜”诸爻，前人解亦误，今特正之。或疑以五为“桷”，非应爻，不知五得位有功，以正正邦，以阳覆阴，卦义取渐进，故以得五为安，非若他卦专以应与为义。且四臣之近君者也，然惟非应，故曰“或得”。或又谓孔氏云上九之陆即九三之陆，来氏亦曰进极“退渐于陆”，其言似有可取。不知渐取渐进，故五“得位”而上可“为仪”，非“亢龙有悔”之义可例。且既退矣，而犹曰“渐”也，虽《易》之为道屡迁，变动不居，然无定而实有定，正其所以为屡迁变动之善也，岂可拘拘成说，而不求其义理之安耶。改上九“陆”为

① 《周易折中》：“《程传》：安定胡公以‘陆’为‘逵’。逵，云路也，谓虚空之中。《尔雅》：九达谓之‘逵’，逵，通达无阻蔽之义也。《集说》：孔氏颖达曰：上九与三，皆处卦上，故并称‘陆’。《案》：‘陆’字与九三重……意者‘陆’乃‘阿’字之，大陵也，进于陵则阿矣。仪，古读‘俄’，正与‘阿’叶。”（卷第七，第259页）《周易述》：“[注]：陆谓三，故称‘陆’。……巽为妇，坤为顺，妇道既终，有德而可受，有仪而可象，‘其羽’，喻其德与仪也。鸿羽有文德之风，故‘吉’。[疏]：陆谓三者，三应上也。”（《周易下经三》，第178、180页）

② 按：于，鲜本误刻，当作“干”。

"逵"字，自范谔昌始，朱子曰以韵读之良是。顾炎武谓古读"仪"为"俄"，本相叶，谓改作"逵"者非。然按之文义，逵字为是，故从朱子。

䷵ 兑下震上

妹，少女之称。不曰"归女"而曰"归妹"者，从乎乾坤言之也。震长男，兑少女，震主生，兑主成。后天卦图，乾老而长男用事，坤老而兑女成家。此卦长男在外，少女在内，妇人内夫家，以是为"归"其"妹"也，故不曰"妹归"，而曰"归妹"。《序卦》："渐者进也，进必有所归，故受之以'归妹'。"

归妹①，征凶，无攸利。

归妹，谓长男归其妹，非旧说少女从长男之谓也。系以"征凶，无攸利"者，主卦爻卦位卦体言也，详见《彖传》。

《彖》曰：归妹，天地之大义也。天地不交而万物不兴，归妹人之终始也。说以动，所归妹也。②"征凶"，位不当也。"无攸利"，柔乘刚也。

先天卦图，乾坤定子午之位，坎离列日月之门，而后天以坎离震兑代之者，天地无功，以日月为功，乾退处于西北，政归长男；坤退处于西南，权在少女，男长则能主器，少女乃能生育。此卦长男在外，而归其妹于夫家，是震能终父之事，而女克承其母之烈。故天地生成之功以成，故曰"天地之大义也"。"天地不交而万物不兴"，又反言以明之。"人之终始"者，震主生物所由始，兑主敛物所由成，于人则长男少妇继父母而成家也。"说以动，所归妹"者，震动在上，兑说在下，是妹有于归之志，而长男归之。所"归"者"妹"，非女从男之比也。然而《彖》言

---

① 《周易集解》："虞翻曰：归，嫁也，兑为'妹'。泰三之四，坎月离日，俱'归妹'象。"（卷第十一，第174页）《周易折中》："《案》：凡《彖》辞直著吉凶而无它戒者，大有、鼎直曰'元亨'，此直曰'征凶，无攸利'，盖尊贤育才者，人君之盛节也；自媒自荐者，士女之丑行也。"（卷第七，第260页）

② 《周易集解》："干宝曰：'归妹'者，衰落之女也。父既没矣，兄主其礼，子续父业，人道所以相终始也。"（卷第十一，第174页）《来注》："《象》辞明'渐'曰'女归'，自彼归我也，娶妇之象也；此曰'归妹'，自我归彼也，嫁女之象也。"（卷之十一，第349页）

"征凶，无攸利"者，自二至五皆不当位，以阴居阳，则善媚而躁；以阳居阴，则情动而溺，是爻位不善也。初、二刚而三乘之，四刚而五乘之，柔下制乎刚，刚受制乎柔，是卦体之不善也。位不当，则紊男女内外之正；柔乘刚，则失夫妇倡随之理，所以动则"凶"而"无攸利"。

《象》曰：泽上有雷，归妹①，君子以永终知敝。

兑，正秋也。春分雷动，秋分雷藏。雷薄于泽，少女乘权，万物告成之候，名曰"归妹"。以兄嫁妹，子续父业，人道所以终始也。言"泽上有雷"，以别于泽"中"有雷。物至秋而成，故曰"永终"。兑毁折，故曰"敝"。秋令肃杀，物之敝也，物之成也。"出乎震"者，至此而终。杀者乃其生之机，始者即其终之渐。君子知之，存其无始无终之理，物敝而人不敝，事敝而理不敝，所以合造化之撰也。

初九，归妹以娣，跛能履，征吉②。

娣亦女弟，从嫁以适人者也。初足，兑毁折，故象"跛"。初九居下无应，当归妹之时，不过娣媵之贱而已。然比二而附于五，依倚以行，如"跛"者之"能履"，终有所归，故"征吉"也。

《象》曰："归妹以娣"，以恒也。"跛能履，吉"，相承也。

恒，常。相承，初承二，二承五也。有嫡有媵者，婚礼之常。初虽卑下，无应而承二以附于五，故终得所归。人之位卑而安分顺理依人成事类之。

九二，眇能视③，利幽人之贞。

---

① 《周易集解》："干宝曰：雷薄于泽，八月九月，将藏之时也。君子象之，故不敢恃当今之虞，而虑将来之祸也。"（卷第十一，第175页）

② 《来注》："《典礼》'世妇侄娣'，谓以妻之妹从妻来者为'娣'。……嫡正行而娣侧行也，故以'跛'象之。"（卷之十一，第350页）《周易折中》："《集说》：胡氏瑗曰：'跛'者，足以偏也。侄娣非正配……而能履地而行，不至于废也。《案》：初在下，'娣'之象。凡女之归，不待六礼备者，为失礼。唯娣可以从归，而不嫌于失礼；少长非偶者为失时，唯娣可以待年，而不嫌于失时，是卦义虽凶，而于初则无嫌，故变'征凶'而为'征吉'也。"（卷第七，第261页）

③ 《来注》："'眇'者，偏盲也。……兑综巽，巽为白眼，亦有眇象。"（卷之十一，第351页）

二互离目，兑毁折，故“眇”。幽人，抱道未显者也。九二阳刚为贤女，居中应五，而五阴柔非贤夫，不能成内助之功，故为“眇能视”象，较明者之能视有间矣。然刚能自守，不可随之改变，故“利幽人之贞”。众爻言“归”，而此爻不言者，居兑之中，乃妹之身是一“嫡”而非“娣”也。

《象》曰：“利幽人之贞”，未变常也①。

夫虽不贤，女不可以改德。九二刚中，“未变”其“常”，故能“利幽人之贞”。凡所遇非人而不改操皆是。

六三，归妹以须，反归以娣②。

须，贱妾之称。《天文志》：须女四星，贱妾之称。反，复也。震为反生，故象“反”。阴柔不中正，又为说主，工于容悦，为无德之“须”，贱而人莫取也，故为不得其“归”，反而归于其家，从嫡乃得所“归”也。凡女之自媒者皆似之。

《象》曰：“归妹以须”，未当也。

未当，谓德与位皆不得其当。

九四，归妹愆期，迟归有时。

震为长男，兑之兄也，用事于东方，久而后归兑于西，故有“愆期”之象。然愆期者数，必归者理，则妹非不归，特“迟归有时”耳。九四以阳居上体，而无正应，贤女不轻从人而“愆期”，以待所“归”之象。

《象》曰：愆期之志，有待而行也。

行，嫁也，《诗》曰“女子有行”。互坎，故言“志”。有待而行，欲得佳偶而不苟行也。然则“愆期”“迟归”，不足为病可知。

---

① 《来注》：“一与之齐，终身不改，此妇道之常也。今能守‘幽人之贞’，则‘未变’其‘常’矣。”（卷之十一，第 351 页）《周易折中》：“《本义》：幽人，亦抱道守正而不偶者也。”（卷第七，第 261 页）

② 《周易折中》：“《程传》：须，待也。待者，未有所适也。《集说》：陆氏希声曰：在天文，织女为贵，须女为贱。”（卷第七，第 261 页）

六五，帝乙归妹，其君之袂，不如其娣之袂良，月几望，吉①。

二为坤体之中爻，坤纳“乙”，五称“帝”，帝出乎震，亦象“帝”，故曰“帝乙”。君，女君也。五位，故称“君”。袂，袖口也，所以为容饰。几，近也。由震趋兑，自朔而上弦，将近于望，故曰“几望”。卦名“归妹”，长男归兑女也。此爻柔中居尊，女之贵而贤者，震男主嫁，故曰“帝乙归妹”。尚德不尚饰，故袂不如其娣良。如月近于望，阴德极盛而非凌阳，故“吉”也。言娣之贤而举其袂，如《诗》咏王姬之车也。

《象》曰：“帝乙归妹”，“不如其娣之袂良”也。其位在中，以贵行也。

帝乙始正婚姻之礼，当时必有“归妹”实事，故象屡言之，非虚拟也。位，五位，以阴居尊而有中德。不如其娣之袂，故以一“也”字叹美之，非但复述而已。其位在中，是其所以贤以贵行，而袂不如娣，贤可知矣。

上六，女承筐无实，士刲羊无血，无攸利②。

震，士也。为竹，故象“筐”。上偶，故“虚”而“无实”。兑，女也，为羊。互坎为“血”，变离为乾卦，故“无血”。男女成家，以奉祭祀，实筐篚者女之事，实鼎俎者男之事也。上六以阴柔居卦终而应三，一阴居终，则过时无应则无配，盖“归妹”之不成者也，故有“承筐无实”“刲羊无血”之象。占者得此，“无攸利”可知矣。

《象》曰：上六无实，承虚筐也。

震有底而中虚，本“虚筐”象。阳实阴虚，上六无阳，将何所

---

① 《来注》：“诸侯之妻曰‘小君’，其女称‘县君’。……坎月离日，震东兑西，日月东西相忘也。……‘月几望’者，言光未盈满，柔德居中而谦也。”（卷之十一，第352页）

② 《周易折中》：“《程传》：诸侯之祭亲割牲，卿士大夫皆然。割，取血以祭。……‘无实’……谓不能奉祭祀也……‘无血’，亦无以祭也。”（卷第七，第263页）《周易述》：“［疏］：《说文解字》曰：承，奉也，受也。故自下受上称‘承’。……筐筥，所以盛黍也。……刲，刺也。……士，雍人也。《大戴礼》：诸侯衅庙，雍人举羊，升屋自中，中屋南面刲羊，血流于前。”（《周易下经三》，第183页）

承，徒“虚筐”也。不及“刲羊”，卦为“归妹”，而上六乃女子也。

附　解

阳生于子，历三阳而为泰，帝出乎震，生物之机以遂；阴生于午，历三阴而为否，说言乎兑，成物之功以昭，故后天卦图震东兑西，男以长而能主器，女以幼而能生生。此卦不曰“归女”，而曰“归妹”，主乎长男嫁妹，子续父业，人道终始相承之大义也。前人只言“归女”，明悖经义，故于《彖》《象》、爻词，诂释多舛。程子曰：《易》有男女配合之卦四，咸、恒、渐、归妹也。然咸言乎“感”，恒言乎“久”，《序卦》虽以夫妇为言，六爻则专主“感”与“久”立象，非但为夫妇言也。若夫渐之《彖》言“女归”，亦只借以明“渐进”之善，而爻义固不专言“女归”。惟此卦专主女嫁言，然不曰“妹归”，而曰“归妹”，以女不能自嫁，必由父母，而父母或不尽了婚嫁，则责在长男，故名“归妹”。以男在外而承父，女在内而承母，乃“人之终始”“天地之大义也”。顾女无不嫁，而不以礼合则乱，故六爻详晰言之。初九媵也，九二贤妇也，六三妾御也，九四待字者也，惟六五柔中居尊，为女之贵而贤者，故为“归妹”之主；上六则怨旷者也。夫婚姻之礼正，而后夫妇之道成，故地道虽无成，而圣人特立此婚嫁之一卦，以其为人道之重也。而前人以少女说长男为解，不合“归妹”之称，其意盖泥于《彖》云“征凶，无攸利”也。然《彖》以爻位不当言，非谓“归妹”之非，故夫子特明其为天地之终始，人之大义。而又曰“说以动，所归妹也”，言所归者妹，本无不美耳，而何尚误解耶。至娣媵之说，前人尤非。按《左传》凡诸侯嫁女，同姓媵。公羊亦曰诸侯取九女，二国媵之，所从皆名“媵”。而孔疏云：媵，妾也。郑康成《士昏礼注》：古者女嫁必侄娣从，于是人概称“妾媵”。然娣从姊，侄从姑，乃同姓之疏远者，原非亲支以之给事左右，情亲谊切，而不专恃乎妇寺之流，闺门可无弊窦。而媵外有妾，妾外有御，非遂以娣为妾，尤非以侄为娣也。春秋礼废，乃有怀嬴黩伦之事。愚于《诗经·小星》章详辨之，兹不赘。

䷶ 离下震上

丰，大也。震上离下，雷电交作，“丰大”之象。震动离明，以明而动，所以致丰之道也。《序卦》：“得其所归者必大，故受之以‘丰’。”

丰，亨①，王假之，勿忧，宜日中。

假、格同，至也。离为“王”，又为“日”，二得中，故曰“日中”。盛大之时，百嘉所聚，故“丰”未有不“亨”者。明威并行，世运昌隆之象，是惟王者有明德，而于变时雍，乃能至此。丰之时可喜而亦可忧，为丰之难久也，然有所以保丰，“勿”徒“忧”之，其道维何？人之心犹天之日也，“日中”明乃益盛，保丰者宜顾諟缉熙，常使心如日中，普照四方，则丰可久丰矣。

《彖》曰：丰，大也。明以动，故丰。“王假之”，尚大也。“勿忧宜日中”，宜照天下也。② 日中则昃，月盈则食，天地盈虚，与时消息，而况于人乎，况于鬼神乎。

大，狭小之反。“明以动”者，本明以动言，非明不可致大也。“尚大”者，惟王者治世理物，所尚者大，余不足以当之也。“宜照天下”者，常如日中以照临天下，则丰不在一人而在天下，不然则私而昏，不足以为丰也。“日中”以下，推论日中之难保，而“宜日中”者之所以自处可知矣。中必昃，盈必食，即日月而可知天地之理。“天地盈虚，与时消息”，四时遽嬗，此盛彼衰也。天地且有盈虚，而况于人禀气化以生，鬼神本造化之功能。其盈与虚，有必然者，非有理以贞之，则盛者必速衰，而衰者不复盛，故宜常如“日中”，则盈虚之气数，不能夺人心之正

---

① 《周易集解》：“虞翻曰：此卦三阴三阳之例，当从泰二之四。而丰三从噬嗑上来之三，折四于坎狱中而成丰……阴阳交，故‘通’。”（卷第十一，第177页）《来注》：“此卦离日在下，日已昃矣，所以周公爻辞言见‘斗’‘沫’者，皆此意。……昃则不能‘照天下也’。”（卷之十一，第353页）《周易折中》：“《集说》：项氏安世曰：丰卦皆以明为主，故下三爻皆明而‘无咎’，上三皆暗，以能求明为‘吉’，不能求为‘凶’，此所以‘宜日中’也。”（卷第七，第263页）

② 《周易集解》：“崔憬曰：明则见微，动则成务，故能‘大’也。《九家易》曰：‘日’者君，‘中’者五，君宜居五也。谓阴处五‘日中’之位，当倾昃矣。”（卷第十一，第177页）

理，而丰可常保矣。离日，互兑西，故言“昃”；伏坎月见，兑毁，故言“食”。

《象》曰：雷电皆至，丰，君子以折狱致刑。

阴阳相薄为“雷”，其光为“电”，然二者亦有不并行时，皆至则威焰盛大，为“丰”之象。“折狱致刑”者，深明其情，而不服则威以决之。朱子曰：噬嗑明在上，是明得事理，先立法在此，未有犯威者，留待异时之用；丰威在上，明在下，是用法时，须明见下情方得。不然，威动于上，必有失也，故曰“折狱致刑”。

初九，遇其配主①，虽旬无咎，往有尚。

初应四，四震主也。初九虽非离主，以“明之初”应“动之初”，同德相配，故谓四为‘配主’。旬，十日，数之盈也。当丰之初，明未极盛，遇动而相资以行，虽盈满之时，可以“无咎”，况未盈满乎？故往则有功。因《象》“宜日中”句，故爻辞皆以日言。

《象》曰：“虽旬无咎”，过旬灾也。

旬无咎，爻喜其初丰；过旬灾，《传》戒其过丰，义相足也。

六二，丰其蔀②，日中见斗，往得疑疾，有孚③发若，吉。

互巽柔木，应震蕃鲜，故象“蔀”。蔀，草名。斗，昏见者也。发，感发。若，顺也。丰以明而动，成而自恃其明，则反昏暗。六二为离主，而阴柔自用，如蔀草盈前，不能见远；日中而见斗，明者忽暗，以此往应六五，必见“疑疾”，惟“有孚”感发于五，而顺以应动，乃“吉”也。

《象》曰：“有孚发若”，信以发志也。

---

① 按：配，众本同，《周易述》作“妃”：“［注］：妃，匹也，谓四也。遇，逢也。”（《周易下经三》，第185页）

② 按：六三、九四、上六之“蔀”字，众本同，《周易述》作“菩”：“［疏］：菩，马作‘蔀’，非。郑、薛作‘菩’，古字也。菩，古训为‘蔽’。”（《周易下经三》，第186页）

③ 《来注》：“‘贞’字、‘诚’字，乃六十四卦之枢纽，圣人于事难行处，不教人以‘贞’，则教人以‘有孚’。”（卷之十一，第355页）

以诚信感发五之“志”，不恃其明，则“相孚”而无“疑疾”也。

九三，丰其沛，日中见沫①，折其右肱，无咎②。

沫音末。沛，泽也。沫，水沫，小雨不成水者。互兑泽，沛“象”；变坎水，故象“沫”；变互艮，为手，“肱”象；互兑属右，毁折，故折。九三处明之极，本有用者也，而过用其明，应上六之柔暗，如沛泽弥漫，心目眩惑，“日中见沫，折其右肱”，而不便于用。占者得之，仅可“无咎”，以阳刚尚足自守也。

《象》曰：“丰其沛”，不可大事也。“折其右肱”，终不可用也。

明与动相资，而后成大事。“丰其沛”，则阴蔽之象，何可大事？明动相应，最便于用者，右肱折则废矣，故“终不可用”。爻以“无咎”勖人自守其明，象以“终不可用”戒人恃明，义相足也。

九四，丰其蔀，日中见斗，遇其夷主③，吉。

夷，等夷，谓初九也。初居离明之初，四居震动之初，阳刚同德，故曰“夷主”。二应五阴，而互于巽木之下；四比五阴，而互于巽木之上，四震体，为蕃草，离日在其下，故“丰（其）蔀，日中见斗”之象同。初与四皆言主者，自初适四，则以四为主；自四适初，则以初为主，明与动互相资也。九四当丰之时，比于昏暗而健动，故亦有“丰其蔀，日中见斗”之象。然所以“暗”者，以动而比于五也。若下与初应，则动者得明者以相资，“遇其夷主”，可“吉”也。

《象》曰：“丰其蔀”，位不当也。“日中见斗”，幽不明也。“遇其夷主

---

① 按：沫，众本同，《周易述》作“昧”：“［疏］：子夏、服虔、郑玄、虞翻皆作‘昧’……今作‘沫’，通假字也。《易·释文》云：薛云‘昧’，辅星也。”（《周易下经三》，第187页）

② 《来注》：“曰‘右’者，阳爻为右，阴爻为左，故师之‘左次’，明夷之‘左股’‘左腹’，皆阴爻也。”（卷之十一，第355页）《周易折中》：“《案》：《易》中所取者虽虚象，然必天地间有此实事，非凭虚造设也。‘日中见斗’，甚而至于‘见沫’，所取喻者，固谓至昏伏于至明之中。……故所谓‘丰其蔀’‘丰其沛’者，乃蔽日之物，非蔽人之物也。”（卷第七，第266页）

③ 《周易集解》：“虞翻曰：震为主。四行之正成明夷，则三体震，为‘夷主’。”（卷第十一，第179页）

吉”，行也。

以阳居阴为“不当”。“幽不明”者，二之“日中见斗”，明在下而幽在上，二之身犹明也，若四身原是“蔀”位，则幽而不明矣。行，震性动，动而遇乎初，故“吉”也。凡处幽暗之中，不可以不求动于明也。

六五，来章①，有庆誉，吉。

章，明也，下卦离明为“章”。来，对二之“往”而言，在二为“往”，自五视之，则为“来”也。六五虚中，不恃己以动，而能资人之明以自辅，明者皆来。合人之明以为“明”，则民被其“庆”，而君得其“誉”，“吉”也。

《象》曰：六五之吉，有庆也。

言“六五之吉”者，以其虚中应二，明动相资而“有庆”也。“誉”由于“庆”，言“庆”而“誉”该其中。

上六，丰其屋，蔀其家，窥其户，阒②其无人，三岁不觌，凶③。

离为宫，震为木，互巽为高，故象“丰屋”。震蕃鲜，互巽草木，内外障蔽，故象“蔀家”。离数三，又为目，故象“窥”与三岁“觌”也。上六以阴柔居丰之极，处动之终，往而不返，暗而不明，“丰其屋”以自炫，而人莫之与适，以自蔀其家，势必败亡，故“窥其户，阒其无人”，居三岁而所谓屋与户亦不见矣，凶之至也。

《象》曰：“丰其屋”，天际翔也。“窥其尸，阒其无人”，自藏也。

上，天位，故象“天际”。“丰其屋”，盛满而不知止，如翔于天际，侈心甚矣。此中已该“蔀其家”义，故不释。自藏，言自为障蔽，至于销亡也。汪容川曰：扬子云《解嘲》“炎炎者灭，隆隆者绝，观雷观火，为盈为实，天收其声，地藏其热”数句，全窃取此卦之义。是也。

---

① 《周易折中》：“《集说》：项氏安世曰：六二以五为‘蔀’，在上而暗也；六五以二为‘章’，在下而明也。”（卷第七，第267页）

② 按：阒，众本同，《周易述》作“窒”：“［注］：窒，空也。”（《周易下经三》，第186页）

③ 《来注》：“今将‘丰’‘蔀’二字分开，则知上‘丰’字乃丰之极，下‘蔀’字乃丰之反矣。……‘阒’者，寂静也。……‘窥’者，窥视也。……‘凶’者，杀身亡家也。”（卷之十一，第357页）

附 解

天地万物皆贵其“丰”，而所以“丰”者尤贵。君子忧勤于未丰之时，而敬慎于既丰之际，非欲长保其丰之事，欲长存乎丰之理耳。且世人所贵乎“丰”者，富贵福泽而已，君子则丰其德以承天，故非薄荣盛而不屑，亦能历荣枯而自全。雷电，万古常存者也，而其交至也则有时；修德获报，万古之定理也，而其丰亦有尽，夫子以“日中则昃，月盈则虚”戒人，明乎丰之事有限，丰之理无限，得乎丰之理，则丰之事亦旋至而立应。明以动，故丰言所以致丰之道也；与时消息，则所以保丰之道，古今之天理未尝一日亡，人心之天理即可以与天地无极。“勿忧，宜日中”，所谓与天地合德，日月合明者乎？万物之性情不齐，以一人之性情正之，而丰者可大可久，“折狱致刑”，此其义也。六爻取明动相资者为“吉”，恃明妄动者为“凶”，非如他卦以阴阳相应为善。初四皆阳，初曰“遇其配主”，四曰“遇其夷主”；二五皆阴，二曰“有孚发若，吉”，五曰“来章，有庆誉”；三与上阴阳应矣，而三不免于“折肱”，上则甚“凶”。熊良辅曰：当丰大时，以同德相辅为善，不取正应。是也。沛，王氏作“旆”，以为“幡幔”，沫为“小星”。诸儒从之。然斗中无沫星，沛作“旆”亦强，惟来瞿塘仍本文解为得。盖明者以不自用为明，集人之善以为己善，明乃益大。火之为体，外明而内暗，以其中含阴质也。人心阴柔自用，则明者转暗，所谓人心甚而道心微也，六二之“丰蔀，日中见斗”以此。九三居离之极，而刚明太过，蔽暗甚而阴液转生，所谓火反生水，所以“丰其沛”而“日中见沫”。木能生火，以其液也，离中一阴，是为木液，善则为阳，否则为阴，人心道心之分由此。“沛”也，“沫”也，由兹取象，而凡自用其明转致眩惑者，皆此故也。前人谓此卦与明夷相似，然明夷乃明者为人所“夷”，此则处丰以明，必资人以为明，自用则暗，义迥不侔也。①

---

① 《周易折中》：“《总论》：熊氏良辅曰：丰六爻以不应为善……三与上为正应，三不免于折肱，而上则甚凶。当丰大之时，以同德相辅为善，不取阴阳之应也。”（卷第七，第267页）

☷ 艮下离上

旅，羁旅也。为卦山内火外，内为主，外为客。火过而不留，“旅人”象；山止而不迁，“旅舍”象。《序卦》：“丰，大也，穷大者必失其居，故受之以‘旅’。”

旅①，小亨，旅贞吉。

阳大阴小，本卦二五皆阴中，故言“小”也。旅人亲寡，故不可以自大，小其心以自敛，卑其身以自防，则“亨”，故曰“小亨”也。“旅贞吉”者，谓得乎旅之正道而“吉”也。夫旅非得已，而“贞”无处不在，圣人岂能外是以为“亨”且“吉”哉？

《彖》曰：旅，小亨。柔得中乎外而顺乎刚，止而丽乎明，是以“小亨，旅贞吉”也。旅之时义大矣哉。

言旅之所以为“小亨”者，六五柔得其中，居于外卦而顺乎上下之刚爻，“柔得中”则不取辱，“顺乎刚”则不贾祸。以艮止而附丽乎离明，止则无妄动之失，明则有烛几之明，内不失己，外不失人，以是为小心以处旅而得其亨，是以“小亨，旅贞吉”也。旅之时最难处，旅之义最难尽，随时而得其宜，“旅之时义大矣哉”。恐人误解《彖》之“小亨”为小有亨通，故特重言“小亨”，而以“大矣哉”赞之。

《象》曰：山上有火，旅，君子以明慎用刑而不留狱②。

山非宿火之地，火在山上野烧延缘，犹旅寓耳，故为“旅”。离为“明”，艮为“慎”，明以察其情，艮以慎其法，不使留滞于狱，亦若旅之暂寓而不久居焉。皋陶曰“惟明克允”，故《易》凡言刑狱之事，无不取诸“离”。动而明，“明罚勑法”；明以动，“折狱致刑”；明以止，“无敢折狱”；止而明，故“明慎用刑”。

---

① 《周易集解》：“虞翻曰：再言‘旅’者，谓四凶恶，‘进退无恒’，无所容处。”（卷第十一，第181页）

② 《来注》：“因综丰雷火，故亦言‘用刑’。‘明’者火之象，‘慎’者止之象，‘不留’者旅之象。”（卷之十一，第358页）

初六，旅琐琐，斯①其所取灾。

艮为小石，初阴亦小，故象“琐琐”；应离火，故象“灾”。琐琐，细屑猥鄙意。斯，此也。初以阴居下，象为羁旅之中“琐琐”，较量毫末，欲以免灾，而不知斯其所以“取灾”也。戒之也。

《象》曰：“旅琐琐”，志穷灾也。

初阴小，止于卑细，无明远之志，故穷迫浅狭而取灾。

六二，旅即次，怀其资，得童仆②贞。

即，就。次，旅舍也。艮为门，为庐舍，二在艮止之中，故象“即次”。互巽为近利市三倍，故象“怀资”。艮少男，故为“童”。初承二，其“仆”也。柔而能止，故象“贞”。六二柔得其中，止得其正，有宿止之地，有资用之饶，有忠顺之童仆，三者皆得，旅道备矣。

《象》曰：“得童仆贞”，终无尤也。

终，久也。羁旅之所赖者“童仆”，得“童仆贞”，则“即次”“怀资”，历久终无意外之患。

九三，旅焚其次，丧其童仆贞③，厉。

“贞”字连上句读。艮为庐舍，上接离火，而互巽风，故“次焚”。远初变坤不成艮男，故“童仆丧”。九三过刚不中，与二相反，故刚不顺上，上不与而“焚其次”；刚以暴下，下离心而“丧其童仆”之“贞”，可危厉也。

《象》曰：“旅焚其次”，亦以伤矣。以旅与下，其义丧也。

“以”“已”通。以旅与下，以路人待童仆。旅之所依者童仆，焚次亦已伤矣，而“以旅与下”，视如路人，童仆安能贞哉。其“丧”也，义当然也。盖丧童仆非无童仆，丧其“贞”，则虽有若无矣。

---

① 《周易折中》：“《集说》：王氏应麟曰：王辅嗣注云，为斯贱之役，唐郭京谓‘斯’合作‘㒋’。愚按《后汉左雄传》‘职斯禄薄’注云：‘斯，贱也。’不必改‘㒋’字。”（卷第八，第269页）

② 《来注》：“少男综震为长男，‘童仆’之象也。”（卷之十一，第359页）

③ 《来注》：“三变为坤，则非艮之男矣，‘丧童仆’之象也。”（卷之十一，第359页）

九四，旅于处，得其资斧①，我心不快②。

处，暂居之所，在艮庐外，象与“即次”异也。离为戈兵，又中爻上兑金，下巽木，木贯于金，“斧”象；离错坎为“加忧”，“不快”象。我犹己也。九四以阳居阴，刚而能柔，为旅于可处之地，又得资以自利，得斧以自防，不至失居者也。然无应与，不能大展其志，返之己心殊不快也。

《象》曰；“旅于处”，未得位（也）③。“得其资斧”，心未快也。

变震行，离火燥动，在艮庐外，故不得位。旅以得同心为“快”，“得其资斧”防患之心，不如安居之为快也。

六五，射雉，一矢亡，终以誉命④。

射者，男子之事；雉，士相见之贽。“射雉”则有能，一矢亡，一矢而获之。誉，令闻；命，锡命。离为“雉”，错坎矢，故象“射雉”；变乾，乾一数，故象“一矢”。卦互兑，故象“誉”；互巽，故象命。六五有柔顺文明之德，而得其中，当羁旅之时，才足自见，不患其不遇合，故为“射雉”一矢而亡之。有能如此，虽在羁旅，终以此得“誉命”也。

《象》曰：“终以誉命”，上逮也。

上，君上；逮，及也。此爻不以君位言，以人君无旅也。而亦主乎士大夫之载贽而获名位者，当羁旅时，才美克昭，故令闻及于君上，而有

---

① 按：资斧，众本同，《周易述》作“齐斧”：“［疏］：齐斧，俗本作‘资斧’，《子夏传》并众家并作‘齐’。《汉书·王莽传》‘丧其齐斧’，应劭曰：齐，利也。”（《周易下经四》，第189页）

② 《来注》：“‘处’者，居也，息也。‘旅次’者，就其旅舍，已得安者也；‘旅处’者，行而方处，暂栖息者也。”（卷之十一，第359页）《周易折中》：“《集说》：蒋氏悌生曰：凡卦爻阳刚皆胜阴柔，惟旅卦不然，二五皆以柔顺得‘吉’，三、上皆皆以阳刚致‘凶’。《案》：四居位非正，故不曰‘即次’而曰‘于处’。……故虽得资与六二同，而未免加斧以自防卫，其未忘戒心可知，安得快然而安乐乎？”（卷第八，第270页）

③ 按：未得位也，鲜本漏刻“也”字，据众本补。

④ 《周易折中》：“《集说》：王氏申子曰：‘一矢亡’，言中之易也。《案》：古者士大夫出疆则以贽行，而士执‘雉’以相见，‘射雉’而得，是进身而有阶之象也。信于友则有‘誉’，获乎上则有‘命’。”（卷第八，第270页）

"誉命"也。

上九，鸟焚其巢，旅人先笑后号咷，丧牛于易①，凶。

离为鸟，为木科上槁，变震亦为木，而上位极高，在巽木上，故象"巢"。离为火，互巽风，鸟居木上而遇火，鼓以巽风，"焚巢"象。"笑"与"号咷"，中爻"兑口"之象。离为牛，刚燥失其中顺，故"丧牛"。易，以易心处之也。上九居离之极，处旅之穷，有"鸟焚其巢"，无所归依之象，而刚燥自用，不知自返，其先则燥妄自喜，喜于高上；其后则穷而无归，"号咷"怨愤。旅人如此，无以栖身，惟知怨尤，并其"资斧"亦必失之。如"丧牛于易"，忽略而不知检也，"凶"孰甚焉？

《象》曰：以旅在上②，其义焚也。"丧牛于易"③，终莫之闻也。

旅人贵乎卑顺，"以旅在上"，是自高之人，孰能容之？巢义有焚之象也。"牛"本已有，而"丧于易"，疏忽甚矣，而"终莫之闻"。盖至于穷极而不知自返也，凶之故可知矣。

附 解

羁旅亦人所常有也，故圣人特著其象，而戒以"小亨""贞吉"；卦体内止则有主而不摇，外明则洞察而不惑，旅之善道莫逾于此矣，故《彖传》即就此大其"时义"，而不推论其他。"明慎用刑"，则又因羁旅而念及羁囚，圣人之仁，在旅义为旁及矣。六爻皆教人旅之道，初六之"琐琐"，失于卑鄙；九四之"不快"，未能如心；九三傲上虐下，上九疏忽上人，其弊皆生于过刚；六二以中顺之故，安其寓，得其资，信于童仆，可

---

① 《来注》："与大壮'丧羊于易'同，'易'即场田畔地也。"（卷之十一，第361页）《周易折中》："《集说》：王氏宗传曰：上九之视九三，尤为刚亢者也。凡物栖高处亢而寄诸危地者，鸟之巢是也。"（卷第八，第276页）

② 《周易折中》："《案》：盖'以旅'之道'在上'，则视所居之位如寄寓然，其无敬慎之心可知，故曰'其义焚也'。"（卷第十二，第470页）

③ 按：丧牛于易，众本同，《周易述》作"丧牛之凶"："［疏］：《易·释文》'丧牛之凶'，本亦作'丧牛于易'。李心传《学易编》云'丧牛之凶'，可知宋本犹与《释文》同也。唐石经仍作'丧牛于易'，今从《释文》。"（《象下传二》，第372页）

谓善矣，然而犹未光显，惟六五才足自卫，道足遇合，当羁旅之时，终得“誉命”，是士大夫出疆载贽，知遇他乡，旅至此乃为快心适意也。夫人非有志四方，何必羁旅，然欲行其志，或失其道，则不特无遇，且有凶灾。其道维何？柔顺中正而已。后世朝秦暮楚之士，既猥琐以求容；恃才好上之流，又落拓而无与，合观诸爻，其象固已尽之。孔孟栖皇而不失己，夷吕蹈海而足全身，圣人之处旅不昭然其可思乎？“丧其童仆贞”，五字为句。“我心不快”，谓仅得“资斧”，不满其心，不必就应与说。“射雉，一矢亡”，诸说纷纷，不知射者男子之事，古人射以观德。贾大夫娶妻美，“三年不言不笑，御以如皋，射雉，获之，其妻始笑而言”。古人出疆必载贽，雉者士之贽，“射雉”一矢而得，言其才之美，以该乎凡德行也，故能动他国之主，知终有“誉命”。旧解滞矣。“鸟焚其巢”，先著其“位危”之象，“旅人”以下，又言其“刚躁疏忽，不知返已”象。来氏等必牵合九三，以三为人位解旅人，非也。①

䷸ 巽下巽上

巽，入也。一阴伏于二阳之下，能巽顺乎阳，故名“巽”。巽为“风”，风于物无不入，巽之义也。《序卦》：“旅而无所容，故受之以‘巽’。”

巽，小亨，利有攸往，利见大人②。

阴伏阳下曰“巽”。“小亨”者，巽阴又卑巽也。五月阴生，天道之以小而亨；沈潜卑巽，人心之以小而亨也。巽顺则无险阻，故“利有攸往”，阴必资阳刚以济其美，二五皆人位中正，互离本卦之大人也，故“利见大人”。

---

① 《周易折中》：“《总论》：范氏仲淹曰：夫旅人之志，卑则自辱，高则见疾，能执其中，可谓智矣。”（卷第八，第 271 页）

② 《来注》：“盖巽以从人，人无不悦，所以‘利有攸往’，然使失其所从，未必‘利往’。纵使利往，失其正矣，故‘利见’大德之人。”（卷之十一，第 361 页）《周易折中》：“《集说》：蔡氏清曰：‘顺’字解‘巽’字不尽，潜心悬到方为‘巽’也。……《大传》曰‘巽，人也’，又曰‘巽，德之制也’，又曰‘巽，称而隐’，未尝只以‘顺’字当之也。”（卷第八，第 272 页）

《彖》曰：重巽以申命。刚巽乎中正而志行，柔皆顺乎刚，是以“小亨，利有攸往，利见大人”。①

重巽，上下皆巽也；申，丁宁重复也。巽象在天为风，鼓舞万物而长养之；在人君为命令，鼓舞万民而变化之。阳性本刚也，而居巽卦则刚而能柔，又二五得中正之位。志行，申命济民之志得行也。柔皆顺乎刚，刚中正得位，而二阴皆顺之，无有违逆，是以“小亨”而“利有攸往，利见大人”也。初、四二阴为成卦之主，而圣人意取阳能巽下，去其过刚，阴能巽上，得主以行。盖仍刚柔交济之义，而且见巽非徒顺之，谓乃节制浃洽之谓也。

《象》曰：随风巽，君子以申命行事。

随，相继也，重巽，故象风之相继而行。“申命”者，告诫不已；“行事”者，行其所命之事，亦相续而不懈。盖命不徒申，必贵实行之而不倦也。

初六，进退，利武人之贞②。

巽为“进退”，变乾纯刚，故象“武人”。“申命行事”，务在必行。初六阴柔居巽下，过于卑巽，有“进退不决”之象，利在用“武人之贞”，以矫其懦，则“正（贞）固足以干事矣”。

《象》曰：“进退”，志疑也。“利武人之贞”，志治③也。

疑则反失其贞。武夫兼人，故言“志治”，以明特取其刚决之意。盖靖乱为治，不治由于多疑也。

---

① 《周易集解》：“陆绩曰：二得中，五得正，体两‘巽’，故曰‘刚巽乎中正’也；皆据阴，故‘志行’也。虞翻曰：‘刚中正’谓五也。”（卷第十一，第183页）

② 《来注》：“阴居阳位，变乾则称‘武人’也。盖阴居阳位则不正，变乾则‘贞’矣。”（卷之十一，第362页）《周易折中》：“《集说》：俞氏琰曰：巽，‘申命行事’之卦也，令行则务在必行，岂宜或进或退。”（卷第八，第272页）

③ 《周易集解》：“虞翻曰：动而成乾，乾为大明，故‘志治’。‘乾元用九天下治’，是其义。”（卷第十一，第184页）

九二，巽在床下，用史巫纷若，吉，无咎①。

巽为木，奇木上横，偶木下峙，“床”象也。互兑为“巫”，为“口舌”，故象“史巫”；为“毁”，为“附”，故象“纷若”。史善占，巫善交神。“纷”者，缤纷杂乱之貌。若，语助词。九二以阳居阴，刚而得中，故能用巽。五在上而二巽之，在“床下”也；初在下而二亦巽之，又在“床下”也。史巫能以人意通之神，神意通之人。二当“申命行事”之时，能巽以达上下之情，不惮烦劳，如“用史巫纷若”，无非欲通神人之意，非谄屈也，故于义“吉”，而于事“无咎”。

《象》曰：纷若之吉，得中也。

“纷若”则疑于杂乱，而曰“吉”者，以刚而得中，是有断制之才，而曲达上下之情者，非烦琐比也。

九三，频巽，吉②。

频，数也。三居两巽之间，一巽方尽，一巽又来，故象“频”。九三过刚不中，居下之上，非能巽者，强为巽而亦不能久，故频失频巽，作辍无常，于事“吝”也。

《象》曰：频巽之吝，志穷也。

巽以柔而善入，过刚则虽有巽之志，而不得巽，故曰“志穷也”。

六四，悔亡，田获三品③。

互离为网罟，为戈兵，“田”象也。巽为近利市三倍，故象“多获”。

---

① 《周易折中》：“《程传》：‘史巫’者，通诚意于神明者也。《集说》：冯氏椅曰：《周官》史掌卜筮，巫掌祓禳，卜筮所以占其吉凶，祓禳所以除去灾害。”（卷第八，第273页）《周易述》：“[注]：巽为木床之象也。二无应于五，退而据初，心在于下矣。史以书勋，巫以告庙。纷，盛；若，顺也。二以阳应阳，君所不臣，军帅之象，当变而顺五则吉。[疏]：巫，《说文解字》曰：祝也，能齐肃事神明也。《楚语》：观射父曰：在男曰‘觋’，在女曰‘巫’。”（《周易下经四》，第191、193页）

② 按：吉，众本作“吝”，鲜本误（其下串解亦曰“于事‘吝’也”）。

③ 《周易集解》：“案：《谷梁传》曰：‘春猎曰田，夏曰苗，秋曰蒐，冬曰狩。’田获三品，‘一为乾豆，二为宾客，三为充君之庖’，注云：‘上杀中心乾之为豆实，次杀中髀骼以供宾客，下杀中腹充君之庖厨，尊神敬客之义也。’”（卷第十一，第185页）

三品，上中下三杀也。内卦三爻分上中下，又初巽为鸡，二互兑为羊，四互离为雉，故象“三品”也。六四重阴，宜乎有悔，然柔正能巽，与初同德，而顺乎二三之刚，以上巽五，居大臣之位，是能巽乎贤才以事上者，不但“悔亡”，而且大获其功，如“田获三品”也。

《象》曰：“田获三品”，有功也。

巽于上下，如田之获三品而遍及上下，成巽之功也。

九五，贞吉悔亡，无不利，无初有终，先庚三日，后庚三日①，吉。

九五以刚居尊，宜有悔矣，而得其中正，则非徒恃刚而能巽者，故“贞吉”而“悔亡”。“无不利”者，刚得中正而居尊，能尽巽道，如风之无所不入也。巽，阴之始，阴主成，故“无初”而“有终”。“先庚”“后庚”，以伏羲圆图言也。先天卦图，巽居西南，以风起于西南故也。巽为一阴，其生于时为五月，至八月而庚金肃杀司令。先庚三日，是天风垢，为巽始生之月也，由八月而至十一月。后庚三日，地雷复，巽始消之月。“先庚三日”巽之初，“后庚三日”巽之终，承上“无初有终”之义，而教人审乎巽之用也。九五中正，得巽之道者，谋诸其初，当进而进，巽固无所不入；审诸其终，当退而退，巽亦无所不成，其象如此也。

《象》曰：九五之吉，位正中也。

以刚居尊，宜不合巽体，而九五“吉”者，其位正中，则刚而能巽，非自用者比也。“正中”二字之内，便有善始善终意在，故不复释“先庚”“后庚”义。

上九，巽在床下，丧其资斧②，贞凶。

---

① 《周易折中》：“《本义》：庚，更也，事之变也。《程传》：无初，始未善也；有终，更之始善也。《集说》：巽，孰为‘贞’？先庚后庚，巽之‘贞’也。先三日，盖慎始而图其几；后三日，盖思终而考其成，慎始思终，权斯行矣。张氏清子曰：‘甲’者，十干之首，事之端也，故谓之‘终则有始’；‘庚’者，十干之过中，事之当更者也，故谓之‘无初有终’。”（卷第八，第275页）

② 按：资斧，众本同。《周易述》作“齐斧”：“［疏］：《于夏传》及诸家‘资斧’皆作‘齐斧’。”（《周易下经四》，第194页）又《周易折中》：“《案》：‘资斧’古本作‘齐斧’为是，盖因承旅卦同音而误也。《说卦》‘齐乎巽’，‘齐斧’者，所以齐物之斧也。”（卷第八，第275页）

四在上卦巽床之下。巽利故象“资”，互兑金，巽木贯于兑金，故象“斧”。上居巽极，过于巽而不能自立，下巽于四，故亦有“巽在床下”象，然二之巽床下，达上下之情也，上之巽床下，曲徇人之意也。不善用柔，并失其刚，故“丧其资”而不能行，“丧其斧”而不能断，虽所巽者“正”，亦“凶”也。

《象》曰：“巽在床下”，上穷也。“丧其资斧”，正乎？凶也。

乎字句。穷上则必返下，故“巽在床下”也。以徇人之故，至“丧其资斧”，得毋以为正乎？无以自养自卫，其凶必矣。盖设为问答以决之。

附　解

巽为风，风鼓万物，所以节宣阴阳之气，而无微不入也。君子体之为德，则曲达乎人己之情，而济以柔刚，适得其平，故蔡清谓巽非一“顺”字可了者，是也。子曰“巽，德之制”　“巽以行权”，则所谓“入”者，兼阴入乎阳、阳入乎阴之义，非一端而已。《传》言“刚巽乎中正而志行”，明乎刚不巽中正，则志不行，是巽乎阴者，所以制其刚也；“柔皆顺乎刚，是以……利有攸往，利见大人”，明乎柔不巽刚，则不利有攸往，是巽乎阳者，所以制其柔也。德之制也以此，即行权之道，亦该于此。《象》以“申命行事”言之，明乎王者宣化广德，不恃威权，为巽之大者也。至六爻，则大抵以刚柔相济为得巽之道。初戒以刚制柔，二美其柔制刚，六四之“悔亡”“有功”，柔得其正也；九五之“贞吉悔亡”，刚得其中也，三过刚而不能久巽，上过巽而不免自穷，皆不得乎德之制故。然则《彖》云“小亨”，非小事亨也。小心巽理，故“利有攸往，利见大人”，而先儒之失可知矣。

䷹ 兑下兑上

兑，说也。《说卦》曰：“说万物者，莫说乎泽。”泽润生万物，物无不说。又兑为口，人以情相说，见之乎口。一阴见于二阳之上，阴阳相说，情见乎外也。《序卦》：“巽者入也，入而后说之，故受之以‘兑’。”

兑，亨，利贞①。

万物相说则和畅，故有“亨”道焉，但以情相说则易流，故“利”在于“贞”。出于义理之公，本乎性情之正，然后亨可大而可久也。

《彖》曰：兑，说也。刚中而柔外，说以利贞，是以顺乎天而应乎人②。说以先民，民忘其劳；说以犯难，民忘其死。说之大民劝矣哉③。

卦体二五以刚居中，有中心诚实之象；三上以柔居外，有接物和柔之象。人心正理，即天之理也，内中正而外和说，则揆之天理而顺，即之人心而安。《彖》言“利贞”，盖谓“说以利贞，是以顺乎天而应乎人”也。即如劳苦患难，皆人情所不说者，然苟本说道之正，以之先民，有以说其心于平时，则“民忘其劳”；本说服以犯难，“民忘其死”。说道之大，民其自劝矣哉。此兑之所以“亨”，而“亨”之必“利”于“贞”也。

《象》曰：丽泽兑，君子以朋友讲习。

上下皆兑，两泽相附丽，有交相滋益之象。君子以同道之朋、同志之友，相与讲义习事，则彼此皆有滋益也。夫兑为口舌，君子所慎，为“讲习”则说而无伤，盖乐而不流也。两口相向，有“讲”象；两泽相从，有“习”象。

初九，和兑，吉④。

说而中节曰“和”。初阳在下，为有刚德而卑退接人之象。凡其所说，皆当乎天理，合乎人情，说得其正者也，故“吉”。

---

① 《来注》：“‘亨’者，因卦之所有而与之也；‘贞’者，因卦之不足而戒之也。”（卷之十一，第364页）《周易折中》：“《本义》：一阴进于二阳之上，喜之见乎外也。《程传》：说，致‘亨’之道也。《集说》：焦氏竑曰：人有喜悦必见而在外，盖阳假阴之和柔以为用。”（卷第八，第276页）

② 《周易集解》：“虞翻曰：大壮五之三也。……大壮乾为‘天’，谓五也。‘人’谓三矣。二变顺五承三，故‘顺乎天而应乎人’。”（卷第十一，第186页）

③ 《来注》：“外虽柔说，中实刚介，是之谓‘说’而‘贞’，故‘利贞’。……夫劝民与民自劝相去远矣，是以圣人大之曰‘说之大民劝矣哉’。”（卷之十，第365页）

④ 《来注》：“和，与《中庸》‘发而皆中节谓之和’‘和’字同。……盖悦能和，即顺天应人，岂不‘吉’？”（卷之十一，第365页）

《象》曰：和兑之吉，行未疑也①。

阳牵于阴则多疑，初阳刚而不比于阴，故能自行其天理之正，所说皆当而吉。

九二，孚兑，吉，悔亡。

二比于阴，则宜“有悔”矣，然以刚中之德，孚诚自矢，不假言说，有人自说之，故所行“吉”而“悔亡”。

《象》曰：孚兑之吉，信志也②。

信志，自信而人亦信，故以诚相孚而说吉也。

六三，来兑，凶③。

来者，自外而来也。三居内外，适当兑口，阴柔不正，为说之主，又应上六之阴柔，凡外物之可说者，皆感之而“来”。我开其隙，物遂乘之而入，非物之来，实己有以来之也。欲动而失其性，妄说于人，故“凶”。

《象》曰：来兑之凶，位不当也。

以柔居刚而不中正，在上下二兑之间，承以阴柔，故“位不当”。

九四，商兑未宁，介疾有喜④。

商，度也。宁，安宁。两间谓之“介”，“疾”谓六三。四介居上下

---

① 《来注》：“本卦说体，不当阴阳相比，二比三……阴阳相比，则不能无疑，故夬卦九五《小象》曰‘中未光也’，萃卦曰‘志未光也’，故上六‘引兑’亦曰‘未光’。本卦独初爻无比，无比，则无所疑矣。”（卷之十一，第366页）

② 《来注》：“心之所存为志，‘信志’即‘诚心’二字。……革九四辞同义异，革则人信，孚则己信。”（卷之十一，第366页）

③ 《周易集解》：“虞翻曰：从大壮来，失位，故‘来兑，凶’矣。”（卷第十一，第187页）《周易折中》：“《程传》：‘来兑’，就之以求说也。《集说》：王氏宗传：六三居两兑之间，一兑既尽，一兑复来，故曰‘来兑’。……左右逢迎，惟以容说为事，此小人之失正者。”（卷第八，第277页）

④ 《周易折中》：“《集说》：杨氏简曰：九刚四柔，近比六三谀佞之小人，心知其非，而实乐其柔媚，故商度所说，去取交战于胸中而‘未宁’。《案》：《易》中‘疾’字皆与‘喜’对，故曰‘无妄之疾，勿药有喜’……以此爻例之，则‘疾’者谓疾病也，‘喜’者谓病去也。”（卷第八，第277页）

两卦之间，上承九五之中正，而六三之阴邪即与相比，如疾病然。然九四阳刚，非商酌可否，未敢安宁，虽介于疾，不足为害，疾去而“有喜”也。

《象》曰：九四之喜，有庆也。

与君相说，得行其阳刚之道，而有福庆。

九五，孚于剥，有厉①。

剥谓上六，阴能剥阳，故曰“剥”。九五阳刚中正，有兼容之量，以至诚待人，虽剥阳之一阴，亦孚而信之。然包容小人，稍不警察，则不②为其所惑，故“有厉”。“有厉”者，事固可危，而心亦能危之也。惟刚中正乃能危之，如舜之圣，犹畏巧言令色，所谓“其危乃光”也。

《象》曰：孚于剥，位正当也。

人君不可不含垢纳污，故剥我当厉，然“位正当”，则所以“孚”与“厉”皆在其中矣。

上六，引兑③。

三、上二阴皆可说，而人说之者也。三在内卦，是说心在内，招物而使入，故曰“来”；上在外卦，是可说在外，诱心而使出，故曰“引”。不言占者，“引”之者在上六，而从不从在己，若能不从，虽“引”无益也。故不责引者，所以专责受引者耳。

《象》曰：上六引兑，未光也。

居说之极，宜乎说之当矣，而六阴柔引人，说者实多，不当于理，故

---

① 《周易折中》：“《集说》：胡氏炳文曰：说之感人最为可惧，感之者将以剥之也……故虽圣人且畏‘巧言令色’。《案》：《易》中凡言‘厉’者，皆兼内外而言，盖事可危吾危之也。履五爻及此爻，皆以刚中正居尊位而有厉辞。……此‘有厉’与夬‘有厉’正同，皆以九五比近上六。”（卷第八，第 278 页）

② 按：不，疑衍本衍。

③ 《来注》：“‘引’者，开弓也，心志专一之意，与萃‘引吉’之‘引’同。”（卷之十一，第 267 页）《周易折中》：“《集说》：刘氏牧曰：执德不固，见诱则从，故称‘引兑’。《案》：三与上，皆以阴柔为兑主。‘来兑’者，物感我而来……‘引兑’者，物引我而去……此人心动乎欲之浅深也。”（卷第八，第 279 页）

曰"未光"。不深斥之，而第云"未光"者，其引兑之心未必不善，特所以引之者未光明，则为所引者当察也。凡可喜可乐之事，当兴酣势隆时，有以可说进者，虽非必尽小人，然"未光"即是此辈，最当警悟。

附　解

兑于时为秋，成物之候，万物之所说也。于象为泽润养发荣，于人为口言以通情，皆"说"之义，故圣人直以"说"字蔽之。顾"说"之"亨"也以"贞"，天地之生物也，固欲其成，兑金肃杀，人以为天之刑威，不知生气含于中而收藏。草木零落，特其叶然耳，若枝干生气，固坚凝内葆，故曰"万物之所说"。人藏其心，不可测度也，而见于言者，曲将其缠绵，说己说人，皆在乎此。王者宣布德意，民欢乐之；圣贤讲习道义，人亲炙之，君师教化，说道可大可久，故《彖》《象》以之立义。若夫六爻，则以阳刚为说之正，阴柔为说之非，初二四五所以吉，三上所以凶也。然二五刚中，皆言"孚"，而曰"悔亡""有厉"之不同者，二位居下，"有孚"在中，虽比于三，而己志可信，三不得而妄说之；五位居尊，密比上六，上为说之极，若非"有厉"，则即可得而蛊惑之。《象》曰"信志""位正当"，明乎在下之自信者"志"，在上之可危者"位"也。"来兑之凶"，已失其正而物入之，所谓丧其本心者也；"引兑"之不言"凶"，引在人而从违在己，所谓犹可自主者也。圣人不禁人以"说"，而特禁人以"说之非正"，立爻取象，可谓周密无遗矣。学者能毋玩之？

䷺ 坎下巽上

涣，散释之意。风行水上，冰泮澜分，"涣散"之象。然有"离散""解散"二意，非专以不美者言。《序卦》："兑者说也，说而后散之，故受之以'涣'。"

涣，亨①，王假有庙，利涉大川，利贞。

---

① 《周易集解》："虞翻曰：否四之二成坎巽，天地交，故'亨'也。"（卷第十二，第188页）

虞翻曰"乾为王"，是也。互艮为门阙，坎为"宫"，又为"隐伏"，故象"庙"。木在水上，故象"涉大川"。假与"格"同，感通也。言"涣"有"可亨"之道，但须至诚感孚，勿避艰难，如王者感格于庙，以精神固结神明，则幽明且可相通。"涉大川"者，冒风涛而济渡，其事虽险，其功终就。占者如之，可以"利"矣，然必其事出于正，诚久不渝乃可，故曰"利贞"。

《彖》曰：涣，亨，刚来而不穷，柔得位乎外而上同。"王假有庙"，王乃在中也。"利涉大川"，乘木有功也。

下卦九二一阳为坎之主，自乾中爻而来，故曰"刚来不穷"，水流通而无尽也；上卦六四一阴为巽之主，自坤初爻而来，以阴居阴，巽顺于五，故曰"得位而上同"，此文王所以言"涣"可"亨"也。五本君王，九五阳刚居尊，为巽中爻，象王者卑巽以交于神明。"王乃在中"，谓王者权尊势重，惟感格于庙，乃至诚在中，不生他想，凡至诚以聚涣者，皆当然也。"乘木有功"，木在水上，舟楫之利，履险乘危，实可以无所不通。凡聚涣而挟持有具，皆此象也。

象曰：风行水上，涣，先王以亨于帝立庙①。

"风行水上"，涣者其势，不涣者其情也。先王以之"享帝"，而天人之气可通，"立庙"而祖孙父子之精神以聚，皆于形涣之中，示人以不涣之道。盖人与天本无二理，先人与己，本无二情也。

初六，用拯②马壮，吉。

"马"谓九二。坎为"马"，为"美脊"，故象"壮马"。初六阴柔位卑，本无济涣之才，然在涣之始，拯之既易为力，而九二阳刚中正，可以济涣，初六与之亲比，顺以从五，如人行险托于壮马，速达而已不劳。占者得之，用以拯涣，如此则"吉"也。初位为民，民从贤臣効忠于君

---

① 《周易集解》："荀爽曰：谓受命之王，收集散民，上享天帝，下立宗庙也。阴上至四承五为'享帝'，阳下至二为'立庙'也。"（卷第十二，第188页）《周易折中》："《程传》：收合人心，无如宗庙……故'享帝立庙'，人心之所归也。系人心合离散之道，无大于此。"（卷第十二，第473页）

② 按：拯，众本同，《周易述》作"抍"："［疏］抍，俗本作'拯'，子夏、马氏作'抍'。后汉孔彪碑文：'爰尚桓桓，抍马蠲害。'"（《周易下经四》，第197页）

象之。

《象》曰：初六之吉，顺也。

六四巽之主爻，初与之应，故言“顺”。顺者阴之性，能顺承于九二，故“吉”也。

九二，涣奔其机①，悔亡。

坎为“亟心”，互震为“足”，有“奔”象。奔，疾走前进也。“机”“几”同，身之所据以为安也。九五巽木，为二之君，奔而就之，急于得君，似乎有悔，然当涣之时，虽有贤才，非得君无以济涣，故“悔亡”。盖九二有刚中出险之才，能审时度势，就贤君以行道，故为“奔就所安”之象，而“悔亡”也。

《象》曰：“涣奔其机”，得愿也。

愿，济涣之愿。圣贤虽不枉道干进，而救时情殷，得主而事，使其君为尧舜之君，使其民为尧舜之民，固所愿也。孔孟栖皇，奔而未得其机；二老归周，则奔而得其机者也。

六三，涣其躬，无悔②。

涣其躬，散释其己身之私也。以阴居阳，宜乎有悔，然当涣散之时，三独有应，且居坎而在险外，近与巽风相接，物象则风水相遭，最为亲切；人事则密迩公明之大臣，但能涣其身之私见，而舍己从人，可“无悔”也。

《象》曰：“涣其躬”，志在外也。

外，外卦。水遇风而“涣”，三近接外卦，又与上应，志在舍己从人，遇风涣然冰释，盖有济涣之志，而能下人者也。外对内言，“躬”为内，“天下”为外。

---

① 《周易折中》：“《程传》：‘机’者，俯凭以为安者也。……二与初虽非正应……以阴阳亲比相求，则相赖者也。故二目初为‘机’，初谓二为‘马’。……机，谓俯就也。”（卷第八，第280页）

② 《周易折中》：“《案》：《易》中六三应上九，少有‘吉’义。唯当涣时，则有应于上者，忘身徇上之象也。”（卷第八，第281页）

六四，涣其群，元吉。涣有丘①，匪夷所思②。

居阴得正，下无私应，是大臣秉大公之道，涣天下朋党之见，而以理相与者。以此巽事刚明之君，吉孰大焉。下二句承上而赞美之。邱，聚也。夷，平常也。不执一见，不私一人，人徒见为“涣群”矣，不知涣天下之私见，乃聚天下之公理，涣中有聚，非常人之思所能及也。邱本训“聚”，不曰“聚”而曰“邱”者，就卦立象，风行水上，水“涣”而“邱”见矣。坤为“朋”，故象“群”。下卦坤变为坎，一阴进而居四，离其群侣，有“涣群”象。以理言，则巽五而不私其下也。互艮为山，“邱”象。

《象》曰：“涣其群，元吉”，光大也。

凡树私党者，皆暗昧狭小者也。无私而巽于理，以此接下，以此事上，光明正大，故象“以涣有邱，匪夷所思”，赞之也。

九五，涣汗其大号③，涣，王居无咎。

坎水，巽风散之，“汗”象。巽命为“号”，五居尊，故为“大号”。人身风郁于内，则疾而无汗；风散于外，则汗而疾愈，天下犹一身也。王者布德行惠，诞告四方，宣天下之幽郁，而使之沾濡，如汗由心而出，浃于四体，则涣者“大号”，而不涣者天下之人心也。故当涣时，占得此爻，惟王者居中正位，为民之则，可“无咎”也。

《象》曰：“王居无咎”，正位也。

正位，权统于尊，德称其位，故涣号如“汗”而“无咎”。

---

① 按：涣有丘，《周易集解》《周易正义》同，《来注》《周易述》《周易折中》《周易禅解》等作“涣其丘”。又：本卦经文“丘”字，其《恒解》皆作“邱”。

② 《周易集解》：“卢丘曰：互体有艮，艮为山丘，‘涣群’虽则光大，‘有丘’则非平易，故有匪夷之思也。”（卷第十二，第189页）《周易折中》：“《案》：孔安国书序云，丘，聚也，则‘丘’字即训‘聚’。……常人徒知散之为散，不知散之为聚也。散中有聚，岂常人思虑之所及乎。”（卷第八，第281页）

③ 《周易述》：“［疏］：《汉书·刘向传》曰：《易》曰‘涣汗其大号’，言号令如汗，出汗而不反者。今出善令，未能逾时而反，是反汗也。”（《周易下经四》，第198页）

上九，涣其血，去，逖，出，无咎。

坎为“血卦”，上应六三，巽风散之，故象“涣其血”。去，对“来”言。逖，远也，对“近”言。出，对“入”言。上当涣时，而居高远险，三与之应，能“涣其血”而“出”之，是不惟自免于难，亦能脱人之难者。占者得之，来者当“去”，近者当“逖”，入者当“出”，总以远害为主，则“无咎”也。盖阳刚处涣之外，故象占如此。

《象》曰：“涣其血”，远害也。

受害故“血”，“涣其血”，则远于害，而“去”“逖”“出”三字之义可明矣，故不复释。

附 解

涣，散也，兼美恶二义。《彖》言“假庙”“涉川”，爻言“用拯马壮”，以“离散”意言，欲人救涣，其余二三四五上诸爻，则皆以“解散”意言也，《序卦》“说而后散之”，亦是此意。夫人情之涣也，无以一之者也，一之者，非权与势、私与党所能，必以天下之公理、人心之至诚，得乎其至中至正之道而后可。“王假有庙”，诚存于中而幽明格；“利涉大川”，挟持有具而险难平，申以“利贞”，义无遗矣。周公犹恐人之不知所用，而各爻错举其象，大抵以刚正为济涣之本，顺理为济涣之才，故初之“吉”为其顺二，二之“悔亡”为其顺五也。三“志外”，不私其身；四“涣群”，不徇乎人；五则济涣之主，以天下为一身，恩沾四海，正位居中，二之所以恃为“机”而“奔”就；上九超然远害，亦有德之人。合观诸爻，则“济涣”与“涣其私”者，可概推矣。前人于《彖》《象》词义，不尽融通，故解多混于萃、解二卦，今悉正之。至“涣奔其机”，有指初言者，盖泥于“机”也。不知下卦坎险当涣，故九二阳刚有出险之才，与五正应，五居尊为“风行水上”之主，二故奔而就之，于人事为贤臣择主而事，故“悔亡”也。“机”特喻凭依为安之意，非谓俯就乎初，且“奔”之义乃疾走前进，非下就也。“涣躬”“涣有丘”“匪夷所思”，即申“元吉”之义，而来瞿塘以“有”为“其”，解“丘”作“土”，误矣。“涣汗其大号”，言号令由中而出，即乎人心之安，而浃于四海。天下虽大，止如一身，著一“汗”字，确有至理。而下文重言一“涣”字，申之曰“王居无咎”，义皆寓于此一“汗”字中。前人作“涣王居”解，意亦浅也。“去”“逖”“出”三字，各自为句，本无难解，改“逖”为“惕”，或又以为去远方而还，均失之。

䷻ 兑下坎上

水，流行泛溢者也，在泽则为所限。泽以容水为名，水亦赖泽以潴而限之，不得逞，故为“节”，凡物之相资而有限制，皆此象也。《序卦》：“涣者离也，物不可以终‘离’，故受之以‘节’。”

节，亨，苦节不可贞①。

水为泽制，节其太过。凡事制其过，以止于中，则天理之自然，人情之所便也，故“亨”。若制之太过，而不当乎天理人情，则为“苦节”。自节而苦拂其性而不可常，节人而苦逆其情而不可通，故不可以为“贞”也。坎伏“离”，故曰“苦”。苦与兑说反，坎变为“离”，则泽涸水干，味焦苦也。

《彖》曰：节，亨，刚柔分而刚得中。“苦节不可贞”，其道穷也。说以行险，当位以节，中正以通。天地节而四时成②，节以制度，不伤财，不害民。

刚柔分，坎刚兑柔，又阴阳各三爻也。刚得中，二与五也。刚柔适均，则刚以济柔，柔以制刚“得中”则不失之过，不失之不及，故“节”可“亨”也。“苦节”之“不可贞”者，过于节则不得其中，必至困穷而不通。夫卦体坎险，而说以行之，则有安适之善，无拘迫之苦。九五当位

---

① 《周易集解》：“虞翻曰：谓上也，应在三，三变成离。火，‘炎上作苦’。位于火上，故‘苦节’。虽得位乘阳，故‘不可贞’。”（卷第十二，第190页）《周易正义》：“［疏］：‘节’者，制度之名。节止之义，制事有节，其道乃‘亨’，故曰‘节亨’。节须得中，为节过苦，伤于刻薄，物所不堪不可复正，故曰‘苦节不可贞’也。”（卷六，第70页）

② 《周易集解》：“虞翻曰：泰乾天坤也。震春兑秋坎冬，三动离为夏，故‘天地节而四时成’。”（卷第十二，第191页）《来注》：“盖‘穷’者‘亨’之反，亨则不穷，穷则不亨。”（卷之十二，第373页）

中正，“当位”则有节天下之权，“中正”则能通天下之志，节之所以有亨道也。而苦节则反乎此，安得不“穷”哉？然则节之“亨”，亨以“中”，非亨以“苦”也，故天地生化万物，不外四时，而阴阳有“节”，四时乃“成”。王者经世宰物，必赖民财，而制度为节，民财乃足，皆得乎其“中”之故也。盖反复推明“节”之“亨”，无取乎“苦”意。制，法制。度，则也，分、寸、尺、丈、引曰“五度”。坎互震，“行险”象；坎为通，有“通”象。本卦兑坎互震艮，有“四时”象。

《象》曰：泽上有水，节，君子以制数度，议德行。

水无穷而泽有限，以有限蓄乎无穷，节之使不虚不溢，故为“节”。数有多寡，度有隆杀，制为品节，使贵贱上下，各安其分。德存于心，行见于事，商度拟议，以求其中。节，内外交饬之道也。坎为矫揉，故象“制”；兑为口舌，故象“议”。

初九，不出户庭，无咎。

互艮为“门”，门在外，户在内，故二爻象“门”，此爻象“户”。初兑泽方潴之时，九阳刚得正应四，坎险在前，知节而节之，“不出户庭”，慎密自守，占者得“无咎”也。

《象》曰：“不出户庭”，知通塞也。

初应四，坎为“通”，而二阳爻蔽塞之，泽壅水而不流，在人事为阻滞之候。“知通塞”，美其当节而节，非一于“塞”者比也。

九二，不出门庭，凶。

二为泽水盛溢之时，当疏泄之，且居中应五，互震行前无壅蔽，可以出门有功也。而互艮止，壅滞自守，不与五应，有“不出门庭”象。时可为而不为，“凶”道也。

《象》曰：“不出门庭，凶”，失时极也①。

极，中也。节以适于中，当出而不出，失其时中，如泽壅水而无济于人，故“凶”也。邦有道而贫贱，徒自全而无功于人，皆是。

---

① 《来注》：“初与二《小象》皆一意，惟观时之通塞而已。”（卷之十二，第374页）

六三，不节若，则嗟若，无咎①。

三以柔居兑说之极，其心易肆；泽滞而将溢，其事易侈，有不节之势焉，故曰“不节”。若互震而知惧，故若有嗟焉，盖预忧之也，既忧之，则可以“无咎”也。兑口接坎“加忧”，故象“嗟”。

《象》曰：不节之嗟，又谁咎也。

以“不节”为“嗟”，则虽有不节之势，必能节矣，“又谁咎”之？

六四，安节②，亨。

安，对“勉”言。六三③以柔得正，顺承于五，又互艮止，故其象为“安于节”。凡一切皆循乎天理之自然，以守职分之当然，“亨”道也。居坎之下应初，水上溢为无节，就下则有节。“就下”者，水之性也，故曰“安”。

《象》曰：“安节”之“亨”，承上道也。

上谓九五。九五坎阳中正以通者也，于水为源，四近而承流布化，故“亨”也。

九五，甘节，吉，往有尚。

爻变坤土，其数五，其味甘，故象“甘”。发而中节谓之“和”，“甘节”者，“和”之至也。自甘于节，无不恰得其宜，“吉”之至矣。往而节人，人亦甘而悦之，功曰“有尚”。所谓“当位以节，中正以通”者也。

《象》曰：甘节之吉，居位中也。

节以中为贵，五居尊而有中德，故无过无不及，而宜己宜人，《象》曰“甘节”而“吉”。

① 《周易折中》：“《集说》：张子曰：王弼于此‘无咎’，又别立一例，只旧例亦可推行，但能嗟其‘不节’，有补过之心，则亦‘无咎’也。李氏颜章曰：临之六三，失临之道，而既忧之；节之六三，失节之道而‘嗟若’，皆得‘无咎’。《易》以补过为善者也。”（卷第八，第284页）

② 《周易折中》：“《集说》：俞氏琰曰：六三失位而处兑泽之极，是乃溢而‘不节’，六四当位而顺承九五之君，故为‘安节’。”（卷第八，第284页）

③ 按：六三，鲜本误，“以柔得正，顺承于五”者当为“六四”。

上六，苦节，贞凶，悔亡①。

居节之极，坎险之极，故为“苦节”。又错离火，上居炎上之地，亦“苦”象。过乎其中为“苦节”，“苦节不可贞”也，而贞之则凶，知其凶而悔之，则凶亡。程子曰：“悔，损过从中之谓，与他卦‘悔亡’辞同而义异。”是也。

《象》曰：“苦节贞凶”，其道穷也。

道即中正之道，虽贞亦凶，以其非中道也，故爻词教以“悔亡”。

附　解

“节”者，中其节也。适中而不渝，如竹之有节，故曰“节”。自毁道者多，而守道之士，则称为“节”，然其节也，为其得中道而已，非矫情沽誉，别标一格以为奇。圣人于“节”言其“亨”，而即继之曰“苦节不可贞”，防其弊也；夫子绎以“刚柔分而刚得中”，明“中”者节之实也。“说之（以）行险，当位以节，中正以通”，卦体、卦德如是，节何必“苦”为？然其“说”也“当”也“通”也，皆以其“中”之故，故下以天地圣王之节申明之，六爻之义仿是。夫水流行于天地之间，而各得其分，为其有堤防也，水泽为节。凡道喜于流通，而必得其节称是，通塞就水之势取象，甘苦就水之味取象也。初知“塞”而即知“通”，二知“塞”而不知“通”，三有溃防之势而警惧以得“无咎”，四之“安”，五之“甘”，皆节而得中道也。上六“苦节”，苟贞于苦，则“凶”，若悔其贞，则可亡凶，要莫非欲其适中也。“苦节贞凶”，正与《象辞》相反，而云“悔亡”，自当以《程传》为善。朱子谓虽正不免于“凶，悔亡”，礼奢宁俭之意。然凶甚于悔，既“凶”也而又“悔亡”，于义为不协。来氏谓以事言则“贞凶”，以理言则“悔亡”，圣人以祸福配道义，而道义重于祸福。然《易》虽占卜之书，圣人一引之于义理，理之正者，虽殒身亡家，适得乎忠孝之正，不得以为凶也。“苦节”乃不得乎中者，非谓正而

---

① 《周易折中》：“《程传》：上六居节之极，节之‘苦’者也；居险之极，亦为‘苦’义，固守则‘凶’，‘悔’则凶‘亡’。”（卷第八，第285页）

当节者。贞，止是固久之意，非正中之谓。若以为虽正亦凶，是正不可为，非圣人教人之意。且既曰“凶”而又曰“悔亡”，二义显然相背也。《易》贵中正，苟其中正则吉而福，违则凶而祸，非谓祸福自祸福，道义自道义。盖《易》固天人合一之书也。似是而非，不可不辨。“则嗟”之说，则以张子为是也。

䷼ 兑下巽上

孚，信也。为卦二阴在内，四阳在外，而二五之阳皆得中。以二体言为中实，以六爻言为中虚，中虚则无私，中实则无妄。无私心而当于天理，至诚相契，故曰“中孚”。又说以应上，巽以顺下，亦“孚”义也。以二象言，风行泽上，阳气潜回，生意暗孚，故曰“中孚”。《序卦》：“节而信之，故受之以‘中孚’。”

中孚，豚鱼吉，利涉大川，利贞①。

豚鱼生大泽中，见则风至，占风者以为信。生气潜于水中，坎中一阳，生物之祖也，散而为风，人乃见其鼓荡之机。风未起而“豚鱼”已知，何也？气机之动，有早潜相孚者矣。占得“中孚”者，能感人于未形之先，而相孚于既形之后，如“豚鱼”则“吉”。“利涉大川”，至诚可以涉险也，又戒之曰“利贞”，恐其不正而孚，则非天理之自然，不吉不利也。详见《彖传》。

《彖》曰：中孚，柔在内而刚得中，说而巽，孚乃化邦也。“豚鱼吉”，信及豚鱼也。“利涉大川”，乘木舟虚也。中孚②以“利贞”，乃应乎天也。

“柔在内”谓三四二阴，“刚得中”谓二五两阳。惟虚也，故能小其

① 《周易集解》：“荀爽曰：‘豚鱼’谓四三也。艮为山陆，豚所处；三为兑泽，鱼所在。‘豚’者卑贱，‘鱼’者幽隐，中信之道，皆及之矣。”（卷第十二，第193页）《周易折中》：“《集说》：《朱子语类》问中孚‘孚’字与‘信’字恐亦有别，曰：伊川云，存于中为‘孚’，见于事为‘信’。说得极好。”（卷第八，第286页）

② 《来注》：“二柔在内而中虚，二刚居中而中实，虚则内欲不萌，实则外诱不入，此‘中孚’之本体也。”（卷之十二，第376页）

心，以来天下之善；惟实也，故能久其诚，以应天下之剧，“柔在内”“刚得中”，所以为中孚也。下说上巽，说以从善，巽以入人，以此相孚，乃可化一邦，而为一人①况一二人也。“豚鱼吉”者，其诚信结于先而应于猝，如豚鱼之与风，不期而自“信”也。“利涉大川”者，乘巽木之虚舟，以涉兑泽之上，无沉溺之患，虚其心而实其理，可以济险者如之。既曰“中孚”矣，而必以“利贞”者，惟正乃可以合天理而应天心，不至孚其所不可孚也。风行泽上，而天功赖以鼓荡，故其象如此。

《象》曰：泽上有风，中孚，君子以议狱缓死。

泽上有风，虽重阴冱寒，风悉入之。民之在狱，犹冱寒也，君子察其幽微，议其轻重，不使有滥，缓其余生，不忍遽殛。兑为“口舌”，“议”象。巽为“不果”，“缓”象也。徐氏几谓《大象》言“用狱”者五，皆取雷火之义。本卦大象似离，中互震艮，故云然。义亦可通，然非夫子取象之本义也。盖水潴于泽，其机滞矣，风徐徐吹拂，而生机始畅。

初九，虞吉，有他②不燕③。

虞，祭名，葬之明日而祭也。燕，古“讌”字，通用，安也，乐也。阳刚居孚之初，诚信未漓，若“虞祭”之思慕诚切，“吉”也。“有他不燕”，仍申明“虞吉”之意。初虽与四应，然“中孚”者由“中”而“孚”，不借他人。此爻在孚之初，诚信不渝，不志其他，是不借四之应也。惟自矢其诚，有他不以为荣，故“吉”。

《象》曰：初九“虞吉”，志未变也。

未变，未变其哀慕之诚。诚在于初，如“虞祭”者，然不假外应以为信也。爻变坎，故言“志”。

---

① 按：为一人，三字疑衍。

② 按：有他，《来注》同，《周易集解》《周易正义》《周易折中》《周易述》等作“有它”。

③ 《周易折中》：“《程传》：虞，度也……燕，安裕也。有它，志不定也。《集说》：项氏安世曰：中孚六爻，皆不取外应，孚在其中，无待于外也。”（卷第八，第287页）

九二，鸣鹤在阴，其子和之。我有好爵，吾与尔靡之①。

鹤，泽鸟，感秋而鸣。兑为“泽”，为“正秋”，互震善鸣，“鸣鹤”之象。二阴位，在艮山之下，兑泽之中，故曰“在阴”。初爻在下，为“子”。靡，分也。二与初同德同体，相孚之至，如鹤鸣子和。二孚于五，而有“好爵”。初与二同德，故言己有“好爵”，愿与尔共分之。言‘父子’则不出一体，言‘尔我’则不逾同类。兑口说体，故设为相孚相说之言，而《系辞》所以有“出其言善”之论也。

《象》曰：“其子和之”，中心愿也。

同体而又同德，则相孚出于心愿，而凡至诚无间者，胥视此矣。

六三，得敌，或鼓或罢，或泣或歌②。

三居说之极，适当兑口，诚不足而外应上以求孚。金木异性，上又信之穷者，如“得敌”然，不能孚而反自失其所主。“或鼓”而前，“或罢”而退，“或泣”而悲，“或歌”而喜，进退不果，忧乐不常，盖极形“孚不由中”之象如此。三互震而“鼓”，四互艮而“罢”，巽入而伏者“泣”，兑说而见者“歌”，在两卦上下之交，处不当位，故兼取此象也。

《象》曰：“或鼓或罢”，位不当也。

以阴居阳，在兑之极，而上与巽接，故“位不当”。妄说而进退不果，故象“或鼓或罢”，而“泣”与“歌”义，亦该其中矣。

六四，月几望③，马匹亡，无咎。

---

① 《来注》：“鹤八月霜降则鸣，兑乃正秋，故以鹤言之。……鹤行依洲屿，不集林木，九居阴爻，‘在阴’之象也。巽为长女，兑为少女，‘子母’之象也……‘子’与‘尔’，皆指五。”（卷之十二，第379页）《周易折中》：“《案》：《易》例凡言‘子’言‘童’者，皆初之象，故张氏以‘其子和之’为初者近是。”（卷第八，第289页）

② 《周易集解》：“荀爽曰：三四俱阴，故称‘得’也。四得位，有位故‘鼓’而‘歌’；三失位，无实，故‘罢’而‘泣’之也。”（卷第十二，第194页）《周易折中》：“《案》：诸爻独三上有应，有应者，动于外也，非中孚也。人心动于外，则忧乐皆系于物，鼓罢泣歌，喻其不能坦然自安，盖初九‘虞燕’之反也。”（卷第八，第288页）

③ 《来注》：“月几望者，与日对而从乎阳也……震东兑西，日月相对……‘几’者，将望而犹未望也。”（卷之十二，第378页）

月受日光，盈则为“望”。月望于乾，上弦在兑，下弦在巽，本爻变则为“乾”，而四当兑巽之交，故为“月几望”象。君阳也，臣阴也，六四阴得正位，为巽之主，近君而至诚巽顺，大臣与君一体，极其公忠，正如月几于望，阴受阳光，极其盛美。三四合而互震，为“马匹”，四与三阴匹也。四惟知诚信于君，不与三党同私结，如马亡其匹，中孚若此，“无咎”也。

《象》曰：“马匹亡”，绝类上也。

类，四三俱阴爻，故曰“类”。绝其私类，而上巽于五，人臣之无私者也。

九五，有孚挛如，无咎。

诸爻不言“孚”，独于此言。九五中孚之主，所谓“孚乃化邦”者也。五中实，故“有孚”；巽绳，互艮手，故象“挛如”。阳刚中正居尊，以至诚孚于天下，使天下之人心固结“挛如”而不可解。盖不特初二之易孚者“孚”，而三四之不易孚者皆“孚”，故“无咎”也。

《象》曰：“有孚挛如”，位正当也。

以诚中之德居尊位，故能合天下以成孚道也。

上九，翰音登于天，贞凶。

巽为鸡，鸡鸣必振动其羽，故曰“翰音”。鸡为信物，天将旦则鸣，有“中孚”之意。巽为“高”，上爻天位，巽高上极，风体飞扬，“登天”之象。言音飞而实不从，喻声闻过情也。贞，常也。小信动众，亦偶有之事，然不可恃以为常，贞于此而好名不已，则“凶”矣。

《象》曰：“翰音登于天”，何可长也。

音过即灭，本不可长。翰音登天，不过天欲曙时，无实而徒虚声，必不久也。

附　解

天地一实理之所弥纶布濩也，而其气机则虚以相含，橐籥吹嘘，动静循环，其藏诸用者莫可窥，而显诸人者可略见也。人秉天地之理，心之灵可以无所不通，而心之伪亦可以无所不毁。中孚之卦，以虚中实中为义，虚则能舍己以从人，实则能至诚以动物也。至虚至诚，天心在是，故曰“中孚以利贞，乃应乎天也”。夫风行水上，气之所鼓荡，即其机之所潜藏者，为之非有二也；至诚动物，其孚于共见共闻者，乃其孚于无形无迹者，为之非幸获也。“豚鱼”泽物而信风，故以为象；“利涉大川”，亦风水势便之意；“利贞”则以二五刚中，贞始久于诚也。“议狱缓死”，泽冱而风解之，犹民困而上宥之也。初九“虞吉”，众说纷纭，惟汪氏注以为“虞祭”，然亦未畅其义。按《仪礼》葬之明日，“始虞曰哀荐袷事，再虞曰哀荐虞事，三虞曰哀荐成事”。《檀弓》曰：“葬日虞，弗忍一日离也。”盖孝子不忍离其亲，故既葬，日中而虞，间日一祭，凡三日虞以将其哀慕之诚。既虞之后，则卒哭，丧祭易为吉祭矣。初九在中孚之始，阳刚无外诱，犹虞祭之哀切无他慕，故《象传》曰“志未变也”。“有他不燕”，即申明“虞吉”之义，故《象》不复释。或疑始死之诚不更切乎？何以必言虞祭？不知始死者哀而已矣，虞则既葬之后，附身附棺，一无所睹，此时痛念亲之形神，目若有所见，而耳若有所闻，故一而再，再而三，祭以招之，至诚孚于幽明，惟此为切，故特取象。而“有他不燕”“志未变”之词，乃有归着也。鹤警露，鸡司晨，皆有信之物，故以取象。而“鹤鸣子和”，则一体同德，以抒其诚；“翰音登天”，则无实虚声，以博其誉，故得失不同也。三之静躁无常，说极而介巽柔之，故四绝类以诚巽于君，五推心以交孚四海，人臣义无私交，人君义当包覆也。夫孚者人之所贵，然非其类，亦不能强合也。水者天地之生气，而风则气之鼓舞万物者，其象虽殊，其实一源，君子之于人，亦犹是也。本至诚至虚之心，以与天下相见，一以公心无我之见行之而得其权，则天下可以一家；失其权，则应求仅于善类，非孚之有异，所居之位有异也。故圣人于九五一爻，乃象以“有孚挛如”，而九二则“鹤鸣子和，好爵尔靡”而已。父子则不出一家，尔我则不逾同类，“好爵尔靡”，富贵共之，实道德同之也。卦不第曰“孚”，而曰“中孚”，孚由于中，中之孚非人所能测，而中之孚者，亦非人所能间。以形势为孚，朝荣暮落者，不得语于斯矣。学者其辨之。

䷽ 艮下震上

四阴在外，二阳在内，阴多于阳，“小”者“过”也。又阴居尊位，阳失位而不中，小者过其常。于人事为“小事过”，又为“过之小”也。《序卦》：“有其信者必行之，故受之以‘小过’。”

小过，亨，利贞，可小事不可大事，飞鸟遗之音，不宜上宜下，大吉①。

阴过于阳，曰“小过”。道惟一中，不可过也，有小过乎中者，过于宽仁恭俭之类，其过也亦因时以就中，故有“亨”道，但利于正耳，若不正则失其宜。然事虽小而过非常，“小过”之义，但可施之小事，大事则不可也。遗，留也。鸟飞而音自留，道高而身岂可与人相左。“不宜上宜下”，正申明上句之意，言卑下于人则“吉”，高上于人则“凶”。故“小过”者，酌权宜以适中，似过而实非过也。上下四阴，如鸟张口飞鸣，故象“遗音”。“上”“下”就卦象，四阳为震主，上二阴违而去之；三阳为艮主，下二阴趋而承之，在上阴则为乘阳，故“不宜上”；在下阴则为顺阳，故“宜下”。

《彖》曰：小过，小者过而亨也。过以利贞，与时行也。柔得中，是以小事吉也。刚失位而不中，是以“不可大事”也。有飞鸟之象焉，“飞鸟遗之音，不宜上宜下，大吉”，上逆而下顺也。

“小者过而亨”，小者过而后适于用也。“利贞”者，理得其正，而酌于小者，经权之用，以适乎中，则过实非过，乃“与时偕行”也。二五柔小得中，故宜“小事”；三四刚大失位不中，是以“不可大事”。卦体二阳为鸟身，四柔为鸟足翼，“有飞鸟之象焉”，故言“飞鸟遗音”也。鸟本上飞，而不能外饮啄以为生，故高飞避祸，而遗音自足亲人。占者体之，凡上人者不宜过，下人者可过，如难进而易退，恶亢而喜谦之类是

---

① 《周易集解》：“虞翻曰：离为‘飞鸟’，震为‘音’，艮为‘止’，晋上之三，离去震在，鸟飞而音止……俗说或以卦象二阳在内，四阴在外，有似‘飞鸟’之象，妄矣。”（卷第十二，第195页）《来注》：“小过错中孚，象‘离’，离为‘雉’，乃‘飞鸟’也。既错变为小过，则象坎矣。见坎不见离，则鸟已飞过，微有‘遗音’也。《易经》错综之妙如此。……上经终之以坎离，坎离上颐与大过，颐有‘离’象，大过有‘坎’象……下经终之以既济、未济，既济、未济之上中孚与小过，中孚有‘离’象，小过有‘坎’象。”（卷之十二，第379页）

也。鸟上飞则“逆”，下飞则“顺”，六五乘九四之刚，而在上逆也；初二乘九三之刚，而在下顺也。

《象》曰：山上有雷，小过，君子以行过乎恭，丧过乎哀，用过乎俭。

雷出乎地，至山上则渐敛而微，山大而雷小，小过于大，故曰“小过”。君子不随俗好，若小有过焉。恭、哀、俭，行、丧、用之本也，过似非正，然矫时弊而适中，无过也。震动而艮有节，故象如此。

初六，飞鸟以凶①。

卦象“飞鸟”，初其两足也。初位在艮下，六又阴柔，因阴过乎阳，不安于止，而欲应四之震以行，如鸟当止而飞，以之致凶也。

《象》曰：“飞鸟以凶”，不可如何也。

阴柔居艮止而不自止，如鸟不当飞而飞，必罹网矢，是“凶”由自作。“不可如何”，叹之也。

六二，过其祖，遇其妣，不及其君，遇其臣，无咎②。

阳之在上者，“父”象；尊于父者，“祖”象；四在二上，“祖”也；五阴而尊，“祖妣”也。阴过乎阳，曰“小过”。二五相应者也而皆阴，二越三与四之阳，而与五遇，为过其“祖”而遇其“祖妣”，以类相从，虽过而非过也。盖古重昭穆，孙妇礼当祔于祖姑。五君位，二三四皆臣位，阴阳宜相从，五阴而二柔顺，不抗于五，则为“不及其君”。三阳适与二比，为“遇其臣”象。臣与臣遇，类也。其过也则适得其类，其不及也亦适遇其类，是过与不及皆得乎中也。六二柔顺中正，故其象如

---

① 《周易正义》：“［疏］：小过之义，上逆下顺，而初应在上卦，进而之逆，同于‘飞鸟’，无所错足，故曰‘飞鸟以凶’。”（卷六，第71页）

② 《周易折中》：“《集说》：张氏振渊曰：‘祖’‘妣’只作阴阳象，阳亢而阴顺也。过‘祖’遇‘妣’，是去阳而就阴，去亢而从顺。《案》：晋之‘王母’，此之‘妣’，皆谓祖姑也。两阴相应，故取妣妇相配之象。凡《易》之义，阴阳有应者，则为君臣，为夫妇，取其耦配也；无应者，则或为父子，或为等夷，或为嫡媵，或为妣妇，取其同类也。”（卷第八，第293页）《周易述》：“［疏］：初阴爻，故曰‘祖，祖母也’。《礼记·曲礼》：生曰父，曰母，曰妻；死曰考，曰妣，曰嫔。郑氏《礼记注》曰：妣之言‘媲’也，媲于‘考’也。《说文解字》曰：是母死称‘妣’也。”（《周易下经四》，第205页）

此，此小过最善之爻。

《象》曰："不及其君"，臣不可过也。

臣无过君之礼，故"不及其君"，"无咎"。而"过其祖"之"无咎"，义亦同斯，故不复释也。

九三，弗过防之，从或戕之，凶。

"从"，谓二阴从三后也。九三虽以阳居阴上，然阴得中而阳不得中，弗能过乎阴也。且二阴紧随其后，不可不防之，若不防，则从其后者"或戕之"，则"凶"也。三以阳居正，为艮止主爻，故可以防阴之过，而惟恐其不防也。

《象》曰："从或戕之"，凶如何也。

"如何"，言凶之甚，明其不可不防也。

九四，无咎，弗过遇之。往厉必戒，勿用，永贞。

九四以刚居柔，是能不恃刚以求过者，故"无咎"。五阴得中，四虽阳，不可过之，且不惟不能过之，近与阴接，无心之中自与阴遇。若恃刚震动而往，则有危厉，必当戒之，"勿用"其刚可也。"勿用"之道奈何？永守其贞，不失己亦不徇人，庶可免也。三在二阴之上，故"言防"；四在二阴之下，故言"遇"。因震动故"戒"其"往"。九四本阳居坤体，变则成坤，故勖以"永贞"。

《象》曰："弗过遇之"，位不当也。"往厉必戒"，终不可长也。

不当位，刚居柔也。"终不可长"，五君位，四臣位，守贞而遇君则可，恃刚而轻往则危，即幸邀一时之欢，必不善终。

六五，密云不雨，自我西郊，公弋取彼在穴①。

密云，阴盛之云也。本爻互兑为雨泽，兑在西方，爻变为乾，在外卦，故象"西郊"。"我"由震言之，兑在震西，自东而西为阳则易

---

① 《周易折中》："《程传》：弋，射取之也。'射'止是射，'弋'有'取'义。"（卷第八，第294页）《周易述》："［疏］：《周礼·夏官·司马矢》'矰矢茀矢，用诸弋射'郑注：结缴于矢谓之'矰'。矰，高也。《诗·郑风》'弋凫与雁'孔疏：缴射，谓以绳系矢而射也。"（《周易下经四》，第206页）

雨，自西而东为阴则难雨。五以阴居尊，故称“公”。大象坎，外卦互巽绳，故言“弋”。“在穴”，谓六二也。阴偶象“穴”，二在艮止之中，故云。六五当小过之时，以阴居尊，无阳以济，不能有为，如“密云不雨”，自西郊而东，布其势虽盛，实无所就。二本五之应也，而阴柔不能相助，如弋者取鸟于穴，终不得鸟，以此而过之何益也？盖五为阴过阳之盛者，圣人极状其无成之象以警之。

象曰：“密云不雨”，已上也。

阴阳和而后雨，六五恃其阴以过乎阳，居于至尊，如阴气已上布为“密云”，而无阳济之，安得雨也。“公弋取彼在穴”，亦以两阴无阳之故，故不再释。

上六，弗遇过之，飞鸟离之，凶，是谓灾眚。

上本与三应，而小过之时，阴过乎阳，不与三遇而过之。知上而不知下，如飞鸟离群而独往，“凶”也。灾，天殃。眚，人祸。以阴居震动之极，小者太过，必有“灾眚”。此自亢自恃之念，是谓“灾眚”也，欲上之畏灾眚而自警。

《象》曰：“弗遇过之”，已亢也。

阴极于亢，故不能下与阳遇，而过之之凶不待言矣。

附　解

《序卦》“有其信者必行之，故受之以‘小过’”，谓诚信则必于行，必于行则不无小有所过，《大象》“行过乎恭”三者，正此谓也。虽小有过，过正所以适中，故《彖》言“亨”“不宜上宜下，大吉”，而六爻则各就其位言之，又不尽此象。初六宜止而应震，欲过乎阳，故“凶”；六二居阴而柔顺中正，故“无咎”，盖阴之在下卦者，不欲其过也。六五、上六则已过乎阳，而“密云不雨”“弋取在穴”“弗遇过之”“是谓灾眚”，一曰“已上”，一曰“已亢”，明乎阴上乎阳，自居于亢，无成而有灾，抑阴之意显然。盖阴之在上卦者，戒其过盛也，宜下不宜上。君子处小人多之时，固当谦卑，小人当党类盛众之时，又岂可自逞乎？“飞鸟遗之音”，自处高明，而未尝违俗，非识行藏之妙者不能，故“大吉”也。而前人谓此二语即鸟所遗之音，殊为牵强。三四两爻尤多误解，大都不按爻象以求，故尔支离穿凿。而以“勿用永贞”为句，则尤乖义理也。夫“永贞”者美德，此而无用，将何用耶？震之初爻，以一阳居坤体，变仍为坤。四与五比，五阴尊得势，圣人恐四遇之，而因之失己。且震动易行，故戒以“往厉”，欲其“永贞”以坤顺守阳刚，乃全身以全道之意也。本文自然之理象，应宜如此。

䷾ 离下坎上

水火者，天下之大用也。阴阳交而万化生，其精则为日月，水火互藏其宅，即金木亦寓其神，故万物无不“济”也。“既济”则生气已足，化功已成。其所以济，则中气为之，故“既济”者，阴阳之大枢也。《序卦》：“有过物者必济，故受之以‘既济’。”谓有余而后济耳。

既济，亨小①，利贞，初吉终乱。

坎离得乾坤之正位，此卦水上火下，真阴真阳互藏其宅。在人为性命保合，在天地为生化不穷，故占者“亨”也。但“既济”之时，尤当谨小慎微，不可以既济而忽之，故戒占者以小事亦必利贞，而大者可知矣。“初吉终乱”，申明所以“小利贞”之故。盖事当“既济”，无不亨通，其初固甚吉也，而积久则晏安怠废之弊生，其终必乱。惟小者亦以正持之，则不使柔慢之习得以潜滋暗长，而亨者可长保其亨矣。

《彖》曰：既济，亨，小者亨也。利贞，刚柔正而位当也。初吉，柔得中也。终止则乱，其道穷也。

---

① 《周易集解》：“虞翻曰：泰五之二，‘小’谓二也，柔得中，故‘亨小’。”（卷第十二，第198页）《来注》：“‘亨小’者，言不如方济之时亨通之盛大也。……‘利贞’者，即泰之‘坚贞’也。”（卷之十二，第383页）《周易折中》：“《集说》：谷氏家杰曰：不曰‘惇’而曰‘亨小’，言所‘亨’者其小事也。《案》：天地交为泰，不交为否，水必交为既济，不交为未济。以治乱之运推之，泰否其两端也，既未济其交际也。……泰犹夏也，否犹冬也，未济犹春也，既济犹秋也，故先天之图，乾坤居南北是其两端也，离坎居东西是其交际也。”（卷第八，第296页）

小，阴也。乱，不济也。阴不能独立，必借阳以成事。“既济”之所以“亨”，以六二柔得其中，应九五之阳刚，而凡事可以有为，故可济事而亨也。“利贞”者，刚居阳爻，柔居阴爻，三阴三阳，各得其正而位当，若不贞则乱位，故戒占者以“小”必“利贞”也。“初吉”者，六二以柔居中，顺成乎阳，事无不济，及其终止，则济久而离明有所不照，坎陷不无灾虞，其道已穷，穷则必变也。以水火言，润下者终必归下，炎上者终必就上，故必有穷而不济之理。

《象》曰：水在火上，既济，君子以思患而豫防之。

水火交而功用行，然水决则火灭，火炎则水涸，相济之中，即伏相害之机，故君子以“思患豫防”。坎险，故象“患”；离明，故象“防”。“思”以心言，“豫”以事言，既济之患在于无形，思之而后知，知之而即防，则济者乃长济也。

初九，曳其轮①，濡其尾，无咎。

坎为“轮”，为“狐”，为“曳”，初在狐后，故象“尾”；在坎水下，故曰“濡”。初当济之时，离明阳刚，慎重不前，济而曳其轮，虽濡尾弗惜，思患深而防患豫矣，故“无咎”。

《象》曰：“曳其轮”，义无咎也。

不轻于济，正其所以济也，故义得“无咎”。濡尾因曳轮，故非二意也，故弗释。

六二，妇丧其茀②③，勿逐，七日得。

二重柔，离中女，故为“妇”，又应五中男，亦为“妇”。茀，车前蔽也。离为“翟茀”，坎为“盗”在上，故象“丧”。七日，离为日；七，火之成数。又阴阳皆极于六，至七，则变而复初也。妇人“丧茀”，则无障蔽，然离明中正，如妇之贞而贤者，虽无“茀”，不畏侵侮

① 《周易集解》：“宋衷曰：‘离’者，两阳一阴，阴方阳圆，‘舆轮’之象也。”（卷第十二，第199页）

② 按：茀，众本同，《周易集解》作“髴”，《周易述》作“发”。

③ 《来注》：“茀音‘拂’，草盛蔽道也。又妇人车旁设蔽以御风尘者，《诗》‘翟茀以朝’。”（卷之十二，第385页）

也。六二柔中得位，上应九五中正之主，虽承乘皆刚，不无侵扰，有“妇丧其茀”之象。然光明中正，不以去茀为嫌，静以俟之，“勿逐”而“七日自得”，明乎中正可以胜邪僻，此柔得中之最美者也。盖离中即坤中正位，故其象如此。

《象》曰：“七日得”，以中道也。

中正自守，故茀丧不久而自得，盖二守贞静以应五，终于必济，故其象如此。

九三，高宗伐鬼方，三年克之，小人勿用。

离为“戈兵”，变震动，戈兵动，“征伐”象。夏曰“獯鬻”，商曰“鬼方”，周曰“猃狁”，汉曰“匈奴”。坎，北方幽阴之地，三与上六为“应”，故言“鬼方”。离数三，故曰“三年”。三，人位，变坤阴为“小”，故象“小人”。九三当既济之时，以刚居刚，故有“伐国”象。高宗，商中兴之君，振衰拨乱，自未济而既济者也。坎险在前，故三年方克。占者如之，宜慎重可知矣。“小人勿用”者，九三阳刚居离明之终，故有“战克”象，若用小人，则阴柔必入险也。

《象》曰：“三年克之”，惫也。

惫，病困也。以刚济事，虽贤如高宗，且三年后克，故以惫警黩武者。

六四，繻有衣袽①，终日戒②。

凡帛可以言“繻”。袽，敝缊也。四变乾为“衣”，错坤为“帛”，变兑毁，故象“袽”；在离上，故象“终日”。六四当既济之时，阴得正位，黼黻休明，有美咸章。然当上下水火之界，处多惧之位，成毁相

① 按：繻有衣袽，众本同，《周易述》作“襦有衣絮”：“［注］：襦，罷衣也……絮，敝缊也。［疏］：襦，作‘繻’，非，子夏作‘襦’是也。……絮，俗本作‘袽’。”（《周易下经四》，第207-209页）

② 《周易集解》：“虞翻曰：乾为衣，故称‘繻’。袽，败衣也。乾二之五，衣象裂坏，故‘繻有衣袽’。”（卷第十二，第199页）《周易折中》：“《程传》：繻，当作‘濡’，谓渗漏也，舟有罅漏则塞以‘衣袽’。《集说》：张氏子清曰：济道将革，则罅漏必生，四坎体也，故取漏舟为戒。”（卷第八，第298页）

循，美恶倚伏，如繻未成衣，而已有“衣袽”之势。人臣近君得位，处既济之时，勋业烂如，盛满虑衰，其象如此。

《象》曰：“终日戒”，有所疑也①。

“疑”者，处既济之盛，入于坎陷，疑盛美之不久也。“繻有衣袽”，特美中有恶象，是所以戒之之故。故不复释。

九五，东邻杀牛，不如西邻之禴祭，实受其福。

水火功用等也，故象“邻”；先天离东坎西，故象“东西邻”。离为“牛”，坎为“血”，水克火，故象“杀”；离火，故象“禴”。禴，夏祭。杀牛，盛祭。禴，薄祭也。水火以相交而成功用，九五为既济之主，中实有孚，能保泰持盈，下应六二，凡臣下之美皆其美，正如“东邻杀牛”盛享，欲以邀福，而“西邻”乃“实受”之。明乎二之竭蹶以图功，不如五之至诚以集庆也。东邻谓“离”，西邻谓“坎”。卦以水火交为既济，而五为济主，实心任贤，群下宣力效劳，人君安亨其福，故设此象以美之。实，对虚言。

《象》曰：“东邻杀牛，不如西邻之”时②也。“实受其福”，吉大来也。

“杀牛”享祭非不美也，而不如“禴祭”者，以其非时。五下应二，坎下交离，离南方，而禴夏祭，是禴为得时之祭也。人若至诚以任贤，享得人之福，吉莫大焉。“来”谓自下卦而来，下有益于上，故云。

上六，濡其首③，厉。

初为“尾”，上为“首”，在坎终，故“濡”也。上当“既济”之久，阴柔狃于宴安，有“濡其首”象，危厉甚矣。不言“凶”者，能知厉而自振，则无凶也。

---

① 《周易集解》：“卢氏曰：‘繻’者，布锦端末之识也。‘袽’者，残币帛，可拂拭器物也。……四处明暗之际，贵贱无恒，犹或为衣或为袽也。”（卷第十二，第200页）

② 《来注》：“之，当作‘知’……时，即‘二簋应有时’之‘时’。”（卷之十二，第386页）

③ 《来注》：“大过上六泽水之深矣，故‘灭顶’；既济上六坎水之深矣，故‘濡首’。”（卷之十二，第387页）《周易折中》：“《集说》：薛氏温其曰：‘濡其尾’者，有后顾之义；‘濡其首’者，不虑前也。”（卷第八，第299页）

《象》曰："濡其首，厉"，何可久也。

"濡首"则有死亡之忧，故不可久。《象》言终乱以此，欲人知其不久而虑终也。

附　解

乾坤生六子，而坎离独得其正体，真阴真阳互为其宅，天地之所以交，日月之所以明，万物之所以出，故坎离者，乾坤之大用也。既济则水火合璧，五气凝精，万物无不育者，然而生气亦几尽矣，故圣人于既济多戒辞。夫不济不成造化，而既济又不无亏盈，初吉终乱，理也，势也。夫思患预防，济者安能保其终济。初之"曳轮"，未可济而犹加慎重；二之"勿逐"，知必济而贞静；三之用刚，以济其事难；四之用柔，以济其心戒，非刚不如柔，盖既济之时，贵慎持而忌躁动也。九五为济之主，与二相应，正水火交济之爻，刚正推诚之主，故圣人美以"实受其福"，而夫子申之曰"不如西邻之时"。夫"时"者，有德有位，又当明良相际之谓也。水火本相克，而兹则离以虚中文明之德上交，坎以孚诚信实之意下应，水火之所以济，既君臣之所以合。当既济之时，主圣臣贤，群策群力，尽归当宁，故"东邻杀牛，不如西邻禴祭"。二之德非有逊于五，而不如五者"时"也。前人乃谓五不如二，何耶？又或以四与五居外卦，遂谓为济道将革。夫"济"者，水火济也。外卦未过中爻，水未交火，遽以为既济，于理通耶？若上六之"濡首"，则既济之后，势穷理极，必不可不"思患豫防"。六爻虽各有意义，要不离乎《大象》《大象》者近是。昔人曲说，殆未深思耳。"繻"改为"濡"，亦为凿空，应就本文为是。

䷿ 坎下离上①

未济，事未成之时也。水上火下②不相交，则不成功用，又六爻皆失其位，故为"未济"。《序卦》："物不可穷也，故受之以'未济'终焉。"

---

① 《周易集解》："虞翻曰：否二之五也。柔得中，天地交，故'亨'。济，成也。六爻皆错，故称'未济'也。"（卷第十二，第201页）

② 按：水上火下，疑为刻版之误，当作"水下火上"或"火上水下"。

既济则势已穷，未济则尚可望其济，以此终之，变易无穷之理也。

未济，亨，小狐汔济，濡其尾，无攸利①。

汔，几也。事虽未济，苟得其道以济之，则可济，故有“亨”之道也。但济事者必贵审慎以渐，是惟刚明之才能之。下卦坎为“狐”，阳陷阴中，而上应六阴②，昧于事几，轻躁无终。如小狐不能听冰，勇于济渡，几于济矣而“濡其尾”，竟不得济。占者如是，则虽卦有可“亨”之理，亦无所利也。

《彖》曰：“未济，亨”，柔得中也。“小狐汔济”，未出中也。“濡其尾，无攸利”，不续终也。虽不当位，刚柔应也。

“柔得中”，谓六五；“未出中”，谓九二；“刚柔应”，谓六爻未济之时，欲求济事，必以慎重渐几。“柔得中”，则不自用而能有忍以济，故“亨”也。九二方在险中，恃阳刚之才，欲出险而竟不克济，故有“小狐汔济”之象。“不续终”，有始无终，专任刚之过也。然则“未济”之“亨”，必刚柔相济而后“亨”。本卦六爻虽皆失位，然刚柔各相为应，是犹能同心协力，以图济事者。占者慎勿以“未济”而置之，此圣人望人求济之心也。

《象》曰：火在水上，未济③，君子以慎辨物居方。

火炎上而居上，水润下而居下，不相交则不相济，故为“未济”。“未济”者，必欲强其相济则反为害，君子知之，故加敬慎辨其物性，使各类聚，居以其方，使各群分，如“水火之不相射”而不相害也。

---

① 《来注》：“往来于水间者狐也，又为‘心病’，故多疑。既济未济二卦，皆以‘狐’言者此也。……水涸曰‘汔’……小狐不量水中之浅深，见水边之浅涸，果于必济，及济于水之中乃‘濡其尾’而不能济矣。”（卷之十二，第387页）《周易折中》：“《程传》：狐能度水……其老者多疑畏，故履冰而听，惧其陷也。小者则未能畏惧，故勇于济。汔，当为‘仡’，壮勇之状。……《集说》：胡氏炳文曰：水火不交为‘未济’，非不济也，‘未’焉尔，故曰‘未济亨’。”（卷第八，第300页）

② 按：六阴，疑刻版之误，二与五相应，当作“五阴”。

③ 《周易集解》：“侯果曰：火性炎上，水性润下，虽复同体，功不相成，所以‘未济’。”（卷第十二，第201页）

初六，濡其尾，吝①。

阴柔居坎险，而欲应四，方济即“濡其尾”，不克济矣，故“吝”。既济之“濡尾”以“曳轮”故，此则轻进也。《彖》之“濡尾”为“不续终”，此则不慎始也。

《象》曰：“濡其尾”，亦不知极也。

极，终也。未济者固欲其济，而才柔居险，初乃轻进“濡尾”，则由其不知虑终也，故曰“不知极”。

九二，曳其轮②，贞吉。

九二以阳居阴，上应六五，有济变之才，而能守臣节，审慎以济事者，故有“曳轮”之象，得正而“吉”也。

《象》曰：九二贞吉，中以行正也。

九居二，本非“贞”，而云“贞吉”者，未济不可不济，而患其轻济。二应五，当济而虑其自恃以济，以刚居柔，得其中道，则能行其正，不为险困也。

六三，未济，征凶，利涉大川③。

三居坎上，将出坎险，可以济矣，而阴柔无才，故尚“未济”，若往必“凶”也。然则将如何哉？是宜资人之才以济，如“涉大川”者，用舟楫则利。盖上应阳刚，承乘皆刚，故戒以勿自用而用君子也。互离为“舟”，以浮坎上，故象“涉大川”；又爻变巽，木在水上，亦“涉大川”象。

《象》曰：“未济，征凶”，位不当也。

六爻皆不当位，而独言于此者，以此爻为尤甚也。处坎之极上，又互

---

① 《周易折中》：“《程传》：兽之济水，必揭其尾，尾濡则不能济。《集说》：张氏振渊曰：卦辞所谓‘小狐’，正指此爻。”（卷第八，第300页）

② 《周易集解》：“姚信曰：坎为‘曳’为‘轮’，两阴夹阳，‘轮’之象也。”（卷第十二，第202页）

③ 《周易折中》：“《集说》：赵氏汝楳曰：三居未济之终，过此则近于济矣，故特表以卦名也。”（卷第八，第301页）

坎当上下卦变易之际，而承乘皆刚，所处又刚，居下体之卦而才柔力弱不足以济，位之不当，孰甚于此，故独言未济而曰“征凶”。

九四，贞吉，悔亡，震用伐鬼方，三年有赏于大国。

以九居四，宜有悔矣，然出坎入离，阳刚文明，是能济险者，苟长守其正则“吉”，而悔可以亡。盖未济求济，必赖阳刚之才，而四为大臣，又非得君不能有济，九四以刚居柔，柔者臣职，刚者臣才，震动求济，如“伐鬼方”然，三年之中，屡蒙恩赏于大国。盖上近虚中文明之君，奋其勘乱济世之才，信专宠固，其象如此。四变为震，故曰“震”；下乘坎，故曰“鬼方”。既济刚在离上，主兵者也，故言“高宗”；此刚在离下，将兵者也，故不言“高宗”。既济“鬼方”在上，仰而攻之，克之难，故曰“惫”；此则“鬼方”在下，易于屈服，故言“赏”也。

《象》曰：“贞吉悔亡”，志行也。

九四已出于险，阳刚有可济之才，以贞则忠顺于君，克展其才，济险之志得行也。犹在未济中，故但言“志”。

六五，贞吉，无悔，君子之光，有孚吉①。

柔中得坤顺之体，故“贞”；离明，故“光”；虚中应坎，故“孚”。六五当未济之时，柔中虚己，下应九二，盖得未济求济之“正”者“吉”，而凡悔可以无。君子和顺积中，英华发外，诚孚而人己皆“吉”，象正如斯。“贞吉”之“吉”，以一己中正之德言；“有孚”之“吉”，以君臣际合之美言也。

《象》曰：“君子之光”，其晖吉也。

日光曰“晖”。君子盛德光辉，诚孚于人，正如离日虚明朗照，物皆被光，故在己在人，无弗吉也。

---

① 《来注》：“未济渐济，故虽六五之阴而宜有晖光；既济渐不济，故虽九五之阳，而必欲如‘西邻之禴祭’。”（卷之十二，第 389 页）

上九，有孚于饮酒，无咎，濡其首，有孚失是①。

《易》中凡言“酒”，皆“坎”象。上为“首”，下应坎，故象“饮酒”。“有孚于饮酒”，有相“孚”而以酒相饮者也。是，谓“饮酒”。未济之极，当反为“既济”，而上居高无位，非有济之权，无济之责，遭时将泰，下应六三，饮酒相乐，优游俟时，“无咎”也。然所谓“有孚于饮酒”者，从容以俟时，非沉湎而自废也。若溺而不返，若“濡其首”然，则虽“有孚”而失其所以“无咎”之道，并是饮酒之乐亦必“失”也，戒之也。

《象》曰：饮酒濡首，亦不知节也。

君子当未济之极，同心晏乐，观变俟时，岂真耽情杯酒？而竟“濡首”，则不知节矣，即饮酒亦何可久得耶。莘野渭滨，未尝不优游自乐，而得时则驾。沉溺枯槁之士，则遂徜徉放废，所谓“饮酒濡首”者也。

附　解

天地无不济之时也，人事则既济往往不济，其不济也以人之履盛而满，非天之厄之也。若夫物之生死变化，则阴阳二气鼓舞屈伸所为，终者始之，始者终之，迹有荣枯，气无终极，《序卦》曰“物不可穷也，故受之以‘未济’终焉”，此之谓也。而《杂卦》复曰“归妹女之终，未济男之穷”，何耶？阴从阳刚，而生之事已毕；阳亢阴老，而生之理遂泯。故圣人作《易》，既济者患其不济，未济者期其终济，欲人长保其济，以存天心，而后气化不得而夺之。然自天地分剖，日月流行，乾坤之真气寄于坎离，而人之由生入死者，万古无如何矣。有恃以不生死者，惟此心此理

① 《周易折中》：“《程传》：饮酒，自乐也，不其处也。有孚，自信于中心也。失是，失其宜也。《集说》：李氏简曰：未济之终，甫及既济，而复以‘濡首’戒之，惧以终始，其要‘无咎’，此之谓易之道也。《总论》：吴氏曰慎曰：易之为义，不易也，交易也，变易也。乾坤之纯，不易者也；既济、未济，交易、变易者也，以是始终，易之大义。”（卷第八，第302页）《周易述》：“［疏］：是，嗜也，嗜乐之也。……言虽有坎二之孚信，然而‘濡首’‘饮酒’，必至死亡。死亡则失其所嗜矣。”（《周易下经四》，第211页）

合天之撰，承天之化，以维世道于无穷，而此非可望之常人也。故《彖》《象》第即分位以教人，未遑责以精深，然即日用常行求其实理，而所以上达者，未尝不在于兹。“慎辨物居方”，不强其济而已可以济，圣人之因物付物而无心不于此见耶？“濡尾”戒其轻济，“曳轮”喜其慎济，六三之“征凶”，恐其自恃而不从人；九四之“贞吉”，谓其近君而得志；五则柔中下贤，上则优游自养，圣人于未济之时，未尝教人急于求济也。夫济不济，决之于己，而可济与否，审于其时，然后未济者可济，既济者常济。自古圣人随时立法，维持天运人心，义盖如斯，而区区利害得失之说，不足与于其间矣。学者慎而辨之。

周易恒解卷五[①]

系辞上传

系辞，本谓文王、周公所作卦、爻之辞，此则孔子自以己意系易也，以其通论一经之大体，无经可附，故自分上下篇云。

天尊地卑，乾坤定矣；卑高以陈，贵贱位矣；动静有常，刚柔断矣；方以类聚，物以群分，吉凶生矣；在天成象，在地成形，变化见矣。是故刚柔相摩，八卦相荡，鼓之以雷霆，润之以风雨。日月运行，一寒一暑，乾道成男，坤道成女，乾知大始，坤作[②]成物，乾以易知，坤以简能。易则易知，简则易从，易知则有亲，易从则有功，有亲则可久，有功则可大，可久则贤人之德，可大则贤人之业。易简而天下之理得矣，天下之理得，而成位乎其中矣。

乾坤，卦名。贵贱，卦爻上下之位。“动”者阳之常，“静”者阴之常。刚柔，《易》中卦爻阴阳之称。断，分判意。方，四方。物，万物。分聚得失而吉凶异。象，日月星辰之属。形，山川动植之属。变化，《易》中错综参互之义。摩，切摩。荡，推荡。八卦，以天地水火山泽雷

① 按：鲜本卷五分为“上”“下”两部分，卷五上为《系辞上传》，卷五下为《系辞下传》《说卦传》《序卦传》《杂卦传》。本次整理，对原版稍作调整，不再分“上”“下”。

② 按：坤作，《周易集解》《周易述》作“坤化”。《周易述》：“［注］坤称化，承乾而成物，故‘化成物’，此天地之合也。”（《系辞上传一》，第382页）

风之象言，非已画之八卦。“刚柔”者，八卦之性情。“雷霆”“风雨”，摩荡之形而易见者。“日月”则乾坤之精，故特言之。寒暑由日月而分，男女从乾坤而出，日月之为，莫非天地之为，故承之以“乾知大始，坤作成物”。“知”谓知此，“作”谓能此，“始”者始其气，“成”者成其质。未成之始，非有造作，故言“知”；已成之后，有形可见，故言“作”。“大”者，全备之意。易，顺易；简，不烦。一气鼓荡而万物自生，故曰“易知”；顺天之道而无所烦阻，故曰“简能”，惟其顺易而无艰深故“易知”，惟其简质而无烦难故“易从”。“有亲”“有功”以下，言人法天地之道。“贤人”即圣人。“天下之理得”，言万变不越乎此理；“成位乎中”，则人合天地之道者也。

天以健运而尊，地以柔顺而卑，是“天尊地卑”，未有乾坤之卦，而乾坤已定矣；卑者贱，高者贵，是未有卦爻之贵贱，卑高陈而贵贱已位矣。天以刚为体而常动，地以柔为体而常静，“动静有常”，未有易卦之刚柔，而“刚柔”已“断”。刚柔动静之气各有其方，刚柔动静之质各有其物，“方以类聚，物以群分”，分聚得则“吉”，否则“凶”，易卦之“吉凶”由是而“生”。“在天成象”，地气之所上腾；“在地成形”，天气之所下凝，易卦之“变化”即此而“见”。然则易之以乾坤居首，而“贵贱”“刚柔”“动静”“变化”“吉凶”以生，固皆天地自然之法象，非臆凿也。是故天地只此一元之理气，而天地既交，则“刚柔相摩，八卦相荡”，即有自然之用。气郁而不宣，则“鼓之以雷霆”；气亢而不和，则“润之以风雨”，而日月实括其枢。日生于东，月生于西，运行不息，分为寒暑，“寒”者阴之凝，“暑”者阳之积，要皆乾坤之理气而已。“乾道”纯乎阳，而在人则“成男”；“坤道”纯乎阴，而在人则“成女”，是人所以秉天地之精也。物莫不有始，而乾道施生，凡物之始皆始焉，是为“大始”，无不秉乾始而始者，是物之始乾皆知之也；物莫不有成，而坤道养育，凡物之成皆赖焉，是坤实作之，无不由坤作而成者，是物之成坤皆作之也。然天地亦有何心？乾虽知始，而自然之理气顺而布焉，无艰阻也；坤虽成物，而顺天之理气养而育焉，无烦难也。乾以“易”而知始，坤以“简”而成能，此乾坤所以为天地之性情，而欲体乾坤者不出乎此矣。盖凡艰深阻难之事则不“易知”，矫勉造作之事则不“易能”，顺易则易知，简要则易能。“易知”则人人皆乐而附之，可“有亲”矣；“易能”则人人便而安之，可“有功”矣。情患其睽，“有亲”则天理人情之自然固结而“可久”。事患其辍，“有功”则天理人情之大顺积累而“可大”，“可久”则“贤人之德”亦与天地同其悠久，“可大”则“贤人之业”亦与天地同其广大矣。是故易托始于乾坤，以万理皆本原于天地。“易简而天下之理得”，“天下之理得”，而人道与天地参，“成位乎其中矣”。然则天地非理象数之总汇而八卦之原乎？此文王所以特标乾坤为首也。

右第一章，言天地为易之原，而文王所以首乾坤，自然之理象，万物不能遗，人能法之，亦与天地参矣。

附 解

伏羲画卦，以象天地万物之情，而“连山”首“艮”，“归藏”首“坤”，取义不同，文王始以“乾坤”为首，乾坤者，万物之父母也，万象莫不从乾坤而出。一阴一阳，动静无端，循环无始，是天地之所以生生而不穷，变化而不息，凡所谓“交易”“变易”“不易”之象皆在其中。六子为乾坤之大功用，衍为六十四卦，其象始尽，其理则不出乎乾坤之范围也。

夫子此章正深明其意，而历来儒者不察，拘牵八卦，旁及象爻，遂不得本文承接贯串之理。愚故不分界段，顺其自然之语气而诂之，明者审焉。

“刚柔相摩，八卦相荡”，正言八卦止一“刚柔”之所发挥，“雷霆”“风雨”，举一二以该其余。前人便以羲图左右旋解之，抑思“雷霆”“风雨”于八卦为不全，且“是故”二字承上乾坤直下，语意亦不顺。“日月运行，一寒一暑”，承上刚柔摩荡之意，起下“成男”“成女”，而即继之曰“乾知大始，坤作成物”，明乎“日月”者，乾坤之枢也。

天位乎上，地位乎下，高卑万古不易，而其气机消长屈伸往来变化，则日月为之。六子虽皆乾坤所化，而坎离独得乾坤之正体。日阳精而孕阴，月阴精而孕阳，互为其宅，交致其功，故日月运行，寒暑顿易，而岁功以成，人物以遂，要无非乾坤一气屈伸之为也。故下文曰“乾道成男，坤道成女”，而即赞以“知始”“成物”“易知”“简能”，推及于“有亲”“有功”“可久”“可大”，欲人法乾坤以修身，此圣人作易之本怀也。

夫乾坤至尊，然其理气则人皆备之，圣人高明配天，博厚配地，止完得人道分量，非外身而求，勉强而合。而后世圣学罕传，则人第逐逐于象数之末，营营于事物之涂，不特不敢法天地，亦不知所以法天地矣。

圣人设卦观象，系辞焉而明吉凶①，刚柔相推而生变化，是故吉凶者，失得之象也；悔吝者，忧虞之象也；变化者，进退之象也；刚柔者，昼夜之象也，六爻之动，三极之道也。

圣人，统指羲、文、周公，伏羲“设卦”，文、周“观象”。“系辞”明吉凶，借卜筮而以辞象示人也。“吉凶”“悔吝”以卦辞言，“失得”“忧虞”以人事言，失理则“凶”，得理则“吉”。忧，忧念。虞，虞度。于理不安则“忧”而多“悔”，任私不任理则“虞”而多“吝”。“变化”“刚柔”以卦昼②言，“进退”“昼夜”以造化言，柔变趋刚，进之象；刚化趋柔，退之象。进退无常，故变化为进退之象；昼夜有定，故刚柔为昼夜之象。三极，即三才至极之道。六爻变动，而万物之理无弗该，凡三才之道皆尽于中，故曰“三极之道”。

天地人只此一理主宰其中，而万事万物变化无常，常人动而多乖，圣人忧之，故设卦以明其象，而后圣人复“观象系辞”，示人以“吉凶”之道。顺理则吉，违理则凶，欲人因吉凶以悟至理，非教人昧理而趋吉避凶也。天地止一刚一柔，柔不一于柔，柔有时而穷，则自阴以推阳而“变”生焉；刚不一于刚，刚有时而穷，则自阳以推阴而“化”生焉，“变化”无穷，故卦象、卦辞不一，而理之无定有定者亦寓其中矣。是故即象辞而观之，其言“吉凶”者由理有“失得”也，其言“悔吝”者由昧理而“忧虞”也，然则易辞云“吉凶”“悔吝”，固自人而分也；至其象之变化，由阴阳进退而生，阴阳刚柔即昼夜显呈而可见，然则易象之变化刚柔，固自天地而出也。天位乎上，地位乎下，人位乎中，三才并峙，莫或低昂，是为“三极”。而易之象辞义无弗该，故六爻变动，万象咸具，而

① 按：而明吉凶，众本同，《周易述》“吉凶”下有“悔吝”二字。
② 按：昼（晝），原刻误，当作“画（畫）”。

"三极之道"尽之也。以上极赞圣人卦象辞之美。

是故君子所居而安者，易之序也①；所乐②而玩者，爻之辞也，是故君子居则观其象而玩其辞，动则观其变而玩其占，是以自天祐之③，吉无不利。

上"居"，处也；下"居"，平素也。上"君子"谓圣人，下"君子"学者也。动，谓一切云为。

"易之序"，只一屈伸消长，各因其时而已，君子时中而行，故"居而安"；"爻之辞"，万理曲尽，君子精义入神，故"乐而玩"，君子之深契于易如此，是故体道之君子，平居则"观其象而玩其辞"，所以研究乎义理者至深，一有言行动作，则又考之以卜筮，"观其变而玩其占"，是理极其精，而用极其神，是以"自天祐之，吉无不利"也。此乃教人学易之道。

右第二章，乃言文王、周公系辞之故，学者当玩而体之。此三《易》古者并行，而孔子所以特取《周易》也。

彖者，言乎象者也；爻者，言乎变者也；吉凶者，言乎其失得也；悔吝者，言乎其小疵也；无咎者，善补过也。

"彖"谓卦辞，文王所作者；"爻"谓爻辞，周公所作者。"象"指全体而言，一卦之所具者；"变"指一节而言，一爻之所具者。凡言动之间，善则"得"，不善则"失"。小不善为"疵"，不明乎善而误入为"过"，觉其小不善欲改而未及改，于是乎有"悔"；觉其小不善犹可及改而不能改，于是乎有"吝"。善，嘉也，嘉其能"补过"也。

言文王作"彖"辞以明一卦之象，盖欲人即象以穷理也；周公作爻辞以明乎一爻之变动，盖欲人知理不一而实至一也。言"象"言

① 按：易之序也，众本同，《周易集解》《周易述》作"易之象也"，《周易集解》："虞翻曰：象，谓乾二之坤，成坎月离日，日月为象……旧读'象'误作'厚'，或作'序'，非也。"（卷第十三，第207页）

② 按：所乐，众本同，《周易集解》《周易述》作"所变"，《周易集解》："虞翻曰：'爻者，言乎变者也。'谓乾五之坤，坤五动，则观其变。旧作'乐'，字之误。"（卷第十三，第207页）

③ 按：祐之，众本同，《周易集解》《周易述》作"右之"。

"变"，不外"吉凶""悔吝"之辞，悖理则"失"，顺理则"得"，故即吉凶以示人从理也。"悔"未纯吉，"吝"未纯凶，言乎其"小疵"而欲人并此无之也。其言"无咎"者，则或"失"或"小疵"，而能改以从善，则免于咎，故以"无咎"嘉许之也。

是故列贵贱者存乎位，齐小大者存乎卦，辨吉凶者存乎辞，忧悔吝者存乎介，震无咎者存乎悔。是故卦有小大，辞有险易，辞也者，各指其所之。

列，分列也；位，六爻之位，六爻上贵下贱。齐，均也；小大，谓阴阳，阳大阴小，阳多则以阳为主，阴多则以阴为主，总欲阴阳平均，相济而不相害也。介，善恶初分之介。震，动也，忧则必思有以防之，震则必思有以补之。

承上言吉凶悔吝之义如此。是故人品有"贵贱"，而一一分之，即上下卦之位可识矣；事物有小大，而彼此均齐之，即卦之"小大"可以类推矣，至于"贵贱""小大"之中，又有"吉凶"之不同，欲辨其实，则在圣人之辞也。圣人非徒辨其"贵贱""小大"使人趋吉避凶，盖凡事之得失必有其几，即其善恶初分之"介"而谨之，则易为力，于其已误而震动改过，则可以复于善。学《易》者"忧悔吝"而欲勉之，在乎审其"介"；震动而得无咎，在乎能"悔"，然则"忧"也"震"也，是观象学圣之要也。是故"卦有小大"之不同，而卦辞亦有"险易"之别，欲知卦象必当玩辞，而辞不一也，圣人各就其理象，指人以所之而使不迷于所往，第恐人不深察耳。

右第三章。言卦爻象辞之大凡，欲人审而体之也。

附　解

此章先儒解最明，而解"善"为"嘉"，则来氏等得之。前"是故"，承上"象""变"之"吉凶""悔吝""无咎"，而指出"忧""震"二字为体易之要；后"是故"，承"忧震"二句而归于辞之"险易"，"各指所之"，欲人分别细玩而勿迷于所往，盖圣人示人之意至详挚矣。

易与天地准，故能弥纶天地之道。

准，等也，同也。“弥”者，弥缝之无有罅隙，大无不包也；“纶”者，条理之极其分明，细无不析也。二句总冒下文。

仰以观于天文，俯以察于地理，是故知幽明之故；原始反终①，故知死生之说；精气为物，游魂为变，是故知鬼神之情状。

天文，凡日月星辰盈虚变化之属皆是；地理，凡山川原隰流峙险易之属皆是，其有象者为“明”，其无朕者为“幽”。原，推之于前；反，要之于后。“生死”者，人之常谈，故言“说”。“精气”者，气凝而成精，因以有“物”；“游魂”者，魂散而浮游，因以变化。凝精之中未尝无魂，而魂寓于气，气方凝则魂为宰，故第言“精气”，而魂之聚者在其中矣；游魂之中亦岂无气，而气逐魂离，魂已微则气无主，故第言“游魂”，而气之散者在其中矣。“鬼神”者，阴阳之灵，阳伸而为“神”，阴屈而为“鬼”，阴阳之气，盛衰消长不时，而鬼神之情形因有不一，玩《易》则皆知之也。

承上言易理通“幽”达“明”。圣人当日因仰观俯察，明于天文地理灿著当然之理，又明于其所以然之故，“是故知幽明之故”而以易通之也。易可知死知生，圣人因原乎人之所以始，而知受气于天者无不全；推乎人之所以终，而知赋形于地者不能久，是故“知死生之说”也。易“与鬼神合其吉凶”，圣人因明乎天地人无二理，气依魂而立，魂依气而灵，凝结则为“精（气）”，浮散则为“游魂”。当夫物之始有而魂依于气，气之精物，得之以成形，由静而动，为神之伸；及夫物之将尽而气与魂离，魂之游物，因之以变化，自有而无，为鬼之归，“是故知鬼神之情状”也。夫“幽明”“死生”“鬼神”，皆隐奥莫测者，而易皆知之，其“弥纶天地之道”，不亦宜乎。

与天地相似，故不违；知周乎万物而道济天下，故不过；旁行而不流，乐天知命，故不忧；安土敦乎仁，故能爱。

---

① 按：反终，众本同，《周易集解》《周易述》作“及终”，《周易集解》：“《九家易》曰：阴阳交合，物之始也；阴阳分离，物之终也，合则生，离则死。”（卷第十三，第209页）

相似，以性量之德言，如《中庸》所谓“高明”“博厚”“悠久”者也，下文乃析言之。不违，指易言，惟其有德如是，故著而为易，无一违乎天地者。周万物，知之精矣，而“道”主于“济天下”，仁中有义，“故不过”。旁行，犹泛应也；流，如水之流，无节制也。“天”“命”本一也，尊之则曰“天”，言其主宰则曰“命”也。惟“乐”故“知”，既知亦无不乐。安土，随遇而安。敦乎仁，培之而益厚。“不忧”“能爱”，知仁之极致也。

承上言“易”之“弥纶天地”如此。以圣人之德本与天地相似，故著而为易，无一或违乎天地也。天地之理散著于万物，而天地之心无非欲生成乎天下，圣人知周乎万物，而道主于济天下，则非察察以为明，钩索以为智，故不过乎中正之则也。其见于日用，旁行曲当，而非流而无节，惟乐乎天理之当然，知乎命令之自然，故在己无忧。其蕴于神明，如土之安，敦厚不穷，本天性之慈祥，普仁民之事业，故于人能爱。圣人之似天地者如此。

范围天地之化而不过，曲成万物而不遗，通乎昼夜之道而知，故神无方而易无体。

范，铸金之模。围，围绕其外。曲，犹“偏”，偏旁幽曲之处皆成就之也。昼夜显而易见，而其所以然，即“幽明”“死生”“鬼神”之秘。通，贯通之也。“神”者，化之主宰，“方”则有所，“体”则有形也。

承上言圣人以如是之德而著为易书，故天地之化莫测，而易“范围”之，莫能逾越；万物之情各殊，而易“曲成”之，无有遗漏。“昼夜”者，人人所识也，而其所以然，则天地万物之变化存焉，圣人即物理之当然，明其所以然，则“昼夜之道”贯通之而无不知也。其精微广大，宁有外乎？故天地之化，其主宰之者“神”，神固“无方”可求，而易之为书，亦无一定形体之可泥也，易不与天地准乎？

右第四章。言易道准于天地，由圣人德合天地，故著而为易，其神妙如此。

附　解

天地者，万物之父母，太极动静之灿形。昔人云："未有易前，易在天地；既有易后，天地存易。"圣人得天地之全，故能画卦演爻，以穷其象，尽其变。此章极赞"易"之"弥纶天地"，因易自圣人作，故言圣人仰观俯察，通幽达明，乃能作易如是之精一。起言"易与天地准"，结言"神无方而易无体"，文义本自显然，乃前人分"仰观"一节为"穷理"，"与天地相似"一节为"尽性"，"范围"一节为"至命"，令书旨不明。又于"道济天下"数句，分言"知""仁"，轇葛不清，以致曲说纷纷从而附会。愚故不敢仍讹踵谬，而一一就其本文语义释之如右。

一阴一阳之谓道。

太极动而生阳，静而生阴，阴阳迭运，互为其根，变化而生万物。理宰乎气，气载乎理，天地万物莫不由此，如大路然，故曰"道"也。

继之者，善也；成之者，性也。仁者见之谓之仁，知者见之谓之知，百姓日用而不知，故君子之道鲜矣①。

继，接续不息意。善，谓理之元。成，凝成有主意。性，谓人所秉之正。仁，以其慈祥恺恻之心名；知，以其明辨精详之见名，一理而各得其气质之近者也。

承上言此阴阳之理在天者，本无驳杂偏倚，承此浑然粹然者，以继其初，则所谓善也；知其本属至善而全阴阳之正，以成其为人，则所谓性也。"善"者纯粹之名，"性"者所以生之名，全此善性而气质有阴阳之不同，则有"仁者""知者"之异。"仁者见之谓之仁，知者见之谓之知"，其见不同，其理则一，要皆性中至善之理。百姓无"仁""知"之德，则日在阴阳理气之中，虽未尝离以为用，而不知其为"道"也，故君子鲜焉。

显诸仁，藏诸用，鼓万物而不与圣人同忧，盛德大业至矣哉。

显，自内而外。仁，谓造化之心。藏，自外而内。用，谓造化之功。

---

① 按：鲜矣，众本同，《周易集解》《周易述》作"尟矣"，《周易述》："尟与鲜同。《说文》曰：尟，是少也。"（《系辞上传一》，第398页）

“不与圣人同忧”，圣人有造化之心，而功能不逮天地，则自然无为，而万物生成也。德以蕴蓄言，业以灿著言。

承上言此阴阳之道，其含蕴者，则为仁发育而显于外，莫非仁之所包含遍覆也；其生成者，则为用神妙而藏于内，莫非用之所收敛归著也。然天地岂有心于“显”之“藏”之哉，只此一阴一阳流行变化，鼓荡万物而不知，虽以圣人之心德如天，心如天，常以不能尽生尽育为忧，而天地不与之同也。此所以其德至盛，其业至大，而非形声迹象所能测，“至矣哉”。

富有之谓大业，日新之谓盛德，生生之谓易，成象之谓乾，效法之谓坤，极数知来之谓占，通变之谓事，阴阳不测之谓神。

富有，无物不有，而无一毫之亏欠。日新，无时不然，而无一息之间断。生生，阴生阳，阳生阴，循环不穷。受气成象，乾健之为；效法天理，坤顺之为，故易“天地”而云“乾坤”也。数，阴阳生生之兆；来，阴阳变化之端。通变，通其变化以适于中。不测，谓阴阳理气之无在而无不在也。

承上言天地以阴阳之理，“鼓万物”于不知，而无“德”与“业”之可名矣，而吾以“盛德”“大业”称之者何哉？盖人承天地之功则有“业”，而阴阳之发育也无物不有，无稍欠阙，则“富有”矣，故谓之“大业”。体天地之理则为德，而阴阳之蕴含也无时不然，历久弥光，则“日新”矣，故谓之“盛德”，圣人知“盛德”“大业”备于阴阳，故作易以象之。阴阳相生，变化无穷，故谓之“易”。阳莫盛于天，物无不得天气以“成象”，以其健行不息，为凡有象者所托始，故易本其“健性”而名之曰“乾”；阴莫盛于地，物无不得地以成形，随其得天厚薄而效法之，以成物之体，故易本其“效法”而名之曰“坤”，要而言之，乾坤止一阴阳而已。阴阳奇耦变化而有“数”，数无常而理有定，穷极阴阳之用，以得其一定之理，“来”者可知，此谓之“占”。占而得之，则本此理以通其变，而凡事可理，则谓之“事”，事之所在，莫非阴阳之理所在也。而屈伸消长往来变化，究不可以意测，则谓之“神”，“神”者阴阳之妙而已。然则一阴一阳，岂非道之实而易之原乎？

右第五章，言道备于阴阳，而百姓不知，故圣人作易以尽其妙，究其神。

附 解

太极无象，阴阳有象，即有象以窥无象，而分合变化，生生不穷，流行不已，易之所由来也。六十四卦，天地万物之理无不该，而实不过一阴一阳，此章故直揭其道而言。继善成性，亦止此理；仁者见仁，知者见知，亦止此理；百姓日用，亦止此理，特其"显"仁"藏"用，本诸无心，而泯乎迹象，故"盛德""大业"不可窥测。然既有大德业，则无朕之阴阳，以有朕者观之而可识也，故易本其"生生"之理以名，因其"成象""效法"则曰"乾""坤"，乾坤具而生生之大象已昭，即六十二卦之本原在是矣。极其"数"，知其"来"，通其"变"，究诸于"不测"，"占"也"事"也"神"也在是，然则学易者可不知阴阳乎？

本文语义自明，因诸儒不审承接脉络，旁牵曲说，遂尔尘封，今悉正之。"继善""成性"，宋儒之说均不得其解。"继"此阴阳之理，而无稍偏驳，则所谓"善"也，犹言"天命之谓性"；"成"此阴阳之正，而无愧生初，则所谓"性"也，犹《中庸》言"率性之谓道"。第意同而语不同，"性""善""道"字似相混，前人遂不了然。"善"就天命之本体言，故曰"继"；"性"就人之成就人理言，故曰"成"，其实"善"即"性"，"性"即"善"，无二理也。特本文紧承"一阴一阳"之"道"，来故言"继"言"成"，与《中庸》特示人"性""道""教"三字意别，则词亦别也。阴阳理气，万物无不由之，而此二句则止就阴阳之正者言，盖物得阴阳之偏者，物之为，非道之为也。愚于《中庸》已详，兹不赘。

夫《易》广矣，大矣，以言乎远则不御，以言乎迩则静而正，以言乎天地之间则备矣。

"广"者，中无不含；"大"者，外无不包。远，推暨。迩，谓身心天地之间，凡事物幽显皆是。言易道至广至大，推暨于事为无远不到，而莫之御；守之于身心，静存有主，得其至正；以言乎天地之间，凡万有之理无不备具也。

夫乾，其静也专，其动也直，是以大生焉；夫坤，其静也翕，其动也辟，是以广生焉。

专，专一。直，直遂。翕，收敛。辟，开动。乾坤各有动静，实止一气之为。“专”以其“凝一”者言，“直”以“健行”者言，“翕”则藏乾之机，而“辟”则遂乾之化。乾阳实，故以质言而曰“大”，“大”者足以包乎地之形；坤阴虚，故以量言而曰“广”，“广”者足以容乎天之气也。

承上言易之广大原于乾坤。“夫乾，其静也专”，阳之“凝一”者无纤毫之杂，“其动也直”，气之发越者无桡屈之情，是以大其生而不穷焉；“夫坤，其静也翕”，乾之气而能含孕，“其动也辟”，乾之机而能发育，是以广其生而不隘焉，是则“广大”者，乾坤之理也。

广大配天地，变通配四时①，阴阳之道②配日月，易简之善配至德。

配，合而与之比也。变通，阳变通阴，阴变通阳。义，名义。凡事皆有阴阳，易中取义不外乎此。易简，理有常而易以揆度万务，故曰“易”；至约而能兼统万事，故曰“简”。至德，谓乾坤“易知”“简能”之德也。

承上言易之广大配乎天地，故能远不御，迩静正，天地之理皆备。其卦爻变通，非有矫勉，如四时之代运，本元气消息之自然也；其取义不外阴阳，非故复衍，如日月之斡旋，实为万物生成之大用也。其理至为平易，可以无所不知，其义至为简约，可以无所不贯，是亦乾坤易知简能之“至德”也。易之配天地如此，其广大不亦宜乎。

右第六章，言易道广大配乎天地，而因推极于乾坤动静之机，极赞易道之妙。

---

① 《周易集解》：“虞翻曰：变通趋时，谓十二月消息也。泰（䷊）、大壮（䷡）、夬（䷪），配春；乾（䷀）、姤（䷫）、遁（䷠），配夏；否（䷋）、观（䷓）、剥（䷖），配秋；坤（䷁）、复（䷗）、临（䷒），配冬。”（卷第十三，第212页）

② 按：之道，众本作“之义”，疑鲜本误，“道”当作“义”。

附 解

首节为一章之主，赞易“广大”而即远迩天地之间，以明其用；次节申言乾坤“动静”，以明天地广大之故，末节乃言易广大之实。“广大配天地”句，承上而结之，与下三句不平列，下三句乃正言其广大也。盖四时日月是天地广大之用，而易之“变通”“阴阳”“易简”配之，故“配天地”。夫天地一阴阳耳，阴阳动静，互为其根，各藏其用，而实止一太极之蕴含。此言专直“翕”“辟”，若天地各为其气机者，然且四时日月，亦止天地之气机呈露也，而又分别言之，若又各有其功用者，因易之全体大用无所不包，故错综言之。读者不得其意，则含混穿凿，无所不至，今晰言之。末节首句承二节“广大”二字说，下言易之广大亦与天地同。天地之功用在四时，四时递运，变通不穷，实止一阴一阳消长屈伸为之，易之“变通”亦如是矣，而实止一阴一阳之理。夫至广至大，则宜其别有神奇，而实止如“四时”“阴阳”，人人共晓，是“易知”矣；天下古今多少事变，而皆可以易决之，是“至简”矣。“易简”者，天地之“至德”，而易亦然，是可以配天地之至德也。圣人将易与天地合并发明，而读者不明天地之理，因不达圣人文义，故谬说丛生，识者其详辨之。

子曰：易其至矣乎。夫易，圣人所以崇德而广业也。知崇礼卑，崇效天，卑法地。天地设位，而易行乎其中矣。成性存存，道义之门。

总承上三章而赞之，故加“子曰”字，作咏叹语也。“德”存于心，“业”见于事，一理而体用异名也。“崇”者，日进而高明；“广”者，日积而博厚。“知”则高名之称，“礼”亦广博之用，天尊而清明，地卑而博载，易行其中，言自然之理象也。天地之德在人曰性。成，体而全之。存存，存而又存，敬修不息也。道义之门，道义皆从此而出。万事万理莫不本于性，即莫不本于天地也。

夫子历言易与天地相似之意而叹之曰：“易其至矣乎。”夫易，圣人所以修身经世，崇其德于内，而广其业于外也。何者？人识卑则暗，学易而穷极奥理，则“知”日“崇”；志满则溢，学易而动循天则，则“礼”日“卑”。惟天高明，惟地谦下，崇以效天，卑以法地，是天地之道全在于人，故易之为教，非强人以所本无，自天地设位，而易已行乎其中矣。

人能体天地以成德，则为成性，果能成性而存存不息，则万事万物皆从此而出，是道义之门也。学易者可不勉乎？

右第七章，总承上四章，而勖人学易以成性。

附　解

《系辞》皆子言，因承上而咏叹之，故独有“子曰”字，非后人所加也。易道即天地之道，学易非徒玩卜筮，正欲尽万物之理，知吾身之理，而全其性以承天地。此章乃结明之，知极其高，而理极其卑，举此以言法天地之大要，成性存存，则所以能“崇效”“卑法”之本也。“道”“义”初无大别，此处并言，则“道”指理之统汇，“义”指理之分见者。门，言其必由乎此也。夫“性”何以言“成”哉？孔子十五志学，七十而后“从心不逾”，孟子“有诸己”渐至于化神，尽性之功有许多次第，必有圣师授受，积久而成也。故人身一小天地，人人知之，而所以与天地参，不愧为人，必由“成性”，罕有知之。性成矣，而“存存”不息，其一元之理气与天地同，故参天地而无疆。道，理之总名；义，道之散著。道义之门在天地，亦在吾身，苟尽为宣泄，则不能践事天之实学，而反小视天地，圣人所以慎之也，然有志者何可不究？

圣人有以见天下之赜①，而拟诸其形容，象其物宜，是故谓之象；圣人有以见天下之动，而观其会通，以行其典礼，系辞焉以断其吉凶，是故谓之爻。

赜，繁杂也。“形容”者，物之状；“宜”者，物之理。自有天地而物象纷呈，各有其“象”，各有其“宜”，圣人以卜筮拟而象之，凡天地间之象统此矣。动，变动也。“会”者，理之聚；“通”者，理之行。变动无常，理则有常，圣人以爻义示人，使其知无定而有一定，“系辞以断其吉凶”，此为效“天下之动”而言，故“谓之爻”也。

---

① 按：赜，众本同，《周易集解》《周易述》作“啧”。下“言天下之至赜”，“赜”亦作“啧”。

言天下之至赜而不可恶也，言天下之至动而不可乱也。拟之而后言，议之而后动，拟议以成其变化。

恶，厌恶。反常曰“乱”。承上言圣人所以立“象”“爻”以示人者，言天下之事“至赜”，然皆天理之流行，人事所不可废，不可厌恶也；天下之变“至动”，然有天命以主宰，当审慎以适中，不可淆乱也。惟“不可恶”，故须得“形容”而合“物宜”；惟不可乱，故须“观会通”以“行典礼”。学易者凡事“拟之而后言，议之而后动”，则得乎当然之理，而尽乎“会通”之道，用以行其变化，时中之诣在是矣。

“鸣鹤在阴，其子和之，我有好爵，吾与尔靡之。”子曰：君子居其室，出其言善，则千里之外应之，况其迩者乎；居其室，出其言不善，则千里之外违之，况其迩者乎。言出乎身加乎民，行发乎迩见乎远，言行，君子之枢机，枢机之发，荣辱之主也。言行，君子之所以动天地也，可不慎乎？

此下七节，承上文而示人以“拟议”之道，略举七章以见义。《中孚》九二言鸣鹤在阴，其子必和，我有好爵，而与尔靡，子曰此以言声气之相通，而物我有同情也。君子幽居独处，与人何关？然居其室，出其言善，而千里之外应之，无不以为善也；出言不善，而千里之外违之，无不以为不善也，是知“言出乎身，加乎民；行发乎迩，见乎远”。言行之动，如户动于枢，矢发于机，明暗攸关，而感应最捷，善则荣，不善则辱，皆主于是。极而言之，君子感动天地，亦由此也，可不慎乎？此所以必须“拟议”也。

“同人先号咷而后笑。”子曰：君子之道，或出或处，或默或语，二人同心，其利断金，同心之言，其臭如兰。

《同人》九五言“先号咷而后笑”，夫子曰：爻言始异而终同也，然则天下之事，岂必尽相同哉？亦惟取其理之是而已。君子之道，“出”“处”“语”“默”，或有不同，而同归于是，盖其理同则其心同，其心同则其言亦同。同心而适于行，如至利之器，可断至坚之金，物莫能间；同心而著于言，如幽兰之臭，人自被其芳馨，物莫能杂也，不然而有心矫异，有心苟同，皆非“拟议”之道也。

"初六，借用白茅，无咎。"子曰：苟错诸地而可矣。借之用茅，何咎之有，慎之至也。夫茅之为物薄，而用可重也。慎斯术也以往，其无所失矣。

大过初六言"借用白茅，无咎"，子曰：以物置地亦已为安，即苟且以错诸地而已可矣，乃必"借之以茅，何咎之有"？盖置地，慎矣；借之，加慎矣；又必用茅"借之"，"慎之至也"。凡事过慎则可免咎，而慎之之术亦不可不择。夫茅之为物至薄，而其用"可重也"，以小心成其大度，"慎斯术也以往，其无所失矣"，则"拟议"虽过，亦有何伤？

"劳谦，君子有终，吉。"子曰：劳而不伐，有功而不德，厚之至也，语以其功下人者也。德言盛，礼言恭，谦也者，致恭以存其位者也。

"劳"者，功之未成。"功"者，劳之已著。伐，夸。德，自以为德。语，告也。语以其功，扬人之功。谦之九三，言"劳谦，君子有终，吉"。子曰：有劳与功，易生夸大，若不伐其劳，不自德其功，则"厚之至也"。盖功在己而归诸于人，语以其人之功，非我之能，是能谦以"下人者也"，故曰"劳谦"。凡有德之言，美盛可亲；有礼之言，恭敬可爱，"语以其功"，不自居功，即"德言""礼言"皆全矣。致恭于人，己身亦安，故谦之道常见于"言"。"谦也者，致恭以存其位者也"，"拟议"之道，岂有外于"谦"者乎？

"亢龙有悔。"子曰：贵而无位，高而无民，贤人在下位而无辅，是以动而有悔也。

此条已见于乾卦，而又言之者，以盛满而不知止，人尤易犯，故复言之，欲人并此无之，以免于悔，"拟议"乃极精也。

"不出户庭，无咎。"子曰：乱之所生也，则言语以为阶，君不密则失臣，臣不密则失身，几事不密则害成，是以君子慎密而不出也。

失臣，臣忠于谋君，而君露其言，致罹害也。失身，自露其言而祸身。几，事之始；成，事之终。节之初九，言"不出户庭，无咎"。子曰：易言"慎动"之"节"，而慎动必自其言始。盖祸之生也，"则言语以为阶"，微论其不当言也，即理本当言，而时不可言，如宣泄而不密，君则失臣，臣则失身，几事则害于成，"是以君子慎密而不出也"。

人即自反无愆，安得不“拟议”以求慎密哉？

子曰：作易者其知盗乎？《易》曰：“负且乘，致寇至。”负也者，小人之事也；乘也者，君子之器也，小人而乘君子之器，盗思夺之矣，上慢下暴，盗思伐之矣，慢藏诲盗，冶容诲淫①。《易》曰“负且乘，致寇至”，盗之招也。

凡意外之患如盗，不“拟议”慎重，则必致灾。子故即“致寇”之说，以明天下之事“至赜”“至动”，安能尽拟议之。“拟议”者，审慎之意，要在安分循礼而已。但人多不能，故慨叹而言。作《易》者殆知盗之事如“负且乘，致寇至”之云，以小人而乘君子之器，不自量其才，且欲自逞其才，不知盗已思夺之矣。推而言之，在上而慢，在下而暴，亦只是不安分，不循礼，故盗亦思伐之。其不安分循礼也，特因不自量而欲逞其才耳。正如有财，惟恐人之不知而慢藏；有色，惟恐人之不觉而冶容，不知适所以“诲盗”“诲淫”。《易》言“负且乘，致寇至”，其义如此。是盗由己招，非无因而至。所以人必学《易》，拟议言动，而后免祸患矣。

右第八章，原圣人象爻之义，而欲人拟议以求合，因例举七章以广其说。

附　解

畏事者喜清净而恶繁赜，却不知天理之流行无处不在，不可恶也；喜事者逐纷纭而无操节，不知天命之主宰自有中庸，不可乱也，圣人因此示人象爻，已将后世空寂名利两途觑破，而预为之防矣，欲人“拟议言动”以成变化。然理有一定，而事几无定，非精义入神，安能“拟议”以适于中？故下七节错举以例其余，欲人推广而拟议之，正不必沾沾本卦象

① 按：慢藏诲盗，冶容诲淫，众本同，《周易集解》《周易述》作“慢藏悔盗，野容悔淫”，《周易述》：“［疏］：野容，郑氏谓饰其容而见于外曰‘野’，谓妇人出无拥蔽，犹野处也。……王弼本‘野’作‘冶’，‘悔’作‘诲’，非虞义也。”（《系辞上传一》，第414–415页）

义，亦非各章相承而言。前人于此欠明，故说多牵强。惟末节冠“子曰”于首，与上六节文义不同，解者亦不得其义。盖言圣人穷尽天下之情，谓拟议之不可少，又知拟议之不易，故以不能拟议言动者，极言其情状，即“致盗”以耸惕之，必能拟议者，乃无处不安。两言“负且乘，致寇至”，文义有似两截，惟述义为得其解从之。“语以其功，下人者也”作二句读，承上“劳而不伐，有功不德”，言己有功德，称为他人之功，如此下人是“谦”也，谦自所言知之。盖言为心声，即其言知其心，故接“德言”二句以明其“谦”。

天一地二，天三地四，天五地六，天七地八，天九地十。天数五，地数五，五位相得而各有合，天数二十有五，地数三十，凡天地之数五十有五，此所以成变化而行鬼神也。①

此河图之数也。河图一六居下，二七居上，三八居左，四九居右，五十居中，乃天地自然之理象。“数”者，理气节度处也，阳数奇，阴数耦。“生”者气之始，“成”者气之终，一生一成，互为功用，而万物由是以出。“相得”者，一二三四五六七八九十，阴阳各相对待，如宾主相得。合者，一六居北，二七居南，三八居东，四九居西，五十居中，奇耦同居，如夫妇配合也。“二十有五”者，五奇之积；“三十”者，五耦之积。“变”者化之渐，“化”者变之成。鬼神，造化之迹，即变化之灵妙处。

将言揲蓍之法，而先明数之本于天地。昔者伏羲在上，河中龙马负图，盖天地露大道之机缄，以启圣人为万世师也。天地之始，一理气之相乘，而数出乎其中焉。河图之数，天一生水，地二生火，天三生木，地四生金，天五生土，“生”者气之始；地六成水，天七成火，地八成木，天九成金，地十成土，“成”者气之终，阴阳二气，始终循环，理宰其中。天数有五，地数有五，相得以成其功用，而各有凝合之时。总计则“天数二十有五，地数三十，凡天地之数五十有五”，互藏其宅，各极其

---

① 按：“天一地二……此所以成变化而行鬼神也”至“大衍之数五十……故再扐而后挂”二段，《周易集解》《周易正义》《周易述》文字先后与众本异。《周易折中》：“《本义》：此简本在第十章之首。程子曰：宜在此。今从之。”（卷第十四，第509页）

盛，以成其变化，而屈伸消长不测之鬼神即行乎其间。是河图之妙，实天地之源，而筮象所由出也。

大衍之数五十，其用四十有九，分而为二以象两，挂一以象三，揲之以四以象四时，归奇于扐以象闰，五岁再闰，故再扐而后挂。

衍，推衍也。推广天地之数以统万物，故曰“大衍”。河图之数五十有五，而言“五十”者，五行以土为母，“五十”土生成之数，举此可该金木水火，乘之而得五十，故以为筮数；“其用四十有九”者，一为数之母，且奇变耦不变，故虚其一不用，明其为数之体，而以七七为用，尽变化之数也。两，两仪。三，三才。四，四时。挂，悬也。揲，数也。奇，零也，谓所揲四数之余策。扐，勒也，以手指勒之。治历者积三年所余之分以成闰，前闰后闰，大略三十二月，在五岁之中，故“五岁再闰”。

承上言天地之数如此。圣人作筮，大衍其数，使人知吉凶祸福所生，其数“五十”，虚一不用，而用其“四十有九”。分四十有九为二，以半置左，以半置右，如两仪之对待。次左手取左大刻之策执之，而以右手取右大刻之一策，挂于左手之小指间。左为天，右为地，挂一之策象人，以象三才。先置右手之策于一处，而以右手用四为数，以数左手之策；又置左手之策于一处，而以左手用四为数，以数右手之策，左右间数，以象四时阴阳和合之义。左右四揲之余，必有零数，或一，或二，或三，或四。左手先数归于左手第三四指之间，右手后数归于右手第三四指之间，以此零策象天道归残聚余，分而成闰。盖置闰者，五岁之中再积日而再成月，必有再闰，然后别起积分。一挂之后，左右各一揲一扐，故五者之中，凡有再扐，然后别起一挂。再扐之后，合左手一挂二扐之策，置于格上第一小格，是为一变。所余之策，左一则右必三，左二则右必二，左三则右必一，左四则右亦四。通挂一之策，不五则九，五以一其四而为奇，九以两其四而为耦。然后以两手复取左右所余之策，合而为一，再分再扐再揲，为第二变。三变既毕，通计所得过扐过揲之数，五四为奇，八九为耦。挂扐三奇，合十三策，则过揲三十六策而为老阳，其画○，所谓重也。挂扐两奇一耦，合十七策，则过揲三十二策而为少阴，其画--，所谓拆也。挂扐两耦一奇，合二十一策，则过揲二十八策而为少阳，其画━，所谓单也。挂扐三耦，合二十五策，则过揲二十四策而为老阴，其画乂，所谓交也。乂者，--之动而交也；〇者，━之动而终始相循也。二变三变，其妙在挂，盖非挂则纯而不入矣。每三变成爻，十有八变而成卦。凡爻变之阴阳，皆以所少者为主，如震男巽女之类。老阳，阳之动，资始而不息，故以数少者象之。老阴，阴之动，资生而不穷，故以数多者象之也。

乾之策二百一十有六，坤之策百四十有四，凡三百有六十，当期之日。二篇之策①，万有一千五百二十，当万物之数也。

乾坤策数，老阳老阴过揲之数也。乾九坤六，以四营之，乾则四九三十六，坤则四六二十四。乾每一爻得三十六，则六爻得“二百一十有六”矣；坤每一爻得二十四，则六爻得百四十有四矣，合二卦之策，“凡三百有六十”，当周一岁之日数。每期岁以二十四气计，则三百六十六日而不足；以十二月朔计，则三百五十四日而有余，折中之，为三百六十日也。合上下经二篇计之，阳爻一百九十二，因每爻三十六策，得六千九百一十二策；阴爻一百九十二，因每爻二十四策，得四千六百八策，合为“万有一千五百二十，当万物之数也”。抑此言九六老数也，若以七八少数推之，少阳过揲之策七，四其七而为二十有八；少阴过揲之策八，四其八而为三十有二，如乾坤皆少，其合亦“三百有六十”；二篇皆少，其合亦万有“一千五百二十”。《传》言老而不言少者，犹卦爻以“九六”名爻，而不言“七八”，乾坤可以该六子，“九六”可以该“七八”也。

是故，四营而成易，十有八变而成卦。八卦而小成。引而伸之，触类而长之，天下之能事毕矣。显道神德行，是故可与酬酢，可与祐②神矣。子曰：知变化之道者，其知神之所为乎？

四营，谓“分二”“挂一”“揲四”“归奇”，四番营求也。易，变易。奇耦始分，而老少未定，不足言卦爻，故止曰“成易”。一变成易，三变成爻，十八变则成六爻。八卦小成，谓九变而成三画，得内卦也，以八卦未尽万物情理，故曰“小成”。引，加长之。伸，舒展之。以

---

① 按：之策，众本同，《周易集解》作“之册”。

② 祐，众本同，《周易集解》《周易述》作“右”。

此抵彼曰“触”，物之相同者曰“类”。显道，道之幽者赖此而显。神德行，德行通微于此见其神。酬酢，应酬万变，各得其理，如宾主酬酢。祐神，神功斡运，幽明可以佐之。变化之道，阴阳理气，屈伸隐显，莫窥其妙，皆神之为也。

承上言蓍象取法于天地如此，“是故四营而成易，十有八变而成卦。八卦而小成”。引此八卦而“伸之”，至于六爻，以成六十四卦“触类而长”，则一卦可为六十四变，成四千九十六卦，则义类无穷，足以该事变而周民用，“天下之能事毕矣”。若此者以显明大道，神其德行，天人合一之旨，悉寓于中，“是故可与酬酢”，万变而不穷，祐助神功于无已矣。因而叹之曰：道不外于阴阳，阴阳之变化不测者为神，学易而诣其精，“知变化之道”，则必达于幽明始终表里精粗之致，“其知神之所为乎”？

右第九章，言圣人作易，本天地以尽物情，学而至焉，则可以神其变化。

附　解

圣人非徒以数教人也。盖天地与人本一气相通，天地之理在人，人为万物之主，奈人不知天理，则失其所以为人，而天地遂与人相远。然趋吉避凶之念，则人人有之，圣人借此诱人，故立为筮法，使人知吉凶生于善恶，欲求趋避，莫如为善去恶，而又非矫为也。本河图天地之数以生变化，用该物理而达幽明，数之所在，莫非理之所在，即数以观理，穷理以合道，则德行备于身，而天地阴阳不能外。子曰“知变化之道者，其知神之所为”，而先言“显道神德行”，明乎道德者术数之原，而非此不足言数也。后世拘于数以失真，并本文语气不明，吾故辨之。《汉书·律历志》“天一地二至行鬼神也”，六十四字相连，后乃错简，故程子正之。天地只是一理，亦止一气团聚，即太极之体也，其分而为二，后人则然，圣人不尔。河图之数一生一成，初非判然二物。天地止此理气团结，其中屈伸消长变化，是理气之流行处，止是理气之凝一处，在人见之，则谓为有体有用，而天地不然也。五行皆天地所生成，而五行曷尝自为功用，惟著为物象，则有分别。当氤氲化醇之始，只是一个太极弥纶布濩，第人物之受气者，不能不囿于方隅气候，则种种判矣。圣人即成形成象者示人以礼，则所以防其溢而救其衰，能穷其源，则象数皆鳞爪也。“大衍之数五十”，即中气以该四象也，而崔憬谓艮为少阳，其数三；坎为中阳，其数五；震为长阳，其数七；乾为老阳，其数九；兑为少阴，其数二；离为中阴，其数十；巽为长阴，其数八；坤为老阴，其数六，八卦之数，总有五十。然本文紧承上文“天数” “地数”来，不当牵入八卦，且八卦之数后人所定，亦与河图坎一、坤二、震三、巽四、中五、乾六、艮七、兑八、离九之数不合。其用四十有九，先儒谓虚一不用，以象太极。辨之者曰：太极不可象，且用字明言太极以后事。其说是也，故今不从象太极之说。“大衍”“乾策”二段注，胡氏煦为明了，今从之。“其用四十九”，诸说纷纷，尤难概述，今亦酌而正之。学者细玩诸家得失，再观愚说，可以知所去取矣。

易有圣人之道四焉，以言者尚其辞，以动者尚其变，以制器者尚其象，以卜筮者尚其占。

圣人之道无所不有，因“辞”“变”“象”“占”近于术数，故特明其为“圣人之道”，而欲学者尽心乎此也。与“君子之道四”同义。以，用也。辞，谓卦爻之辞。动，动作。变，爻变。制器，如结绳网罟之类；尚象，离井鼎之类。占，占词，吉凶悔吝等语，并言“卜筮”，卜亦不外阴阳变动也。

言圣人之道无所不包，而著于日用事物，易尤为要。约其大概，“易有圣人之道四焉”，一在于“言”，言必衷道，而含蓄不露，实该万变，则易之“辞”为精， “以言者”贵之，可以无失词矣；一在于“动”，动不可离道，而纷纭错杂，不越乎中，则易之“变”为妙，“以动者”贵之，可以无失行矣；一在于“制器”，形下之器，亦形上之道所寓，而依类取象，不失乎正，则易之“象”为美，“以制器者”贵之，可以前民用矣；一在于“卜筮”，卜筮所以求适于道，而彰往察来，示人去取，则易之“占”为至，“以卜筮者”贵之，可以无凶咎矣。

是以[①]君子将有为也，将有行也，问焉而以言，其受命也如向，无有远近幽深，遂知来物，非天下之至精，其孰能与于此。

此“尚辞”之事。为，创作；行，践行也。问焉而以言，谓问于龟筮，得其是非而言之。盖“为”与“行”必不能无言也。受命，受其问也。向，近也，如彼此相向而亲切问答也，作“响”亦可。远，天下后世。近，瞬息户庭。幽，事之不明者。深，理之不浅者。来物，未来之吉凶也。

承上言“易有圣道四”如此。“是以君子将有为，将有行也”，问于易而以之为言，其受问者之命如亲切面语，无论事之远近，理之幽深，皆于其未来而告之，非其“辞”至精，足以该物理而贯天人，安能如此？

参伍以变，错综其数，通其变，遂成天地之文；极其数，遂定天下之象，非天下之至变，其孰能与于此。

此“尚变”“尚象”之事。天地之数，函于三，中于五，参，三数之；伍，五数之也。盖天一地二，其数得三，木火同居，金水为朋，其数得五，“三”者乾坤之定数，“五”者乾坤之交，乾九坤六，合而“参伍”之象成。参其五为十五，五其参亦十五，故举三五可以该诸数也。“错”者，相并交错，如乾坤坎离也。“综”者，颠倒上下，如屯蒙需讼也。物相杂曰“文”，因变而成“文”，因数而有“象”，天地之文、天下之象，即易所有之“文”“象”，以该其所无，推广言之也。有“文”斯有“数”，积“数”则有“象”，而其始皆自“变”生，故总承之以“天下之至变”。

言圣人以三相参，以五相伍，而得其变化；以顺逆相错，上下相综，而尽其卦爻。通乎参伍之变，一刚一柔，相间成文，阳刚天文，阴柔地文，“遂成天地之文”，而凡天地间之文，胥视此矣；极错综之数，自内自外，刚柔有体，内体内象，外体外象，“遂定天下之象”，而凡易所未著之象，胥统于此矣。理肇于几微，而用周于无穷，“非天下之至变，其孰能与于此”？

易无思也，无为也，寂然不动，感而遂通天下之故，非天下之至神，其孰

① 按：是以，众本同，《周易集解》《周易述》作“是故”。

能与于此。

此言“尚占”之事。易以卜筮为用，蓍草无情之物，龟虽有情，亦何所作为。“无思”“无为”，言易之本体。卜筮非灵，所以灵者，神使之也。寂然不动，则其神之本。感，感于卜筮。通，无不知周也。

言易以卜筮为用，龟蓍二物，非有心知意识，是易之精微不得以为遂在于龟蓍。易固“无思也，无为也”，理气象数未有形兆，易之全体寂然不动，然感于卜筮，而“遂通天下之故”，欲求其端倪，而莫可窥也。“非天下之至神，其孰能与于此。”

夫易，圣人之所以极深而研几也。唯深也，故能通天下之志；唯几也，故能成天下之务；唯神也，故不疾而速，不行而至，子曰“易有圣人之道四焉者”，此之谓也。

“极深”者，究极其精深；“研几”者，研审其几微。惟精故“极深”，未有极深而不精者，惟变故“研几”，未有知几而不通变者。通天下之志，即发言处事，“受命如向”；成天下之务，即举动制器，“成文”“成象”。不疾不行，即“寂然不动”。而速而至，即“感而遂通天下之故”也。“子曰”字作“故曰”看，行文体势如此，非必门人所加。

总承上文而咏叹之。言“至精”“至变”“至神”，易何以能如是哉？夫“易”者，圣人以至精至变至神之德而作，以极其深而研其几也。“惟深也”，故能至精而“通天下之志”；“惟几也”，故能至变而“成天下之务”；“惟神也”，故其寂然感通之妙，“不疾而速，不行而至”也。夫至精至变至神，皆圣人之道，而易有之。“子曰‘易有圣人之道四焉者’，此之谓也。”

右第十章，以“辞”“变”“象”“占”教人，而明其为圣道，以杜夫逐数昧理之流。

附　解

易道即天地之道，无所不该，圣人德备于身，亦如天地，何止四者。盖圣人借卜筮以诱人于道，不离乎“辞”“变”“象”“占”四者，而后人不知返本修身，承天立德，则必逐逐于象数，而昧其本来，故夫子特指出四者为圣人之道。圣人者，固不以象数而显者也，其作为四者，皆本“至精”“至变”“至神”之德，而后足以训世于无穷。学者即四者以求其本源，则必思夫何以能精，何以能变与神，而性分之功有不容缓者，即“辞”“变”“象”“占”亦不敢以易视之，而慎于用及本于正，悉在其中，是夫子此章之易也，前人未得其解。二三四节分承首节，及“问焉”“受命”，来瞿塘之说为优，故从之。“参伍”二字，具有精义，今略宣之。“无思无为，寂然不动”，本文明明言易，或竟说到圣人心体中去，殊非；来子第指著龟言，亦浅。又“卜筮”及末节“易”字，自兼蓍龟言，前人第以为蓍，不知龟筮兼用，龟尤为长。前“大衍章”言“筮”而不言“龟”者，以揲筮之法，象数显然，即易见者以示人，至龟卜神妙，非文字所能宣，故不复言。而此章则兼二者，初非偏举也，前人何拘滞耶？

子曰：夫易何为者也[①]？夫易开物成务，冒天下之道，如斯而已者也，是故圣人以通天下之志，以定天下之业，以断天下之疑。

设为问答，以起下文。开物，发明物理。成务，成就事务。冒，覆也。言圣人何为而作易也？盖恐生民物理多有不明，事务不知可否，故作易以“开物成务”，凡天下之道皆该括其中，无非仁民之念所成，“如斯而已者也”。是故，后世圣人遵前圣之意，而为之爻象卜筮，“以通天下之志”，使不昧于天理；“以定天下之业”，使不废于人伦；“以断天下之疑”，使不惑于歧趋。

是故蓍之德圆而神，卦之德方以知，六爻之义易以贡，圣人以此洗心[②]退藏于密，吉凶与民同患，神以知来，知以藏往，其孰能与于此哉，古之聪明睿知神武而不杀者夫。

蓍数用七，七七四十九，象“阳圆”，变动不居，故以“神”称之；卦数用八，八八六十四，象“阴方”，各有定理，故以“知”称之，其实

---

① 按：夫易何为者也，众本同，《周易集解》作“夫易何为而作也”。

② 按：洗心，众本同，《周易集解》《周易述》作“先心”，《周易述》：“［疏］：先，王肃、韩伯读为‘洗’，谓洗濯万物之心。寻古‘洗’　‘濯’字皆作‘洒’，无作‘洗’者。蔡邕石经及京、荀、虞、董、遇、张璠、蜀才，并作‘先心’，当从之。”（《系辞上传二》，第433页）

“神”“知”本相为用，不可分也。易，变易；贡，献也。蓍卦言“德”爻言“义”者，德统而义析也。圣人以下，推原圣人先有此“神”“知”之德，而后能“作易”，欲人求之于其本也。心有觉而性无为，故圣人亦必“洗心”。密，宥密，人身太极之所，所谓“中”也，“退藏”以养其体，而用无不该。来，谓将来，觉于未兆，故曰“神”；往，已往，析于精微，故曰“知”。“聪明”以耳目言，“睿知”以心思言，“神武不杀”，禁患于无形，极叹圣人以心易阐为易书，性量之大也。

承上言圣人为天下而作易如是，是故“蓍之德”象阳之圆，而变化不定，则至神；“卦之德”象阴之方，而定理不易，则“至知”，神知之义见于爻，六爻之义变易，而以其吉凶献诸人。易之为书如此，此岂作而致哉？圣人未有卦爻之前，以此神知变易之理，求诸其身，洗其有觉之心，退藏于静密之地，养其未发之中，以葆虚灵之用。此时未有吉凶，而吉凶之理，生民所惑乱而靡定者，圣人早已涵于宥密。“吉凶与民同患”，故能神以知事之将来，知以藏理之既往，“其孰能与于此哉”，盖“古之聪明睿知神武而不杀者夫”。夫天下之事，常兆于无形，而天下之理，尽函于太极，待其乱而后杀之，及其争而后平之，不知其所以争乱者，在心理之沦亡也。圣人涵天下之心理于身，即推此理以定天下，于是有易，使民尽知易，而乱何由生？此所以“神武而不杀”，必归诸古圣人也。

是以明于天之道，而察于民之故，是兴神物以前民用，圣人以此斋戒，以神明其德夫。

天道，天之理。民故，民之理。天有常理，故曰“道”；民无定情，故曰“故”。神物，龟蓍也。前民用，因民用而前以示之。斋戒，内诚外洁也。神明其德，本有德而将卜筮，又极诚洁以神明之。

承上言圣人神知之德如此。是以“明于天之道”，知阴阳吉凶之所由生；“而察于民之故”，知情伪变化之所由作，是兴龟蓍之神物，“以前民用”而示之。此后之圣人所以平昔裕其神知，而将卜更斋戒“以神明其德夫”。

是故阖户谓之坤，辟户谓之乾，一阖一辟谓之变，往来不穷谓之通，见乃谓之象，形乃谓之器，制而用之谓之法，利用出入，民咸用之谓之神。

阖，翕闭。辟，开也。造化气机动静，如户开阖，先言“坤”者，静而后有动也。变，阴阳变易。通，流通不穷。象、器，则其已见已形者。制法度出入，谓万物出入于阴阳气化之中，如户不可须臾离，而实不知其所以然，故曰“神”。

承上言易有神明之用，必本于神明之德如此。是故圣人知天地之道不外阴阳，阴阳之精具于吾身，而以合天地者周万物。当其静而无为，如户之阖，安贞者至顺，故谓之“坤”；及其动而有用，如户之开，健运者不息，故谓之“乾”。只此动静之机，一阖而静中有动，一开而动中有静，阴阳相推而生变化，即“谓之变”；由阳变而之阴，由阴变而之阳，各遂其机，各含其生，即“谓之通”，故“阖”“辟”“变”“通”者，造化神明之德也。见于外而有可见，“乃谓之象”；形于物而有可模，“乃谓之器”；制此形器而用之，则“谓之法”。由“阖辟”而生“变通”，著为“象器”，制为法则，万物出入于其中，如户之利用而不可离，故“谓之神”。

是故易有太极，是生两仪，两仪生四象，四象生八卦，八卦定吉凶，吉凶生大业①。

太极，理之极致也。太，尊大之称。极，至极无加之谓。两仪，阴阳；四象，少阴、少阳、太阴、太阳也。阳老生阴，阴老生阳，八卦由是而名。六十四卦从八卦而生，故只言八卦。

承上言阖辟之机至神如此。“是故易有太极”之理，为象数所由出，浑然无形，粹然无滓，居于万物之先，无可名状也，而其气机阖辟，“是生两仪”；两仪盛衰互倚，遂生“四象”；四象循环变化，是生“八卦”，至八卦而万物之情状略备矣。虽六十四卦，不越乎八卦之范围，八卦之理，即天地万物之理，顺理则安，逆理则危，吉凶由是而定。知其吉而趋之，无事不从天理；知其凶而避之，无事不去人欲，而凡圣德

---

① 《周易集解》：“虞翻曰：太极，太一也，分为天地，故‘生两仪’也。四象，四时也；两仪，谓乾坤也。乾二五之坤，成坎、离、震、兑，震春兑秋，坎冬离夏，故‘两仪生四象’。……乾二五之坤，则生震坎艮；坤二五之乾，则生巽离兑，故‘四象生八卦’。乾坤生春，艮兑生夏，震巽生秋，坎离生冬者也。……阳生则吉，阴生则凶。”（卷第十四，第228页）

王功皆可就矣。是大业之生由于八卦，八卦本于阴阳，阴阳止一太极，阖辟之所以为神乎。

是故法象莫大乎天地，变通莫大乎四时，县象著明莫大乎日月，崇高莫大乎富贵；备物致用，立成器以为天下利，莫大乎圣人；探赜①索隐，钩深致远，以定天下之吉凶，成天下之亹亹②者，莫大乎③著龟。

法，可则效意。象，有形兆意。天地，即两仪之实象，合而为一太极。太极之理气，代嬗而有四时，凝精而为日月。富贵以位言，德非位不显，后王君公承天以化民，德洋恩溥，崇高之实也。物谓可器之物，用谓必用之器，惟圣人察之精而处之当，可以万世无弊也。事为之多曰“赜”，事几之幽曰“隐”，理之难测者曰“深”，事之不骤至者曰“远”。探，人④而试之；索，近而求之。钩，曲而取之；致，推而极之。亹亹，勉勉不已也。常人之情，疑则怠，决则勉。

承上惟太极为易所由生，“是故法象莫大乎天地”，盖太极之蕴不可窥，而太极之象，则天地显呈之也。太极理气之卷舒，而“变通莫大乎四时”，盖四时迭运，终始不穷，而万物胥由是生也。太极理气灿著于两间，固欲人人共明之，而“悬象著明”者，“莫大乎日月”，盖日月昭回，而太极之本然可识也。若夫体太极之理于身，而赖富贵以行之，然后可奠三才，则“崇高莫大乎富贵”也。太极散而为万物，物各有适于用，而人不尽知，备可用之物，制以利天下，“莫大乎圣人”。太极之散殊者，其事至“赜”，其义或“隐”，而“探”之“索”之；太极之蕴藏者，其理至“深”，其机至“远”，而“钩”之“致”之，“以定天下之吉凶”，使人循理而成大业，亹亹不已，则“莫大乎著龟”。

是故天生神物，圣人则之；天地变化，圣人效之；天垂象，见吉凶，圣人象之；河出图，洛出书，圣人则之。易有四象所以示也，系辞焉所以告也，定之以吉凶所以断也。

神物，谓著龟。天变化，日月寒暑往来相推也；地变化，山峙川流万

---

① 按：探赜，众本同，《周易集解》《周易述》作“探啧”。

② 按：亹亹，众本同，《周易集解》《周易述》作“娓娓”。

③ 按：大乎，众本同，《周易集解》《周易述》作“善乎”。

④ 按：人，鲜本误，当作“入”。

物生长收藏也。垂象，日月星辰晦明剥蚀也。河中龙马负图，洛水神龟负书，皆天地理数自然之呈露。四象，指上四者而言。示，著明之。告，详言之。断，决是非也。

承上言太极之理象著于两间，而圣人能体之。是故天生蓍龟之神物，圣人则其前知之妙，以为卜筮；天地变化，情状万端，“圣人效之”，以为易之变化；“天垂象，见吉凶，圣人象之”，以为易之吉凶；“河出图，洛出书”，贡理气数之精微，“圣人则之”，以为易之精微。“神物”也，“变化”也，“吉凶”也，“图书”也，皆易之所具，易有此“四象”，而皆原于天地，是天所以示人也。圣人系为辞焉，所以告人，使知易之理，悉天之理也；“定之以吉凶”，所以断疑，使人决于趋向也。

《易》曰“自天祐之，吉无不利”，子曰：祐者[①]助也，天之所助者顺也，人之所助者信也；履信思乎顺，又以[②]尚贤也，是以“自天祐之，吉无不利”也。

顺，顺理。信，诚信。尚贤，尊贵贤人。引大有“上九”一爻而释之，以终一章之义，欲人如是以体易也。

承上言易之为书，原于天地，而极于精微如此，学易者将何如哉？大有之“上九”言之矣，曰：“自天祐之，吉无不利。”子曰“祐者助也”，天之所助者顺理之人，人之所助者诚信之士，言“履信”而行，凡事思顺乎理，又以此尊贤。常屈己而求益如此，则在己者无失道，在人者无遗善，是以“自天祐之，吉无不利”也。然则“通志”“定务”“断疑”，莫非欲顺理而求助于天，岂有外求之事哉？

右第十一章，言易冒天下之道，而因推其本原，以见圣人作易无非法天，欲人顺信以承天也。

---

① 按：祐之、祐者，众本同，《周易集解》《周易述》作“右之”“右者”，《周易集解》：“虞翻曰：大有兑为口，口助称‘右’。”（卷第十四，第230页）

② 按：又以，众本同，《周易集解》《周易述》作“有以”。

附 解

此章五“是故”字，蝉联而下，意义显然。是圣人言易“冒天下之道”，因推极于“神”“知”之本原，明天地之奥，惟圣人能体之，末引大有上九，勖“履信”“思顺”“尚贤”以为承天之学。前人尽沾沾易象数说，遂令承接语气不清，又以末段为错简，益令本意不明。今正之，学者但玩本文注释自明，纷纷曲说，不能尽辨也。万物本于五行，五行止是一阴一阳之用，阴阳止此太极之体，故“太极生两仪”节，非推其用以示人，乃言其用之不离体也。“阖辟”者，阴阳动静之机，即太极之用所以行，而阖于无形，辟于无心，则太极之体即在是，天地之外无太极，阖辟之外无阴阳。圣人通天地万物为一身，含太极真精于在我，故能作易，故能为天地之肖子，岂沾沾以象数教人？前人乃以门户解之，大误。至“太极”二字，止是至极无上之称，因此理为天地万物所由始，故曰“太极”。后人加“无极”二字，其实太极自是体用浑然之名，至极而莫测其极，即为“无极”，非太极之外又有无极，无极之后方生太极也。河图洛书并出于伏羲时，即此章可证，汉儒以为禹时出者，谬。上古之时，民风狉榛，至伏羲时，圣人代作，民生渐华，天乃产此神物，明示其象。圣人知天心欲阐精微，乃因而画卦，不特生成奇耦方圆等象而已，直将天地精妙尽括，而推诸人身性命伦常之理皆然。禹作《洪范》，只是演易之绪余，明天人合一之旨，非有他道。而汉人误分，宋儒沿之，非也。四象，金木水火也，谓为少阴、少阳、太阴、太阳，以气言之。

子曰：书不尽言，言不尽意，然则圣人之意其不可见乎？子曰：圣人立象以尽意，设卦以尽情伪，系辞焉以尽其言，变而通之以尽利，鼓之舞之以尽神。

两言“子曰”者，设为问而自答也。象，八卦之象，如《说卦》所陈是也。设卦，因而重之，为六十四卦也。顺乎“性”而善者“情”，拂乎“性”而恶者“伪”也。“变通”以事言，变化而通于事为；“鼓舞”以心言，谓兴起而乐赴也。利，利于行。神，神于智也。

夫子将言神明之在人，而先叹曰：圣人忧天下后世而著书，然书有限，不足以尽无穷之言；意有所之而有言，然言有限，不足以尽无穷之意，然则圣人之意其不可见乎？子曰非也，圣人之意言虽无穷，而著之为易，则固已尽宣之。理呈于有象，圣人“立象”以尽其意之所欲言；事生于情伪，圣人“设卦”以尽其“情伪”之变态。犹恐不能洞达也，又“系辞焉以尽其言”，使人即卦象辞义“变而通之”，以推于凡事无不顺利，“鼓之舞之”，欢欣趋赴，以尽其神明。

乾坤其易之缊邪，乾坤成列，而易立乎其中矣，乾坤毁，则无以见易，易不可见，则乾坤或几乎息矣。

乾坤即天地，因言易故云“乾坤”，易即易书，而理在其中矣。“缊”者，衣中所著之絮，易妙尽藏乾坤之中，如衣之有缊也。成列，谓高卑分著，变化互行。易道止一阴阳，故“乾坤成列”，而易之体已立。毁，谓卦画不立，卦义不明。无以见易，阴阳刚柔变易之道不著也。乾坤或几乎息，谓天地之理不明。

承上言圣人作易以尽言尽意，固欲人变通鼓舞，而其要奥则正无多也。若乾坤者，“其易之缊耶”，盖自“乾坤成列”，而阴阳、刚柔、理气、数象，无所不统，“易立乎其中矣”，故文王《序卦》以乾坤为首。若乾坤二卦之义不明，直若无二卦者然，是为“毁”之。“乾坤毁”，则一切理气数象何由而生？“无以见易矣”。“易不可见”，则天地之理不明，人虽日在乾坤之中，而不知其道，“乾坤或几乎息矣”。

是故形而上者谓之道，形而下者谓之器，化而裁之谓之变，推而行之谓之通，举而措之天下之民谓之事业。

承上言惟易统于乾坤，故乾坤之理在人，人当循而行之，只此乾坤也。著于有形，而上焉精微者则为“道”，下焉粗浅者则为“器”。“道”“器”二者，表里精粗，无处不有，无物不然，化其不及而裁其太过，即“谓之变”；化裁当矣，“推而行之”，无所不宜，即“谓之通”。修之于身，“举而措之天下之民谓之事业”。而岂有异道哉，岂有多术哉。

是故夫象，圣人有以见天下之赜①，而拟诸其形容，象其物宜，是故谓之象；圣人有以见天下之动，而观其会通以行其典礼，系辞焉以断其吉

---

① 按：赜，众本同，《周易集解》《周易述》作“啧”。

凶，是故谓之爻。

承上言形上形下无不统于乾坤。“是故夫象，圣人有以见天下之赜，而拟诸其形容，象其物宜，是故谓之象。”是“象”者，象其“赜”而已，非有外于“道”“器”二者。“圣人有以见天下之动，而观其会通，以行其典礼，系辞焉以断其吉凶，是故谓之爻。”是“爻”者，效其“动”而已，亦非有外于“道”“器”二者。

极天下之赜①者存乎卦，鼓天下之动者存乎辞，化而裁之存乎变，推而行之存乎通，神而明之存乎其人，默而成之②，不言而信，存乎德行。

极，穷究之。鼓，振作之。化裁推行，上节泛论道，故曰“谓之”云云，此策人以实践，故曰“存乎”云云。神而明之，深明其妙而不拘滞。默而成之，默体乾坤之撰，成德于身。不言而信，神明坐照，感孚于无形。德行，天人合一之诣也。

承上言“象”“爻”皆为“赜”与“动”而设，故“天下之赜”虽无穷，而穷极其状，则卦已足以尽之；天下之动虽无尽，而鼓舞其机，则辞已足以备之。就卦辞之理，化裁以适于中，则存乎其变；推行以宣于世，存乎其通；神妙而明察之，不拘拘于卦爻，未尝离乎卦爻，“存乎其人”，“赜”与“动”之著，不外乎此三者而已。若夫即卦爻之理，默而成之于身，体用同归，感孚至捷，不假言辞，而自孚信，则存乎合撰乾坤之德行。盖德行者，易之本原也。得其本原，则在我之易，一天地之易，而卦爻象辞一以贯之，书与言特其末焉耳。

右第十二章，言“书不尽言，言不尽意”，欲人体乾坤之德而神明之。

附　解

天地即是太极，浑然一理，无始无终，而气化之盈缩变化者不齐，则人与物禀受之偏见其为，然天地实不尔也。乾，至健之名；坤，至顺之

① 按：赜，众本同，《周易集解》《周易述》作“啧”。

② 按：默而成之，众本同，《周易集解》《周易述》作“默而成”，无“之”字。

名，阳为阴先，阴为阳受，分著其功，交致其妙，“象”也“数”也由此而生。阴阳交而生六子，八卦生六十四卦，其实止乾坤之推衍而已。因道散于万事万物，纷然者易失其正，圣人故为卦爻象辞，以教人随事察理，然其本不立，其用何以能行，故中和之学谓之“心易”，不可不急务也。第其功夫本末次第非言可尽，而天下古今万变之繁，尤不可以泥象求合，故夫子慨然叹曰：书不尽言，言不尽意。“然则圣人之意其不可见乎”，此段冒起通章，下言圣人“立象”“设卦”“系辞”，言与意几尽矣，而不得其要，则圣人之意犹隐。即如乾坤二卦即天地也，乾坤为“易之缊”，自有乾坤，易即“立乎其中”，学易而不知乾坤，易于何见？“易不可见”，乾坤之理又何以能明？惟知乾坤矣，则形上形下，莫非乾坤之理所布濩，“变”“通”“事业”，由此而生。圣人之象爻，不过明乾坤之理见于“赜”“动”者，得乎乾坤之真，则全体浑然大用在我，变通神明，一以德行该之，又何必拘拘于书与言乎？语意至为明了，而前人拘泥象数，不审上下承接语脉，故以“是故夫象”节为重出。又“乾坤”节突然，上不足以承“尽意”“尽言”之说，下不足以起“是故”承接之文，且“象辞意言卦爻变通赜动”种种语言，亦似重复，是不可不急求其脉络所在也。乾坤，前人或专言卦，易，或专言书，不知卦即象天地之卦，易书即言理之书；今将析乾坤与天地为二，易书与易理为两，义既难通，而下文“是故”直接之意亦不明，不知夫子原欲人知乾坤为六十四卦所从出，体天道以学易，非专言象也。默而成之，即《论语》“默识”意。日用事为之易，本于心易，心易者穷理尽性之学也。人身一小天地，秉乾坤正理正气而生，克己复礼，全乎人道，即所以全其得天之正，默而成其德行，天人一贯，动罔不臧，不言易而易在我，尚安俟揲蓍灼龟为耶？此夫子望人本意，故于《上传》之末，以之收束前十一章。

系辞下传

八卦成列，象在其中矣，因而重之，爻在其中矣；刚柔相推，变在其中矣，系辞焉而命之，动在其中矣。

成列，谓分列。象，如《说卦》所云诸象。重，重为六十四卦。相推，相推衍。命，示以吉凶。

言八卦既成列，而分布递用，则无穷之“象”，胥“在其中矣”；“因而重之”，为六十四卦，位有内外，时有初终，序有先后，义各不同，而爻在其中矣。卦爻既立，刚柔相推迭用，变化之理，不出其中矣；象有纯驳，爻有当否，“系辞焉而命”以吉凶悔吝，则事为之动，不出其中矣。“象”“爻”“变”“动”，易占不过如此，而皆自八卦而推也。

吉凶悔吝者，生乎动者也。刚柔者，立本者也；变通者，趣时者也；吉凶者，贞胜者也。天地之道，贞观者也；日月之道，贞明者也。天下之动，贞夫一者也。

可以动而动，“吉”所从生；未可动而动，“凶悔吝”所从生。本，变通之本。时，当然之时。贞，正也，常也。贞胜，以其正理之常胜者为吉凶，非以祸福为吉凶也。观，示也。一，理之极也。

承上言象爻变动，圣人示人以易占，非第欲人趋福避祸也，盖将欲其因而适道，以得乎至一之理。凡易之“吉凶悔吝”，“生乎动者也”，能慎乎动，则自可迪吉而免凶。其所谓“刚柔”者，乃阴阳之质，不易之体，所以立变通之本者也；所谓“变通”者，因事物无定，而理有一定，随时变通，以适于中，“趋时者也”，故慎乎动，而本立时当，则恒吉，否则恒凶。“吉凶”者，以正理之常胜者为吉，悖理者为凶，非教人外贞而求吉也。彼“天地之道”，不过以“贞”者“观”人；日月之道，不过以“贞”者常“明”。“天下之动”虽多，其要归于“一”，是“贞夫一”而已，得其“贞一”之道，则象爻变动不越乎中矣。

夫乾确然示人易矣，夫坤隤然示人简矣。爻也者，效此者也，象也者，像此者也。爻象动乎内，吉凶见乎外，功业见乎变，圣人之情见乎辞。

确然，刚健貌。隤然，柔顺貌。易、简，见上篇首章。内，卦内。吉凶，以理之可否言。功业，以事之成就言。吉凶虽判，而功业所成就，必自有变动，占之以征广狭，故曰“功业见乎变”。圣人，神明于易道者。情寓于辞，故辞不可或苟。

承上言易道归于一，此非人之为，而天地之理也。不观乾坤乎？“夫乾确然示人易矣，夫坤隤然示人简矣。”乾坤“易”“简”，只此“贞一”之道。易之爻，“效此者也”，易之象，“像此者也”。凡有所占，此爻此象方动乎卦之内，而或吉或凶，即呈于卦之外。其吉凶之“功业”所成，则即变而可知；圣人觉世牖民之情，则即辞而可想，要无非示人以“贞”，而使归于一，以效像乾坤而已。

天地之大德曰生，圣人之大宝曰位，何以守位曰仁，何以聚人曰财，理财正辞，禁民为非曰义。

天地一生理生气凝聚，故德至大，惟一“生”字，是所以为易简也。德非位不显，得位而道济天下，故为大宝仁心，即天地生生之心也。财以生人者也，义以全仁，无非体天地大德而已。

承上言天地不外“易简”，而圣人象之，则得乎“易简”之意，即圣人所以治世理物者可推矣。彼天地至为莫测，而其大德则一“生”，圣人体天地生生之德，而不能不赖时位以显，故其“大宝曰位”。“何以守位”，则惟“仁”，有仁民之心，又何以能聚人，则曰“财”。财以养民，民争趋之，圣人有仁民之心，而虑其反以养人者害人也，故理其财使有品节，正其辞使明是非，“禁民为非”则“曰义”。“义”者，仁之裁制，所以能承天地之德，而适归于中也。若非贞一之道，安能体“易简”以宜民若此？

右第一章，言象爻变动归于贞一，而因推乾坤之“易简”，以明圣人效法天地不越乎兹。

附　解

此章首言"八卦成列"，"象""爻""变""动"遂从此而生，"吉凶悔吝"则"生乎动"，占者以"刚柔"为本，以"变通"为用，其要归于贞一。"贞一"者，乾坤之理也，"易简"即"贞一"，爻象皆"效象"①乎此。爻象一动而吉凶朗著，功业即由此而成，而圣人得贞一之道，以之系辞，即以之治世，不越乎兹，故下文遂推及于"位"与"财"、"仁"与"义"。前人错分段落，觉词意复沓，义不相贯，而或以为末节当入下章，或以为覆释上系第二章象爻刚柔吉凶悔吝事，亦牵强甚矣。夫八卦本乎阴阳，阴阳不离理气，理气之灿著者为象，理气之内含者为太极，乾坤者，太极之体也。一理散为万殊，象爻变动必察其是非之正，万殊归于一本，吉凶悔吝总归贞一之原。圣人既详释吉凶悔吝刚柔变通，恐人泥象执辞，不达其本，故即申之曰"吉凶者，贞胜者也"，以正理之常胜者为吉凶。盖以天地之道惟此一贞，天下之动亦惟此一贞，而乾坤之易简即贞一也。爻象著而吉凶见，功业以成，圣人第即理之显著者，明其贞一，情见乎辞，谓欲人得其贞一之情也。"天地之大德曰生"，万象归于一理；"圣人之大宝曰位"，万民统于一尊，以仁"守位"，以财"聚人"，"禁民为非"，要皆体此贞一之道，而非有强为。前人之说，多不得其解矣。

古者包牺氏②之王天下也，仰则观象于天，俯则观法于地，观鸟兽之文③，与地之宜，近取诸身，远取诸物，于是始作八卦，以通神明之德，以类万物之情。

包本"虙"字，读作"庖"，古作"庖牺"，亦曰"伏牺"。古读

---

① 按：效象，当从经文"爻也者，效此者也，象也，像此者也"出，似作"效像"为宜。

② 按：包牺氏，众本同，《周易集解》《周易述》作"庖牺氏"，《周易述》："［注］庖牺，古文作'伏戏'。伏，服也；戏，化也。"（《系辞下传一》，第457页）

③ 《周易集解》："陆绩曰：谓朱鸟、白虎、苍龙、玄武四方二十八宿经纬之文。"（卷第十五，第236页）

“包”如“孚”音，故“庖”“虙”“伏”通。天垂象，故曰“象”，地法天，故曰“法”。震巽风雷、坎离日月、艮山兑泽、坎水离火之类，“象”天“法”地者也。鸟兽之文，乾马、坤牛、离雉、巽鸡之类；地之宜，山泽高卑水土之宜之类。取诸身，乾首、坤腹、震足、巽股之属；取诸物，乾为金玉、坤为布釜之类。始作八卦，则两间自然之易画八卦也，六十四卦皆伏羲所定，六十四卦不外八卦，故止言“作八卦”。非止作八卦，文王始演为六十四卦也，观下文所取诸卦可知。神明之德，幽而难测，故曰“通”；万物之情，杂而难辨，故曰“类”。此段总冒下文。

作结绳而为网罟，以佃以渔①，盖取诸离。

生民之初，与物相搏以食，而爪牙不若，包牺“作结绳而为网罟”，资物以养，抑以除害也。离，取中虚而物丽之之义，离为“目”，互巽为“绳”，两目相连，结绳为之，“网罟”象也。

包牺氏没，神农氏作，斫木为耜，揉木为耒，耒耨之利，以教天下，盖取诸益。

“耒耜”者，今之犁也。“耜”者，犁之首，斫木使锐而为之，今加铁铧为之犁头；“耒”者，耜之柄，揉木使曲而为之。其动也，在下之耜；其能入土者，在上之耒。以益象言，二体皆木，上巽二阳，象耒之自地上而入；下震一阳，象耜之在地下而动。教民粒食，自神农始，生民之益，莫大于耕耨也。

日中为市，致天下之民，聚天下之货，交易而退，各得其所，盖取诸噬嗑。

食足而有无未通，弗便也，市井交易，始有间而终得合，“噬嗑”之义也。离为“日中”，上明下动，“日中为市”之象。震为“大涂”，又为“足”，“致”象。中爻互坎水、艮山，百货所出，又伏巽为市利三倍，“聚货”象。一刚一柔相间，有相“交”相“易”之象。艮止坎归，“各得其所”之象。按颛顼臣始为市，亦是圣人之徒也。

---

① 按：作结绳而为网罟，以佃以渔，众本同，《周易集解》《周易述》作“作结绳而罟，以田以鱼”。《周易述》：“［疏］：田，读为‘畋’，鱼，读为‘渔’，故以罟取兽曰‘田’，取鱼曰‘鱼’。”（《系辞下传一》，第 459 页）

神农氏没，黄帝、尧、舜氏作，通其变使民不倦，神而化之使民宜之。易穷则变，变则通，通则久，是以“自天祐之，吉无不利”，黄帝、尧、舜垂衣裳而天下治，盖取诸乾坤。

生养既遂，礼制宜兴，凡事守旧则倦，更新则相宜。圣人治天下，民心未厌。不强而去之，民所未安，不强而行之，故时有当变者，“通其变”而“使民”鼓舞“不倦”；事之更新者，神其化而使相宜于不觉。易道阳穷则必变阴，阴穷则必变阳，阳变则通乎阴而不至于亢，阴变则通乎阳而不至于伏，变通不已，循环无终，所以能久，人事象之，是以“自天祐之，吉无不利”。黄帝尧舜通变神化，实由斯道，斯道也，天地之道也。黄帝尧舜能法天道，故礼乐备，百度兴，“垂衣裳而天下自治，盖取诸乾坤”，“无为”之象也。取诸乾坤，盖总承上“通变”“神化”而言，其易简无为，所包者广，不止就“衣裳”言。而就衣裳言，上衣下裳，衣六幅，象乾六奇，裳十有二幅，象坤六耦，亦是也。

刳木为舟，剡木为楫，舟楫之利，以济不通，致远，以利天下，盖取诸涣。

刳，剜也，刳木中虚，可以浮木而载物。剡，斩削也，剡木未锐，可以入水而济舟。济不通，横渡以通其阻绝。致远，直行顺逆以致于遥远。以利天下，则总承上二句言之也。取诸涣者，下水上木，中互震动，木动水上，流行遇风，“舟楫”之象也。

服牛乘马，引重致远，以利天下，盖取诸随。

有舟以行水，必有车以行陆。牛性顺，穿其鼻驯而服之；马性健，络其首驾而乘之。牛亦可以“致远”，曰“引重”者，为其力也；马亦可以“引重”，曰“致远”者，为其捷也，分承可，兼言亦可。兑，坤之少女；震，乾之长男。乾马坤牛，物之大有利于人者也，牛马下动而人悦，行止随人，“随”之义。又牛生望前，则子行母前，生望后，则子行母后，随其天也；马之良者喜前，驽者喜后，随其性也。

重门击柝，以待暴客①，盖取诸豫。

① 按：暴客，众本同，《周易集解》作“虣客”：“干宝曰：卒虣之客，为奸寇也。”（卷第十五，第238页）

川途既通，暴客或至。坤为阖户，互艮为门阙，“重门”象。震动善鸣，有声之木，“柝”之象。长为阍人，坎为夜，又艮为手，“击柝”象。坎为盗，“暴客”象。“豫”者逸也，又备也。恐逸豫，故豫备也。

断木为杵，掘地①为臼，臼杵之利，万民以济，盖取诸小过。

耒耜开粒食之源，臼杵终粒食之事。兑金断巽木，“断木为杵”象。巽木入坤土，“掘地为臼”象。臼杵小事，若过于精详，而其利可济万民，“取诸小过”也。

弦木为弧，剡木为矢，弧矢之利，以威天下，盖取诸睽。

睽乖则以威服之。“弧矢”者，合睽之具也。弦木使曲，剡木使锐，中爻互坎木坚，离木槁，兑为“毁折”，“弦木剡矢”之象也。兑金离火相见杀机，互坎为“弓矢”，离为“戈兵”，故取“威天下”象。

上古穴居而野处，后世圣人易之以宫室，上栋下宇，以待风雨，盖取诸大壮。

宫室栋宇所以奠其居。大壮，取壮固之义也。栋，屋脊木。宇，椽也，一曰“宇，屋边也”。震之一阳在上卦之下，而承二阴，“上栋”象，乾阳在下而相比，“下宇”象。乾覆于下，而震动于上，有“宫室蔽风雨”之象。按黄帝始为宫室，而云“后世圣人”，对伏羲言也，下二章放此。

古之葬者，厚衣之以薪，葬之中野，不封不树，丧期无数，后世圣人易之以棺椁，盖取诸大过。

死丧，慎终之大事，宁过于厚，无过于薄。穿土为封，封，古“窆”字也，聚土为“树”。丧期，从斩缞至缌麻，日月之期。“棺椁”者，取木在泽中也。又死者以土为安，入而后说之，皆“大过”象也。

上古结绳而治，后世圣人易之以书契，百官以治，万民以察，盖取诸夬。

以上三事独言“上古”，不与前同者，盖未造此器之前，更无余物之用，故不言“上古”，以上三事则未造是物以前，别有所用，而今易之，故云“上古”，以别于今也。结绳，绳结两端，中分之，而各藏其半

---

① 按：掘地，众本同，《周易集解》《周易述》作“阙地”。

以为信。书，文字。契，合约也。治，治其职。察，察其事。乾兑皆“金”，乾为“言”，兑为“口”为“决”，金以镌言决事，“书契”象。决伪而防欺，故取夬决之义也。

右第二章，美包羲作易之精，而略举制作宜民之事，以见圣人不能违，举十三卦以概其余也。

附　解

伏羲画卦，盖因图画呈露，天泄大道机缄，遂作八卦，象天地自然之易。由乾坤而六子，由六子而五十六卦，阴阳相推，错综参互，自然而成，不待安排矫勉，非第作八卦，后至文王乃演之为八八也。前人不知天地之理象出于图书，图书之呈露乃天泄大道，遂以为圣人作易，节次推演而成，抑何惑也。十三卦不过略举其概，以该括万有，非每卦大义止此也。黄帝尧舜节“通变”四句，总括礼乐制度一切；“易穷则变”五句，乃言易道如此，以见圣人通变神化一本易道，结之曰“黄帝尧舜垂衣裳而天下治，盖取诸乾坤”，易简无为，与天地合撰，极赞之也。而前人理脉不清，令文气亦不顺，诸卦取象，解者类多穿凿。如后三事“穴居野处”“衣薪野葬”“结绳”等语，皆言上古如彼，至后圣易以如此。“取诸大壮”云云，乃并上古所为亦一一比合，大壮云云，于义奚当？今取其顺理成章者，其他一切牵强之词斥焉，读者当细辨之。十三节略举之事，粒食舟车，防患救乱，养生送死，其义悉举，而包羲、神农、黄帝、尧、舜，蝉联而下，慨想流连。末又三言“后世圣人”，盖谓古圣如此，后世又如此，有万世不易之道，亦有历久必易之法。惟圣人能通变神化，使民不倦相宜，此穷变通久，自天祐之，不能不望于善读易者也。

是故，易者，象也，象也者，像也；彖者，材也；爻也者，效天下之动者也。是故，吉凶生而悔吝著也。

易义之精微，不可言穷，故画卦立象以显之。像也，言假象以寓理，乃仿佛近似，想像而会通其理，不可执泥也。材，干也，谓卦之能也。“效天下之动”，天下事理之动，本有事几，而周公设爻以效之。吉凶在事本显，故曰“生”；悔吝由心，故曰“著”。

承上章言圣人制作宜民，皆本于易如此。是故“易者，象也”，理难穷而以象显之；“象也者”，即有形以证无形，仿佛想像而得其似，学者即象之所有，以通象之所无，可以由是会通，固不容泥以求也。至于文王《彖》辞，则就六画卦之象而论一卦之材质；周公《爻》辞，则以一画之象而效事理之变动。理之蕴于天地者本至微，而事之藏于人心者亦叵测，圣人以象示其吉凶，是故吉凶自象而生，悔吝亦由象而著也，象顾可忽乎？

右第三章，承上言理寓于象，学者即象穷理，即以理正心，毋贻悔吝也。

附　解

上章历举圣人制作，不过略举其概，故此章承上言“易者象也，象也者”不过“像也”。理寓于象之中，亦超乎象之外，即有象以征无象，观象而得法，亦不泥象而即少变通，故示人云云。材如木材然，言以此为质干，定理之可否。天下之理原有一定，人心之几不无得失，效其动而定其吉凶，使人趋善避恶。缘易理精微，蕴诸天地者无象，见于人事者有象，象无非理，得于身而后能会通易象。吉凶由动而生，悔吝自心而著，观象者亦慎动而免悔吝焉耳。

阳卦多阴，阴卦多阳，其故何也？阳卦奇，阴卦耦，其德行何也？阳一君而二民，君子之道也，阴二君而一民，小人之道也①。

阳卦“艮”“坎”“震”，阴卦“兑”“离”“巽”，阳贵故为“君”，阴贱故为“民”，“君子”“小人”，推言之以寓抑阴贵阳之意也，此就六子之卦而论。言阳卦宜多阳而反多阴，阴卦宜多阴而反多阳

① 《周易集解》：“韩康伯曰：阳君道也，阴臣道也，君以无为统众，无为则一也；臣以有事代终，有事则二也，故阳爻画一以明君道必一，阴爻画两以明臣体必二，斯阴阳之数，君臣之辨也。”（卷第十五，第241页）

者，其故何也？阳卦皆索于乾，虽多阴，而所主在奇；阴卦皆索于坤，虽多阳，而所主在耦。少者，多之所宗也。若以德行论之，阳为君，阴为民，君贵一尊，民无二王，阳卦“一君而二民”，民心统于一尊，“君子之道也”；阴卦“二君而一民”，民心分而不一，“小人之道也”。阳不可以无阴，君不可以无民，而权则有所独尊，理则有所专属，圣人抑阴而扶阳，正所以善全阴阳之用；治世权尊而统一，正所以合成治化之休，即六子而诸卦可以此类推矣。

右第四章，明六卦阴阳之义以概其余，欲人知阴阳之用也。

附　解

阴阳不可偏废，第阳为阴主，抑阴之过，正所以全阴，若阳过，亦当抑阳，无许偏胜也，此章以“一君二民”“二君一民”明之，理至圆通。盖无民则君不能独立，无君民岂可以为生。“一君二民”得乎阴阳之正，“二君一民”阳失其纲而阴亦无统，是故阳之贵贵得其正，阴之贵以成阳而贵，非但如旧解“贵阳贱阴”之说也。至“奇耦”之说，朱子解非，当从韩康伯古注，前人已曾言之。

《易》曰：“憧憧往来，朋从尔思。”子曰：天下何思何虑，天下同归而殊涂，一致而百虑，天下何思何虑。日往则月来，月往则日来，日月相推而明生焉；寒往则暑来，暑往则寒来，寒暑相推而岁成焉。往者屈也，来者信也，屈信相感而利生焉。尺蠖之屈，以求信也，龙蛇之蛰，以存身也，精义入神，以致用也，利用安身，以崇德也。过此以往，未之或知也，穷神知化，德之盛也。

无敬静之原而徒切思虑，故“憧憧”，“朋从”而失其主宰。同归，万变不离乎中。殊涂，万事各有其宜。一致，理之极。百虑，思之繁。“日月”“寒暑”，无心往来，而“明生”“岁成”，天地自然之理气如此。屈信相感，言循环相应而不穷。利，功效也。“尺蠖”以下，则教人法天地以免思虑，非“屈”则不能“信”，非“蛰”无以“存身”，非“精义”何以“致用”，精义入神，言平日性分之功。利用，乃言因应之事，利用安身，因物付物而已不劳也。未之或知，言其微妙不可言尽。穷神知化，穷极天地之神妙，而知造化所以然也。

夫子因易象繁变，既欲人即象以观理，又恐人泥象而失中，慨然有感于咸卦九四之辞，曰："憧憧往来，朋从尔思。"解之曰"天下何思何虑"，天下之理同归一是，而事物则千形万状，其涂各殊。人不知其同归者本一致也，而惟向殊涂者求之，则虑有百，然既一致同归矣，何烦思虑为。不观之天地乎，天地之功用在日月，彼日月何思何虑，"日往则月来，月往则日来，日月相推而明生焉"。二气之流行有寒暑，彼寒暑亦何思虑，"寒往则暑来，暑往则寒来，寒暑相推而岁成焉"。往者其气之屈也，来者其气之信也，一屈一信，循其自然而气机相感，生成之美利以生。是则天地固无为也，人心秉天之心，何遽不如日月寒暑之自然，则以内无静存之功，外无动察之理也。夫天地之道，有其至一者，以宰其不一者，故能日月寒暑生成化溥，人身亦然。凡事各有其义，而义待临时而择，择之者已疏；凡理必施于用，而用或不尽攸利，利之者无本也。故尺蠖能信，必先有屈，其屈也所以"求信"也；龙蛇身贵，必先能蛰，其蛰也所以"存身"也；君子平日居敬穷理，精义而入于神明，所以"致用"也；利用而攸往咸宜，以安其身，所以"崇德"也。然则静者所以为动之本，一者所以为万之原，果能如此，是德之在于我者，一若天地自然之运。"过此以往"，其理益熟，而其天机益畅，即已亦有不自知者也。盖静而含太极之真，动而协物则之宜，穷其神妙而知化育之微，德之至盛者也。夫然则不必强制思虑，而思虑自无，亦何烦"憧憧往来，朋从尔思"哉。

《易》曰："困于石，据于蒺藜，入于其宫，不见其妻，凶"。子曰：非所困而困焉，名必辱；非所据而据焉，身必危，既辱且危，死期①将至，妻其可得见邪？

释困六三爻义而推广言之，以明保全身名之道。爻义本言六三阴柔不中正，前为四阻如"石"，后为二迫如"蒺藜"，无阴阳之正应，有"入宫不见妻"象。凡小人贪据势位，干求不已，强求必得，为"非所困而

① 按：死期，众本同，《周易集解》《周易述》作"死其"。

困”；妄据非分，为“非所据而据”，危辱交迫，“死期将至”，深惕之也。为小人之困人以自困者言也。

《易》曰：“公用射隼于高墉之上，获之无不利。”子曰：隼者禽也，弓矢者器也，射之者人也。君子藏器于身，待时而动，何不利之有？动而不括，是以出而有获，语成器而动者也。

释解上六爻义，亦推广言之，以明藏器待时之道。射禽之权在人，而其器必备，其动以时，乃能“有获”。括，结碍也。语，言也。言必成器而后动，为君子之制小人者言也。

子曰：小人不耻不仁，不畏不义，不见利不劝，不威不惩，小惩而大诫，此小人之福也。《易》曰“屦校灭趾，无咎”，此之谓也。

言惩戒之不可无，而即噬嗑初九证之。仁存于心，义见于事，“耻”与“畏”，本心之良，“劝”与“惩”赏罚之著，“小”而“惩”，则“大”者知“诫”，是“威”之者所以“福”之也，故“屦校灭趾”，戒于初，而“无”再犯之“咎”。

善不积，不足以成名，恶不积，不足以灭身，小人以小善为无益而弗为也，以小恶为无伤而弗去也，故恶积而不可掩，罪大而不可解，《易》曰：“何校灭耳，凶。”

言善恶当慎于微，而即噬嗑上九证之。积善非以为名，而实至名自归之；积恶欲快其身，而罪重身且自灭，善恶无不由“积”而成，不慎于微，至于“何校灭耳”，则恶不可掩，罪不可解矣，故“凶”。

子曰：危者，安其位者也；亡者，保其存者也；乱者，有其治者也，是故君子安而不忘危，存而不忘亡，治而不忘乱，是以身安而国家可保也。《易》曰：“其亡其亡，系于苞桑。”

欲人忧勤以保泰，而即否九五证之。安危，以身所处言，故曰“位”；存亡，以家国言，故曰“保”；治乱，以事业言，故曰“有”，常存“危”“亡”“乱”之虑，则“安”“存”“治”可必。“其亡其亡，系于苞桑”，其“难”其“慎”之心，即所谓“不忘”者也。

子曰：德薄而位尊，知小而谋大，力小而任重，鲜不及矣①。《易》曰“鼎折足，覆公𫗧，其形渥，凶”，言不胜其任也。

欲人审己以任事，而即鼎九四证之。“德”以心品言，“知”以明睿言，“力”以镇定言，不自揣与不量其人而轻任之，鲜不及于祸败也。

子曰：知几，其神乎？君子上交不谄，下交不渎，其知几乎？几者，动之微，吉之先见者也，君子见几而作，不俟终日。《易》曰：“介于石，不终日，贞吉。”介如石焉，宁用终日，断可识矣。君子知微知彰②，知柔知刚，万夫之望。

欲人“知几”慎动，而即豫六二证之，“知几”以理言，“见几”以事言。“上交”贵于恭逊，恭逊非道则“谄”；“下交”贵于和易，和易失中则“渎”。在己者不失其正，而在人者必审其几，几至微而先觉之，则有吉无凶，故不言吉凶，而专言“吉”也。“不俟终日”言其速，“介于石”守之坚，惟其守贞之固，故能不终日而自断，故曰“断可识矣”。“微”者“彰”之本，“柔”者“刚”之用，见之明而守之固、行之决，是“万夫之望”也。

子曰：颜氏之子，其殆庶几乎，有不善未尝不知，知之未尝复行也。《易》曰：“不远复，无只悔，元吉。”

美颜子改过之速，以证复初九义。殆，将然之词。庶几，庶近于道也。知之明而改之力，所以迁善而无恶也，故“元吉”。

天地絪缊③，万物化醇。男女构精④，万物化生。《易》曰：“三人行则损一人，一人行则得其友。”言致一也。

絪，麻枲。缊，绵絮。借字以喻天地之气缠绵交密之意。醇，醇酒，亦借字，谓凝厚也。天地、男女皆一阴阳也，阴阳二气缠绵交固，而万物自然化醇；男女二气构合真精，而万物自然化生。损之六三曰“三

① 按：知小、力小、鲜不，众本同，《周易集解》《周易述》作“知少”“力少”“尟不”。

② 按：知彰，众本同，《周易集解》《周易述》作“知章”。

③ 按：絪缊，众本同，《周易集解》作“壹壶”，《周易述》作“壹壹”。

④ 按：构精，众本同，《周易述》作“覯精”。

人行则损一人，一人行，则得其友”。言阴阳必交合为贵，损下卦之一阳以益上卦，损一人也，三与上为正应，损此益彼，适得其友，皆谓阴阳相合而致其专一也。盖天地之形虽分，天地之气自合，惟其“絪缊”者未尝稍息，故“化醇”者亘古不穷。人身一天地也，元气之凝合者，能如阴阳之交固，则葆其浩然之气，致其未发之中，而天下万理皆从此出。“于穆不已”，天之所以为天，“纯亦不已”，文之所以为文，此之谓也。

子曰：君子安其身而后动，易其心而后语，定其交而后求，君子修此三者故全也。危以动则民不与也，惧以语则民不应也，无交而求则民不与也，莫之与，则伤之者至矣。《易》曰：“莫益之，或击之，立心勿恒，凶。”

道顺则身安，理直则心易，情孚则交定，“君子修此三者”而民与之，以其求诸民者，无不本诸己也。反是而己德不恒，求益不已，则莫能益之，且有意外之患。夫恒者所以守其一也，致一则专心，“恒”则“吉”。几可以审，过可以寡，“存身”“致用”“崇德”不出乎此矣，此圣人所以结通章之意也。

右第五章，言百虑归于一致，而杂引易言，以明事有定理，道惟自修，屈伸变化，不离乎一致也。

附 解

开端借“憧憧往来，朋从尔思”慨叹而起，甚言不必思虑，然非寂然无知，不假思虑之谓。以天地之道，有其至一者，以宰乎不一者，故日月往来，生成以遂。君子以静一者，驭天下之不一者，故“蠖屈”“龙蛰”，裕其“精义”之原，而“致用”“崇德”，由是而企神化。此节已将大旨言明，下乃杂举爻义，以明世事不一，其求诸身者则一，而归于致一之功、心恒之道，是教人之本意也。“非所困而困”“非所据而据”者，忘其在己之安，而求非分之荣故也，不知“君子藏器于身，待时而动”，何至如此？然藏器待时，必由平日迁善改过，而后渐臻此诣。禁恶者必于其初，积善者必慎于微，以“屦校灭趾”为师，以“何校灭耳”为戒，则善积而名成矣。然名德虽成，戒慎犹不可少，故“安不忘危”“存不忘亡”“治不忘乱”，保身全家之道，而“德薄位尊”“知小谋大”“力小任重”，有不胜其任之“凶”，君子知几其神，则藏器待时，不足言矣；颜子改过不吝，则精义入神，可立致矣。虽然，此岂无存养之本，而徒逐事以求者所能与哉。天地之生化万物也，非物物而生化之，阴阳二气“细缊”交固，而万物自然“化醇”，男女之“构精”也，亦岂有心，而万物自然“化生”。故凡事物之原，本于致一，致一者致其专一，谓二气凝合于身，阴阳统于太极，浑然粹然者，与天地合德，而“殊涂同归”之理，有以灼见其精；“憧憧往来”之思，有以涤除至尽也。“三人行则损一人，一人行则得其友”，物无独而有对，两相合则专一，三相参则离分，非阴阳无以成造化，阴阳不交又何以能生成，君子静含太极，动合阴阳，亦惟如是而已。至于与世接物，“安其身而后动，易其心而后语，定其交而后求”，常守吾德之恒，不为徇物之举，则不求益而益自在其中，否则凶矣。此夫子反复诲人之意，而历来讲家不得其解。至来瞿唐改订各章次第，尤属无谓，断不可从。或曰：“细缊化醇”言两也，何以致一？曰：易之本爻言损此益彼，阴阳相得而彰，夫分之则阴阳也，合之则一太极耳。太极具于无形，而阴阳呈于有象，以有象者求之，而其相交凝合若此，可知阴阳不可强分，理气归于一元。人身一天地也，理气之本于太极者，浑然粹然，本无二象，而拘蔽以后则失其本来，养浩然之气而全中和之理，非致一无以为功。《虞书》曰“惟精惟一，允执厥中”，统内外精粗而言之也；子曰“一以贯之”，则明至一者可以贯万事。一者理也，以其至精至粹，则曰“太极”。气非理不立，理非气不行，“太极”者理气纯粹之名，夫子言“细缊化醇”“构精化生”，未尝废气以明理也。而后儒恐气涉于粗，专言乎理，不知形下之气，或邻于粗，而太极之原，则理与气一，未尝粗也。至谓天地以气交，男女以形交，其言亦是，然形交者未始可离乎气也。经文明言“构精”，固谓其交者形，而所以交者亦气耳。不可硬分两下，致本文大旨不明。

子曰：乾坤，其易之门邪。乾，阳物也，坤，阴物也；阴阳合德而刚柔有体，以体天地之撰，以通神明之德。其称名也杂而不越，于稽其类，其衰世之意邪。

“门”者，物之所从出也，言六十四卦皆从此而生。《上传》言“缊”，自其在中者言，物无不包；此言“门”，自其在外者言，物无不由也。有形质曰“物”。合德，无分别。有体，各成质也。有形可拟故曰“体”，有理可推故曰“通”。撰，结造也。神明，莫测之谓。衰世之意，言预防世衰而为之。

此发明乾坤二卦为诸卦之祖，而欲人探本穷源。言“乾坤，其易之门邪”，阴阳之理气具于无形者不可见，而圣人画“乾”“坤”以象之。盖理气之凝结则为物，“乾，阳物也，坤，阴物也”，阴阳交相为用，本合德而无偏胜，而其成为物也，则一刚一柔，各有体质。天地之精英结撰者未尝无形，而其神明变化者莫可窥测，圣人盖以此乾坤“体天地之撰”，而“通神明之德”也。全书称名繁杂亦甚，而不越乎乾坤之范围，“于稽”其称名之“类”，所以不得不“杂”者，盖知世变将甚，人心益漓，不得不博引繁称，以著其象，“其衰世之意耶”。

夫易，彰往而察来，而微显阐幽，开而当名，辨物，正言，断辞，则备矣。

“彰往”者，明天道之已然；“察来”者，察人事之未然。“显”者，日用事物，推其本于理数之幽者以微之；“幽”者，神明天道，著其义于事为之显者以阐之。开，开示，承上“门”字而言。当名，六十四卦名称之当。辨物，取象之物。正言，言不离正。断辞，决其吉凶悔吝。备矣，言理象无不全。

承上言“易彰往察来”，而“微”其“显”者，“阐”其“幽”者。然皆本于乾坤所统，即乾坤二卦开其门以示人，而当其称名，辨其物象，言则必出于正，理则实断可否，则人事物则之用咸备于中也。

其称名也小，其取类也大，其旨远，其辞文，其言曲而中，其事肆而隐，因贰以济民行，以明失得之报。

远，谓深广；文，谓文采。曲，委曲。中，当理。肆，陈也。隐，含蓄。贰，疑贰。失，非理，得，顺理也。

承上言卦爻义理皆出于乾坤，故其称名也虽仅物象之小，而其取类也则极乎阴阳之大，其旨深远，而其辞文章，未尝质露；其言事物之理，委曲而悉合乎中正；其事肆陈而正多含隐，大抵因民心之疑贰，而设为象数理义，“以济民行”，以明理之失得，其吉凶之报不同如此。

右第六章，言乾坤为易之门，而一切辞旨皆由是生，欲学者即委以穷源，毋外理而求失得也。

附　解

天道不外阴阳，阴阳散为万事，万事无非一理，伏羲画乾坤二卦，便已该得万事万理于中。后圣系辞演爻，莫非推阐阴阳之义，即莫非发明乾坤之理，观象玩辞辨占，求其当于天理，以复乎天地之正而已。此章故特表“乾坤为易之门”，以见全易由此而生。结之曰“因贰以济民行，以明失得之报”，若民心不贰，则易可以不作，圣人作易，原为忧民而设。学者能知失得本于天理，则必能即象以穷理，修身以合天，此夫子谆谆教人之意也。前人殊多肤廓。

易之兴也，其于中古乎，作易者其有忧患乎。

中古，谓庖羲氏，对洪荒言则中古也。上古民情浑朴，至中古而嗜欲渐开，圣人忧世虑患，乃作易以诏将来。言“忧患”者，欲人知圣人忧患之心，而体之以自修也。

是故履，德之基也；谦，德之柄也；复，德之本也；恒，德之固也；损，德之修也；益，德之裕也；困，德之辨也；井，德之地也；巽，德之制也。

三陈九卦，明君子反身修德，以处忧患之事也。“履”者，上天下泽以为礼，非礼不履，则操持定而始基立。“柄”者，人所执持，谦受而后可以集益，如执柄以驭物，无所不可。“复”者，一阳初还，在人心为善念方新，火然泉达，百行自此而始，故曰“本”。恒，久而后德日坚固，故曰“固”。“损”者，裁其所过，惩忿窒欲，损之又损，以至于无，自修之要也。“益”者，层累不已，迁善改过，日新月盛，而德日宽裕，充然有余也。辨，别也，处“困”而后见德之真伪。地，“安敦”者也，井养不穷，静深有本，德之全体具足，而溥济无涯，故曰“地”。无忤于物而能胜物者，风也，巽柔而善入，析之也精，故其断之也决。

履和而至，谦尊而光，复小而辨于物，恒杂而不厌，损先难而后易，益长裕而不设，困穷而通，井居其所而迁，巽称而隐。

申明九卦之德，是上文所以可为修德者也。兑说故“和”，乾健故“至”。地居山上，山虽自下于地，而不失其为高。复一阳初萌，而群阴不能乱，则“辨”矣。恒，震动不一则“杂”也，而巽入有常则“不厌”。损，损山以益泽，其势若“难”，而损高益下实“易”也。益，风雷鼓动，有日盛道理，故“长裕”而自然而然，非有造设也。水困于泽则穷矣，而终得流通。“居其所”，水在井中，迁则水之汲而及物也。称，谓称物平施；隐，深入不露，曲全其道而善其用，巽之德也。

承上言九卦何以为修德之借，盖就卦体言之。履，天泽定分，主于至严，然皆所以达乎人情之和，而当乎天理之极。至谦卑宜不尊而晦暗矣，然山下于地，不失其高，而生物之功愈著，则“尊而光”也。复，一阳初动，其机甚“小”，然天理方新，群阴不能翳蔽，凡物理无不可“辨”。恒，震动则嫌繁杂，而巽入有常可以历久“不厌”。“损”者，损此就彼，其先甚难，而勉强以成自然，后实易也。益，积累弥充，有“长裕”之道，然皆理势自然，无俟设施造作。困，穷于所居而守贞，终得亨通。井以域水，“居其所”而不移，然自下上上，利济无穷，实能“迁”也。巽，非善柔之谓，谓其“称物”以得其平，而理之所在善为曲全，人安其德而不觉，机至“隐”也。惟九卦之德如是，故修德者以之也。

履以和行，谦以制礼，复以自知，恒以一德，损以远害，益以兴利，困以寡怨，井以辨义，巽以行权。

和行，和其行，有子曰“礼之用，和为贵”是也。礼，自卑而尊人者也。自知，自心有主而明辨。一德，无二不息。忿欲害身害性，损以远之。利，谓益德益世之事。怨己而不怨人，则困伸。蓄德静深，不能利济，则“辨义”。“权”者，随时处中也。

承上言九卦之德如是，故修德者体“履”以和其行，顺乎天理人情之安，而不失其正；体“谦”以制其礼，存一卑己下人之念，而悉合于度；体“复”以能“自知”，本其性分固有之理，而明察几先；体“恒”

以一其德，历乎常变生死，而不改其贞；体“损”以“远害”，惩忿窒欲之净尽，而动皆亨衢；体“益”以“兴利”，迁善改过之无已，而功业振兴；体“困”以“寡怨”，境愈厄而责己愈严；体“井”以“辨义”，涵蓄深而利济不匮；若夫“巽”者，则不违乎正，而能委曲以适于中者也，则体之以“行权”。是九德者可以成己，可以成人，而无往不宜，圣人当日有忧患之心而作，学者得之以平忧患，庶乎善读易者矣。

右第七章，言圣人忧患作易而概举九卦，示人修德之大要。

附　解

天下万物之理，莫非五身之理，而天下之变，则不可以言尽。虽圣人不能无忧患，恃其所以处忧患者，尽其道而已。六十四卦为生民而作，皆教人修德返身，以承天地，以维五伦，奈人不知修德，而徒求趋避，则大失作者之本意。此章夫子故特提明“作易者其有忧患乎”，或疑伏羲时非“中古”，不应有忧患，遂谓指文王言，非也。上古浑噩之风，至伏羲时而渐异，天以“河图”“洛书”泄露大道机缄，伏羲仰窥天意，画卦以示人。太极生两仪，两仪生四象，四象生八卦，因而重之，为六十四卦，一时所成，既有卦即有名，非但名八卦，至文王而始加之也。一部《易经》，无非教人修德，此言九卦，不过略举以示人。二节“之”也字，三节“而”字，四节“以”字，意义层次显然，前人殊多囫囵。“德之地”，谓德之全体，蕴于中者至深，发于外者周浃，《中庸》“言溥博渊泉，而时出之”，亦即此意。“长裕不设”，谓德益加厚，随所取给，不待设施造作，凡不足者，其应有穷，则不免于“设”，反是而其义可想。“居其所”，德之静深者有常，“迁”谓应物者无定，下文“辨义”是也。“远害”“兴利”一身之得失，生民之利害系焉，损其恶，益其善，一己之德无忝成人成物，其利不穷，非寻常避害趋利之比。巽，善人之意，析义不精，安能曲当于天理，而不戾于中和，故曰“德之制”“以行权”也。“称而隐”，“行权”之妙，称物平施，令人不觉，非隐秘之谓也。学者即九德而精之，可以不必读全易，亦即九卦可以通全易矣。

易之为书也不可远，为道也屡迁，变动不居，周流六虚，上下无常，刚柔相易，不可为典要，唯变所适。

不可远，言当切身而求。屡迁，活泼之意。居，止而不移。六虚，六合，非形可执则曰“虚”。上下、刚柔，皆指阴阳二气。无常，所以不居。相易，所以周流也。典要，一定常法。变，谓事变。

道具于天地，而发明于易，天地之道皆人之道也，子故言“易之为书也不可远”。人而求其为道也，屡因象而迁就，非故为“屡迁”也。盖理有定而无定，一元之化变动不居，周流于六合之间，其自下而上，自上而下，无常可执，要皆一刚一柔相易而成变化，故易之为书，其著为象辞者，不可执以为一定之“典要”也，惟其事变“所适”，体玩焉而得其中焉然后可。

其出入以度，外内使知惧，又明于忧患与故，无有师保，如临父母。初率①其辞，而揆其方，既有典常，苟非其人，道不虚行。

出入，阴阳阖辟之机。度，如天度之度，谓有常则也。外内，犹言显晦，外者内之使，知显著之事根于幽隐之间，故“知惧”也。明于忧患，吉一而凶悔吝三，知警畏也；故，忧患之所由。师保、父母，互文，言虽无有而常如临之也。初，谓学易之始，初但循其辞而揆其理，积久既得其要，而有“典常”矣。又须其人实有易之德，然后能行易之道，即《中庸》“苟不至德，至道不凝”之意也。

承上言易道之变动，不外上下刚柔，刚柔之上下，即阖辟动静之机也。动者为“出”，静者为“入”，其出入也，以自然之常度，则至变之中，有其不变者存，故易书设为象数以示人。外者内之使，人知外内一原，警惧于心，又明于忧患之来，与其所以然之故，不敢侈肆，“无有师保”，常“如临父母”。然学者学易之初，“率其辞”而揆其义理所在，积久而贯通，既有典常可守矣。然苟非其人，实具阴阳之德，合天地之宜，则易道亦不可以“虚行”也。然则易不可远身而求，不信然乎？

右第八章，言易道不远于人，欲人凝道以为观象之本。

---

① 按：初率，众本同，《周易集解》《周易述》作“初帅”。

附解

此章先儒泥卦爻言，义多难通，既曰“变动不居”，又曰“出入以度”，既曰“不可为典要”，又曰“既有典常”，“上下”也，“相易”也，“出入”也，“外内”也，语复而文繁，指归安在？使知惧矣，“明于忧患与故”矣，“无有师保，如临父母”矣，又曰“苟非其人，道不虚行”，亦觉背触。弊由拘前人之成说，而不求本文语意之真也。开端言“易之为书也不可远”，为人不返身而求易于象数，故特云然也。下接言“其为道也”云云，道者易之理，易之理，天地之理，亦即人之理也。“变动不居，周流六虚”，只此一气弥纶，自有阴阳动静，“上下无常，刚柔相易”，易道之在天地者如是，即其在书者亦如是，故“不可为典要，惟变所适”也。惟变所适，变化而适于中，非恍恍无定之谓，故又承言刚柔上下“出入以度”，故能以有定之理著无定之象。外内，外者本乎内，微者使之显也。使知惧，卦爻卜筮丽以神明，有所警惧。忧患与故，则其辞之显见者。无有师保，如临父母，皆严敬之意，非旧说慈爱之谓。末五句乃结明即象求理，体易行道之功。典常，谓会通而得其辞义之要，非与上“不可为典要”背也。前人以“六虚”为“六位”，夫既列为爻象矣，而又曰虚耶，因恐堕入虚无一派，必沾沾就卦爻言，而不审圣人立言之旨，则益见其牵强耳，识者详之。本章统论大文，无卦爻象字，如下章则不然矣。

易之为书也，原始要终，以为质也，六爻相杂，唯其时物也。其初难知，其上易知，本末也，初辞拟之，卒成之终。若夫杂物撰德，辨是与非，则非其中爻不备。

始、终，就一卦而言。质，体也。杂，参错。时物，时不同而物象亦异。初爻几之始动，上爻卦之已成。“初辞”二句，申明所以“难知”“易知”之故。杂物，杂举物象。撰德，撰成阴阳之德。

凡理必有本末，凡事必有终始，“易之为书”，大要“原始要终”以为体段也。至六爻错杂成文，唯其时物之当然以取象，初无定体，卦之初爻“难知”，其上爻“易知”，“本末”之异也。初爻几始露而端甚微，辞多拟议，必审几于微者始知之，故“难知”；上爻卦之卒而事之成，已终一卦之义，故“易知”。若夫阴阳相杂而有物象，杂物以撰成阴阳之卦德，“辨是与非，则非其中爻不备”，合上中而成一卦，实止成其一始一终之理而已。

噫，亦要存亡吉凶，则居可知矣，知者观其彖辞，则思过半矣。

要，归也。居，谓占者所自处。彖辞，统论一卦之大旨。过半，得其大半也。

承上而慨叹，言易书“原始要终”，无非示人“存亡吉凶”之定理，无论初上中爻，学者亦要诸“存亡吉凶”之正，则所以自处者可知矣。至于《彖》辞统论一卦大体，知者观而思之，则卦义已可得其大半矣。

二与四，同功而异位，其善不同，二多誉，四多惧，近也。柔之为道，不利远者，其要无咎，其用柔中也。三与五，同功而异位，三多凶，五多功，贵贱之等也，其柔危，其刚胜邪。

此论中四爻刚柔之义，所谓“辨是与非，非其中爻不备者”也。善，谓功也。誉，得君而有美名。惧，近君而生危惧。近，谓得君也，二与五应，亦为近四，则位尤近也。不利远者，外君不成功。要，归也。柔中，柔顺于君，则得中道。柔危之“柔”，谓柔弱；刚，刚正，柔弱则失其刚之体，刚正则当乎刚之位。邪，叹词，非疑词。

承上言观彖固思过半，而中爻之义，亦不可以不明也。今试略言之，如二与四皆阴位，其佐君之功同也，而二为在下之臣，四为近君大臣，其位则异，惟其位异，故其佐君之“善”不同。二为君之正应，多有美誉；四为君之亲辅，多有危惧，二者皆以近君而成善也。盖“柔之为道”，必得阳以成能，不利于远君者，二四位不同而同归“无咎”，其用贵于“柔中”也。能柔顺以近君，则二之多誉者固善，四之多惧者亦善也。三与五爻皆阳位，三为在下之上，五为在上之上，其功同也，而三为臣之在下而长民者，五为君之主治而临人者，其位则异。三为下位之上，而在其上者更有人，多凶败之虑，五为主治而独断者，多功业之著，贵贱之等不同也。夫三五之位皆阳，而得失判焉者，盖阳位宜于阳德，一参以阴柔，则臣固邪佞而不忠，君亦孱弱而不振，惟出以刚德，则臣守正而不自任，可免于凶，君中正而能下贤，多有其功。然则阳位之爻，其柔者危，而刚者胜耶。学者知刚柔之辨，则知是非之分，而中爻亦思过半矣。

右第九章，言易统始终而备时物，当观象辨爻以求之。

附　解

一卦有一卦之纲纪条理，故曰“原始要终以为质”。六爻时位不同，故其取类不同，然大要则“彖”辞尽之，六爻不过发明随时处中之理，此夫子所以教人“观彖”，又教人“辨爻”也。初者几之方萌，上者事之已竟，已成者易见，未然者难知。中爻各有定位，二为贤臣，四为公孤，四固近，而二与君为正应，亦近也。“近也”双承“二”“四”而言，非单承“四”也，“柔之为道，不利远者”，正发明上文“近”字之义。人臣远君，何以行道，故“二”“四”皆柔位以得君而“善”，虽“誉”“惧”不同，同归“无咎”。其用柔中，二四皆以柔得中为贵，示人处“二”“四”之道也。三为下卦之上，诸侯之位，权可自擅，而上之者更有人，故曰“贱”，惟其有权，易于自用，亦易于招尤，故“多凶”，以阴柔小人居之，则败矣。刚胜，只是臣以正自守，不为邪僻；君以正驭下，不为骄淫，非偏刚之谓。要之，柔位宜于柔德，刚位宜于刚德。前人解此节，按之本文，语气不顺，今正之。

易之为书也，广大悉备，有天道焉，有人道焉，有地道焉，兼三才而两之，故六，六者非他①也，三才之道也。道有变动，故曰爻，爻有等；故曰物，物相杂；故曰文，文不当，故吉凶生焉。

广，谓如地之无所不容。大，谓如天之无所不帱。悉备，万物之理纤悉备具。才，能也。天能覆，地能载，人能参天地而育万物，故曰“才”。三才各一，不两则不能变动，故兼而两之，以为六画，言非圣人之私意为之也。“爻”者，交也，阴阳变动相交，故有“爻”；爻有贵贱等级，亦如物之各有等也，故曰“物”；错杂则成文章，故曰“文”，文

① 按：非他，《来往》同，众本作“非它”。

即物之灿著者，非文词之谓。文错杂而不得其当，则有“吉凶”。

右第十章，言易本“三才”自然之道，所以能“广大悉备”，欲学者于其变动，得其不易之方也。

附　解

“广大”言其本体，“悉备”言其纤悉。三才之道各一而已，然不两不能变化，故兼之为六画，此亦大概言六画之义。后儒以上二爻为天，中二爻为人，下二爻为地，亦通，然亦不可尽拘，盖圣人本意不尽于此也。道有变动，陆绩曰：“天道有昼夜日月之变，地道有刚柔燥湿之变，人道有吉凶善恶之变。”① 亦说得好。然阳变之阴，阴变之阳，阴阳动静，不一其端，圣人以爻象之，故生出许多义理，则亦不必谓天地如何变，人如何变也，变动者一理而散为万物，皆自阴阳变动而生。理气著而成质则为“物”，杂而成章则为“文”，物与文，谓三才之道灿著于爻象间者。不当，时位不当，即拂乎道之自然。当者吉，不当者凶，言吉凶由此而生，皆非强附之理也。

易之兴也，其当殷之末世，周之盛德邪。当文王与纣之事邪，是故其辞危，危者使平，易者使倾，其道甚大；百物不废，惧以终始，其要无咎，此之谓易之道也。

此言“兴”，就文王演易说，谓易道中微而复兴，与前七章言“中古”不同。文王盛德而处忧患，以己所历者教人，故其系辞多危惧之辞。“危者使平”四句，申明“其辞危”句。易卦中有战兢惕厉而“危”者，辞则使之“平”焉，敬慎足以不败，而“吉”“无咎”之属归之；有骄矜慢怠而“易”者，辞则使之“倾”焉，怠荒每以致祸，而“凶”“悔”“吝”之属归之，此“危平”“易倾”之道，乃天地自然之理，凡事无不由之而分成败。文王系辞，使人知所戒劝有然，故“其道甚

① 按：陆绩原文“吉凶善恶”前有“行止动静”四字。陆续后文曰：“圣人设爻以效三才之变动，故谓之爻者也。”（《周易折中》卷第十五，第553页）

大”，百物不能废此也。“惧以始终”三句，则教人学易之要，以危惧之心慎终如始，凡事不必求功，期于“无咎”而止，此则“易之道”也。

右第十一章，言易道以戒惧为本，而推本于文王以明之。

附解

敬慎自是圣贤德业之要，何独文王有然？因常人处顺则肆，处困则怠，每欲长享亨适而不自修，故特以文王示人。文王即不居忧患，岂不敬慎，然其当纣之事何等危惧，卒自尽其道而获安平。则凡事之不顺者，不过如文遇纣，而吾所以处事者，能如文王否？“惧以终始，其要无咎”，所以不求有功，只求无过。五伦百事如是，其亦可以平而不倾矣。此本章教人之意，非沾沾说易而易理已该。

夫乾，天下之至健也，德行恒易以知险；夫坤，天下之至顺也，德行恒简以知阻，能说诸心，能研诸侯之虑，定天下之吉凶，成天下之亹亹①者。

“健”“顺”者，乾坤之性。得诸心为“德”，见诸事为“行”。易、简，见上篇首章。险，险难，“易直”之反。阻，壅塞，“简静”之反。说，理得而快足于心。研，理熟而精详于事。且天子以至于庶人，皆有险阻，诸侯上承天子，下理兆民，其险阻尤甚，故举以该乎贵贱也。亹亹，勉而不已也。

言人心之险难知，人事之阻难治，以险阻御险阻，则不足以知险阻，而亦无以处之。“夫乾，天下之至健”，体之为“德行”，则中心易直，恒以此烛人情而平其险；“夫坤，天下之至顺”，体之为“德行”，则行事简静，恒以此察事机而通其阻，故易简之理，本人心天理之正，而该乎万事万理之原，能使此心快然自说，以之应变，“能研诸侯之虑，定天下之吉凶”，使民知所趋避，而成天下之事功。亹亹，劝勉而不已者，人可不务乎。

① 按：亹亹，众本同，《周易集解》《周易述》作“娓娓”。

是故变化云为，吉事有祥，象事知器，占事知来。天地设位，圣人成能，人谋鬼谋，百姓与能。

云为，言行也。吉事，善事。象事，象形之事。占事，卜筮之事。

承上言“健”“顺”之德如是，是故人之“云为”，变化不一，能以“健”“顺”为归，则为“吉事”而有祥征，其或象之为事，则知此器之形而可制器；或有所占，则知未来之吉凶而可以断疑。盖自“天地设位”，即有此“健”“顺”之理，圣人体之以成能，通乎幽明，达乎愚贱，“人谋鬼谋”无不可者，而百姓亦“与能”也。然则“能说诸心，能研诸侯之虑”，不亦信乎？

八卦以象告，爻、彖以情言，刚柔杂居，而吉凶可见矣。变动以利言，吉凶以情迁，是故爱恶相攻而吉凶生，远近相取而悔吝生，情伪相感而利害生，凡易之情，近而不相得，则凶，或害之，悔且吝。

“八卦”四句，言“吉凶”之所由著。“变动”二句，言卦理与人事之所以合，因卦有“变动”，故象有利不利；因事有吉凶，故爻彖言其情之迁变者以示人。“是故爱恶”以下六句，言吉凶悔吝皆生于人情。取，取用。感，感召也。“凡易之情”以下五句，则言易例也。

承上言“健”“顺”为阴阳之主，而八卦由此而生。“八卦以象告，爻彖以情言”，只此一阴一阳，刚柔之理，相杂而居，而“吉凶”朗然“可见”矣。因刚柔“变动”不常，有利有不利，故卦象“以利言”；人情不尽当于阴阳之正，故爻彖以吉凶言，然则卦与爻彖，皆所以因人情而为之裁制也。是故“爱恶”者，人情之大，凡“爱恶相攻而吉凶生”矣；“远近”者，人之时位，“远近相取而悔吝生”矣；“情伪”者，善恶之分界，“情伪相感而利害生”矣，人情如此，故易之理亦如此。“凡易之情，相近而不相得，则凶”，或有害之者，则“悔且吝”。学者即易之情以得其情，而合乎健顺之正，有吉无凶，斯为善读易者矣。

将叛者其辞惭，中心疑者其辞枝，吉人之辞寡，躁人之辞多，诬善之人其辞游，失其守者其辞屈①。

此言人情具乎辞，以申明首节所以“知险”“知阻”之说也。“吉”

① 按：辞屈，众本同，《周易集解》《周易述》作“辞诎”。

者，得易简之理者也；“叛”“疑”“躁”“诬”“失守”，失易简之理者也。

承上言易之情一本于人情，而人情之变不常，要在有以察之。彼“将叛者”，其情既歉，其辞必多惭愧；“中心疑者”，其见不明，其辞必两端互出；“吉人”敬慎而有节，其辞必“寡”。“躁人”粗率而不谨，其辞必“多”；“诬善之人”变动是非，无实迹之可据，故“其辞游”而无根委靡；失守者日趋卑陋，故“其辞”屈抑而不伸。惟合德于健顺者，以易简穷险阻之情，则有以知之，而“能说诸心，能定天下之吉凶”，此所以学易者必本于“健”“顺”，自正其情，乃可以平人之情，而易之吉凶悔吝，无不详察矣。

右第十二章，标“健”“顺”为德行之本，而因推极卦象爻彖莫不由兹，欲学者正其情以穷万物之情也。

附　解

此章首言乾坤，次言八卦爻象，后言吉凶悔吝言辞，词若杂见，先儒因不分明，有析解者亦于承接贯串之理不著，今疏通之。学者细将本文玩味，与愚说相参，则知圣人之言本有条贯，不容舍《经》以从《传》矣。“侯之”二字，或以为衍文，后儒从之，不知夫子特举诸侯以该其余，“定天下之吉凶，成天下之亹亹”，皆就诸侯言也，与《上传》十一章专就著龟言者不同。虽易理定吉凶，成亹亹，不止诸侯，而此蒙上文“险”“阻”言，诸侯如此，则他可知，不言天子而言诸侯，圣人避尊也。吉事，或改“事”为“凶”，尤谬。“天地设位”四句，紧收上文，而前人错分段落，致承接不顺。“八卦”“爻象”，举该全易，其曰“刚柔杂居，而吉凶可见”，明夫吉凶之不难见也。“变动”以下，言象情之实，然易义变化，皆本乎人情，人情不一，要可平以易简。故言易“吉凶悔吝”之后，结以“其辞”一节，此皆词义自然之理势，而纷纷曲说，转益疑窦，安可不辨？

说卦传

《隋志》："秦后易失《说卦》三篇，汉宣帝时河内女子发老屋得之。"今《说卦》只一篇而别出，《隋志》殆混言之。《系辞》通论经义，此则专明八卦之义，原其所起，究诸物象，故曰"《说卦传》"。

昔者圣人之作易也，幽赞于神明而生蓍，参天两地而倚数，观变于阴阳而立卦，发挥于刚柔而生爻，和顺于道德而理于义，穷理尽性以至于命。

赞，助也神明居幽，而圣人以易道通之，故曰"幽赞"。生蓍，生揲蓍之法。参，三之；两，两之；倚，依也。天数奇，地数耦，三其奇之数，"一三""二三""三三"而阳九天数盈焉；两其耦之数，"二二""二三""二四"而阴八地数盈焉。一与二合而为三，三与二合而为五，五与二合而为七，七与二合而为九，固不离乎"参""两"之数。一三为三，二三为六，三三为九，"三""九"阳之正位，而"六"则天地之合也；二二为四，二三为六，二四为八，"四""八"阴之正位，而"六"亦天地之合也，以三合二而为五，以五合五而为十，要不离乎"参""两"之意，盖依河图之数而起，凡数皆自此推也。阴极变阳，阳极变阴，故乾坤生八卦，八卦生五十六卦也。卦成而刚柔有体，时位不同，圣人发挥其义，故有爻。道，理之在天地者；德，则人之德；义，事物之宜也。上"理"字条理，下"理"字义理。理散于万事，而性具于人，命则主宰之在天者。穷，极其精；尽，极其纯；至，达其奥也。

言圣人作易，"幽赞于神明而生蓍法"，参两天地依以起数，观变阴阳因以成卦，发挥刚柔遂有爻辞，"数"也"卦"也"爻"也，皆本天地神明之德而非有强为也。盖天道具于人则为"德"，著于事则为"义"，圣人以易示人，使之不乖于天之"道"，不逆于人之"德"，而不紊于处事之“义”，学者诚即是以穷究万物之理，而反身以求自尽其性，深造精微以极于天命之本然，则不负圣人作易之教矣。

右第一章，言圣人以神明之德作易，而学者当即象穷理以极于神明。

附　解

“参天两地”，说者不一，皆有理致，然大都就揲蓍言，不知此章乃因将言八卦之义，而揭言易赞神明，“数”与“卦”“爻”皆本天地之自然，欲人“穷理尽性以至于命”，为下十章总冒。蓍法，“大衍”章已详，此只大概言数本天地，不必斤斤求合蓍法也。旧说天圆地方，圆者径一围三，方者径一围四，以解“参”“两”，然本文无方圆字样，是为添设。来氏、胡氏专以河图生数言，竟废成数，亦为偏枯。兹但就河图十数，略标“参”“两”之意，而诸说自无不该矣。道德义理性命，一理而异名，但此处既分言之，则道统言之，天人所共，德就人言，义即事言也，“和”之“顺”之“理”之，就易言也。“穷理”句乃就学易者言，性即理也，在天曰“命”，在人曰“性”，本天而为性者，一本也；率性而散见于事物者，万殊也。穷究事物之理，一一返求诸身，内外交养，本末交修，久之而性尽命立，则天命之原在吾身矣。此中有许多功夫，非可以空言晓，非可以文字传。夫子约言之如此，是在学者深思而自得也。

昔者圣人之作易也，将以顺性命之理，是以立天之道曰阴与阳，立地之道曰柔与刚，立人之道曰仁与义，兼三才而两之，故易六画而成卦，分阴分阳，迭用柔刚，故易六位而成章①。

“性命”者，乾坤之正理也，乾阳在人为“性”，坤阴在人为“命”，性命合而成一太极。上章言“穷理尽性以至于命”，谓尽人以合天，“性”就人言，“命”就天言，此则以“性命”明太极之真也。太极

① 按：六位而成章，众本同。六位，《周易集解》作“六画”：“章谓文理，乾三画成天文，坤三画成地理。”（卷第十七，第263页）

无形，而理气之动静者有性命，“性命”者，乾健坤顺之自然凝精者也。“阴阳”“刚柔”“仁义”，皆此“性命之理”所发见，阴阳以“气”言，柔刚以“质”言，仁义以“德”言，其实一而已。圣人就天地人之成形分著者言，姑以此为三才之道，以性命之原不可见，即可见者以明易所由生也。仁义皆有阴阳刚柔之用，不可以仁为阳刚，义为阴柔也。三才共此性命，两三则为六，六画则尽阴阳之用，错杂成文谓“之章”。三才之道既以相对而分，又以更迭而用，此易所以“六位成章”也。“兼”字、“分”字、“用”字不著力，就造化说不就易说，言合三才之道而皆两，易所以“六画成卦”“六位成章”也。

言圣人作易，“将以顺性命之理”，非有勉强造作，是以即性命之著于“天”者言，则“阴阳”其易见者，以此“立天之道”；即性命之著于“地”者言，则刚柔其显呈者，以此“立地之道”；即性命之成于“人”者言，则仁义其该括者，以此“立人之道”。惟天地人同此性命之理，故曰“三才”，“兼三才而两之，故易六画而成卦，分阴分阳，迭用柔刚，故易六位而成章”也。

右第二章，言易本“性命之理”，故统三才而兼万变也。

附 解

“性命”二字，自夫子发之，因上章言“穷理尽性以至于命”，后儒只知在天为“命”，在人为“性”，而此章“性命”亦只同解，然下文“阴阳”“刚柔”“仁义”分配之理不明矣。今若不显揭之，则天地人之道不著，而拘守先儒成说，反失圣人之心，愚甚惧之。盖天地只一太极，不可强分也，然天位乎上，地位乎下，人位乎中，三才业有分形，则太极之在天地与人者，各有真精，是即性命之分见也。不得其分，由不知其所以合，知合者未尝不分，则知分者实未尝不合，此三才所以并立，不可轻重也。天道之大者曰“阴阳”，然阴阳止一太极而已，太极动而生阳，静而生阴。阴阳之分著者为“天地”，天阳也，地阴也，阳施阴受，有天而无地，则为有阳而无阴，天包乎地，地承乎天，天地曷尝判然自为阴阳哉。

惟太极之理气无形，而天地之呈象者有二，人遂不知天地之所以合，夫其合者何也，曰“性命”也。性，乾之理，命，坤之理，纯粹而无滓者“性”，凝一而浑厚者“命”，先天性命合一，乾坤之所以为一元；后天性命分寄，乾坤之所以判高卑。阴阳则其“气”之用，刚柔则其“质”之成，然无气不能成质，无质何以寓气？以之分配天道地道，亦第就人之所见言，以明天地皆性命耳。若竟剖为两橛，理岂通哉。若夫“立人之道曰仁与义”，则专就性命之粹本于天地者言，而气质则所不论也，盖万物皆天地所生，而得其正者惟人。性，天理也，命，天根也，性寄于命，是以有此天理，而后成此身形；命寄于性，则既成此形质，而或牿其天性，仁则葆乎性之良，义则节其命之正，不特存诸中者为“仁”，发于外者为“义”，而一念之刚柔，仁义之用以分；太极之浑涵，仁义之体以固，一如天地之阴阳刚柔分著其用，未尝不共成其功也。三“立”字，因恐人不知天地人之至理，故以此括之，得其贯通，则一而已。天阳而有阴，地柔而有刚，可见性命不可偏废，仁义则人之所以承天地者，故三才必两兼而其义始备。“分”以对待言，“迭用”以流行言，刚柔亦有“分”，阴阳亦有“迭”，互文见义耳。易之阴阳刚柔，全法天地以立人事之则，要无非“顺性命之理”。人本天地之正而生，未生以前为先天，既生以后为后天，先天阴阳之正，性立而命凝，太极之浑然者如天地，故人性皆善；后天阴阳之交，性微而命危，太极之粹然者非本来，故有“人心”“道心”，去“人心”以纯“道心”，化气质而存天理，使返乎阴阳之正而已。人心阴欲，道心天理，道心全，而知觉运动之心皆当天则，由性以该命，天人之所以合；人心多，而仁义礼智之性皆为物囿，命浊性漓，天人之所以分，故“性命”者天地之元、五行之粹而人心之正也。乾元资始，坤元资生，天地之性命万古不渝；水润乎下，火炎乎上，人之性命因而颠倒，知“性命”，则知“道心”“人心”所由来矣。三代下，识者寥寥，安得不亟辨之？

天地定位，山泽通气，雷风相薄，水火不相射，八卦相错，数往者顺，知来者逆，是故易逆数也。

此“伏羲先天八卦”也，乾老于南，坤老于北，乾坤定子午之位。西北多山，东南多水，艮居西北，为气之所始；兑居东南，为气之所注。

风起于西南，阴气初盛，雷动于东北，阳气初盛。阴阳二气相薄而鼓其机，故巽居西南，震居东北。日生于东，月生于西，故坎居西，离居东。不相射，各行其功用，不相害也。有天地，即有此自然之理气，故为“先天”。相错，即指此先天卦位而言，言对待之中已有流行之气也。数往者顺，顺而出之，乾坤生六子，六子斡万物，生生不穷。知来者逆，逆而溯之，由万物返归八卦，由八卦返还太极，一一归原。易以爻象示人，无非欲人穷理返本，以知万理，不出中庸，故曰“易逆数也”。

言伏羲画卦以明大道，而其方位悉天地自然之理象，故乾南坤北，“天地定位”矣，而六子分居六方。山止而泽流，疑于其气不通，然天地之气始于西北，终于东南，山脉流于泽而为水泉，泽气升于山而为云雨，其气通也。雷借风威，风助雷势，阴阳二气相薄而鼓生成之机。水火本相克也，而坎离分峙西东，各行其化，不相射害。凡此八卦虽分司八方，而理实相错，由八卦之数生生不穷为六十四卦，衍及万物，顺而数之者无尽；由六十四卦归于八卦，八卦合为太极，“知来者逆”，“逆”者其原，“顺”者其委。是故《易》之教人，虽理气象数杂出不穷，然要欲人返本还原，以握宰制之枢，以通天地之妙，乃“逆数”也。

右第三章，明先天八卦方位，对待而寓流行，顺推而为万事，逆返而归一贯，欲人知其本也。

附　解

先天卦位，一有天地即有此象，不假安排，故为“先天”。对待之中流行已寓，故文王引而伸之，非伏羲卦只死对，文王乃变化之也，夫子所以特明“通气”“相薄”等情。先儒言八卦之所以分多欠分明，解“顺逆”二字，尤多执象。邵子以三阴三阳近数至一阴一阳处为“顺”，朱子以左方四卦数已生者为“顺”，右方四卦推未生者为逆；皆就圆图言，亦似有理，然夫子本止就八卦说，非论圆图也，惟来氏以八卦相对为相错，深得其义。第以乾一兑二离三震四巽五坎六艮七坤八言“顺逆”，犹邵子之说也。凡事物顺而出之，其象愈纷，其数难究，然自是天地生生自然之理，故曰“顺”，逆而返之，则万殊归于一本，八卦只一阴阳，阴阳只一太极。得其原者可以该其末，立乎先者可以观其后，凡料事于未然，观变于已动，一以贯之之义也，“神以知来，智以藏往”，亦即此理。术数之学即末以求，非本原之学，然亦有适中，以此理布濩，本无间隙，易之为用，本无不可也。第此章言“八卦相错”，顺逆相生，六十四卦由此出，即理数亦由此出，未暇及前知事风起西南，雷动东北之义，二阴壮而金风始厉，二阳壮而和气始奋也。

雷以动之，风以散之，雨以润之，日以晅之①，艮以止之，兑以说之，乾以君之，坤以藏之。

八“之”字，指“理”而言，即太极真气养于万物者也。万物之气，莫不由天地之气，而气之元即理之粹。上章言“数往”以成形成象者言，“知来”以无声无臭者言，此章则申明其义也。乾坤始交而为震巽，震巽相错，动则物萌，散则物解；中交而为坎离，坎离相错，两润以制亢，日晅以燥湿。中②交而为艮兑，止之以成其质，说之以遂其性。君，主宰意。藏，收敛意。上章举乾坤而及六子，言八卦出于乾坤，故以乾坤居首，此章由六子以及乾坤，言乾坤全借六子为用，故以乾坤居终。上四举象，下四举卦者，王肃云互相备也。

言易本太极，太极之理，无形而有气，气之散著者可言矣：生而未舒，“雷以动之”，动而未畅，“风以散之”；气亢则物枯，“雨以润之”，气湿则物堙，“日以晅之”；艮则止其机而不过，兑则说其生而无不及；乾以君其机，而生长者有权，坤以藏其用，而生成者不息，此八卦所以能尽天地之妙，而伏羲画以明之也。

右第四章，言八卦之功用如此。

附 解

太极无象，而万物有象，即有象以知无象，惟圣人能然，常人则蔽于

① 按：晅之，众本同，《周易集解》《周易正义》作“烜之”。
② 按：中，鲜本误刻，据前“始交”“中交”，“中”应作“终”。

所见矣。八卦设象教人，然此象乃天地自然之象，故能该万理而通幽明，即八卦之功用，而太极之真理真气弥纶浃洽者可知矣。前人忽却“之”字，第以为“雷动”“风散”云云而已，不知夫子乃言太极之理，八卦著其功用，故“以”字“之”字煞有义理。或沾圆图方图解，然本《传》只说卦，八卦明而全易皆在其中，未言方图、圆图也。

帝出乎震，齐乎巽，相见乎离，致役乎坤，说言乎兑，战乎乾，劳乎坎，成言乎艮。

此文王后天卦位也。帝，主宰万物者也，八者皆“帝”之所为，故以“帝”冠之。“出”者，自隐而显，始可形见也；“齐”者，旁通周遍，无物不到也；“相见”者，光辉明盛，彼此灿然无隐也；“致”犹委也，委役于万物，无不养也，土分旺四季，尤旺于夏秋之交，为中央土，故生秋金而养乾阳真气；“说”者，万物皆成，各说其生也；“战”者，阳金老而阴气盛，相搏而战也。劳，慰劳，休息之义；成，完全也。由“出”而“齐”而“相见”者，帝之鼓乎出机，而“致役”则由出以向夫入；由“说”而“战”而“劳”者，帝之鼓乎入机，而“成”则又由入以向夫出。其义详见下文。

万物出乎震，震，东方也；齐乎巽，巽，东南也，齐也者，言万物之洁齐也；离也者，明也，万物皆相见，南方之卦也，圣人南面而听天下，向明而治，盖取诸此也；坤也者，地也，万物皆致养焉，故曰“致役乎坤”；兑，正秋也，万物之所说也，故曰“说言乎兑”；战乎乾，乾，西北之卦也，言阴阳相薄也；坎者，水也，正北方之卦也，劳卦也，万物之所归也，故曰“劳乎坎”；艮，东北之卦也，万物之所成终而所成始也，故曰“成言乎艮”。

上言“帝”，此言“万物”者，帝之出入不可见，以万物之出入于四时者明之。东方阳气出而生物，雷以鼓动之；洁齐，鲜洁整齐，东南阳畅而长物，风以摇动之；盛夏万物昌盛，无不生长；而“相见”者，听治也，圣人南面而治天下，君民之情浃洽，犹帝之与物皆“相见”也；夏秋之交，土德正旺，万物皆“致养”于地坤，不言“方”者，以地之养物不一处也；秋令始肃，而云“说”者，前之长养于是乎成，故生意充足而“说”也；秋冬之交，戌亥之月，阳剥而将尽，阴隔于阳，必

"战"，故"相薄"也；水旺于冬，万物赖其滋养，故有慰劳之意，万物归藏于坎，阳气潜伏于物，劳而休息，"故曰劳乎坎"；冬春之交，在冬则"成终"，在春则"成始"，不克则不能生，以艮止一年之岁功，即以此蓄阳春之生气，"故曰成言乎艮"，此八卦之序，即四时五行循环流行之序也。

右第五章，言后天八卦之位而及其功用。

附　解

后天八卦方位，伏羲画卦时即有此理，文王特发明之耳。六子皆乾坤所生，而坎离独得乾坤之正体，真阴真阳之精，在上为日月，在下为水火，水火者，乾坤之大功用也。日月不运行，即乾坤亦为死物；水火不相济，则人物何以生成，故离南坎北以代乾坤。乾老而长男用事，坤老而少女乘权，男以长而能任，女以少而能育，此所以主四时之柄也。九为老阳，阳金纯而生子水，六为壮阴，阴土旺而孕庚金，水之生木，其用在土，故艮以制水而生木液；木之生火，其用在风，故巽以助木而生火光，此四隅，斡运之意也，而其源皆出于图书。河图一六居北，二七居南，三八居东，四九居西，水火金木分镇四方，而中土为之运用；洛书坎一、坤二、震三、巽四、中五、乾六、兑七、艮八、离九，文王八卦全法其象，盖天地机缄露于图书，而圣人则之，夫子此章则直解其义也。天地只此气机一元运化，初非一一而分布之，圣人即其呈露者以示人，明乎八卦之妙，符契造化如此。胡炳文曰："离明以德言，八卦之德可推；坤地坎水以象言，八卦之象可推；兑秋以时言，八卦之时可推，以互见也。"夏秋之交火克金，则有坤土顺以相生；冬春之交水生木，则有艮土逆以相克，生生克克，变化无穷，孰主宰是，曰"帝"是也。陈琛曰："火气极热，物无由而成；水气极寒，物无由而生，惟土气最惟中和，故火金之交有坤土，水木之交有艮土，而为万物之所由出入。养身养民，皆要中和。”① 其说甚为有理。然所谓土者，只天地之中气耳，无迹可寻，故前人有中央戊己土、辰戌丑未四季土之分，五方皆不离乎真土，实不离乎太极之真气耳。文王八卦惟坤艮为土者，木之生火，金之生水，无借于土。若火非土必不能成金，水非土必不能生木，则土之功于是为尤著，且五行只一气屈伸消长，而木火同居，金水为朋，乃天地之体，土以生之，亦土以克之。坤致养而西南露生生之机，艮收藏而东北寓克制之义，一岁之间，阴阳二气皆互相胜，阳胜阴则为木之温火之热，自卯至未，阳多之卦是也；阴胜阳则为金之凉水之寒，自酉至丑，阴多之卦是也。惟丑接于寅，未接于申，为三阴三阳之卦，则二气适均而为中和之会，所以独为土德之居也。其他诸儒论述，各有发明，不尽惬当，今撮取其大要于此。

神也者，妙万物而为言者也。动万物者，莫疾乎雷；挠万物者，莫疾乎风；燥万物者，莫熯乎火；说万物者，莫说乎泽；润万物者，莫润乎水；终万物始万物者，莫盛乎艮，故水火相逮，雷风不相悖，山泽通气，然后能变化，既成万物也。

神者，“帝”之不二而不测者也。神无迹而体物不遗，万物之所以为物者，皆神之为而莫知其然，故曰“妙万物而为言者也”。雷、风、水、火、山、泽非神，所以动、挠、燥、说、润、终始者，神也。不期动而动，不期挠而挠，神之为即妙之所在，“莫疾”云者，深赞其妙也，下放此。动，鼓也，发萌起蛰。挠，散也，吹拂长养。燥，暴炎。“说”者，色之光而在外者也；“润”者，气之湿而在内者也，泽降于天，水行于地，故“说”“润”不同。“终始”者，蓄以为泄之地，不言山而独举卦名者，于“成物”之义为切，山不足以当“终始”也。逮，及也，谓相济也。既，尽也。不言乾坤者，六子之为莫非乾坤之为也。

承上文而言八卦之功用如此，所以如此者，“帝”之为莫非“神”之为也。“神”何以名，以其存于万物之表，而行于万物之中，不可以端倪求，不可以迹象窥，固“妙万物而为言者也”。以六子言之，“动万物者

---

① 按：陈文“最惟中和”，陈文“惟”作“为”；“所由出入”，下有“者也”两字；“养身养民”，下有“治天下”三字。参见《周易折中》卷第十七，第589页。

莫疾乎雷，挠万物者莫疾乎风，燥万物者莫熯乎火，说万物者莫说乎泽，润万物者莫润乎水，终万物始万物者莫盛乎艮”。夫以万物之赜，而六子之功化无弗周，受之者不觉，而感之者无心，其神为何如，故“水火相逮，雷风不相悖，山泽通气”，六子虽分司其用，而实交致其功，一统于神之所为，然后能变化莫测，尽成万物也。

右第六章，总承上文，而明其至神，对待流行，总归一致也。

附 解

帝，主宰之名；神，不测之谓，帝不可见，于万物见之，神不可名，于“动”“挠”万物等者名之，此八卦所以为雷风水火等象，而太极之体用可窥矣。先天、后天二图，本非判然二物，特分示其理象，使人知天地之源流。“先”“后”二字，不过言其理有先后，非先者无与于后，后者无与于先也。先儒泥“先”“后”二字，多欠贯通，而来氏竟以为不可言先后天，亦非。至“对待”“流行”二义，自是确不可易，然非判然不相为用，故夫子此章特指出一“神”字，以明八卦各著其功，实共成其妙。神之妙即帝之妙，帝之体即乾坤，是故不复言乾坤也。

乾，健也；坤，顺也；震，动也；巽，入也；坎，陷也；离，丽也；艮，止也；兑，说也。

此八卦之性情也。乾纯阳，动而不息，故健；坤纯阴，静而从阳，故顺；阳性上行，反而居下，为阴所镇，故但曰“动”；阴性重浊，极而就下，故“入”；阳在中则为阴所“陷”，阴在中则为阳所“丽”；健极于上，前无所往，故“止”；顺见于上，情有所发，必“说”。震坎艮，阳卦也，故皆从“健”；巽离兑，阴卦也，故皆从“顺”。

右第七章，解八卦命名之义。

附　解

八卦以卦画定名义在先，取象于雷风山泽等在后。诸儒解“健”“顺”等义各有所主，不无纯疵，今酌其可存者存之，下放此。

乾为马，坤为牛，震为龙，巽为鸡，坎为豕，离为雉，艮为狗，兑为羊。

此八卦之象，远取诸物者也。健而行不息者马，乾象也；顺而胜重载者牛，坤象也；龙蛰形于重阴之下，而遇阳则奋，象震之一阳动于二阴之下也；鸡出声于重阳之后，而遇阴则入，象巽之一阴伏于二阳之下也；外污浊而心刚躁者，豕也，象坎外阴内阳；外文明而心柔怯者，雉也，象离外阳内阴；外刚能止物而内柔媚者，狗也；外柔能说群而内刚狠者，羊也。

右第八章，略举八卦取物之象如此，是以一卦为一物也。

附　解

健而致远，顺而受重，为“乾马”“坤牛”本义。造化权舆曰：马蹶圆，牛蹶坼。马阳，起先前足，卧先后足。牛阴，起先后足，卧先前足。阳病则阴，马疾则卧；阴病则阳，牛疾则立。又马饮清而便浊，牛饮浊而便清，皆阴阳之义，亦甚达也。龙蛰而能奋，鸡鸣而善伏，皆以阴阳之一画为象；豕能水而质污性躁，雉耀羽而外明内怯，皆以中爻阴阳为象。项氏曰：狗值戌而艮在寅，火墓戌而生寅也。戌为火墓，故犬性畏水，饮则以舌舐，相斗灌水则解。羊值未而主兑，金生于土也，羊属土，土生金，故角触，土怪为（羵）羊，亦皆有理。

乾为首，坤为腹，震为足，巽为股，坎为耳，离为目，艮为手，兑为口。

此八卦之象，近取诸身者也。“首”者众阳之所会，圆而在上，乾象也；“腹”者众阴之所藏，虚而有容，坤象也。震阳动于下，为足；巽阴随于下，为股。水内景，坎阳在内，故耳内聪；火外景，离阳在外，故目外明。手能止物，艮之止也，口能言笑，兑之说也。

右第九章，略举八卦在身之象如是，是一物为八卦也。

附 解

人身一小天地，其理全，其气亦无不全，而形质之似其末焉者耳，此亦第举其概，非谓精义遂止于此。

乾，天也，故称乎父；坤，地也，故称乎母。震一索而得男，故谓之长男；巽一索而得女，故谓之长女。坎再索而得男，故谓之中男；离再索而得女，故谓之中女。艮三索而得男，故谓之少男；兑三索而得女，故谓之少女。

此以八卦分父母、男女为一家之象也。万物资始于天，犹子气始于父；资生于地，犹子形生于母。索，求也。阴阳相求，造化自然之道。得父气者为男，震坎艮，乾之分体；得母气者为女，巽离兑，坤之分体；"一""再""三"，以画之自下而上言，乾坤曰"称"，六子曰"谓"，尊卑之异也。

右第十章，即人道男女以明八卦阴阳之事。

附 解

"索"字作"求"字解，至为简尽。胡煦谓，兼取与两端合"交"字、"生"字而言，譬诸索债，必先有以与之，然后取之而归于己。不知造化一理气流行，自然生化，太极动而生阳，静而生阴，一动一静，互为其根，此中即有八卦理象。来氏谓阳先求阴，则阳入阴中而为男；阴先求阳，则阴入阳中而为女。三男本坤体，各得乾之一阳而成男，阳根于阴也；三女本乾体，各得坤之一阴而成女，阴根于阳也。其说至为有理。胡氏又谓，易中言"交"、言"生"、言"往来"、言"上下"，皆此"索"字之义。则为得之，第不能畅其说，以所得不深也。

乾为天，为圜，为君，为父，为玉，为金，为寒，为冰，为大赤，为良

马，为老马，为瘠马，为驳马，为木果。

纯阳在上，至健者为“天”，运转无端为“圜”，居上以宰物为“君”，万物资之以始为“父”，德粹不杂为“玉”，纯刚而能变为金。乾居西北，其候为水始冰，地始冻，故“为寒”“为冰”。纯阳之色为“大赤”，寒冰在子，以阳之始言之，内而凝蓄者也；大赤在午，以阳之终言之，外而著见者也，坎中阳为“赤”，言“大赤”以别于坎也。阳而健者马也，善则为调良之马，健之不变者也；久则为垂老之马，健之时变者也；坚强则为多骨少肉之“瘠马”，健之身变者也；文采有威猛，则为锯牙食虎豹之“驳马”，健之色变者也；木果体圆在上，阳气内敛，故象之。乾无其于之辞者，无物不资以始，而无一物可以拟其元也，无其究之辞者，健行终古如是，非有究竟也。汉淮南王聘九人撰《道训》二十篇，号“九师易”，荀爽集《九家易解》十卷，有“为龙、为直、为衣、为言”，然皆已见爻象；来矣鲜又采补易辞中乾象所有者，有“为郊、为蒂、为旋、为知”等语，元同补象有“为元、为永贞”等语，盖皆兼变象互象取者。然《说卦》中八卦广象义例已周而该，非有遗漏，故有经文所无而此推其说者，并有经文已取而此反不备者，盖广之至于此，亦已足矣。若欲尽八者之象，而拟之天下之物，何莫非八卦所涵，而岂夫人耳目之所能及，文字之所能尽也哉。故今但就本文解之，他不备录，下放此。

坤为地，为母，为布，为釜，为吝啬，为均，为子母牛，为大舆，为文，为众，为柄，其于地也为黑。

积阴处下为“地”，万物资之以生为“母”。南北经，东西纬，中广平而傍有边幅，为“布”。容物熟物以养物为“釜”，凝聚不施为“吝啬”。地生万物，不择美恶，为“均”，顺而多孕为“子母牛”，方而载重为“大舆”。奇为质，故偶为“文”，奇为一，故偶为“众”。凡执持之物，其本著地者“柄”也，坤在下而承物于上为柄。地之土色有五，坤老于北，正色为“黑”也。

震为雷，为龙①，为玄黄，为旉②，为大涂，为长子，为决躁，为苍筤竹，为萑苇，其于马也为善鸣，为馵足，为作足，为的颡，其于稼也为反生，其究为健，为蕃鲜。

震者动也，一阳动于二阴之下，“雷”则阳气之动于地者，“龙”则阳物之动于渊者。乾坤始交，兼有天地之色，为“玄黄”。阳气始施为“旉”，阳辟乎阴，二偶开通，前无壅蔽，为“大涂”。一索得男为“长子”。决者阳之力，躁者阳之性，一阳动而上以“决”阴，其动也“躁”，故为“决躁”。元黄杂而成苍，下苞上茂，本实乾虚，为“苍筤竹”，为“萑苇”。凡声阳也，上偶开口，阳卦得乾初爻，故亦为马而“善鸣”。左足白曰“馵”，震居左，又为“足”也，作足，双足并举，上静下动也。的颡，额有白色，阴虚在上也。在野曰“稼”，子坠苗抽，阳反而生于下也。一阳初长，为临为泰，其究必至乾，故为“健”。阳长而益盛，则蕃育鲜明。为健，究其前之进也；蕃鲜，究其后之变也。震巽独以“其究”言，刚柔之始也。

巽为木，为风，为长女，为绳直，为工，为白，为长，为高，为进退，为不果，为臭，其于人也为寡发③，为广颡，为多白眼，为近利市三倍，其究为躁卦。

木，阳气之上升者，根阴植于下，象巽之下一阴而上二阳也。善入者莫如“风”，又风乃木气之散者。一索得女为“长女”。木曰“曲直”，从绳以取直，故为“绳直”，而工则引绳之直，以制木之曲者，故又为“工”，所谓相因取象也。乾阳在上故为“白”，震东色苍，巽在东南，木火之交，木得火气而亦白也。凡物阳为生而阴为长，一阴方盛，有日长之势，故为“长”，由下升上，故又为“高”。阴性多疑，又初生未盛，故

---

① 按：为龙，众本同。《周易集解》《周易述》作“为駹”，《周易集解》：“駹，苍色；震，东方，故‘为駹’。旧读作‘龙’，上已为龙，非也。”（卷第十七，第271页）

② 按：为旉，众本同。《周易集解》作“为专”：“阳在初，隐静，未出触坤，故‘专’。则‘乾静也专’。延叔坚说，以‘专’为‘旉’，大布，非也。此上虞义也。”（卷第十七，第271页）

③ 按：寡发，众本同。《周易集解》《周易述》作“宣发”，《周易集解》：“虞翻曰：为白，故‘宣发’。马君以‘宣’为‘寡发’，非也。”（卷第十七，第273页）

为“进退”而不决于行，为“不果”而不决于为。臭，阴也，且臭以风传，一阴内鬱，二阳外达，为“臭”。阴少而血不升为“寡发”，阳多而气上盛为“广颡”，震一阳故“的颡”，巽二阳故“广颡”也。目之白者为阳，黑者为阴，离上下白而中黑，为目之正，巽阴在下，故为“多白眼”。阴性贪侵牟，二阳居东南，近离“日中之市”，为“近利市三倍”，又乾为金玉，一索得巽，性善入，阴蚀阳，光浸长，而尽得乾之所有，故有此象。震为决躁，巽全变则成震，故其究极为“躁卦”。

坎为水，为沟渎，为隐伏，为矫輮，为弓轮，其于人也为加忧，为心病，为耳痛，为血卦，为赤；其于马也为美脊，为亟心，为下首，为薄蹏，为曳；其于舆也为多眚，为通，为月，为盗，其于木也为坚多心。

水内明，坎阳在内为水。阳为“水”，二阴夹之，故为“沟渎”，阳为阴掩，或隐而不见，或伏而不出，皆其类。矫輮，谓以刚物纳于陷中，而矫其曲者使之直，揉其直者使之曲也，“弓”中劲则善发，“轮”中劲则善运，又皆“矫輮”所成之物也。陷而成险为“加忧”，坎中满为“心病”。坎为“耳”，而中实为“耳痛”。“血”者，人身之水，离火在人身为气，坎水在人身为血，故独言“血卦”。乾大赤，“赤”者得乾中色。乾为马，坎得乾之中爻而刚在中，故为马之“美脊”，刚在内而躁，故为“亟心”。柔在上，故首垂而不昂；柔在下，故蹏薄而不厚，因下柔故又为“曳”，盖陷则失健，足行无力也。坎为轮，故有“舆”象，陷而多阻，故为“多眚”，水流而不盈，故为“通”。月者水之精，坤体内含阳光。盗隐伏而害人者也，刚强伏于阴中，故为“盗”。“坚多心”者，刚在中也。

离为火，为日，为电，为中女，为甲胄，为戈兵，其于人也为大腹，为乾卦，为鼈，为蟹，为蠃，为蚌，为龟，其于木也为科上槁①。

乾，音乾。

内暗外明，体阴而用阳者“火”也，“火”丽于木，“日”丽于

① 按：科上槁，众本同。《周易集解》《周易述》作“折上槁”，《周易集解》：“巽木在离中，体大过死。巽虫食心则‘折’也。蠹虫食口木，故‘上槁’。或以离火烧巽，故‘折上槁’。宋衷曰：阴在内则空中，木中空则上科槁也。”（卷第十七，第276页）

天，“电”丽于云。日，火之精，电，火之光也。再索而得女曰“中女”。“甲胄”外坚，“戈兵”上锐，外刚上炎之象也。外大而中虚为“大腹”，火性躁为“乾卦”。外刚内柔，故“为鳖，为蟹，为蠃，为蚌，为龟”，龟鳖之卵，蟹之胃，皆中黄也；蠃则形锐而善丽，蚌则内虚而含明，龟则文明而含智也。科，空也；木空中者上必枯槁，故为“科上槁”。

艮为山，为径路，为小石，为门阙，为果蓏，为阍寺，为指，为狗①，为鼠，为黔喙之属，其于木也为坚多节②。

一阳高出二阴之上而止其所，为“山”；阳塞于外，不通大涂，与震相反，为“径路”；一刚在坤土之上，未至盛大，故为“小石”；上画横，下两画对峙而虚中，故为“门阙”。木实曰“果”，草实曰“蓏”，震旉，草木之始，艮果蓏，草木之终也。阍人掌王宫之禁，无足而御人于外，止物之不应入者，寺人掌王宫之内人及宫女之戒令，无阳而给使于内，止物之不应出者。“指”在手之末而能止物。“狗”亲内而御暴于外，“鼠”善啮物，与狗皆利在牙，艮阳居上而刚在前，故为“狗”“鼠”。禽鸟之喙多黔而皆能止物，以其刚也，曰“属”者，不可枚举也。木“坚多节”，松柏之类，节见于外者也。坎之刚在内，故“坚多心”；艮之刚在外，故“坚多节”。

兑为泽，为少女，为巫，为口舌，为毁折，为附决，其于地也为刚卤，为妾，为羊③。

水潴为泽，“泽”者水之聚也，坎水而塞其下流，故为“泽”。三索

---

① 按：为狗，众本同。《周易集解》《周易述》作“为拘”，《周易集解》：“虞翻曰：指屈伸制物，故‘为拘’。‘拘’旧作‘狗’，上已‘为狗’，字之误。”（卷第十七，第276页）

② 按：坚多节，众本同。《周易集解》《周易述》无“坚”字，《周易述》：“虞翻曰：阳刚在外，故‘多节’，松柏之属。”（卷第十七，第276页）

③ 按：为羊，众本同。《周易集解》《周易述》作“为羔”，《周易集解》：“羔，女使，皆取位贱，故‘为羔’。旧读以震駹为龙，艮拘为狗，兑羔为羊，皆已见上，此为再出，非孔子意也。震已为长男，又言长子，谓以当继世，守宗庙，主祭祀，故详举之。三女皆言长、中、少，明女子各当外成，故别见之。此其大例者也。此上虞义。”（卷第十七，第277页）

而得女曰“少女”。以言悦神为“巫”，以言悦人为“口舌”。正秋万物条枯实落，上柔者先折，故为“毁折”。柔附于刚，刚必决柔，故为“附决”。卤，西方咸池，泽水凝结而成，兑正西，又阳刚在下，一阴在上，故为“刚卤”。少女从嫡为“妾”。外柔悦而内刚狠者，“羊”也。

右第十一章，推广八卦之象以为占者取用，而非谓卦爻之义尽于此也。

附　解

天地万物，一阴阳理气之所变化，其统宗者为太极，其散著者为物理。圣人作八卦，以通神明之德，以类万物之情，得其会通，随所取而皆有理趣，执其一说，拘于迹而或不融洽矣。占卜取象，大抵因一事一物以求得失，在易为支流，然不可谓天地无是理也，夫子故推广此象，以明万物之无不赅，而凡所未备者，悉可类稽矣。程沙随曰：此章之象，有不与卦爻相符者，如乾坤称龙而不必在震，坤地称马而不必在乾是也；有见于卦爻而此不载者，如渐之“鸿”、中孚之“豚鱼”是也；有见于此而卦无之者，如“布”“釜”“羸”“蚌”是也。胡云峰曰：广八卦之象，为百十有二，有相对取象者，乾“天”坤“地”、震“决躁”巽“进退”，艮“指”兑“舌”之类是也；有相反取象者，“大涂”“径路”，“长”“高”“毁折”之类是也。有相因取象者，乾为马，震得乾初之阳，故于马“为善鸣”等类；坎得乾中爻之阳，故于马“为美脊”等类；巽为木，于阳而根阴也，坎中阳，故于木为“坚多心”；艮上阳，故于木“为坚多节”之类是也。有一卦中相因取象者，如坎“为隐伏”，因而“为盗”；巽“为绳直”，因而“为工”；艮“为门阙”，因而“为阍寺”；兑“为口舌”，因而“为巫”。有不言而互见者，乾“为君”则知坤为臣，乾“为圜”则知坤为方，离为“乾卦”则知坎为湿，坎为“血卦”则知离为气，巽为“臭”则知震为声。震“为长子”，而坎艮不言者，于阳之长者尊之也；兑少女“为妾”，而巽离不言者，于阴之少者卑之也；乾“为马”，震坎得乾之阳皆言“马”，而艮不言者，艮“止”也，止之性非马也。他可触类而通矣。以上二说，足尽其旨。学者知有一定之卦义，亦有无定之卦象，则夫子所言已无余蕴，而后人敷衍之者，皆枝叶中之枝叶耳。

序卦传

略举一端之理，以明文王序卦之意。来氏谓恐后人杂乱其序而然，谅矣。胡煦曰：先儒多以画卦中阴阳之多少计前后之序，全无补于易理。知言哉。

有天地，然后万物生焉。盈天地之间者唯万物，故受之以屯，“屯”者盈也，“屯”者，物之始生也；物生必蒙，故受之以蒙，“蒙”者，蒙也，物之稚也。物稚不可不养也，故受之以需，“需”者，饮食之道也；饮食必有讼，故受之以讼。讼必有众起，故受之以师，“师”者众也；众必有所比，故受之以比，“比”者，比也。比必有所畜，故受之以小畜；物畜然后有礼，故受之以履①。履而泰，然后安②，故受之以泰，“泰”者，通也；物不可以终通，故受之以否。物不可以终否，故受之以同人；与人同者，物必归焉，故受之以大有。有大者不可以盈，故受之以谦；有大而能谦必豫，故受之以豫。豫必有随，故受之以随；以喜随人者必有事，故受之以蛊，“蛊”者，事也。有事而后③可大，故受之以临，“临”者，大也；物大然后可观，故受之以《观》。可观而后有所合，故受之以噬嗑，“嗑”者，合也；物不可以苟合而已，故受之以贲，“贲”者，饰也。致饰然后④亨则尽矣，故受之以剥，“剥”者，剥也；物不可以终尽，剥穷

---

① 按：故受之以履，众本同。《周易集解》其后有“履者，礼也”句：“韩康伯曰：履，礼也。礼所以适时用也。故既畜则须用，有用须礼也。”（卷第十七，第279页）

② 按：履而泰，然后安，众本同。《周易集解》作“履然后安”，无“而泰”两字。

③ 按：而后，众本同，《周易集解》《周易述》作“然后”。

④ 按：然后，众本同，《周易集解》作“而后”。

上反下，故受之以复。复则不妄矣，故受之以无妄；有无妄然后可畜，故受之以大畜。物畜然后可养，故受之以颐，“颐”者，养也；不养则不可动，故受之以大过。物不可以终过，故受之以坎，“坎”者，陷也；陷必有所丽，故之以离①，“离”者，丽也。

天地，谓乾坤二卦，坤次乾而不言受者，太极生两仪，一气而分天地也。屯有二义，“盈”者，屯聚之义，刚柔始交，天地絪缊，雷雨动荡，充盈之象也；“物之始生”者，屈而未伸，草木勾萌之象也。物稚故“蒙”，幼稚而无以养之，则夭阏不遂，蓄德养才亦如是也。水在天以润万物，物“需”之以养，人非饮食不生，养以中正为饮食之道。有所需则有所争，乾糇以愆，豕酒生祸，“讼”由此起。立党相倾，故众，众而不比，则争无由息，与人相比，非有以畜养之，亦比不久，故受之以“小畜”。礼义生于富足，故物畜然后有礼，“履”者，礼也。有礼则安，故受之以“泰”，通谓通达无滞，通久必滞，故继之以“否”。否非人道所宜也，故受之以“同人”，人同则近悦远来，所以必大，保大者必“谦”，能谦者必“豫”。人情莫不喜于悦豫也，故必有“随”，然至“以喜随人”，则必生事而“蛊”矣，蛊非训事，因蛊而后有事也。救蛊者由衰而盛，故“有事而后可大”，德业大则可以“观”于人。可观则信从者众，不合者亦合，故受之以“噬嗑”。直情径行曰“苟合”，贲礼以饰情也。饰固可亨，“致饰”过甚，则亨者必尽，“剥”者，剥落而将尽也。“物不可以终尽”，剥穷于上则复生于下，“复”者，反本而复于善也。复善故“无妄”，无妄则蓄德日深，充实而有光辉。德畜于己，然后可优游涵泳，充养之以俟其化，“颐”者，养之义也。有大涵养而后有大设施，养则可动，不养则不可动矣，“大过”者，以大过人之才，为大过人之事，非有养者不能。然天下之事中焉止矣，过而不已，必至于“陷”；既陷于险，非依附才德之人，大资其力，不能出险，故“必有所丽”，离以一阴附于二阳，“附丽”之义也。

右上篇，始乾坤而终坎离，天地为万物之父母，坎离得乾坤之中气。伏羲以乾南坤北定子午，而文王以坎离代乾坤，明乎造化自然之功用如此也。

---

① 按：故之以离，脱“受”字，当作“故受之以离”。

有天地，然后有万物；有万物，然后有男女；有男女，然后有夫妇；有夫妇，然后有父子；有父子，然后有君臣；有君臣，然后有上下；有上下，然后礼义有所错。夫妇之道，不可以不久也，故受之以恒，“恒”者，久也。物不可以久居其所，故受之以遁，“遁”者，退也；物不可以终遁，故受之以大壮。物不可以终壮，故受之以晋，“晋”者，进也；进必有所伤，故受之以明夷，“夷”者，伤也；伤于外者必反其家，故受之以家人；家道穷必乖，故受之以睽，“睽”者，乖也。乖必有难，故受之以蹇，“蹇”者，难也；物不可以终难，故受之以解，“解”者，缓也。缓必有所失，故受之以损，损而不已必益，故受之以益。益而不已必决，故受之以夬，“夬”者，决也；决必有所遇①，故受之以姤，“姤”者，遇也。物相遇而后聚，故受之以萃，“萃”者，聚也；聚而上者谓之升，故受之以升。升而不已必困，故受之以困；困而上者必反下，故受之以井。井道不可不革，故受之以革；革物者莫若鼎，故受之以鼎。主器者莫若长子，故受之以震，“震”者，动也；物不可以终动，止之，故受之以艮，“艮”者，止也。物不可以终止，故受之以渐，“渐”者，进也；进必有所归，故受之以归妹。得其所归者必大，故受之以丰，“丰”者，大也；穷大者必失其居，故受之以旅。旅而无所容，故受之以巽，“巽”者，入也；入而后说之，故受之以兑，“兑”者，说也。说而后散之，故受之以涣，“涣”者，离也；物不可以终离，故受之以节。节而信之，故受之以中孚；有其信者必行之，故受之以小过。有过物者必济，故受之以既济；物不可穷也，故受之以未济终焉。

夫妇谓咸卦，少男少女之配，人道之始，故以咸为夫妇之道。天地开辟，万物化生，皆有成男成女之体，圣人明阴阳之义，不出于乾坤，故复渊源天地以见夫妇之所由来，因而及于父子君臣上下以明夫妇之所推暨。礼义莫重于三纲，三纲莫先于夫妇，二少交而婚姻之礼成，男下女也；二长定而居室之伦正，斯可久之道矣。“不可以久居其所”，泛论物理，以非承夫妇之道，故言“物”以别之。高而不危，满而不溢，“遁”退之行，所以长守其盛也；屈伸相倚，盛衰相循，遁而不终遁者，物之理，故

① 按：决必有所遇，众本同，《周易集解》《周易述》作“决必有遇”。

“遁”极必“大壮”。物壮盛则必进，“故受之以晋”，如进不知退，“必有所伤，故受之以明夷”。伤于外者反于家，所谓以天属者，迫穷祸患，害相收也。家道穷则情义乖异，故受以“睽”。六亲不和，舟中作敌，故有难，难必有解散之时，“故受以解”，以缓而解散也。解缓纵弛则招损，“损而不已必益”。决益者去其太过，“夬”柔在上，刚决柔；“姤”柔在下，柔遇刚也。美恶不两立，邪正不并行，决去小人则遇君子，相会遇则必萃聚，同志“既萃”，则乘时上“升”。然知进而不知止，其究必“困”，困于上而反于下，至下者莫若“井”也。泽竭于上，源通于下，而穷者不穷，然久居其所则浊下，非长计也，井久则秽，故“不可不革”。鼎变腥为熟，变坚为柔，故革物者莫如之。鼎，宗庙之重器，震为长子，继父而主祭，故“受之以震”，“震者，动也”，动极而静，静极而动，故受以“艮”，又受以“渐”。“渐者进也”，谓其进以渐也，无所归者不可进，进之渐者，莫如“女之于归”也，“故受之以归妹”。“得其所归者”，必大臣得圣君，妇得贤夫，蕴之为德行，则发之为大业，“丰”者，盛大之谓也。“大而谦则豫”，大而穷则将并所居之位而失之，“故受之以旅”。羁旅亲寡，直无所容，惟能“巽”顺，则无往而不入，人情相拒必怒，相入必“说”，天之泽万物，礼义之说人心，不入则不说也。人之气忧则结聚，说则舒散，涣，则离披解散之义也。物既离则当节。节者止之于外，孚者信之于中，上人信而守之，下人信而由之，节而信之也。有其信之，所谓设诚致行也。小过之过，过所当过，如行过乎恭，丧过乎哀，用过乎俭，非设诚致行者不能。君子之行事如此，则无事不济，故曰“有过物者必济”，物至于“既济”，则人为已尽，物之穷矣。然物无终穷之理，天运流行，人事代谢，皆此理，故“受之以未济终焉”。

右下篇，咸恒为夫妇之始，阴阳所以交，既未济为男女之终，生化所由众。盖六子实分乾坤之功用，而交易、变易之道，由是出焉，故于下篇著其象也。

附　解

伏羲画卦，止有始乾终坤之序，横图所列是也。《连山》首艮，《归藏》首坤，当另为一序，今不可考矣。或以魏伯阳《参同契》准《连山》而作，今考其书，仍主文王序卦，非准《连山》也。元包所序全本京房，分天地人鬼四易用以为序，特以坤宫八卦居首，遂谓为准《归藏》，然其说牵强，必非《归藏》本旨。《连山》首艮，谓艮止为定静之功；《归藏》首坤，谓万物资生于土，盖皆指人以修身立命要功。然坤统于乾，艮止特天地成始成终之意，不如仍以乾坤居首，为太极之体用所函，即万物生成所本也。此文王所序，夫子独取之，而又为此说，以见天地人物，只此阴阳盛衰进退之理，随时变通，以合其宜，不可胶于一端，忽于细微，盖天道人事，一以贯之矣。文中子赞易至《序卦》曰："大哉时之相生也，达者可与几矣。"其言允当。程子《上下篇义》谓，卦之分也，阳盛者居上，阴盛者居下。蔡氏清曰："《序卦》之义，有相反者，有相因者，相反者，极而变者也；相因者，其未至于极者也，总不出此二例。"皆得体要之言。至项安世，谓上经言天地生万物，以气而流行，故始于乾坤，中于泰否，终于坎离，言气化之本；下经言万物之相生，以形而传气，故始于咸恒，中于损益，终于既未济，言夫妇之道①。是不知形气不可强分，天人总归一致也。乾坤生六子，而坎离独得乾坤中气，故天地无功，以日月为功，先天乾坤定子午，而后天坎离代乾坤，此造化生成之本也。六子司乾坤功化，而少男少女以情相感，为夫妇之始，长男长女以义正伦，为夫妇之终，人道之所以配乎天地阴阳也。既济而生生不穷，未济而天人益远，此人道之所以不如乎天地悠久也。只此上下篇始终四卦，而自天之人，自人之天，大旨略尽，先儒未见及也。至于各卦相较、上下篇相对、卦爻相反相变等义，皆其绪余，前人已详，兹不复赘。

① 按：项安世原文无"中于泰否""中于损益"等语。(《周易折中》卷第十八，第606页)

杂卦传

此以卦义两相对者言之，不依文王次序，故曰“杂”也。有以尽反对言者，如“师比”“临观”之类是；有以义反对言者，如“乐”反为“忧”，“与”反为“求”是。盖阴阳错综而成易道，文王序卦固有联络贯通之理，而事物变化不穷，易道亦变动不拘，故又即上下经而杂乱言之，以明相反相对皆有意义，推之于所未尽言，莫不由乎此也。《春秋传》有“屯固比入”“坤安震杀”之语，以一字断卦义，盖古卜筮多有之，夫子仿之，以存经说，亦非创解。来氏以可反易之卦为“综”，谓若机之有综，一上一下也，上经可反易者二十四卦，综之止成十二卦，下经可反易者三十二卦，综之止成十六卦；以颠倒不易者为“错卦”，谓卦爻尽变，迥与本卦异也，上经颠倒不易者六——乾、坤、颐、大、过、坎、离，下经颠倒不易者二——中孚、小过。盖伏羲圆图，乾、坤、坎、离四正之卦本相错，四隅之卦，兑错艮，震错巽，故大过颐、小过中孚相错也。凡综卦有四正综四正者，“比乐师忧”“大有众同人亲”之类。四隅之卦，艮与震综，皆一阳二阴之卦，艮可以言震，震可以言艮；兑与巽综，皆二阳一阴之卦，兑可以言巽，巽可以言兑，如随蛊、咸恒之类。有以正综隅，隅综正者，临观、屯蒙之类是也。其说甚善，然以为象即尽是则非。至胡煦等谓上经本三十卦，今六与十二合，得十八卦，下经本三十四卦，今二与十六合，得十八卦，共成三十六卦，适符乾策四九之用数，又合先天八卦阴阳爻之画数，又合先天横图自一至八之总数。亦巧于拟合，然谓即邵子三十六宫都是春意，殊支离矣。他如以本传卦数与上下经相配求义，皆枝叶之谈，无庸赘述。

乾刚坤柔，比乐师忧。临观之义，或与或求。屯见而不失其居，蒙杂而著。震，起也；艮，止也。损益，盛衰之始也。大畜，时也；无妄，灾也。萃聚而升不来也，谦轻而豫怠①也。噬嗑，食也；贲，无色也。兑见而巽伏也。随，无故也；蛊，则饬也。剥，烂也；复，反也。晋，昼也；明夷，诛也。井通而困相遇也。咸，速也；恒，久也。涣，离也。节，止也。解，缓也；蹇，难也。睽，外也；家人，内也。否泰，反其类也。大壮则止，遁则退也。大有，众也；同人，亲也。革，去故也；鼎，取新也。小过，过也。中孚，信也。丰，多故也②；亲寡，旅也。离上而坎下也。小畜，寡也；履，不处也。需，不进也；讼，不亲也。大过，颠也。姤，遇也，柔遇刚也。渐，女归待男行也。颐，养正也。既济，定也。归妹，女之终也。未济，男之穷也。夬，决也，刚决柔也，君子道长，小人道忧也。

刚柔者，乾坤反对之性情也，他卦刚柔杂居，惟乾为纯刚，坤为纯柔。比一阳在上，而五阴从之，得位众辅故“乐”；师一阳在下，而统乎众阴，兵凶战危故“忧”。临以二阳临四阴，观以二阳为阴所观，相临相观，皆有“与”“求”之义，故曰“或”。草之穿地出而未伸，见则见矣，而未离乎地，显而隐也；物之蒙者，昏杂未开而光明自在，隐而显也。震，阳起于下，帝出乎震也；艮，阳止乎上，万物之所成终而成始也。损下未即衰，然伤其本则伤之始；益下未即盛，然培其基则盛之始。大其所畜以待时，省其“无妄”以免灾，义本相足，故相综也。萃聚则有来而不往之义，升进则有往而不来之义。谦者心虚而视己甚轻，豫者意盈而接人甚怠，一敬一肆，道相反也。噬嗑，合其不合者以养身，食之义也；贲饰，文其不及者以适中，非尚色也。兑内刚而外柔，见其情以悦人；巽外刚而内柔，伏其情以顺物。随不主于故，时随而随；蛊宜饬其新，不饬则坏也。剥一阳穷于上，复一阳生于下，如硕果烂而坠地，其核中之仁又复生也。诛，伤也，晋日升而为昼，明夷日入而明伤。井养不穷，故通；困欲行而遇柔掩，故不通。山泽通气，无心相感者，不行而

① 按：豫怠，众本同。《周易集解》《周易述》作“豫怡”，《周易集解》：“豫荐乐祖考，故‘怡’。怡，或言‘怠’也。”（卷第十七，第285页）

② 按：“丰，多故也”，《来注》《周易折中》《周易述》无“也”字。

至，故“速”；雷风相薄，有常不易者，振古如兹，故“久”。风散水则“离”，泽潴水则“止”。解则势已宽，故“缓”。蹇则时方急，故“难”。“内”“外”以情言，二女而有二心，一家而如一心也。阳与阳为类，阴与阴为类，小往大来，大往小来，各反其类也。止谓难进，遁谓易退，大壮以止为进，所以善其进；遁以退为进，所以善其退也。大有一阴居尊，而上下皆为所有，则归附者众；同人一阴在下，而五阳悉来同之，则彼此相亲，“众”者爱之泛，“亲”者情之专也。金代火为“去故”，木钻火为“取新”，功成者退，方来者进，一“去”一“取”，天道当然也。小有所过，乃为无心之过；中存其诚，乃为有孚之信。丰盛则多故旧，亲寡而后成其旅也，故相覆也。火炎上，水润下。小畜一阴巽入而上行，不敌众阳之盛，其力“寡也”；履一阴兑悦而上承，且得众阳之附，其势“不处也”，“寡”则退处，“不处”则上进。需以刚遇险，而不遽进以陷于险；讼行险恃健而不亲睦，以求必胜，此皆事理之反对，相柔①之显异，而圣人错综之者也。若夫大过则中强而本末皆弱，刚柔不配，必有颠坠之势。姤有“遇”义，然以一柔而遇五刚，不能为刚祸也。渐为女归，必待男礼备而后行，则柔不掩刚。颐之义养，动而知止，是养得其正，刚不侵柔。既济则水火适均，为刚柔定位者也。归妹女听命于男，柔从刚，“为女之终”。未济阳不得其位，刚反柔，为“男之穷”。是故刚柔之义，读易者不可不细究也。大要刚为柔主，柔为刚辅，不可偏废，尤不可使柔偏胜，故有取于夬焉。夬，决也，以五刚决一柔，决之甚易，而正道自伸，为“君子道长，小人道忧也”。

右杂卦一章，揭言刚柔之义，而错举其辞，归于刚之决柔，明乎易道不外阴阳，阳为阴先。三纲明而人事洽，随所取义，胥不越乎此也。

附 解

“乾坤刚柔”二句，总揭凡卦皆出于乾坤，取象不越乎“刚柔”，相错

---

① 按：相柔，误刻，当作“刚柔”。

相综，只此刚柔反对之义耳。大过以下八卦，独不反对者，所以发明刚柔相资之贵，而相反相凌之不可，故特借夬之“决柔”，以示抑阴扶阳之旨。先儒不得其解，蔡节斋辈至妄改其次，而另叙以韵，惑矣。胡云峰谓大过以下指中四爻互体而言，先天图之左互“复”“颐”“既济”“家人”“归妹”“睽”“夬”“乾”八卦，右互“姤”“大过”“未济”“解”“渐”“蹇”“剥”“坤”八卦，此于右取“姤”“大过”“未济”“渐”四卦，于左取“颐”“既济”“归妹”“夬”四卦，各举其半，可兼其余。终于“夬”者，夬之一阴决尽，则为乾也。其言终夬之义甚允，余则曲说耳。